U0631975

权威·前沿·原创

皮书系列为
"十二五""十三五"国家重点图书出版规划项目

吉林蓝皮书

BLUE BOOK OF
JILIN

2018 年
吉林经济社会形势分析与预测

ANALYSIS AND FORECAST ON ECONOMY AND SOCIETY OF
JILIN(2018)

主　编／邵汉明
副主编／郭连强　张丽娜

社会科学文献出版社
SOCIAL SCIENCES ACADEMIC PRESS（CHINA）

图书在版编目（CIP）数据

2018年吉林经济社会形势分析与预测／邵汉明主编
. --北京：社会科学文献出版社，2017.12
（吉林蓝皮书）
ISBN 978 - 7 - 5201 - 2119 - 4

Ⅰ.①2… Ⅱ.①邵… Ⅲ.①区域经济 - 经济分析 -
吉林 - 2018 ②社会分析 - 吉林 - 2018 ③区域经济 - 经济预
测 - 吉林 - 2018 ④社会预测 - 吉林 - 2018 Ⅳ
①F127.34

中国版本图书馆 CIP 数据核字（2017）第 328163 号

吉林蓝皮书
2018 年吉林经济社会形势分析与预测

主　　编／邵汉明
副 主 编／郭连强　张丽娜

出 版 人／谢寿光
项目统筹／任文武　张丽丽
责任编辑／张丽丽

出　　版／社会科学文献出版社·区域与发展出版中心（010）59367143
　　　　　　地址：北京市北三环中路甲29号院华龙大厦　邮编：100029
　　　　　　网址：www.ssap.com.cn
发　　行／市场营销中心（010）59367081　59367018
印　　装／北京季蜂印刷有限公司

规　　格／开 本：787mm × 1092mm　1/16
　　　　　　印 张：21　字 数：315 千字
版　　次／2017 年 12 月第 1 版　2017 年 12 月第 1 次印刷
书　　号／ISBN 978 - 7 - 5201 - 2119 - 4
定　　价／89.00 元

皮书序列号／PSN B - 2013 - 319 - 1/1

本书如有印装质量问题，请与读者服务中心（010 - 59367028）联系

版权所有 翻印必究

吉林蓝皮书编委会

主　　编　邵汉明

副 主 编　郭连强　张丽娜

编　　委（以姓氏笔画为序）

王成勇　付　诚　孙志明　张　磊　崔岳春

主要编撰者简介

邵汉明 吉林省社会科学院（社科联）党组书记、院长，吉林省社会科学联合会专职副主席，研究员。兼任吉林大学、东北师范大学教授，博士生导师，国家社会科学基金学科评审组专家。享受国务院特殊津贴专家、吉林省资深高级专家、吉林省有突出贡献的中青年专业技术人才、吉林省拔尖创新人才等。长期从事中国哲学与文化研究，先后发表各类学术著作数百万字，编著千余万字，发表学术论文 100 余篇，其中有 7 篇论文被《新华文摘》全文转载。主持承担国家级、省部级科研项目 10 余项。获吉林省社会科学优秀成果一等奖 3 项、二等奖 5 项。

郭连强 吉林省社会科学院副院长、研究员，经济学博士。兼任《经济纵横》杂志社社长，吉林省社会科学重点领域（吉林省省情）研究基地负责人，吉林财经大学、吉林农业大学客座教授，吉林农村金融研究中心特约研究员。长期从事金融学、产业经济学研究，主持科研项目研究 10 余项，出版专著、编著 7 部，在《社会科学战线》、《学习与探索》、《求是学刊》、《社会科学辑刊》等学术期刊发表论文近 50 篇，获吉林省社会科学优秀成果一等奖 2 项。

张丽娜 吉林省社会科学院软科学研究所所长，研究员，管理学博士，吉林建筑大学客座教授。主要研究方向为宏观经济、产业经济和区域经济。获吉林省社会科学优秀成果二等奖 2 项、三等奖 1 项，长春市社会科学优秀成果奖 3 项。出版专著、编著 4 部，公开发表学术期刊论文 30 余篇，主持各类项目 20 余项，参与多项省级政策、规划的编写工作，有 10 余篇研究报告获得省级领导肯定性批示。

摘　要

2017 年党的十九大胜利召开，标志着中国特色社会主义进入了新时代，我国经济发展已由高速增长阶段转向高质量发展阶段。"吉林蓝皮书"作为研判吉林省经济社会发展问题的综合性报告，也是吉林省社会科学院的智库产品，面对新的形势与任务，继续为吉林老工业基地振兴、全面建设小康社会建言献策。2018 年"吉林蓝皮书"以习近平新时代中国特色社会主义思想为统领，以全面推进吉林老工业基地新一轮振兴为主线，精心设计板块，突出问题导向，提出对策建议。

报告指出，2017 年，吉林省牢牢树立创新、协调、绿色、开放、共享发展理念，把握新一轮东北老工业基地振兴机遇，主动适应经济发展新常态，全力推动各项政策措施落地生根，经济总体保持了质量向好、结构趋优的稳定健康发展态势。前三季度，经济增速有所波动，但从长远来看，随着经济发展动力的增强，新旧动能的加速转换，经济稳定向好的趋势不会改变。农业种植结构调整扎实推进，2017 年调减籽粒玉米改种的品种以大豆、杂粮杂豆、油料和饲草料作物为主，占比达到 73.4%。工业绿色转型步伐加快，前三季度，全省规模以上重点产业中的高耗能产业增加值增速为5.5%，显著低于上半年 11.7% 的增速。服务业增长继续领先，前三季度，服务业累计增速为 7.6%，高于第二产业和 GDP 增速 1.9 个百分点。供给侧结构性改革取得了明显成效，去产能去库存进展顺利。民生事业持续改善，居民收入稳步提高，就业形势稳中向好，社会保障力度进一步增大。但同时也应该清醒地看到，吉林省经济增长仍存在一些问题，主要表现为需求的动力不足、投资和消费增长逐渐趋缓、新兴产业的支撑作用发挥不够、区域发展还不协调等。

报告指出，2018年世界经济将继续呈现复苏态势，市场释放回暖信号，但面临的风险挑战依然存在，各经济体仍面临较大增长压力。2018年是贯彻党的十九大精神的开局之年，是改革开放40周年，是决胜全面建成小康社会、实施"十三五"规划承上启下的关键一年，国内经济将保持稳中求进的总基调，经济增长的新动力不断累积，经济结构调整的步伐将会进一步加快。吉林省发展面临的外部环境仍具有诸多的不确定性，机遇与挑战并存，预计2018年吉林省经济将继续保持健康稳定的发展态势，GDP增速、第二产业增速、第三产业增速等指标会出现合理的波动，有望突破2017年水平。

报告指出，吉林省实现老工业基地的新一轮振兴，需要在加快产业转型升级、提升经济发展质量方面下功夫，加快推进工业的转型升级，逐步实现"制造＋智造＋质造"的转变，促进服务业的提质增效，构筑经济发展的有力支撑。同时，需要进一步扩大有效投资，推动科技创新，大力发展实体经济，增强经济发展的内生动力。

关键词： 老工业基地　经济发展　民生保障

Abstract

The 19th National Congress of the Communist Party of China has been successfully held in 2017, which marks socialism with Chinese characteristics has crossed the threshold into a new era. And China's economy has been transitioning from a phase of rapid growth to a stage of high-quality development. Asone of the think tank products of Jilin Academy of Social Scienceand a comprehensive report which could judge the economic and social development in Jilin Province. Facing the new situations and new tasks, *Jilin Blue Book* continue to put forward some countermeasures and suggestions for revitalizing the old industrial base in Jilin and building a well-off society in an all-round way. In 2018, *Jilin Blue Book* takes the spirit of General Secretary Xi Jinping's socialism with Chinese characteristics for a new era as its guidance, and regards "comprehensively promoting the revitalization of the old industrial base in Jilin Province" as its main line. It carefully plannedeach chapter to give prominence to problems and puts forward countermeasures and suggestions.

The report pointed out that in 2017, Jilin Province firmly build up the concept of innovation, coordination, greenness, openness and shared development, grasped a new round opportunities of rejuvenating the northeast old industrial bases, proactively adapted itself to the new normal of economic development, and promoted all policies and measures to takeroot. In general, the economy has maintained a stable and healthy development trend of good quality and better structure. In the first three quarters, economic growth was somewhat fluctuating. However in the long run, with the reinforcement of economic development, and the accelerated conversion of new and old kinetic energy, the trend of economic stability will not change. The adjustment of agricultural planting structure has been steadily promoted. In 2017, making adjustment to reduce the use of maize varieties, give priority to soybean, cereals, forage crops and oil

plants which accounting for 73.4%. The pace of industrial green transformation is speeding up. In the first three quarters, the growth rate of the high-energy consumption industry in the key industries above the scale of the province is 5.5%, which is significantly lower than the 11.7% growth rate in the first half of the year. The growth of the service industry continues to lead. The total accumulative growth rate in the first three quarters was 7.6%, higher than the secondary industry and the GDP growth rate of 1.9 percentage points. The supply side structural reform has achieved remarkable results. The process of cuttin overcapacity and reducing excess inventory is going smoothly. The people's livelihood has continued to improve, the income of residents has steadily risen, the employment situation has stabilized steadily and the social security has been further strengthened. At the same time, we should also be clearly aware that there are still some prominent problems in economic growth in Jilin Province, for example, lack of motivation for demand, the growth of investment and consumption has gradually slowed down, the supporting role of the emerging industries is insufficient, and the regional development is not coordinated etc.

The report points out that in 2018, the world economy will continue to show a recovery trend, and the market will release the signal of warming up. However the risks and challenges still exist in operation, and the various economies are still facing great growth pressure. 2018 is the 40th anniversary of reform and opening upand it will be the first year for carrying out the spirit of the 19th CPC National Congress, andsecuring a decisive victory in building a moderately prosperous society in all respects, it also plays an important connecting role of implementing the "13th Five-Year Plan", and the domestic economy will continue to promote progress while maintaining stability. The new engine of economic growth continues to accumulate, and the pace of economic restructuring will be further accelerated. Jilin Province still faces many uncertainties in its external environment, with both opportunities and challenges. It is estimated that the economic development of Jilin Province will continue to maintain a healthy and stable trend in 2018, with the indicators of GDP growth rate, secondary production growth and tertiary production growth will be reasonable fluctuated, which is expected to exceed 2017.

The report pointed out that if Jilin Province wants to realize a new round rejuvenation of its old industrial base, it needs to work hard to speed up the industrial transformation and upgrading, improve the quality of economic development, and accelerate the industrial transformation and upgrading, gradually achieve the transformation of "Manufacturing + Intelligent Manufacturing + Quality Manufacturing"; improve the quality and efficiency of the service industry and build up a strong support for economic development. At the same time, we should further expand the effective investment, promote scientific and technological innovation, vigorously develop the real economy and increase theendogenous power of economic development.

Keywords: Old Industrial Base; Economic Development; People's Livelihood

目　录

Ⅲ 产业升级篇

Ⅳ 改革创新篇

Ⅴ 区域发展篇

Ⅵ 民生保障篇

皮书数据库阅读**使用指南**

CONTENTS

I   General Report

II   Economic Operation

Ⅲ   Industrial Upgrading

Ⅳ   Reform and Innovation

V   Regional Development

VI   People's Livelihood Security

总 报 告

General Report

B.1
2017~2018年吉林省经济形势
分析与预测

张丽娜　徐卓顺*

摘　要： 2017年，吉林省深入贯彻落实习近平总书记视察吉林时的重要讲话精神，牢牢树立创新、协调、绿色、开放、共享发展理念，把握新一轮东北老工业基地振兴机遇，主动适应经济发展新常态，全力推动各项政策措施落地生根，经济质量进一步提升，结构调整稳步推进，整体运行保持健康稳定。受投资收缩、内需增长缓慢、出口提振幅度较小等因素影响，吉林省经济增速出现一定程度的下滑，但仍处于合理区间，经济发展长期向好基本面未变。2018年，伴随世界经济形势

* 张丽娜，吉林省社会科学院软科学所所长，研究员，主要研究方向为产业经济和区域经济；徐卓顺，吉林省社会科学院软科学所副所长，副研究员，主要研究方向为宏观经济和数量经济。

向好、国际市场回暖，以及国内经济发展出现新形势、新趋势、新变化等，吉林省经济仍存在向上发展的空间，经济增长质量将会进一步提升，经济增长的稳定性也将有所增强。

关键词： 经济运行 经济形势 经济预测 吉林

一 2017年吉林省经济运行分析

2017年前三季度，吉林省经济增速未能维持上半年增幅，但仍然处于合理区间，产业结构不断优化，经济运行质量有所提升。

（一）经济增长保持稳定

2017年，吉林省为进一步夯实经济发展基础，提升经济发展质量，实施了结构调整、产业转型、环保整改等一系列重大举措，短期内经济增速有所波动，但从长远来看，经济稳定向好的趋势未变。前三季度，吉林省生产总值达到9970.58亿元，在全国31个省（区、市）中排第23位。按可比价格计算，同比增长了5.7%，增速有所放缓，比一季度下降了0.2个百分点，比上半年降低了0.8个百分点，比2013年以来的最低值2015年第一季度5.8%的增速还要低0.1个百分点，低于全国经济增速1.1个百分点（见图1），在全国31个省（区、市）中排第28位。

（二）产业升级步伐加快

1.农业稳定向好

农业种植结构调整扎实推进。2017年调减籽粒玉米221.1万亩，改种的品种以水稻、大豆、杂粮杂豆、油料和饲草料作物为主，占比达到73.4%，其中增加水稻种植面积50万亩、大豆种植面积88.76万亩。调减区域主要集中在西部易旱区和东部冷凉区，其中松原、白城和延边三个地区调减面积占比达到59.8%。

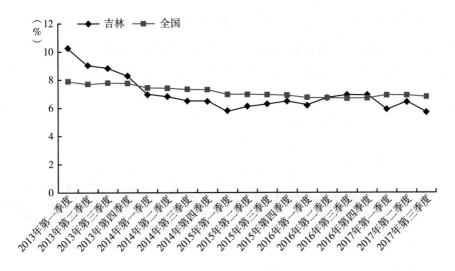

图1 2013年第一季度至2017年第三季度全国和吉林省季度GDP累计增速

资料来源：吉林统计信息网，http://tjj.jl.gov.cn/；中华人民共和国国家统计局，http://www.stats.gov.cn/。

现代农业建设加快推进。吉林省认真落实习近平总书记关于"率先实现农业现代化，争当现代农业建设排头兵"的重要指示精神，整体规划、分步推进农业现代化。2017年，吉林省继续完善农业基础设施，将高标准农田建设、节水增粮行动项目和灌区改造提升相结合，发展高效经济作物和水稻生产。2017年，吉林省继续加强农机装备建设，截至2017年三季度，新型农机经营主体数量已增至189家，30个粮食主产县全程机械化示范区建设已启动。农产品加工业持续向好，14户玉米加工重点企业满负荷生产，加工量增长20%，平均利润增长近1倍。规模经营稳步推进，从事种植业的新型经营主体高达16.8万户，同比增长了38.8%，土地托管、土地股份合作、代耕代种、联耕联种等正成为吉林省规模经营的主推模式。

2. 工业转型升级步伐加快

工业生产增速止跌回稳。2017年，为进一步提升工业经济发展质量，全省加大了环保整改力度，陆续关停了部分环保不达标的企业，对工业增长产生了一定的影响，7月和8月工业同比增速仅有2.1%和2.8%，致使前

三季度吉林省规模以上工业企业增加值仅实现4151.41亿元，同比增速仅达到5.4%（见图2），增速较全国低了1.3个百分点，在全国31个省（区、市）中居第24位（见表1）。随着吉林省工业企业技术改造的加快，新动力的快速发展，9月当月，吉林省工业增加值同比增速大幅回调，达到了7.2%，远高于前两个月增幅。

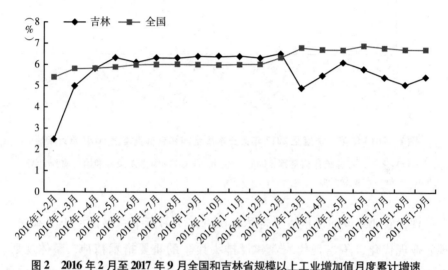

图2 2016年2月至2017年9月全国和吉林省规模以上工业增加值月度累计增速

资料来源：中华人民共和国国家统计局，http：//www.stats.gov.cn/。

表1 2017年9月和前三季度全国各地规模以上工业增加值增速

排序	地区	9月增速	排序	地区	前三季度增速
	全　国	6.6		全　国	6.7
1	上　海	13.6	1	西　藏	13.5
2	浙　江	12.6	2	重　庆	9.6
3	云　南	11.5	3	上　海	9.5
4	广　东	9.6	4	云　南	9.3
5	陕　西	9.4	5	江　西	9.1
6	安　徽	9	6	贵　州	9.1
7	四　川	9	7	安　徽	8.8
8	江　西	8.9	8	宁　夏	8.5
9	贵　州	8.9	9	浙　江	8.3
10	福　建	8.6	10	四　川	8.3

续表

排序	地区	9 月增速	排序	地区	前三季度增速
11	江 苏	8.2	11	河 南	8.1
12	河 南	7.8	12	福 建	7.9
13	湖 北	7.7	13	湖 北	7.9
14	广 西	7.7	14	山 西	7.7
15	宁 夏	7.7	15	陕 西	7.7
16	吉 林	7.2	16	江 苏	7.5
17	山 东	6.3	17	广 东	7.2
18	西 藏	6.2	18	山 东	7
19	湖 南	6.1	19	湖 南	6.7
20	北 京	5.4	20	广 西	6.7
21	重 庆	5.2	21	新 疆	6.2
22	海 南	4.6	22	青 海	6.1
23	山 西	4.3	23	北 京	6
24	辽 宁	4	24	吉 林	5.4
25	黑龙江	3.6	25	海 南	4.6
26	青 海	1.5	26	河 北	3.7
27	河 北	0.9	27	天 津	3.2
28	新 疆	0.8	28	内蒙古	2.6
29	天 津	−6.1	29	黑龙江	2.3
30	内蒙古	−7	30	甘 肃	−1.2
31	甘 肃	−7.2	31	辽 宁	−1.8

资料来源：中华人民共和国国家统计局，http：//www.stats.gov.cn/。

工业绿色转型初见成效。2017 年吉林省高耗能产业增速持续下滑，全省规模以上重点产业中的高耗能产业增加值增速为 5.5%，显著低于上半年 11.7% 的增速。其中，石化、冶金建材、能源工业前三季度的增速仅分别为 2.8%、0.4%、3.8%，显著低于纺织、医药和食品行业 12.3%、10.7% 和 8.9% 的增速。高技术产业增速达到了 8.9%，高出高耗能产业增速 3.4 个百分点。吉林省单位工业增加值能耗降低率持续扩大，前三季度已降低了 6.4%，分别比上半年和一季度扩大了 1.1 个和 1.6 个百分点（见图 3）。

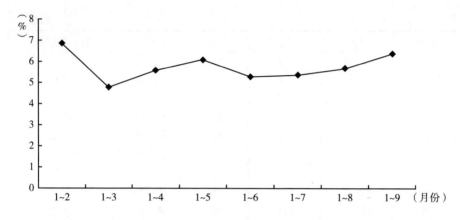

图3　2017 年吉林省单位工业增加值能耗月度累计降低率

资料来源：吉林统计信息网，http：//tjj. jl. gov. cn/。

3. 服务业结构有所优化

第三产业增速略有下降。2017 年，吉林省第三产业比重有所下降，第三产业增速呈振荡下降态势。前三季度，第三产业在 GDP 中所占比重为 40.3%，显著低于第二产业的 52.3%，比上年的比重下降了 1.6 个百分点。2017 年初，各级政府持续落实促进服务业发展的各项政策，取得一定效果。一季度，全省第三产业增加值增长 8.1%，上半年，增速进一步提升至 9%，但三季度受房地产业增速大幅下滑、金融市场增速趋缓影响，速度逐渐放缓，前三季度第三产业累计增速为 7.6%，比一季度低了 0.5 个百分点，比上半年低了 1.4 个百分点，比全国平均水平低了 0.2 个百分点，但仍高于第二产业和 GDP 增速 1.9 个百分点（见图4）。

服务业结构有所优化。2017 年，吉林省服务业仍以传统服务业为主，现代服务业发展虽较为缓慢，但在服务业中的比重仍在增长。2017 年前三季度，吉林省传统服务业中的批发和零售业及交通运输、仓储和邮政业增加值占服务业增加值比重分别达到了 19.9% 和 10.3%，分别比上年增长了 0.4 个和 1.6 个百分点。而公共（非营业性）服务业比重虽高达 23.3%，但比上年降低了 2.1 个百分点。住宿和餐饮业比重略有下降，降低了 1.4 个百分点，达到 4.5%。吉林省现代服务业中的主要行业金融业和房地产业比重均

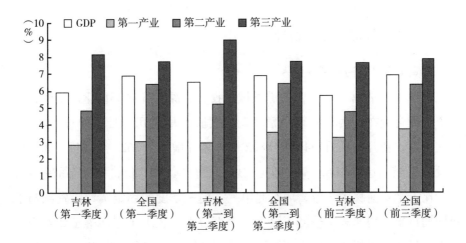

图4 2017年第一到第三季度吉林省GDP和第一产业、第二产业、第三产业增加值增速

资料来源：吉林统计信息网，http：//tjj. jl. gov. cn/。

有所增长，分别比上年提升了1.6个和1.4个百分点，比重分别达到了11.8%和9.2%（见图5）。

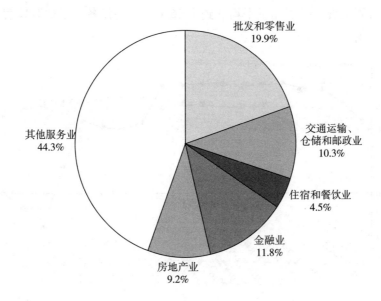

图5 2017年前三季度吉林省服务业内部结构

资料来源：吉林统计信息网，http：//tjj. jl. gov. cn/。

（三）内外需求表现各异

1. 固定资产投资增速放缓

2017 年，吉林省扩大对关键领域的投资，深入开展项目建设工作，固定资产投资额在近两月实现小幅回调，摆脱了早前几个月负增长的境况。前三季度，新开工项目数达到 18802 个，累计增加了 3625 个项目；固定资产投资完成额达到 10636.84 亿元，总额居全国第 18 位，比上年前移了 1 位，比上半年前移了 2 位，居东北第一。前三季度的固定资产投资额与上年同期持平，增速较一季度下滑了 6 个百分点，较上半年回落了 2.4 个百分点，低于全国增速 7.5 个百分点（见图 6），居全国第 28 位，比上年后移了 5 位，比上半年前移了 1 位，在东北落后于黑龙江、领先于辽宁（见表 2）。从产业投资看，第三产业投资增速提高较快，一季度、上半年和前三季度分别达到了 44.6%、17.1% 和 11.2%，分别高出第二产业投资增速 55.6 个、26 个、20.4 个百分点。从投资领域看，前三季度，建筑安装工程投资占固定资产投资比重平均达到了 66.0%，是设备、工器具购置投资的近 2.3 倍。

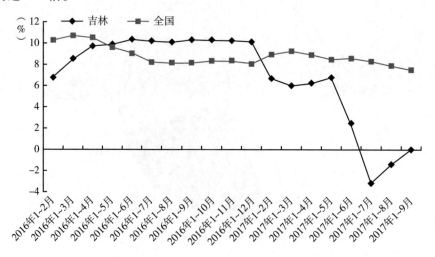

图 6　2016 年 2 月至 2017 年 9 月吉林省和全国固定资产投资月度累计增速

资料来源：中华人民共和国国家统计局，http://www.stats.gov.cn/。

表2　2017年前三季度全国各地固定资产投资情况

单位：亿元，%

排序	地区	绝对值	排序	地区	增速
	全　国	458478.18		全　国	7.5
1	山　东	39797.77	1	新　疆	31
2	江　苏	37498.15	2	西　藏	21.2
3	河　南	30823.16	3	贵　州	20.5
4	广　东	25548.97	4	云　南	17
5	河　北	24787.93	5	广　东	14.6
6	四　川	23723.93	6	陕　西	14.6
7	湖　北	23668.13	7	福　建	13.9
8	浙　江	23205.88	8	江　西	12.6
9	安　徽	21169.39	9	湖　南	12.6
10	湖　南	20709.53	10	广　西	12.5
11	福　建	19026.6	11	湖　北	12
12	陕　西	16671.1	12	海　南	11.6
13	江　西	16278.29	13	河　南	10.8
14	广　西	13689.54	14	四　川	10.8
15	云　南	12463.49	15	重　庆	10.1
16	内　蒙　古	12413.22	16	安　徽	10
17	重　庆	11934.73	17	浙　江	9.6
18	吉　林	10636.84	18	山　东	8
19	天　津	10458.81	19	黑　龙　江	7.5
20	新　疆	10376.54	20	江　苏	7.5
21	贵　州	9541.65	21	北　京	7
22	黑　龙　江	6543.88	22	上　海	6.4
23	北　京	5509.14	23	山　西	5.3
24	辽　宁	5143.74	24	河　北	5.1
25	上　海	4702.98	25	青　海	5
26	山　西	4669.77	26	宁　夏	1.5
27	甘　肃	4565.68	27	内　蒙　古	0.4
28	青　海	2825.93	28	吉　林	0
29	海　南	2799.13	29	天　津	-0.3
30	宁　夏	2744.89	30	辽　宁	-15.4
31	西　藏	1387.25	31	甘　肃	-38.7

资料来源：中华人民共和国国家统计局，http：//www.stats.gov.cn/。

2. 消费品市场增幅趋缓

供给侧结构性改革成效虽已显现，但受物价上涨、居民收入增幅放缓、消费结构变化等因素影响，全省消费增长下行压力仍然较大，社会消费品零售总额增速趋缓。2017 年前三季度，全省社会消费品零售总额实现 5674.98 亿元，同比增长 8.1%，比一季度和上半年分别下降了 1.4 个和 0.7 个百分点。从前三季度走势看，社会消费品零售总额增幅持续下滑。从消费形态看，商品销售总额达 4958.36 亿元，同比增长 7.8%，较上两个季度分别下降了 1.3 个和 0.8 个百分点（见图 7）。餐饮业销售收入下降明显，前三季度实现收入 716.62 亿元，同比增长 9.8%，较第一季度和上半年分别下降了 2.7 个和 0.8 个百分点。

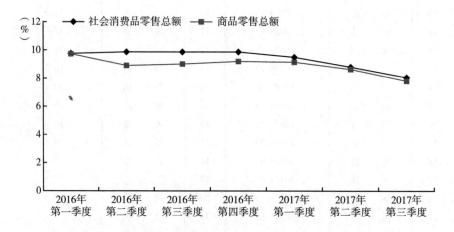

图 7　2016 年第一季度至 2017 年第三季度吉林省社会消费品和商品零售总额累计增速

资料来源：中华人民共和国国家统计局，http://www.stats.gov.cn/。

3. 进出口贸易处于上升通道

受国际市场升温影响，2017 年前三季度，吉林省进出口贸易总额达到 948.89 亿元，同比增长了 5.1%。其中，出口贸易总额达到 220.89 亿元，同比增长了 7.5%，进口贸易总额达到 727.99 亿元，同比增长了 4.4%。从全年走势看，吉林省进出口贸易回暖，在年初高位回升后在低位企稳，且自 5 月开始出口贸易增速再次超过了进口贸易增速（见图 8）。与全国相比，吉林省进出口贸易总值增速明显小于全国平均 12.7% 的增幅，反映出吉林省外贸市场需求状况虽有所改善，但仍有较大发展空间。从进出口主体结构看，吉林省外商投资企业占比最高，外商投资企业的出口额占了全省出口总额的 30.0%，进口额占了全省进口总额的 61.6%。从进出口方式看，吉林省一般贸易出口同比增长了 14.6%，增幅较加工贸易出口提升了 24.8 个百分点，一般贸易出口在出口总值中的比重达到 66.8%，远超加工贸易出口 25.0% 的比重。而加工贸易进口同比增长了 10.3%，增幅较一般贸易进口高出 7.7 个百分点，一般贸易进口在进口总额中 88.9% 的占比仍远高于加工贸易进口 3.3% 的比重。

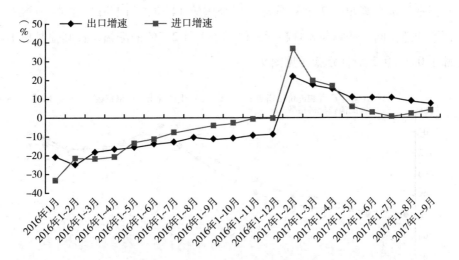

图 8　2016 年 1 月至 2017 年 9 月吉林省进出口贸易月度累计增速

资料来源：中华人民共和国国家统计局，http：//www.stats.gov.cn/。

（四）物价保持平稳运行

2017 年，吉林省消费价格指数和工业价格指数高开低走，并趋于平稳。居民消费价格在 2 月大幅下降后稳步上涨，与市场消费平稳状态基本一致。且工业品价格指数增幅均高于居民消费价格涨幅，表明市场需求正在走强，与工业生产稳步回调状态相吻合。

1. CPI 缓慢上涨

2017 年前三季度，吉林省居民消费价格总水平（CPI）同比上涨 1.5%，涨幅较上年下降 0.1 个百分点，高出全国平均水平 0.1 个百分点，居全国第 12 位（见表 3），与河北、湖北、湖南涨幅一致，属于物价上涨较高省份。八大类商品价格指数同比"七升一降"（见表 4）。其中，医疗保健价格继续领涨 11.4%，较上年上涨了 5.3 个百分点，交通和通信类价格同比涨幅位居第二，达到了 2.9 个百分点，同比上涨 1.6%，而食品烟酒类商品价格下跌 1.3%，比上年下降了 4.5 个百分点。各月价格指数变化形势显示，自 2 月 CPI 大幅下降后缓步上涨，9 月同比上涨 1.7%，当月涨幅较全国平均水平高出 1.2 个百分点，居全国第 14 位，与上海、江苏、重庆、西藏四地相同，涨幅与 8 月趋同，仅低于 1 月 2.7% 的涨幅，较其他月份上涨了 0.3 ~ 0.7 个百分点（见图 9）。

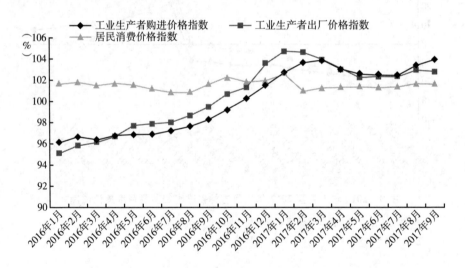

图9　2016 年 1 月至 2017 年 9 月吉林省 CPI 与 PPI 月度增速

资料来源：中华人民共和国国家统计局，http：//www. stats. gov. cn/。

2. PPI 上涨幅度较大

2017 年前三季度，吉林省工业生产者出厂价格指数（PPI）上涨 3.2%，较上年上涨了 4.8 个百分点。其中，生产资料价格上涨迅速，同比增速达到了7%，生活资料价格下滑，同比下降了1.7%。工业生产者购进价格指数上涨了3.1%，较上年上涨了5.3个百分点，低于生产者出厂价格指数0.1个百分点。从月度数据看，9月PPI上涨了2.8%，低于全国平均水平4.1个百分点，涨幅较5月、6月、7月分别高0.6个、0.5个、0.4个百分点，比1月、2月、3月、4月分别回落了1.9个、1.8个、1.2个和0.3个百分点（见图9），居全国第30位，属于工业生产者出厂价格上涨幅度较低省份之一（见表3）。工业生产者购进价格指数月度走势与工业生产者出厂价格指数基本一致，9月同比增速达到4%，高于工业生产者出厂价格指数1.2个百分点。工业生产者出厂价格指数与工业生产者购进价格指数各月涨幅均较上年同期有所扩大，表明工业品市场需求已走出2016年疲软状态。

表3 2017年前三季度全国各地CPI排序与9月全国各地PPI排序

单位：%

排序	地区	CPI	排序	地区	PPI
	全　国	101.6		全　国	106.9
1	海　南	102.8	1	山　西	121.0
2	天　津	102.2	2	青　海	120.6
3	浙　江	102.1	3	甘　肃	118.4
4	新　疆	102.0	4	河　北	116.8
5	北　京	101.9	5	宁　夏	114.9
6	上　海	101.8	6	新　疆	112.6
7	江　苏	101.8	7	陕　西	111.4
8	江　西	101.8	8	内　蒙古	111.3
9	西　藏	101.7	9	江　西	110.0
10	内　蒙古	101.6	10	天　津	109.0
11	河　北	101.5	11	广　西	108.9
12	吉　林	101.5	12	辽　宁	108.8
13	湖　北	101.5	13	安　徽	108.6
14	湖　南	101.5	14	海　南	108.2
15	山　东	101.4	15	河　南	108.0
16	广　东	101.4	16	贵　州	108.0
17	广　西	101.4	17	四　川	107.9
18	四　川	101.4	18	西　藏	107.9

续表

排序	地区	CPI	排序	地区	PPI
19	陕　西	101.4	19	云　南	107.0
20	宁　夏	101.4	20	黑龙江	106.5
21	安　徽	101.2	21	湖　南	106.2
22	青　海	101.2	22	湖　北	106.1
23	黑龙江	101.1	23	山　东	105.9
24	福　建	101.1	24	浙　江	105.6
25	河　南	101.1	25	江　苏	105.2
26	甘　肃	101.1	26	重　庆	104.7
27	山　西	101.0	27	福　建	103.8
28	辽　宁	101.0	28	上　海	103.5
29	贵　州	100.9	29	广　东	103.0
30	云　南	100.9	30	吉　林	102.8
31	重　庆	100.8	31	北　京	100.3

资料来源：中华人民共和国国家统计局，http：//www.stats.gov.cn/。

表4　2017年前三季度各类居民消费价格指数

单位：%

指　标	1~9月	同比增速	指　标	1~9月	同比增速
居民消费价格指数	101.5	1.5	五、交通和通信	101.6	1.6
一、食品烟酒	98.7	-1.3	六、教育文化和娱乐	101.7	1.7
二、衣着	101.5	1.5	七、医疗保健	111.4	11.4
三、居住	100.8	0.8	八、其他用品和服务	101.8	1.8
四、生活用品及服务	101.1	1.1			

资料来源：吉林统计信息网，http：//tjj.jl.gov.cn/。

（五）民生事业持续改善

城镇和农村居民可支配收入及就业水平是衡量民生发展水平的重要指标。2017年以来，吉林省积极落实解决民生实事，持续巩固民生事业，各项保障指标表现平稳。

1. 居民收入稳步增长

2017年前三季度，吉林省城镇居民人均可支配收入和农村居民人均可支配收入分别达到了 21005. 12 元和 8392. 87 元，同比分别增长了 6. 8% 和 5. 7%。其中城镇居民人均可支配收入增速与一季度持平，比上半年提升了 0. 1 个百分点，高于 GDP 增速 1. 1 个百分点。而农村居民人均可支配收入比一季度增加了 0. 4 个百分点，比上半年增长了 0. 2 个百分点，与 GDP 增速持平（见图 10）。

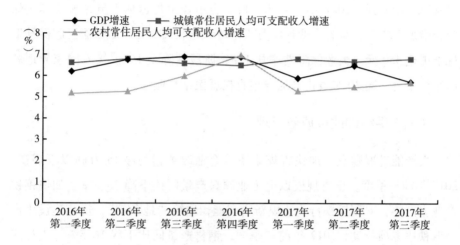

图 10　2016 年至 2017 年第三季度吉林省居民人均可支配收入累计增速

资料来源：中华人民共和国国家统计局，http://www.stats.gov.cn/。

2. 就业形势稳中向好

2017 年，吉林省狠抓目标责任制落实，实施就业创业 "5 + 5" 行动计划①，取得明显成效。截至上半年，全省城镇新增就业人数达到 34. 54 万人，实现全年计划的 69. 08%，比上年同期提升了 1. 68 个百分点。登记失业率 3. 49%，比年计划低了 1. 01 个百分点，比上年同期下降了 0. 03 个百分点。援助零就业家庭 720 户，援助率达到 100%。农村劳动力转移就业 384. 58 万人，实现年计划的 96. 15%。农民工返乡创业形势良好，新创建农

---

① "5 + 5" 行动计划指加强五级就业创业服务平台建设，以及重点实施大学生就业服务计划、农民工等人员返乡创业计划、农民工向农技工转型计划、企业菜单式委培计划、困难群体就业援助计划等五项计划。

民工返乡就业基地 12 个。

3. 社保水平稳步提高

吉林省坚持经济社会发展成果群众共享，通过提高人均基本养老保险、失业保险及医疗保险标准，降低企业失业保险费率，扩大医保异地结算范围，加强经办服务体系建设等举措，稳步提升社会保障水平，人民群众的获得感进一步增强。2017 年，吉林省机关企事业单位退休人员月人均养老保险金增加 132 元，全省失业保险月人均收入增长 241 元。城镇居民医保补助标准提至 450 元。失业保险费率从 1.5% 阶段性降至 1%。接入国家异地就医结算平台，同 30 个省份开通异地直接就医结算业务。

（六）供给侧改革成效显现

去产能进展顺利。加快吉煤集团等企业改革，关停 15 万吨以下煤矿，2017 年前三季度，全省规模以上工业原煤产量同比下降 38.5%。加快钢铁产业去产能，遏制钢铁行业违规新增产能，取缔"地条钢"，规范建设生产经营秩序专项行动，2017 年前三季度，钢材产量同比下降 16.5%。支持亚泰水泥等企业减量重组，压减水泥熟料产能，2017 年前三季度，水泥产量同比下降 5.3%。去库存取得实效。通过培育专业化住房租赁企业、鼓励房地产开发企业开展住房租赁业务等方式发展吉林省住房租赁市场，对棚户区改造采用政府购买安置、货币直补等多种安置方式，提升棚改货币化比例，多措并举。2017 年上半年，吉林省就已提前完成了商品房去库存的三年任务。落实玉米加工补贴政策，加强粮食产销协作，深化与云南中烟等企业的战略合作，保持卷烟库存的合理水平。截至 2017 年 8 月末，吉林省规模以上工业企业产成品库存同比下降 7.7%。去杠杆稳步推进。规范政府举债行为，推动政府债务纳入预算管理，支持企业市场化、法治化债转股，截至 2017 年 8 月末，吉林省规模以上工业企业资产负债率达到 52.7%，同比下降 2.3 个百分点。降成本成绩显著。深入开展清费减负行动，2017 年吉林省将审批事项减少了近 600 项，降至 192 项，降低了实体企业经营成本，截至 8 月，全省规模以上企业每百元主营业务收入的成本比上年同期减少

0.52元。补短板精准推进。在绿色安全、节能降耗、生态环保、基础设施等关键领域，实施一批重大项目，着力补齐发展短板。

二 2017年吉林省经济发展存在的主要问题

（一）三大需求增速放缓

投资增速下滑、消费乏力、外贸增速较低，有效需求增长动力不足。多年来，投资一直是吉林省经济增长的第一拉动力，但近年来投资增速明显放缓，投资增速的下滑是吉林经济增速放缓的重要原因，也将是未来吉林经济下行风险产生的重要根源。从第二产业投资看，前三季度吉林省第二产业固定资产投资同比下降了9.2%，但较一季度却略有回调，小幅回调了1.8个百分点。投资的低迷严重削弱了工业增长动力，尤其不利于新兴产业的发展。2017年开始社会消费品零售总额增长幅度持续下降，1～9月累计增速仅为3.4%，比一季度、上半年分别下降了2.5个和1.1个百分点。与全国平均水平相比，吉林省最终消费对经济增长的贡献率一直偏低。同时外需对经济增长拉动能力弱化。2017年初开始，吉林省进出口贸易虽已变上年的负增长为正增长，但增速仍仅为个位数，对经济增长的拉动作用也较低。

（二）地区经济发展不平衡

受地区自然环境及经济发展水平的影响，吉林省各地市经济发展很不均衡，各地市无论是生产总值占全省GDP比重还是增速，都存在很大的差异，而且差距有扩大趋势。分地区来看，GDP差距悬殊，长、吉两市独大，合计占全省的62.2%，同时除松原占比为12.1%外，其他地区占比均为个位数。从增速来看，除了长春、吉林、白山、公主岭、梅河口的GDP增速超过全省GDP增速外，其他地区增速均远低于全省平均增速。例如，珲春、通化、延边、松原的GDP增速均小于3%，严重影响了全省的经济增长。

（三）新兴产业支撑作用仍需提升

一直以来，吉林省工业对汽车、食品和石油化工等传统行业依赖程度过高。近三年，汽车制造业、食品加工业和石油化工产业增加值占全省工业增加值的比重分别在27%、17%和11%左右。过度单一地依赖传统产业，影响整体经济的稳定性和可持续增长能力。而汽车、石化产业本身又是周期性较强的行业，受外部因素的影响较大，会削弱整体经济的抗风险能力。2016年初，吉林省汽车行业受全国整车市场需求回落、自身产品结构和市场需求不匹配等因素影响，进行了限产压库，因此产值持续下降，2016年初产值同比下降了5.7%。2017年一季度，在国际原油价格持续低迷的背景下，石化行业固定资产投资持续降低，油气开采业效益恶化，导致石油和化工行业产值无力回升。吉林省石化产业增加值同比降低了0.4%，致使工业增速在一季度收窄至1.9%。此外，冶金、建材和能源工业等传统行业在前三季度也出现了不同程度的负增长，导致7月、8月吉林省工业产值累计增速仅有2.1%和2.8%。近年来，吉林省战略性新兴产业发展形势虽较好，但是发展中的问题依然不容忽视。例如，产业规模小，集聚程度低，产业链条短，整体竞争优势不明显；科技研发投入不足、强度不够，缺乏足够人才和资本的支撑，科技成果转化能力不高；有利于科技产业发展的体制机制仍不健全，市场环境和服务体系仍不完善。目前，吉林省的战略性新兴产业仍无法支撑整个工业的发展。

（四）财政收支矛盾凸显

受政策性减税等因素影响，吉林省财政增收难度加大。2017年吉林省财政收入增速持续下降，而财政支出增速显著高于财政收入增速，财政收支差进一步扩大，财政收支矛盾突出。2017年前三季度，吉林省财政收入绝对量达到949.6亿元，同比降低了2.0%，下降幅度比上半年扩大了1.1个百分点，比一季度2.7%的增幅降低了4.7个百分点。而前三季度，财政支出合计2757.38亿元，同比增长8.3%，虽然增幅比上半年略有下降，降低了2.8个百分点，但仍显著高于财政收入增幅。

（五）城乡居民收入水平不高

2017 年前三季度，吉林省居民人均可支配收入达到 15273.21 元，比全国平均水平低了 4068.59 元。其中，城镇居民人均可支配收入和农村居民人均可支配收入分别达到了 21005.12 元和 8392.87 元，分别比全国平均水平低了 6425.28 元和 1384.83 元。虽然城镇居民人均可支配收入增速高于全国平均水平 0.1 个百分点，达到 6.8%，但农村居民人均可支配收入增速仅有 5.7%，低于城镇居民人均可支配收入 1.1 个百分点，显著低于全国 7.5% 的平均增速。城镇居民人均可支配收入增长放缓，农村居民人均可支配收入的增速不高，影响了消费者信心，社会消费品零售总额连续下滑，至 9 月末，其同比累计增速仅有 3.4%，比全国平均水平低了 7.0 个百分点。

三　2018年吉林省经济发展形势分析与预测

（一）国外发展形势

当前世界经济贸易有所回暖，通货膨胀压力缓解，市场信心增强，国际金融市场和大宗商品价格趋稳，国际经济持续复苏，但未来经济不稳定、不确定因素较多，回升基础仍不稳固。

1. 美国经济持续向好

2017 年，受特朗普新政预期刺激和经济进入补库存上行周期等因素影响，美国核心经济指标持续向好。前三季度 GDP 环比增长了 3%，远高于早前 IMF 2.6% 的预期，同比增长了 2.3%，较二季度提升了 0.1 个百分点，较一季度提高了 0.9 个百分点。失业率持续走低，原生性风险进一步得以消除。根据美国劳动部统计，美国 10 月失业率达到 4.1%，这是自金融危机以来的最低水平。美国供应管理协会公布的前两个季度的制造业采购经理人指数分别为 57.0 和 55.8，远高于上年平均水平，说明美国制造业也保持了温和增长态势。总的来说，美国经济复苏势头强劲，四季度，个人消费需求

有望加速提振，后续个人投资仍会增加，全球复苏将会支持美国出口回暖。10月，IMF进一步调高美国经济增长预期，预计美国经济2017年将增长2.2%，高于7月2.1%的预测值，并预计2018年美国经济增速将达到2.3%，高于7月预计的2.1%。

2. 欧洲经济复苏加快

2017年，欧洲经济增长表现稳健，经济复苏基础指标呈现上升趋势。据欧盟统计局统计，三季度，欧盟28国和欧元区19国经济延续了二季度的增长势头，继续回升，按可比价格计算，实际GDP同比均增长2.5%，环比均增长0.6%，折年率增长2.3%。就业形势持续改善，失业率下降。据欧盟统计局统计，9月欧元区失业率为8.9%，环比下降了0.1个百分点，同比下降1个百分点，是2009年1月以来的最低值，表明欧洲企业需求扩大。受国际原油价格等因素影响，欧洲通胀率略有下降，9月通胀率降至1.5%。IMF预计2017年欧元区经济将增长2.1%，高于7月1.9%的预测值，2018年欧元区经济预计增长1.9%，高于7月1.7%的预期，增速已经恢复至经济危机前水平。

3. 日本经济继续回暖

2017年随着外部需求的持续增长，日本经济好于早前预期。一、二、三季度，日本GDP年化季环比增速分别为1%、1.7%和2.2%，实现了连续7个季度的正增长。外需对日本经济贡献率达到了0.5%，是2014年二季度以来的最大值。10月，日本失业率仅有2.8%，失业率继续保持低位。日本通缩风险有所缓解，个人消费水平有所恢复，且资本支出首次停止下落，工业生产形势明显改善，CPI也在缓慢增长，宽松货币政策和积极财政政策也在持续。IMF近期预测，2017年日本经济将增长1.5%，2018年增长0.7%，高于7月1.3%和0.6%的预测值。

4. 新兴经济体经济走势有所分化

印度经济稳中向好。IMF认为，未来两年全球经济向好的主要支撑就在于新兴市场和发展中经济体经济增长预期加快。印度经济受"废钞令"影响，一季度经济增长仅有6.1%，与上年四季度持平，却低于上年三季度7%

的增速，二季度较上年同期仅增长了5.7%，创13个季度的新低，但仍处于增速领先行列。10月，制造业采购经理指数为50.3，仍保持在荣枯线以上，表明企业活力仍较强。IMF微调了对印度经济增长的预期，预计2017年印度经济增长率将达到6.7%，预计2018年印度经济增长率为7.8%。

俄罗斯和巴西逐步走出衰退。俄罗斯经济随着国际原油价格回升而走出衰退。一季度，俄罗斯经济增长0.5%，比上年四季度增长了0.2个百分点，实现了连续三个季度的增长。巴西经济受谷物丰收影响，一季度增长1%，是连续8个季度衰退后的首次增长。IMF预计俄罗斯2017年经济增长率将达到1.4%。同时，IMF认为巴西经济复苏基础并不牢固，未来经济增长态势很难维持。

（二）国内发展形势

2017年以来中国经济延续了2016年下半年以来稳中向好的发展势头，增速在一、二季度连续两个季度加快，三季度虽略有下降，但累计增速仍与上半年持平，投资、消费增长总体稳定，工业生产、服务业发展有所加快，外贸进出口增速明显回升，企业效益显著改善。

1. 经济形势稳中向好

2017年前三季度，我国经济增长速度稳中向好，国内生产总值同比增长6.9%，与一季度和上半年持平，比2016年提升了0.2个百分点。分季度看，2017年一、二季度均比上年同期增长了6.9%，比2016年四季度提升了0.1个百分点，三季度增速仅小幅下降了0.1个百分点，但累计增速仍维持在上半年的水平上。自2015年四季度开始，已连续6个季度增速上行，但上行幅度并不高，均在0.1个百分点以内。分产业看，第一产业增加值持续增长，前三季度增长3.7%，比一季度和上半年分别提升了0.7个和0.2个百分点，比2016年提升了0.4个百分点。前三季度，第二产业增加值增长6.3%，比上年提高了0.2个百分点，比一季度和上半年降低了0.1个百分点。第三产业增加值增长了7.8%，增速比一季度和上半年提高了0.1个百分点，与上年持平。中国社会科学院根据中国宏观经济季度模型预测，

2018年，我国GDP增长率为6.7%，比2017年6.8%的增幅略微下降0.1个百分点。

2. 结构调整继续深化

首先，产业结构持续调整。三次产业已呈"三、二、一"格局，第三产业比重逐渐升高并超过了第二产业。2017年前三季度，三次产业配比达到7.3∶40.3∶52.4，与上半年5.9∶40.4∶52.7的比例相比有了进一步调整，第三产业所占比重持续增长。其次，产业内部层次逐渐提高。服务业层次逐渐提升，批发和零售业、住宿和餐饮业等传统服务业优势地位正在逐渐被金融等现代服务业所取代。2017年前三季度，上述传统服务业增加值分别占服务业总产值的17.8%和3.3%，比2016年同期比重分别下降了0.73个和0.14个百分点。现代服务业代表产业中的金融业增加值占服务业比重比上年提升了0.17个百分点，是自2016年二季度以来连续6个季度实现提升。2018年，中国社会科学院预计第三产业增速仍会显著高于第二产业和第一产业，达到7.7%，较2017年全年增速略有下降，降幅为0.1个百分点，2018年第二产业和第一产业增速将分别达到6.0%和3.1%，分别较2017年下降0.2个和0.3个百分点。

3. 内需走势差异较大

消费需求增速持续上涨。2017年前三季度，社会消费品零售总额同比增长10.4%，与2016年持平，比一季度增速提升了0.4个百分点，与上半年持平。从社会消费品经营地看，前三季度，城镇社会消费品零售总额累计增速达到10.1%，比一季度提升了0.4个百分点，与上半年持平。而乡村社会消费品零售总额累计增长了12.1%，高出城镇增速2.0个百分点，比一季度高出0.2个百分点，略低于上半年0.2个百分点。而且社会消费品零售总额增速仍主要受城镇消费增速影响。中国社会科学院预计2018年社会消费品零售总额实际增长8.7%，增幅较2017年略下降0.3个百分点。

投资增速持续走低。2017年前三季度，固定资产投资同比增长7.5%，增速处于全年低位，比一季度低了1.7个百分点，比上半年低了1.1个百分点，是自2003年以来的最低值。从投资方向看，前三季度，第一、二、三产业投资增速分别达到11.8%、2.6%、10.5%，增速比一季度分别下降了8.0个、1.6个和1.7个百分点，比上半年分别下降了4.7个、1.4个和0.8个百分点，比上年分别降了9.3个、0.9个和0.4个百分点。中国社会科学院预计2018年全社会固定资产投资增速将达到6.3%，实际增长2.4%，分别较2017年全年降低0.7个和0.2个百分点。

4. 外需形势向好

2017年以来，我国进出口形势向好，进出口总值持续增长，增速由2016年的负增长转为两位数增长，但增速略有回落。前三季度，我国进出口总值2.97万亿美元，同比增长11.7%，增速比一季度和上半年下降了3.3个和1.3个百分点，比上年提升了18.5个百分点。其中，出口1.63万亿美元，增速在上半年持续增长，由一季度的8.2%增至上半年的8.5%，随后出口套利贸易受到遏制，出口增长有所回落，至三季度末累计增长7.5%；进口1.34万亿美元，进口增速仅在前两个月大幅提升，由1月的16.7%增至2月的26.4%，随后开始持续下降，一季度降至24%，上半年增速达到18.9%，前三季度累计增长17.3%。贸易顺差达0.3万亿美元，比上年同期收窄17.7%。中国社会科学院预计2017年全年出口会增长6.7%，进口会增长14.1%，2018年全年出口增长5.3%，进口增长8.6%。

5. 物价涨幅低位运行

居民消费价格指数（CPI）涨幅基本保持稳定。前三季度，全国CPI同比上涨1.5%，涨幅比一季度和上半年仅上涨了0.1个百分点。医疗保健类、居住和教育文化娱乐类消费是带动消费价格上涨的主要因素。前三季度，医疗保健类消费价格上涨5.7%，远高于其他用品和服务类居民消费价格涨幅，居住、教育文化娱乐类商品消费价格均上涨2.5%，显著高于居民消费价格增幅。中国社会科学院预计2017年全国CPI增长1.6%，2018年增幅会继续扩大，达到2.0%。

工业生产者购销价格增幅震荡回落。三季度，工业生产者购进价格和出厂价格再次增长，至9月已涨至8.5%和6.9%，分别比上年增长了2.2个和1.4个百分点。2017年前三季度，工业品出厂价格和购进价格同比涨幅

均比上年有所扩张，表明相较于上年工业品市场，2017 年的工业品市场需求已走出疲软状态。中国社会科学院预计 2017 年全年我国 PPI 上涨率会达到 6.2%，2018 年涨幅会大幅回落至 3.6%。

（三）2018年吉林省主要经济指标预测

2017 年，全球经济复苏呈现出更多积极因素，经济继续回暖，全球贸易呈现扩张态势，大宗商品价格有所回升，全球通货膨胀相对稳定，经济预期转向乐观。2017～2018 年，中国经济将在新常态下保持中高速适当的增长区间，就业、物价保持基本稳定。但吉林省经济正处在增长速度换挡期、结构调整期、产业转型期，随着基础设施建设投资力度的加大、生态环境的改善、产业结构的调整、消费需求结构的升级、科技创新能力的提升，吉林省经济质量将有望提升。综合考虑这些因素，并利用 2003 年一季度至 2017 年三季度数据构建吉林省联立方程模型，对 2018 年主要指标进行了预测，结果如表 5 所示。

表5　吉林省主要经济指标增长速度预测

单位：%

指标	2017 年	2018 年
地区生产总值	5.8	5.8～6.2
其中:第一产业增加值	3.1	3.0
第二产业增加值	4.8	5.1
第三产业增加值	7.7	7.9
全社会固定资产投资总额	1.3	1.5
社会消费品零售总额	8.1	8.3
居民消费价格指数	2.0	2.3
城镇居民人均可支配收入	6.9	7.1
农民人均纯收入	5.9	6.0
外贸进出口	5.5	5.7
其中:出口	7.9	8.1

1. 地区生产总值

从总体看，2018 年，吉林省投资难以进入高速增长期，消费需求受消费者预期等因素影响应仅会维持小幅上涨，外需形势虽然随着国际国内形势向好将有所改善，但吉林省受地缘因素、进出口结构等多方面影响，上涨幅度应该不会太大。由于投资、消费、进出口需求与吉林省经济增速具有显著相关性，预计 2018 年吉林省经济增速有可能出现在 5.8%~6.2% 区间内的小幅上涨，但不会有较大的起伏。

2. 投资

投资增速有望增长，但难以进入高涨期。吉林省经济发展仍将延续以工业为主导的发展方式，但工业生产结构会在未来较长时间内逐步由高耗能产业向高技术和装备制造产业转型，在此期间，工业产业的投资仍将处于下降阶段。吉林省主导的基础设施、公共事业等投资增速有望提升，这对第三产业的发展将产生拉动作用，促使第三产业的固定资产投资继续提高。而且，随着东北再振兴政策的逐步实施，农业现代化步伐将会进一步加快，政府投资还将加大，从而拉动投资增长。而房地产市场在短期内仍将以去库存为主，房地产行业投资将会继续下滑。综合上述因素，预计 2018 年吉林省投资将会改变 2017 年三季度以来的负增长模式，将有所提升，增幅达到 1.5%，但并不会显著上涨。

3. 消费

消费需求增速下降趋势将会趋缓，消费增速有望维持低位运行。受文化娱乐体育等产品价格上涨影响，2017 年这些行业消费增幅会显著下降。再加之受国家政策影响，石油制品类及烟酒业的消费需求下滑。2018 年，住房需求预计不会较 2017 年有大幅提升，受其影响，建材、家具、家电等消费品需求增速不会有显著提高。但是，2018 年居民收入会继续上涨，就业、社会保障等民生事业会继续改善。综合上述因素，预计 2018 年吉林省社会消费品零售总额实际增长率会在低位企稳，增幅在 8.3% 左右。

4. 出口

出口预计将继续增长，但涨幅不会太大。2018 年世界经济贸易将会继

续回暖，国际金融市场和大宗商品价格有望企稳，国际经济呈现持续增长态势。国内经济受消费、投资总体稳定，外贸进出口增速明显回升等因素影响，有望维持增长态势。受此影响，吉林省的出口贸易将会继续增长。但受产业发展结构、资源和地域因素的影响，吉林省对外出口不会出现大幅增长，仅会维持在2017年的平均水平8.1%左右。

5. 物价

预计物价涨幅总体趋缓。2017年，受医疗保健和教育娱乐文化业价格上涨的影响，吉林省物价缓步上涨。但吉林省农业生产稳定，生猪出栏量明显增加，粮食供应稳定，粮食价格增速下滑明显，对物价稳定提供了重要支撑。加之国际通货膨胀压力缓解，大宗商品价格随着世界经济复苏及市场需求的扩大而稳步提高，工业品出厂价格会随之提升。受上述因素影响，预计2018年，物价会继续上涨，但稳定物价的因素也在持续增加，物价涨幅将会趋缓，增幅在2.3%左右。

四　推动吉林省经济持续健康发展的对策建议

（一）加快产业转型升级，提升经济发展质量

2017年吉林省经济出现了增速下滑的现象，但经济质量有所提升，今后应该继续推进供给侧结构性改革，在经济发展中保持战略定力，加快转型升级，培育发展新优势，进一步夯实经济持续健康发展的基础。

1. 转变农业生产方式，促进率先实现农业现代化

一是适时调整种植业结构。面对粮食收储政策变化对吉林省农业及农民的影响，应该深入推进农业供给侧结构性改革，加快调整种植业结构，在保证粮食安全生产的同时，以市场需求为导向，扩大经济作物、农业特产品的种植面积。结合吉林省各地区的资源特点，扩大鲜食玉米、吉林大米、中草药、三辣产品、绿色有机蔬菜、优质杂粮杂豆等作物的种植面积，打造现代农业生产基地，提高农产品的经济效益，增加农民收入。二是转变农业生产

方式。以"生态化、高端化、特色化、规模化"为方向，加快土地流转的速度，扩大农业合作社、家庭农场等新型经营主体的数量，实现农业的规模化生产，同时构建农业的全产业链，向精深、精细方向发展，提高产品的附加值。

2. 加快推进工业的转型升级，逐步实现"制造＋智造＋质造"的转变

一是着力加快传统产业的调整升级。围绕"中国制造2025"的主要任务，大力推广智能制造生产模式，加快企业生产设备数字化、智能化改造，发展智能装备和智能产品，促进信息技术向市场、设计、生产等环节的渗透，加快吉林省冶金、建材等传统产业向智能化、绿色化、服务化转型。吉林省三大支柱产业，应该加快升级的步伐。推动食品加工等传统产业由"中低端"产业链条向"高端"产业链条升级，集中力量实现效益、市场、规模方面的提升。加快汽车产业与新能源、新材料、电子信息等的融合发展，在高端产业领域和零部件配套方面实现新的突破。发挥石油化工产业优势，重点补齐烯烃短缺、石化和汽车产业融合程度不深、高端精细化发展不够、生物质产业链高端延伸不足四个方面的短板。二是全面推进战略性新兴产业扩大规模。围绕吉林省确定的新兴产业的重点领域，构建较为完备的政策体系，提供资金、人才、技术、土地等方面的全方位支持。在生物医药、装备制造、新材料、新能源等战略性新兴产业的创新上寻求突破，进一步扩大产业规模，形成吉林省产业发展新的支撑。三是突出绿色发展。逐步淘汰落后产能，发展低碳环保新能源产业。实现工业绿色循环低碳发展，对建材、农产品加工、化工等行业进行技术改造或者产业转型替换，降低工业能源消耗和排放。推动能源及废弃物综合循环利用，积极推广减量化技术、再利用和再制造技术、废弃物资源化技术、产业共生与衔接技术等。

3. 加快推进服务业的提质增效，促进服务业的跨越式发展

一是促进生产性服务业的高端化发展。围绕制造业服务化，利用互联网信息技术并对接用户的个性化需求，开展服务模式和商业模式的创新。重点针对汽车、轨道客车、卫星等生产、销售重要环节，突出发展研发设计、金

融租赁、科技中介、外包服务等生产性服务业。二是促进生活性服务业的高质化、便利化发展。围绕新时代人民群众日益增长的美好生活需要，依托吉林省东、中、西部的绿色生态资源以及丰富的文化底蕴，重点促进生态旅游、健康养老和文化创意等服务业的发展。突出电子商务的引领作用，形成线上线下联通、虚拟实体结合的新型商业服务模式。巩固提升影视制作等优势，打造国家数字电影制作和国产动漫产品生产基地。推进医疗健康、旅游、体育、互联网的有效融合，形成功能齐全、结构合理的产业支撑体系。三是加大服务业支持力度。落实促进服务业发展政策措施，加大服务业税收支持力度，提供新型融资服务支持。发挥政府、协会作用，推动服务企业制定行业标准，提升服务产品质量。

（二）着力解决"不平衡不充分"问题，促进区域城乡协调发展

1.抓好东、中、西三大板块建设，推动区域协调共进

针对东、中、西三大板块发展基础、资源禀赋，统筹施策，精准发力，形成各具特色、相互支撑、协调并进的区域发展新格局。东部地区以"绿色转型"为核心，继续加大生态保护、修复力度，夯实生态环境基础，创建生态文明先行区和绿色城镇带；利用长白山自然资源和文化资源优势，促进产业绿色转型，重点发展医药、矿泉水、人参、林产等特色产业集群，将旅游业打造为新支柱产业，建设国际旅游度假区。中部地区要发挥教育、人才、科技优势，促进科技成果转化，实现创新突破；利用农业资源和工业基础，加快发展方式的转变，打造率先实现农业现代化的实验区和老工业基地振兴的引领区；依托中部城市群，完善城市融合发展机制，抓好国家新型城镇化试点工作，促进产城融合、城乡互动。西部地区继续推进河湖连通、绿化造林、湿地草地沙地修复等生态工程建设，构建西部生态屏障；积极调整农业产业结构，发展农畜产品精深加工业，树立特色农产品品牌；利用风能、电能等资源优势，大力发展清洁能源产业。

2.大力实施乡村振兴战略，促进城乡均衡发展

一是推进美丽乡村建设。贯彻落实十九大报告中"美丽乡村建设"工

作，加大农村环境综合整治力度，推进村庄亮化绿化，构建和谐美丽的人居环境，建设各具特色的新型小镇；充分挖掘自然生态资本的经济潜力，扩大乡村旅游、现代农业等"绿色供给"，构建"农业＋工业"、"农业＋旅游"、"农业＋健康养生"等发展模式，促进农村的一、二、三产业融合发展。二是建立健全城乡融合发展机制和政策体系。统筹推进城乡一体化发展，强化城镇产业支撑。加快社会事业发展，提高城乡基础公共服务水平，突出共建共享和保障民生，提供更充分、更均等的社会发展环境，在全面小康社会建设中提升民生幸福指数。

（三）全面推进体制改革，激发市场活力

为确保吉林省经济实现长期稳定健康发展，必须继续以供给侧结构性改革为主线全面深化经济体制改革，推进体制机制创新，营造更加公平公正的市场环境，激发释放市场活力，培育振兴经济发展的新生动力。

1. 加大"放、管、服"改革力度，加快服务型政府建设

一是深入推进简政放权。政府要按照"能放则放、能简则简、能联则联、能快则快"的原则，继续深化行政审批制度改革，加快审批权力下放，完善行政审批流程，提高审批效率，构建科学有效的事中事后监管体系。完善政府权力清单、责任清单、投资负面清单和财政资金管理清单等清单制度，构筑政府服务公众的新载体和平台，提高管理的针对性、高效性和服务水平，解决"中梗阻"和"最后一公里"问题，激发市场主体活力和创造力。二是构建服务型政府。对国家出台的各项政策、产业规划、指导意见进行认真研究和总结，结合吉林省省情进行突破和创新，由"跟随型政策"向"应用型政策"转变；同时，开展政策落地行动。针对企业不了解、不会用政策的问题，应当加强政策宣讲解读，创新服务方式，促进政策实施并发挥效力。加强政府管理协同机制建设，强化政府部门间关于管理工作的沟通、互联、配合，避免因政府管理的不协调影响服务，提高政府管理运行效率。提高公务人员的综合素质和服务能力，杜绝"懒政"、"怠政"现象的发生。

2. 加快重点领域和关键环节改革，促进实体经济发展

一是释放民营经济主体活力。进一步巩固完善吉林省商事制度改革的成果，建立统一开放、竞争有序、公平公正的市场经济环境，在提升民营经济活力和创造力上下功夫。切实解决市场准入、税收减免、融资担保等方面的问题，扩大民营经济规模，壮大民营经济主体，提高发展层次。二是加快推进国有企业改革。目前吉林省国有企业改革正处于关键期，应该在发展混合所有制方面加大力度，率先破冰，以改革的主动赢得先机，进一步提高国有企业的实力及其对国民经济的支撑力。三是推行行政垄断性产业领域的改革。中国社会科学院研究结果显示，能源、电信、金融等垄断性基础产业的低效率导致制造业的成本过高，严重制约了制造业竞争力的提升。吉林省可以选择在上述领域进行改革先行先试，以促进吉林省降低制造业成本，提升制造业实力，同时推进新兴产业和前沿领域的开拓创新。

（四）稳步推进创新创业战略，集聚发展新动能

创新是产业发展不竭的源泉，也是经济发展的内生动力。吉林省只有大力实施创新创业双轮驱动，才能促进新技术、新产业、新业态的蓬勃发展，不断积聚发展的新动能，释放新需求。

1. 发挥科技创新的引领作用，推进产业创新驱动

在新常态下促进吉林老工业基地的新一轮振兴过程中，应当大力推进科技创新，并且利用科技创新引领全面创新。通过实施传统产业优化升级、科技专项等产业创新手段，对制约传统产业发展的关键技术问题进行攻关，研发示范先进适用的关键共性技术和工艺，提升老工业基地产业技术水平。充分依托以"吉林一号"卫星技术为代表的航空航天技术、生物医药技术、光电子技术、现代装备制造技术等，打造航空航天产业、生物医药产业和高端装备制造业产业集群，发挥科技创新示范效应，提升老工业基地竞争力。

2. 强化企业的创新主体作用，提高企业自主创新能力

企业作为技术创新主体，有助于实现科学、技术和经济的有机结合，创造更大的经济效益。今后应该促进科技型企业的发展，进一步提高科技小巨

人企业的数量，培育新型的创新主体。同时，引导企业加大研发投入，健全市场化技术项目的投融资制度与成果评价机制，注重研究开发和成果转化，提升产品的技术含量，逐步实现由"政府推动技术升级"向"企业自主技术创新"转变，激发企业自主创新的内生动力。鼓励企业，尤其是民营企业与省内外高校、科研机构开展技术的对接与合作，共建大学科技园、产学研合作实验基地，形成独特的技术创新合作体系，弥补自身技术不足，降低技术创新风险，提高企业技术创新能力。

3. 加快科技平台建设，突出创新创业作用

一是引导构建创新创业平台。进一步创新理念，营造更为宽松、更富活力的创业环境，推动大众创业和万众创新。利用创客空间、创业咖啡、创新工场等新型孵化模式，发挥行业领军企业、创业投资机构、社会组织等社会力量的主力军作用，建设一批门槛低、便利化、开放式的众创空间，鼓励草根创新、微创新、微创业，提供资金、场地、技术等创业服务。二是加快构建创新创业成果孵化平台。进一步促进科技孵化、科技评估、技术转移等科技成果转化服务机构发展，完善"开放实验室－众创平台－孵化基地－交易授权平台"的成果转化链条。鼓励技术转移服务机构专业化发展，支持科研院所通过股权转让、许可、入股等方式开展科技成果转化。三是积极构建创新创业服务平台。建立一站式服务机构，增强信息的透明度，及时发布创新创业的扶持政策，建立创业项目库，定期征集发布项目信息，开展创业培训。

（五）强化金融要素支撑，增强经济增长动力

进入经济发展新常态后，吉林省经济也进入结构的深度调整期和改革的攻坚期，投资对经济增长的贡献逐渐回落，为此必须扩大合理有效投资，构建多元投资格局，畅通投融资渠道，增强吉林省经济持续稳定健康增长的动力。

1. 进一步优化投资结构，提高投资效率

一是要明确重点投资领域。抓住国家振兴东北老工业基地的战略机遇，结合"十三五"规划目标，重点在工业转型升级、新兴产业培育、重大装

备"走出去"和国际产能合作、基础设施提档升级等方面加大投入，使得"好钢用在刀刃上"。特别是对战略性新兴产业和创新型企业加大财政金融支持力度，采用加大政府采购、推进相关应用示范、建立补贴等制度方式方法，加大对云计算、大数据、生物医药、循环经济等领域的支持力度，通过高新技术产业优化全省的产业布局。二是构架多元化投资主体。放宽资本市场的准入条件，推动社会资本、民间资本、国际资本共同参与吉林省的经济建设，促进投资主体的市场化、多元化。进一步扩大民间资本的开放领域，取消部分领域的市场准入限制，降低进入门槛；鼓励民间资本、社会资本采取PPP模式，在公共服务、资源环境、基础设施等领域进行共同建设和运营。推广TOT融资模式，加快城市燃气、水务、医院等领域向社会资本开放的步伐。

2. 创新金融服务方式，畅通投融资渠道

一是创新建立农村金融机构。按照现代银行管理模式，结合吉林省农业发展特点，探索建立"土地银行"、"粮食银行"等新型的金融机构和新兴的农民信用合作组织，解决农民的后顾之忧。开展新型服务方式，金融机构可以实施差异信贷供给，引导金融创新推动农业经济作物、棚膜经济等不同领域不同品类产品发展，在贷款申请、审批手续和还贷时限上提供支持，助推种植结构调整。以农村土地产权改革为契机，建立产权交易市场，让农村土地、房屋等成为抵押融资资源。设立农村产权抵押融资风险补偿资金，降低金融风险。二是要丰富中小微企业金融服务方式。结合中小微企业特色，加快供应链金融服务模式创新，搭建面向中小微企业的一站式投融资信息服务体系，解决中小微企业融资难、贷款难问题，保障中小微企业创新发展。

（六）提高经济外向度，开创开放合作新局面

面对国际经济环境和市场环境的回暖以及国内经济下行压力的趋缓，吉林省要抓住"一带一路"建设、合作对接的机会，找准定位，拓展渠道，加快构建开放创新型产业体系，形成对内对外全面开放的区域优势，开创更深层次、更高水平的合作局面。

1. 主动融入"一带一路"倡议，构建大开放格局

充分利用吉林省东北亚核心区域的地理优势，深度融入"一带一路"倡议，加快长吉图先导区建设，围绕打造"丝路吉林"大通道，完善对俄"滨海2号"通道建设，力争开通更多的面向亚欧地区的国际通道，提高平台载体、海关、口岸等服务水平。进一步加大政策扶持力度，积极推动开发开放向纵深发展，在经贸流通、装备制造、基础设施建设、人文交流、旅游养老等领域加强区域合作，逐步形成横跨东北亚、兼顾海陆、联通内外的大开放格局。

2. 推动向南发展，形成区域合作共赢

加快向南发展的步伐，进一步推动通化国际港务区建设，加强与京津冀协同发展等战略对接，推进"长平经济带"、"白通丹经济带"建设。充分利用中央推出的区域合作新政策，积极与浙江和天津探索合作新方式，构建创新、活力、联动、包容的经济共同体，争取在产业融合、文化互动、制度共享方面实现新突破。利用东北亚博览会等平台，积极推进优势产业、企业"走出去"，吸引知名企业、先进技术、外来资金"走进来"；主动承接环渤海经济带、长三角、珠三角、京津冀等地区的产业转移，促进吉林省产业经济的转型升级。

（七）着力改善民生保障，建设美丽和谐吉林

1. 完善保障和改善民生的制度安排，增强人民的获得感

一是进一步完善社会保障机制。确保民生投入只增不减，使广大人民群众共享发展成果，提升城乡居民的幸福感。继续适当提高基本养老金标准，在企业职工基础养老金实现全国统筹之前，积极筹措和调度好资金，确保养老金按时正常发放；合理提高最低工资标准和特困人员救助等社会求助标准，突出做好企业困难职工、低收入群体和困难家庭帮扶工作；落实《健康吉林2030规划纲要》，加快医疗体制改革，均衡医疗卫生资源，提高医疗服务质量，推动医疗卫生与养老服务深度融合发展。二是保持稳定的就业形势。保持吉林省的就业持续稳定需要两方面的努力，一方面需要创造更多的就业岗位，通过不断扩大就业容量，优化就业结构、提升就业质量；另一方

面需要实施更加积极的就业政策，贯彻落实吉林省人才政策，以及大学生、农民工返乡创业等方面的政策，坚持实施就业优先战略，留住人才，吸引人才。三是坚持精准扶贫、精准脱贫基本方略，有节奏、按步骤扎实完成脱贫攻坚任务，并保证数据准确、措施精准，进一步推进扶贫工作。

2. 发挥生态优势，坚持绿色发展

遵循绿色发展的理念，打好"污染防治"攻坚战，以生态经济为抓手，大力推进生态文明建设，加快形成节约能源资源和保护生态环境的产业结构、增长方式和消费模式，努力在环境优化发展、构建生态经济体系、打造城乡宜居环境、恢复生态系统功能等方面实现新的突破。提升吉林省森林、草地、河湖、湿地等生态系统稳定性和生态服务功能，将吉林省的绿水青山变成"金山银山"，提供更多优质生态产品。

经济运行篇

Economic Operation

B.2
吉林省工业运行状况分析及展望

张春凤*

摘　要：　2017年1~9月，吉林省工业经济运行总体平稳，增速有所放缓，工业结构持续改善，工业固定资产投资下降，工业用电量好于2016年同期。整体来看，吉林省工业经济呈现轻工业发展较快、重点产业支撑作用增强、工业效益微有改善、区域平衡发展等特征，存在部分产业增长困难、企业利润空间受挤压、投资支撑能力有限等问题。从全球、全国及地区经济与工业形势看，吉林省2017年全年工业经济整体趋于平稳，应着力推动工业结构优化与转型升级、激发民营经济与小微企业活力、以城镇化拓展工业发展空间、千方百计稳定工业投资等，全力保障全省工业经济企

---

* 张春凤，吉林省社会科学院经济研究所，助理研究员，主要研究方向为产业经济、产业政策。

稳向好。

关键词: 工业经济 工业效益 工业结构

一 吉林省工业运行基本情况

1. 工业经济增长放缓

2017 年 1~6 月,吉林省实现工业产值 3165.05 亿元,按可比价计算(下同),同比增长 5.7%。同期,吉林省实现地区生产总值 6124.22 亿元,同比增长 6.5%。工业生产总值占 GDP 的 51.68%。1~9 月,吉林省规模以上工业增加值增长在波动中总体呈放缓态势,增速为 5.4%,比全省、全国 GDP 增速均低 1.5 个百分点。虽然吉林省规模以上工业增加值增长情况不够理想,但在东北三省当中还是表现最好的,高于黑龙江 3.1 个百分点,高于辽宁 7.2 个百分点(见表 1)。从全国排名来看,上半年全省工业增加值增速居全国第 23 位,较上年下降 2 位。从三次产业结构来看,随着吉林省经济发展整体进入工业化中后期,第一、第三产业均呈现良好增长势头,相较而言,第二产业所占比重有所下降。2016 年,吉林省第二产业占全省 GDP 比重为 48.01%,比 2015 年下降 3.39 个百分点。2017 年 1~6 月,全省第二产业占 GDP 比重为 55.32%,较上年同期下降 0.19 个百分点。综合 2015 年、2016 年及 2017 年前三季度工业经济的表现,在工业整体仍然面对较大下行压力的形势下,展望全年,吉林省工业经济增速较上年将略有下降。

表 1 2017 年 1~9 月规模以上工业增加值增速

单位: %

地区	1~2 月	1~3 月	1~6 月	1~9 月
吉 林 省	6.5	4.9	5.8	5.4
黑龙江省	1.0	2.1	2.3	2.3
辽 宁 省	-6.9	-6.2	-4.3	-1.8
全 国	6.3	6.8	6.9	6.7

资料来源:吉林省统计局、辽宁省统计局、黑龙江省工业和信息化委员会。

2. 工业结构持续改善

从轻重工业对比来看，规模以上轻工业保持较快增长势头。上半年，规模以上轻工业增速达 9.8%，较上年同期高 0.7 个百分点，1～9 月增长 9.4%，较上半年略有下降。事实上，近三年内，吉林省轻工业可谓实现了"强劲增长"，在重工业承压艰难前行的情况下，轻工业增速连年保持在 8% 以上，高于近三年的全省平均水平。展望未来，轻工业有望成为支撑吉林省工业经济的重要增长力量。从总量来看，上半年规模以上轻工业占全省的 32.32%。重工业虽然仍然占 67.68% 的比重，但增速只有 3.9%，1～9 月又进一步微降到 3.8%。从不同所有制类型来看，上半年，吉林省集体企业情况急转直下，与 2015 年、2016 年同期增速均在两位数以上相比，大幅下降为 -5.7%，1～9 月降幅有所收窄。而股份合作企业表现良好，1～9 月增速达到 21.2%。从不同登记注册类型来看，2017 年上半年吉林省规模以上国有控股企业和民营工业企业表现可谓势均力敌，分别增长 5.8%、5.9%；1～9 月二者差距有所拉大，国有控股企业增长 6.6%，民营企业则较上半年下降 1.1 个百分点。从不同规模企业情况来看，1～9 月吉林省规模以上大型企业和小型企业表现良好，增加值增速分别为 6.2%、5.8%，均好于全省规模以上工业的平均水平。这在一定程度上表明，一方面，大型企业对全省工业基本面的支撑作用在增强；另一方面，具有较大成长空间的小企业活力也有所提升。从中央和地方来看，中央企业支撑作用增强，增长 6.6%，高于全省平均水平，地方企业增长则低于全省平均水平。

表2　2017 年 1～9 月全省不同类型规模以上工业企业增加值及增长情况

	规模以上工业增加值（亿元）			同比增长（%）		
	1～3 月	1～6 月	1～9 月	1～3 月	1～6 月	1～9 月
总　　计	1562.67	3167.15	4651.41	4.9	5.8	5.4
轻工业	499.94	1023.76	1420.75	8.8	9.8	9.4
重工业	1062.74	2143.39	3230.67	3.1	3.9	3.8
国有企业	342.35	657.66	949.66	5.9	5.3	8.0
集体企业	3.60	8.42	9.93	0.1	-5.7	-1.4

续表

	规模以上工业增加值（亿元）			同比增长（%）		
	1~3月	1~6月	1~9月	1~3月	1~6月	1~9月
股份合作企业	1.41	3.24	5.12	16.7	17.9	21.2
股份制企业	1033.59	2138.50	3155.96	4.3	6.4	5.0
外商及港澳台	135.61	270.21	399.58	9.3	4.8	5.4
其他经济类型	46.11	89.11	131.16	0.0	-0.1	-2.4
国有控股企业	557.85	1109.42	1640.86	4.3	5.8	6.6
民营企业	836.92	1720.40	2522.31	4.4	5.9	4.8
大型企业	643.41	1260.21	1723.39	6.1	6.4	6.2
中型企业	204.28	419.79	665.26	1.1	1.0	2.7
小型企业	639.81	1337.81	2094.39	5.3	6.6	5.8
中央企业	451.13	892.49	1314.20	4.7	5.8	6.6
地方企业	1111.54	2274.67	3337.22	5.0	5.8	5.0

资料来源：吉林省统计局（下同）。

3. 主要工业产品生产情况良好

2017年1~9月，在有统计数据的24种主要工业产品中，14种产品产量实现不同程度的增长，10种产品产量增速为负，增长情况总体略好于2016年及2015年。产量增速较高的几种产品，主要有化肥、电子元件、化学纤维及汽车仪器仪表等，增速均超过10%，尤其是化肥和电子元件产品的生产增长较快，产量大大高于2016年同期。这在一定程度上表明，吉林省电子产业、农业、化工及汽车产业等的生产情况相对较好。产量增速下降的产品主要包括电工仪器仪表、铁合金、改装汽车、人造板、水泥熟料等，很大程度上印证了吉林省冶金业及建筑业等面临着增长乏力的现实状况（见表3）。

表3　2017年上半年及1~9月主要工业产品产量与增长情况

全省主要工业产品	产量		增长（%）	
	1~6月	1~9月	1~6月	1~9月
饮料酒（万千升）	109.64	180.96	0.3	0.8
卷烟（亿支）	227.00	372.88	-4.2	0.1
化学纤维（万吨）	20.46	30.50	21.3	15.4
化肥（万吨）	64.99	16.89	49.7	88.0

续表

全省主要工业产品	产量		增长（%）	
	1~6月	1~9月	1~6月	1~9月
乙烯（万吨）	42.71	63.78	14.6	8.4
中成药（万吨）	18.88	20.53	4.1	-2.4
水泥（万吨）	1490.64	2785.78	-2.6	-6.8
钢材（万吨）	469.49	741.32	-0.8	2.0
十种有色金属（万吨）	6.01	10.28	0.0	1.4
汽车（万辆）	133.06	201.84	8.5	8.0
改装汽车（万辆）	1.00	1.53	-36.0	-25.7
大米（万吨）	687.45	965.69	5.4	4.5
精制食用植物油（万吨）	27.99	35.30	-3.7	-4.9
鲜、冷藏肉（万吨）	87.54	106.96	7.4	-1.3
饲料（万吨）	427.05	640.81	1.9	6.6
发酵酒精（万千升）	98.61	135.03	8.2	5.5
服装（万件）	12132.73	16852.53	-0.1	-5.9
人造板（万立方米）	270.69	463.89	4.9	-14.3
水泥熟料（万吨）	909.72	1758.13	1.0	-10.9
铁合金	9.95	10.65	-17.6	-46.5
半导体分立器件（亿只）	20.03	31.65	8.4	5.3
电子元件（万只）	92.55	155.09	87.8	87.1
电工仪器仪表（万台）	0.00	0.00	0.0	-100.0
汽车仪器仪表（万台）	24.47	49.79	-18.4	11.6

4. 工业固定资产投资降幅收窄

2017年上半年，吉林省第二产业固定资产投资同比下降，降幅为8.9%，较一季度收窄2.1个百分点，较全省固定资产投资增速低11.3个百分点。相较而言，2015年，吉林省第二产业投资完成额增长11.3%，而2016年则仅增长2.4%，可以说，2017年上半年第二产业投资增速为负，完全是延续了2016年的下降趋势。1~9月，吉林省第二产业投资下降9.2%，下降幅度较上半年有所扩大。从总量来看，1~9月，全省第二产业投资完成额达5366.29亿元，占全省固定资产投资完成额的50.45%，仍然占据全省固定资产投资的"半壁江山"（见图1）。对比历史数据来看，吉

林省第二产业投资进入负增长时期，可谓近年来的历史最低谷。预计在未来的一段时间内，在新的增长动能无法形成有效支撑的情况下，工业投资增长乏力的状况势必难有彻底改观。在这种形势下，工业投资尤其是重工业投资增速的大幅度下降，必然导致全省乃至地区经济增速的放缓。上半年全省GDP 增长乏力的重要原因之一，就是工业投资下降。当然，全国第二产业投资也面临较大的下行压力。尽管自年初以来，吉林省第二产业投资降幅在波动中总体有所收窄，但在全国第二产业投资增长乏力的形势下，展望全年，吉林省工业固定资产投资增速下降已成定局。

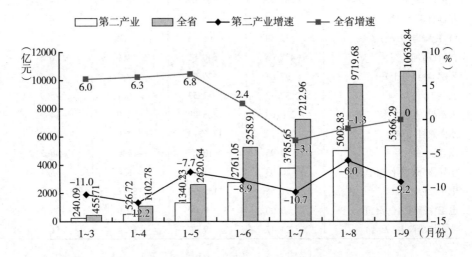

图1　2017 年 1～9 月全省第二产业投资及增长与全省投资情况对比

5. 工业用电量高于2016年同期

前三季度，全省工业用电量增速逐月下降，但总体扭转了 2016 年的负增长局势。1～6 月，工业用电量增速为 4.60%，与2016 年同期下降4.62%相比，高出 9.22 个百分点，低于同期全国工业用电量增速 1.5 个百分点。尽管增速逐月降低，但从总量来看，1～9 月，工业用电量仍然超过全社会用电量的一半以上，达 58.97%。1～9 月，轻工业用电量增速为 4.51%，高于全省 0.96 个百分点，这与同期全省轻工业发展的良好势头是相一致的。同期，重工业用电量增速虽然低于全省平均用电量2.25 个百分点，但重工业用电量占全省用电量的 50.92%，是工业领域乃至全省的耗电大户，也是全省节能减排的重点领域。从重工业内部 6 个细分行业来看，2016 年有 4 个行业用电量下降、2 个行业用电量增长，2017 年前三季度则有 3 个行业用电量下降、3 个行业用电量增长，因此工业用电量整体上升（见表 4）。扣除节能减排因素，工业用电量增长情况，能够侧面佐证工业生产情况的好坏，前三季度工业用电量恢复增长，总体同工业主要产品生产多数实现增长的情况相符合，为全省全年工业生产顶住下行压力提供了重要支撑。

表 4　2017 年 1~9 月工业用电量及增长情况

按不同行业分类	用电量（亿千瓦时）			增速（%）		
	1~3 月	1~6 月	1~9 月	1~3 月	1~6 月	1~9 月
全社会合计	178.16	340.25	503.22	5.06	5.15	3.55
工业	106.32	202.58	296.73	5.10	4.60	1.72
其中：轻工业	13.29	26.98	40.51	4.16	4.52	4.51
重工业	93.03	175.60	256.22	5.23	4.62	1.30
其中：电力、热力的生产和供应	43.64	70.34	97.47	5.41	3.85	1.17
黑色金属冶炼及压延加工	8.35	16.47	23.93	7.32	3.71	-3.24
化学原料及化学制品制造	8.17	16.36	23.33	0.73	14.01	10.71
非金属矿物制品业	2.50	12.57	22.60	5.00	3.69	-2.81
石油加工、炼焦及核燃料加工	2.04	3.93	5.71	-0.97	-0.19	0.26
有色金属冶炼及压延加工	1.47	3.09	4.64	-6.91	-28.05	-32.69

二　吉林省工业经济运行特点

1. 轻工业增速高于全省平均水平

2015 年以来，吉林省规模以上轻工业持续快速发展，增速连年高于重工业，同时也高于全省及全国规模以上工业增速（见表 5）。从总量来看，2016 年吉林省规模以上轻工业增加值为 1966.62 亿元，占全省规模以上工业的 32.06%；2017 年 1~8 月，全省规模以上轻工业增加值为 1369.48 亿元，占全省规模以上工业的 32.61%，即仅前 8 个月，规模以上轻工业占比

就比2016年全年提高0.55个百分点。可以说,作为全省工业增加值最关键和最重要的贡献者,历年来,重工业都是全省发展的重中之重,其受关注程度远远大于轻工业。然而,自2014年以来,包括吉林省在内,东北地区经济整体陷入历史低谷,工业尤其是重工业增速出现严重下滑,2015年吉林省重工业增速甚至为负。与此形成鲜明对比的是,吉林省轻工业可谓逆势上扬,连年保持较高增速,占规模以上工业的比重也持续提高,极有可能发展成支撑全省工业增长的重要力量。

表5 吉林省规模以上轻工业增速与规模以上重工业及全省、全国规模以上工业增速对比

单位:%

	增速		
	2015年	2016年	2017年1~9月
吉林省规模以上轻工业	6.7	9.2	9.4
吉林省规模以上重工业	−0.2	4.9	3.8
全省规模以上工业	5.3	6.3	5.4
全国规模以上工业	6.1	6.0	6.7

2. 重点产业支撑作用持续增强

近年来,吉林省以汽车、石化、农副产品加工、医药等八大产业为代表,初步形成了对全省经济具有重要支撑作用的支柱优势产业格局。从增速来看,上半年8个重点产业增加值合计增长6.4%,高于全省规模以上工业0.6个百分点,对全省工业的贡献率达到89.50%,拉动全省工业增长5.2个百分点。1~9月,8个重点产业增长6.6%,高于全省规模以上工业1.2个百分点。其中,汽车、食品、医药、纺织等产业增速均超过全省规模以上工业的平均水平。尤其是汽车制造业,上半年即实现增加值863.12亿元,对吉林省规模以上工业贡献率达到32.3%,拉动全省工业增长1.9个百分点。同期,纺织工业及医药产业增长势头最为强劲,分别达到16.8%、13.4%,各比2016年同期增速高4.2个、1.8个百分点。另外,随着吉林省石油化工企业大面积调整完毕并开工生产,石油化工产业从2016年全年的下降1.6%,转变为1~9月的增长2.8%。当然,信息产业上半年下降5.3%,情况远不及2016年同期增长 8.0% 的水平，且 1~9 月降幅进一步扩大。但从总量来看，前三季度 8 个重点产业实现规模以上工业增加值 3783.91 亿元，占全省规模以上工业增加值的 81.35%，持续彰显了对全省经济的重要支撑作用（见表 6）。

表 6　2017 年 1~9 月 8 个重点产业增加值及增长情况

单位：亿元，%

		工业增加值			增速		
		1~3 月	1~6 月	1~9 月	1~3 月	1~6 月	1~9 月
	八个重点产业合计	1269.43	2586.70	3783.91	5.7	6.4	6.6
1	汽车制造业	445.16	863.12	1291.42	7.7	6.8	9.3
2	石油化工业	175.10	362.83	528.23	-0.4	3.7	2.8
3	食品产业	265.01	533.60	804.18	6.2	7.2	8.9
4	信息产业	29.79	64.23	99.97	-4.4	-5.3	-7.6
5	医药产业	133.97	278.09	295.17	13.2	13.4	10.7
6	冶金建材业	142.34	327.45	535.96	-0.3	1.8	0.4
	冶金业	69.42	140.08	225.04	-8.0	-5.5	-6.1
	建材业	72.92	187.37	310.92	6.6	7.2	5.2
7	能源工业	35.68	64.66	91.27	1.3	3.1	3.8
8	纺织工业	42.37	92.72	137.72	13.3	16.8	12.3

3. 工业企业效益略有改善

从 2017 年 1~5 月数据来看，吉林省规模以上工业企业累计实现利润总额 480.21 亿元，同比微有增长，增幅为 0.1%；实现主营业务收入 9718.45 亿元，同比增长 8.0%。最新数据显示，1~9 月吉林省规模以上工业企业累计实现利润总额 896.45 亿元，同比增长 2.6%，比 1~5 月有所改善。同期，规模以上工业企业实现主营业务收入 17940.21 亿元，同比增长 7.2%。回顾 2016 年，吉林省全年实现规模以上工业企业利润总额 1241.76 亿元，同比增长 5.2%，利润总额与增速分别位居全国第 20、21 位，居东北第一；规模以上工业企业累计实现主营业务收入 23268.31 亿元，同比增速从 2016 年初的 -1.0% 提高至年末的 5.7%，主营业务收入额与增速均位居全国第 16 位。就目前情况来看，2017 年全省规模以上工业主营业务收入与利润增长达到 2016 年水平是可预期的。

4. 区域之间呈均衡发展态势

长期以来，吉林省致力于推动地区之间均衡发展。2016 年数据表明，长春市"一家独大"，规模以上工业创造增加值 2332.16 亿元，以占全省 38.02% 的份额，成为吉林省名副其实的工业核心。2017 年上半年，吉林省以长春为核心，各地市州均衡发展的态势得到增强。1～9 月，长春市实现规模以上工业增加值 1946.76 亿元，占全省的 41.85%，核心地位进一步巩固。从增速来看，长春市规模以上工业增加值增长最快，前三季度达 9.3%，是 9 个地市州中唯一超过全省平均水平的地区。同时，一季度增速为负的吉林市、松原市，截至 9 月末均实现不同程度的增长。整体来看，在吉林省规模以上工业增速放缓的影响尚未完全消弭的情况下，松原、通化等地的规模以上工业得到了快速发展，从总量上逐步赶了上来。就目前情况来看，吉林省以长春为核心、各地市州均衡发展的态势愈发明显。

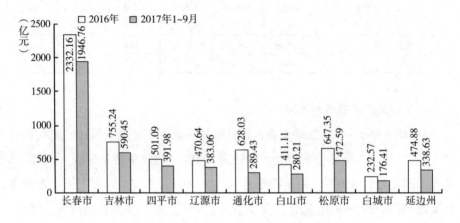

图 2　吉林省各地市州规模以上工业增加值

5. 工业节能减排稳步推进

上半年，吉林省工业节能减排情况良好，单位工业增加值能耗降低 5.3%，与第一季度降低 4.8% 相比，提高 0.5 个百分点，能耗降低率小幅提升；1～9 月，单位工业增加值能耗降低幅度提高到 6.4%，工业节能减排步伐稳步推进。从各地市州情况来看，1～9 月仅有白城市单位工业增加值能耗不降反升，其余8个地市州能耗都有不同程度的下降，长春市、辽源市、白山市及延边州能耗降低率均超过全省平均水平，强力推动了全省工业节能降耗稳步推进（见表7）。近年来，在推动经济发展实现新旧动能转换的紧要关头，在加快转变经济发展方式、更重视经济质量与效益的时代呼声下，吉林省进一步明晰了东、中、西区域产业发展定位，各地市州均衡发展的产业布局与目标也更为明确，相应地，节能减排工作也得以快速有序推开。当然，1~9月全省高耗能产业增加值增长5.5%，高于2016年全年的3.4%，一定程度上增加了全省节能减排的困难程度，但如果维持现有态势并着力提升能耗降低率，完成年初预定的单位GDP能耗下降3.2%的节能减排目标还是可以预期的。

表7　各地市州单位工业增加值能耗降低情况

单位：%

地区	2015年	2016年	2017年		
			1~3月	1~6月	1~9月
全省	14.4	9.4	4.8	5.3	6.4
长春市	18.5	5.3	5.8	8.4	8.8
吉林市	11.1	6.8	-4.9	1.9	1.9
四平市	22.3	-1.3	-5.4	-0.8	2.4
辽源市	12.9	10.2	15.6	6.1	8.8
通化市	15.5	23.3	6.9	8.8	6.5
白山市	25.2	6.9	7.9	8.2	8.7
松原市	12.8	17.5	8.6	-9.4	4.3
白城市	13.2	9.4	-6.5	2.5	-0.3
延边州	9.4	6.9	12.9	8.3	6.9

三　吉林省工业运行面临的主要问题

1. 宏观环境制约部分产业增长困难

近年来，我国宏观经济进入结构升级、动能转换的"新常态"时期。在此背景下，东北地区经济增长更是雪上加霜，2015年前后经历了"断崖

式"下跌，经济增长进入历史低谷。2017 年 1~9 月主要经济数据出炉，东北经济虽然有转暖的迹象，但整体仍然在谷底徘徊，动能积蓄与反弹尚需时日。在宏观经济压力不断加大的形势下，近三年来，辽宁与黑龙江工业经济都经历了历史罕有的"寒冬"，而吉林省在东北地区表现最佳，工业整体挺住了下行的巨大压力，基本保持了平稳增长，为全省乃至地区经济增长都做出了贡献。然而，受制于宏观和地区形势不利及内部动力积蓄转换困难的客观现实，吉林省多数重点产业增长普遍不及 2016 年同期。一方面，房地产市场增长放缓，连累与其相关的上下游产业，如钢铁、建材、工程机械等的市场需求因此减弱，增长受到了不同程度的影响；另一方面，汽车产业市场饱和度提高，加之环保与交通等因素制约作用凸显，汽车产业快速发展的势头有所削减。2016 年吉林省规模以上汽车制造业增加值增长 10.0%，而 2017 年前三季度增长 9.3%，且这还是 8 个重点产业中增长情况较好的。同时，2016 年及 2017 年 1~9 月数据显示，医药产业增速虽然较高，但与 2014 年、2015 年一度最高增速超过 20% 的时期无法相比。

2. 经营成本攀升挤占企业利润空间

随着国内经济形势的快速变化，一方面，劳动力、原材料等要素成本急剧上升；另一方面，主要工业产品市场需求不振，拖累产品价格提升，致使企业利润空间一再受到打压。诸多因素叠加，致使相当数量的工业企业面临着节节攀升的生产经营成本，利润空间不断遭到侵蚀，生产经营遭遇不同程度的困难，投资积极性一定程度上也遭受挫折。实际上，自 2016 年以来，市场投资的回报率下降，市场预期趋弱，工业投资尤其是民间投资意愿降低，进一步压缩了工业企业利润份额。2017 年 1~9 月数据显示，吉林省规模以上工业企业利润总额仅同比增长 2.6%，尽管比 1~5 月同比仅增长 0.1% 有较大提高，但与全国前三季度工业企业利润总额同比增长 22.8% 相比，仍然有较大差距。展望全年，吉林省工业企业利润空间增长有限，与全国平均水平的差距难以弥合。

3. 市场需求不足难以刺激企业积极性

工业品市场需求相对不足，仍然是目前影响吉林省工业经济企稳回升的重要因素之一。尽管从上半年全省主要工业产品生产情况来看，一半以上的产品产量实现增长，但还是存在相当数量的企业面临"产品需求减少、订单不足"的问题。同时，自年初开始，吉林省工业生产者出厂价格指数总体呈现下降态势，尽管从5月开始逐月有所回升，但到8月，仍然比1月低1.7个百分点，说明工业品市场需求虽然有所回暖，但仍然不够理想。受这些因素的影响，吉林省工业企业生产意愿不强。表现之一，就是反映工业企业活跃度的重要指标工业用电量，虽然较2016年同期有增长，但上半年增速比第一季度低0.5个百分点，一定程度上说明企业生产积极性有所下降。

4. 工业投资增长乏力难以形成有效支撑

从总量结构上来看，尽管轻工业扩张速度较快，但吉林省工业目前仍然以重工业为主。对重工业增长来说，投资持续增长是支撑重工业增长的重要和关键因素。长期以来，吉林省工业投资一直保持在10%以上。进入2016年后，全省工业投资增速逐月下降，2016年全年第二产业投资增速只有2.4%。进入2017年后，第二产业投资下降幅度一度超过10%，尽管在波动中降幅有所收窄，但1~9月仍下降9.2%，投资下降的事实没有改变。应该说，要彻底改变这种状况，还需大力推动占全省固定资产投资份额超过3/4的民间投资增长。然而从民间投资情况来看，2017年1~8月，吉林省民间投资下降2.6%，尽管降幅在收窄，但民间投资意愿不强的状况短期也难有彻底改观。同期，全国民间投资增长6.4%，两相对比发现，吉林省民间投资信心的恢复尚需时日。

四 吉林省工业运行环境分析与形势展望

1. 世界经济温和复苏，全球工业生产回暖向好

就2017年上半年形势来看，首先，发达经济体的复苏与温和扩张态势在增强。美国经济持续表现出温和扩张的走势，6月制造业PMI达到57.8%，就业实现温和增长，通货膨胀有所回落；欧洲经济复苏迹象趋于明显，5月当月工业生产指数达到了近5年内的最高点，工业生产持续扩张，

进出口增长明显加快；日本经济保持低速扩张态势，制造业 PMI、采矿业及制造业生产指数也达到近 3 年来的最高水平。其次，新兴经济体整体在波动中缓慢平稳复苏。巴西经济在波动中呈现弱复苏状态；南非经济下行压力较大，制造业生产指数持续下降，国内政局动荡，致使投资者信心受影响；印度经济企稳，增长前景相对明朗；俄罗斯全年有望实现平稳复苏，尽管截至上半年，俄罗斯工业生产指数增速显著回落，但消费与出口形势不断改善。总体来看，近年来，金融危机对全球经济的影响，已然逐步得到化解，全球经济初步摆脱危机阴霾，正走向温和复苏。

2. 国内经济增长内生动力增强，全国工业稳中有进

近年来，在中央政府大力推动改革创新的政策指引下，我国经济增长的内生动力正在加速集聚和形成，宏观经济呈现企稳向好态势。初步预测，在上半年规模以上工业增加值实现同比增长 6.9% 的基础上，全年工业经济增速有望小幅提升。支撑这一发展趋势的因素主要包括三个方面。一是消费将实现平稳增长。汽车消费平稳增长，随着 2018 年全面取消汽车购置税优惠政策，2017 年底汽车消费可能有一定幅度的增长；受价格影响石油及制品消费可能有所回落；共享经济、网购及海外购等将持续释放消费增长的新动能。二是工业投资增长有望筑底企稳。展望全年，制造业投资有望回升，促进民间投资的政策效应正在逐步释放，市场环境正日趋好转；投资结构持续得到优化，全国高技术产业及技改投资力度持续加大，全年全国工业投资有望实现 5% 左右的增长。三是出口增长趋稳。"一带一路"战略的推进，跨境电商综合实验区发展等因素，都将有利于出口增长；各地纷纷布局先进制造业，大力推动实施创新引领增长策略，新动能正在形成。

3. 东北经济有望筑底回升，支撑地区工业回暖

整体来看，上半年，辽宁省地区生产总值增速已由负转正，吉林省、黑龙江经济基本平稳，GDP 同比分别增长 6.5%、6.3%。1～9 月，辽、吉、黑 GDP 分别增长 2.5%、5.7%、6.3%，吉林省较上半年下降 0.8 个百分点。从工业增长情况来看，东北工业于 2017 年 3 月结束负增长态势，连续保持 3 个月的持续回升，1～9 月，辽、吉、黑规模以上工业增加值分别增

长 −1.8%、5.4%、2.3%。党的十八大以来，党中央领导多次调研考察东北地区，对东北新一轮振兴做出部署。2017 年 3 月，国务院发布了《东北地区与东部地区部分省市对口合作工作方案》，明确部分地市之间建立对口合作关系，加快推动东北地区复制推广东部地区的改革创新经验做法，共建合作平台等，诸多有利因素支撑了东北工业回暖。

4. 增长动能积蓄尚需时日，全省工业经济承压下行

回顾自 2014 年以来各地区及全省工业经济发展的轨迹，综合 2017 年 1～9 月吉林省工业运行情况，结合当前全球、全国及地区经济表现与工业运行的宏观环境，考虑到支撑吉林省工业回暖向好的新动能尚未有效建立，在全省经济增长仍然面临较大下行压力的形势下，受国有部门工业投资负增长态势难以彻底扭转、民间投资实现快速增长尚需时日等客观现实因素的掣肘，预计 2017 年全年吉林省工业保持 1～9 月实现的 5.4% 的增长水平是可预期的，甚至还能有所提高。在此形势下，展望 2018 年，全省工业经济将承压下行，增长速度有望保持在 5%～6%，其要进一步提高，还需多方协调配合、不懈努力。同时，预期全省工业结构将持续微调，效益小幅提升，节能减排继续有序推进。

五 提升吉林省工业运行水平的对策建议

在地区工业下行压力仍然较大的形势下，尊重当前吉林省工业运行的客观现实，针对工业发展中面临的主要难题，应考虑从持续推动工业结构优化与转型升级、激发民营经济与小微企业活力、稳定工业投资及推进新型城镇化以拓展工业发展空间等角度，全力保障未来一段时间内全省工业经济逐步企稳向好。

1. 优化工业内部结构，推动产业转型升级

对于以重工业为主的吉林省来说，随着工业运行面临的资源环境约束不断收紧、劳动力与原材料等生产要素成本节节攀升、结构性矛盾进一步突出等难题的凸显，如何实现借势逆转，抓住当前经济增长放缓"危机"带来

的倒逼效应，将其转变为结构调整的"机遇"，是决定吉林省能否顺利实现转型发展的关键问题。一是深入实施创新驱动发展战略，加快提高工业信息化水平，提高传统优势产业的科技含量，拉长产业链条，提高配套能力；大力发展近年来增长势头良好的轻工业，持续发展汽车、农产品加工、医药等8个优势支柱产业，加快形成独具特色的现代产业体系。二是完善科技创新体系建设，加大工业创新投入，引导企业加大科技创新力度，尽快形成以企业为主体、市场为导向、产学研密切配合的科技创新体系；提高自主创新层次和水平，不断优化产品结构，提高企业效益与市场竞争力。三是推动产业集聚、集群发展，扶持龙头企业，加快培育关联度大、带动性强的产业集群，完善产业链协作配套体系建设；推动工业园区与产业示范基地转型升级，提高地区乃至国际影响力与竞争力，促进产业集约、集聚、集群发展，引领和带动全省工业转型升级。

2. 激发民营经济活力，重视小微企业发展

民营经济占据吉林省"半壁江山"，是全省经济活力的源泉和关键所在。近年来，吉林省出台多项政策措施发展民营经济，取得了一定成效。然而自2016年以来，随着全国民间投资积极性下降，吉林省工业领域民营经济的发展势头也受到不小的打压。从1~8月民间投资情况来看，民间投资增速为负，但降幅在波动中收窄，民间投资总额占全省的比重也在提高，从1~3月的66.90%提高到1~8月的75.41%，从根本上支撑着全省投资，也是未来吉林省防止工业投资进一步下滑的关键所在。事实上，截至7月底，民间投资占全省投资比重就已经超过3/4。为吸引民间投资更多投向工业领域，吉林省应持续深化以"放管服"为重要抓手的体制机制改革，切实推动政府职能转变，严抓改革政策的落实，优化创业创新环境，为民营经济发展繁荣营造良好氛围。进一步提高民营经济投资积极性，合理降低民间投资的准入门槛，切实去除民营经济投资的"玻璃门"与"弹簧门"，彻底打消民营经济投资顾虑。深化金融领域改革，引导金融机构为小微企业提供融资支持。同时，完善小微企业社会化服务体系，为其提供政策信息资源共享、技术支持与指导、人才引进与培训、法律维权及信用

担保等各方面服务。

3. 加快推进新型城镇化，拓展工业发展空间

以产业、人口、土地、社会及农村"五位一体"协同发展为重要特征的新型城镇化，其核心推动力在于产业及产业融合发展。反过来讲，城镇化水平的提高，将带动基础设施建设、房地产相关领域产业的发展，提高城镇居民收入水平，刺激消费，从供给和需求两端拉动工业经济增长。改革开放以来，直至2014年，吉林省城镇化速度一直高于全国平均水平。但自2015年开始，吉林省常住人口城镇化率开始低于全国平均水平，城镇化领先优势不再。对吉林省来说，在当前国际国内市场需求相对疲弱、新的消费热点与领域尚未形成的时期，应着力加快推进新型城镇化进程，以创新思维提升工业，以工业化手段再造城镇化进程中的方方面面，既为城镇化提供产业支撑，也为工业经济提供广阔发展空间。同时，要大力引导企业抓住城镇化的历史机遇，推动企业调整发展战略、投身城镇化建设，更好地满足新型城镇化进程中的市场需求。

4. 千方百计稳定投资，增强工业发展支撑

整体来看，千方百计确保工业投资实现稳定增长，仍然是支撑吉林省工业实现稳中有进的关键力量之一。实际上，从全国情况来看，1~9月全国工业投资同比增长3.3%，增速较1~8月回落0.5个百分点，表明全国工业投资增长也存在增长乏力的问题。对吉林省来说，前三季度工业投资数据不容乐观，远不及全国平均水平：一方面，吉林省来自国有部门的投资大幅度下降；另一方面，占全省投资总额3/4的民间投资增长乏力。展望2018年，吉林省应千方百计稳定工业投资，同时不断优化工业投资的内部结构，加大对重点产业的投入，积极培育新兴产业。一是要持续加大招商引资力度，与对口帮扶省份通力谋划，千方百计引进相关战略投资方，积极承接产业转移，大力发展产业集群，发挥和增强优势主导产业的辐射带动作用。二是谋划和推动大项目建设落实、投产达效，以项目建设带动经济增长。三是努力增强民营投资信心。通过不断深化"放管服"改革，持续提高政府办事效能，不断改善地区营商环境。

参考文献

《2017 年上半年吉林与各省市区工业、投资、消费、物价指标对比简析》，吉林省县域网，2017 年 7 月 28 日，详见：http：//www. jlxy. gov. cn/news. aspx？ id = 148480。

《上半年我省经济运行总体平稳》，吉林省人民政府网，2017 年 8 月 1 日，详见：http：//www. jl. gov. cn/sj/sjyw/tjgb/201708/t20170801_ 2838513. html。

《2017 年上半年工业经济运行分析和下半年走势判断》，中国产业经济信息网，2017 年 8 月 2 日，详见：http：//www. cinic. org. cn/index. php？ m = content&c = index&a = show&catid = 20&id = 398716。

《2017 年上半年中国工业经济增长喜忧参半》，百家号，2017 年 8 月 2 日，详见：http：//baijiahao. baidu. com/s？ id = 1574547741816937&wfr = spider&for = pc。

刘媛：《山东工业经济运行情况分析》，《山东经济战略研究》2014 年第 12 期。

B.3
吉林省农业发展形势分析与展望

孙葆春*

摘　要： 通过农业供给侧结构性改革，助推率先实现农业现代化，是2017年吉林省的农业农村工作重点。2017年吉林省种植业结构继续优化调整，畜牧业全产业链加快建设，园艺特产业棚膜经济快速发展，农村三次产业融合发展加速推进，现代农业生产能力稳定提升，劳动力转移就业工作蓬勃发展。围绕着率先实现农业现代化、推动农业供给侧结构性改革两个中心目标，吉林省优化顶层设计、层层分解任务，2018年将会迎来农业农村经济的新气象。为确保持续发展目标的实现，吉林省还应继续推进农业供给侧结构性改革、促进就业非农化、完善农业机械社会化服务、推进农产品品牌化发展、打造质量安全化体系，以进一步促进农民收入的增加。

关键词： 现代农业　供给侧结构性改革　吉林省

2017年吉林省充分整合优势资源力量，通过农业供给侧结构性改革与体制机制创新，培育农业农村发展新动能，助推率先实现农业现代化。党的十九大再次强调农业农村农民问题是关系到国计民生的根本性问题，必须始终把解决好"三农"问题作为全党工作重中之重。十九大报告中明确指出，要坚持农业农村优先发展，建立健全城乡融合发展体制机制和政策体系，加

---

* 孙葆春，吉林省社会科学院农村发展研究所副研究员，主要研究方向为农业经济。

快推进农业农村现代化。以十九大精神为指引，2018年吉林省农业农村工作必将掀起坚定实施乡村振兴战略的热潮。

一 2017年吉林省农业农村发展形势

围绕着率先实现农业现代化、推动农业供给侧结构性改革两个中心目标，吉林省2017年农业农村经济发展形势体现出新的特征。

（一）农业产值增速趋于缓慢

根据吉林省统计局数据，2017年1~3季度全省农林牧渔业产值为748.38亿元，比2016年同期减少了16.23亿元。截至2017年第三季度，农林牧渔业增长速度在较大程度上低于全省经济发展水平。尤其是与第三产业7.6%的增速相比，农业发展速度缓慢。如图1所示，吉林省农林牧渔业总产值增速波动幅度要大于全国平均水平。2017年吉林省农林牧渔业总产值增速变动趋势与全国情况较为一致，都是在经历自2016年初期的增速下降后，从2017年初开始，又重新出现小幅增长。尤其是2017年第三季度，吉林省农林牧渔业总产值增速要略快于全国平均水平。从东北地区来看，整体的农林牧渔业总产值增速，吉林省情况不如黑龙江省，但在稳定性与增长速度方面要优于辽宁省。单就2017年而言，吉林省农林牧渔业总产值增速明显快于辽宁省（见图1）。

（二）农业产业体系不断完善

1. 种植业结构继续优化调整

2016年吉林省粮食亩产达到987斤，继续保持全国第1位；总产达到743.44亿斤，稳定保持全国第4位。2017年吉林省种植业播种面积与2016年持平，保持在8698万亩的水平上。其中，粮食作物所占比重依然高达87.65%。2017年吉林省种植业结构调整集中表现为调减籽粒玉米种植面积，同时增加水稻、杂粮杂豆、油料作物、薯类、蔬菜、饲料等十种作物的

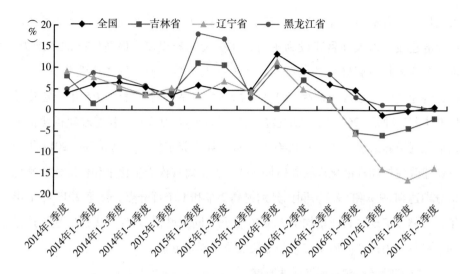

图1 2014～2017年各季度农林牧渔业总产值累计增长情况

资料来源：中华人民共和国统计局分省季度数据。

种植面积，通过种植结构调整，优化农产品供给结构体系，促进农民收入增加。吉林省洮南、前郭、抚松、敦化等地属于玉米生产的非优势地区，是玉米结构调整的重点区域。吉林省继2016年调减玉米种植面积332.58万亩后，2017年继续调减籽粒玉米种植面积221.10万亩，用于置换增加水稻种植面积50万亩，大豆88.76万亩，杂粮杂豆27.39万亩，花生12.61万亩，薯类、蔬菜、中药材等22.34万亩，粮改饲20万亩。

2. 畜牧业全产业链建设加快

根据农业部《2017年畜牧业工作要点》要求，2017年吉林省畜牧业为在农业现代化进程中率先取得突破，主要围绕大项目建设、标准化规模养殖、饲草饲料过腹转化和科技服务等加快全产业链建设。配合种植业结构调整与玉米调减任务，发展粮改饲，实现玉米的去库存。2017年吉林省粮改饲试点面积达到100万亩，重点打造白城奶牛、松原肉牛及肉羊、九台奶牛、中部肉牛4个"粮改饲"试点示范区，集中连片种植青贮玉米面积分别达到6万亩、3万亩、2万亩和1万亩，发展牛羊等草食畜禽110万头（只）。顺承2016年开工建设的诸如洮南雏鹰、梨树正邦、榆树正榆等24个

大项目，着力发展生猪、肉牛、肉羊、肉鸡、奶牛、梅花鹿6个主要畜种的全产业链建设。以大项目建设为平台，在扩大饲养规模、提高生产加工能力，促进饲草饲料过腹转化的基础上，还连接上下游企业，形成产业集聚效应，通过构建电子商务营销平台，打造吉林省畜产品系列品牌。2016年全省建设标准化养殖项目1264个，新增畜禽饲养能力4000万头只；新建改建扩建畜禽标准化规模养殖场（小区）1240个，畜禽规模养殖比重达到87%。2017年全省新建改建扩建标准化规模养殖场500个，畜禽规模养殖比重和标准化养殖比重分别达89%和59%，同比分别提高2个和1个百分点。截至2017年上半年，吉林省实现畜牧业增加值208.46亿元，同比增长2.1%。无疫区建设通过国家验收，为畜产品质量安全与品质美誉度再增砝码。

3. 园艺特产业棚膜经济快速发展

2017年，吉林省政府把发展棚膜经济作为推进供给侧改革的重要举措之一。在政策上加大了财政、金融、公共服务与基础设施建设等各方面的优惠扶持力度。以5月出台的《关于加快发展棚膜经济促进农民增收的实施意见》为指导，在区域布局中发挥榆树、德惠、农安、九台、公主岭、梨树、伊通、扶余、长岭、洮南等重点产区的优势，凸显长春、吉林两个特大城市核心，涵盖了全省9个市州城市郊区。围绕蔬菜、瓜果、食用菌等产业项目，计划新建标准化棚室5万亩，简易棚25万亩。由于2017年新建标准化棚室要在年底验收后给予补贴，棚室建设资金投入相对较小的简易棚建设速度更快一些。简易棚建设已经完成计划的近80%，标准化棚室开工建设面积已完成全年计划的40%。园艺特产业的产品种类不断丰富，包括人参食品、保健品、药品、日用品等，产品种类已经增加到1000多种。市场与品牌建设取得一定突破，抚松万良人参市场正式获批为省部共建国家大市场，安图黑木耳获得国家工商总局核准的地理标志商标注册，汪清黑木耳获得国家农业部地理标志产品保护。

（三）农村第二、三产业蓬勃发展

吉林通过发展农产品加工业，延长产业链条，达到农民效益增加的目的。2017 年上半年，启动建设 3000 万元以上农业产业化重点项目 125 个，完成投资 30 亿元。农产品加工业销售收入 2950 亿元，同比增长 7.5%。2017 年上半年农村第三产业发展势头良好，特别是农产品采摘等观光休闲农业、农家乐等乡村旅游业、城郊休闲娱乐旅游项目等新业态形式，以长春、吉林两个城市为核心，接待人次增加，实现营业收入同比增长 16%。目前，有国家级休闲旅游和乡村旅游示范县 9 个，示范点 15 个，评选"吉林最美休闲乡村"20 个。休闲农业经营主体超过 3000 个，营业收入达到 70 亿元。农村网商在吉林省推进电子商务平台建设的政策环境下发展势头良好，"吉林农嫂"玉米等农产品登上了淘宝等销售平台。

（四）现代农业生产能力稳定提升

2017 年吉林省农业生产基础设施建设加强，现代农业生产能力不断提升。一方面，对高标准农田建设重视程度再度提高，共计整合各类财政资金 30.9 亿元，以奖代补的形式对 215.35 万亩的高标准农田建设进行支持。2017 年的高标准农田建设体现出了新的特征。在资金投入和项目安排上向长春市及国家现代农业示范区集中、向水田（旱改水）集中、向土地流转连片地块集中，同时，部门资金向同一区域集中，"十三五"规划资金向前两年集中。另一方面是结合旱改水，优先支持水田；结合农产品优势区建设，优先支持高效特色种植基地；结合产业化规模化经营，优先支持龙头企业基地建设；结合现代农业示范区和产业园建设，优先支持示范园区；结合脱贫攻坚，优先支持特色产业扶贫项目。2017 年吉林省对农业机械化项目投资力度持续加大，继续实施农机购置补贴政策，且补贴范围在 2016 年度的基础上，再度扩大，共计涵盖 9 大类 26 个品目。2017 年吉林省大力推进"五区三园"建设，围绕吉林省的玉米、水稻、大豆作物生产，结合重点产粮大县发展，建设粮食生产功能区和重要农产品生产保护区；围绕特色产品的开发与经营，构建吉林省的特色农产品优势区；结合率先实现农业现代化工作的推进，促进国家现代农业示范区建设；2017 年组织长春市和舒兰市、通化县、公主岭市、前郭县、梨树县、敦化市、和龙市、抚松县 1 市 8 县申报农业可持续发展试

验示范区。"产业园"、"科技园"、"创业园"等"三园"创建工作还处于探索阶段，将选择具有一定基础条件的企业或者园区进行创建试点工作。

（五）促进农村劳动力的转移就业

三次产业的融合发展，有效带动了农村创业热潮，吉林省适时推进农村劳动力的转移就业工作，促进各类人员返乡下乡进行创业。2017 年，吉林省实施了就业创业"5＋5"行动计划，其中有很大一部分工作内容是为农民工返乡创业与向农技工人转型提供服务。一方面，通过向农民工等人员提供"项目＋资金"方式的返乡创业服务，授之以渔，促进农民工的稳定增收，保障其成功创业转型。上半年全省新建省级农民工返乡创业基地 12 个，累计创建 239 个，直接扶持创业 5.03 万户，带动就业 32.65 万人。这些成绩的取得奠定了吉林省农民工返乡创业服务工作在全国的领先地位。另一方面，为促进农民工向农技工转型提供服务，2017 年上半年新建 5 个农技工综合服务中心，免费培训农技工人 1 万人次。截至 2017 年上半年全省农村劳动力转移就业 384.58 万人，接近实现全年农村劳动力转移就业 400 万人的计划目标。

（六）城乡一体化发展循序渐进

2017 年前三个季度全省农村常住居民人均可支配收入 8392.87 元，比2016 年同期增长 5.73%。如表 1 所示，近四年来，吉林省农民人均可支配

表1 2014～2017 年第三季度农村常住居民人均可支配收入与消费支出情况

时间	农村常住居民人均可支配收入（元）	比上年同期增长（%）	占城镇居民人均可支配收入的百分比（%）	农村常住居民人均消费支出（元）	比上年同期增长（%）	占城镇居民人均消费支出的百分比（%）
2014 年第三季度	6920.61	11.99	44.17	5647.88	10.14	47.04
2015 年第三季度	7486.00	8.17	43.66	6176.70	9.36	48.63
2016 年第三季度	7937.99	6.04	43.06	6624.48	7.25	48.78
2017 年第三季度	8392.87	5.73	42.69	6872.21	3.74	49.09

资料来源：中华人民共和国统计局分省季度数据。

收入增长速度较快，年均增长约 8%，但是呈现出逐年增长幅度降低的现象。与城镇常住居民人均可支配收入增速比较，2017 年与 2016 年农民常住居民人均可支配收入水平的增速更低。近四年来，农村居民人均可支配收入增速有所放缓，城乡居民人均可支配收入的差距有扩大的趋势。相反，农村常住居民的人均消费支出占城镇居民的比重不断增大，说明城乡居民的人均消费支出呈现缩小的趋势。

根据吉林省统计局数据，2017 年 1～10 月，城镇居民用电量是乡村居民的 1.9 倍。从相对量变化看，城镇居民的用电量增速为 5.15%，乡村居民的用电量增速只有 1.29%。农业投资快速增长。自 2014 年到 2017 年 10 月，吉林省第一产业固定资产投资绝对量占投资完成额的比重分别是 3.68%、4.32%、5.14%、6.34%。固定资产投资完成额中第一产业所占比重，近四年来是逐步上升的，且高于全国平均水平。由此可知，吉林省城乡消费能力差距逐步缩小，城乡固定资产投资逐步均衡，但是在城乡一体化的推进工作中，仍然存在着诸如收入差距再度拉大、生活基础设施占有不均等问题。

二 存在的问题

（一）农业生产结构布局不够优化

目前吉林省农业生产结构布局问题主要表现在种植业内部结构问题上。种植业中粮食作物比重过大，经济作物产量增长不显著。2017 年上半年粮食作物种植面积占 87.65%。粮食类作物中的玉米、稻谷的产量稳步提高，而薯类作物产量增长不明显，2016 年较上一年反而有所下降。经济类作物如水果、蔬菜、园参、甜菜，产量年度变化明显，但实际增长不大，2016 年的烟叶产量甚至出现下降。这种生产结构布局体现了生产结构单一、抗风险能力弱的特点。粮食比重过大，对其他产业的发展形成抑制效应，不利于农业与其他产业的对接和相互促进，不利于上下游产业链的发展完善，进而在一定程度上也抑制了农村第二、三产业的迅速壮大。

（二）农业物质装备总体水平偏低

吉林省现代农业生产的物质装备总体水平依然偏低，体现在"三低一大"四个方面，分别是：农机装备层次低、耕地灌溉面积比重低、单位面积耕地用电量低、自然风险较大。吉林省粮食产量占全国的6%左右，而农业机械总动力仅占全国的不到3%。农业生产全程机械化水平低，大型农机装备不足。吉林省西部地区耕地盐碱化、沙化问题严重，农田水利建设任务艰巨。吉林省的有效灌溉面积只占耕地面积的1/4。农业电气化发展缓慢，单位面积耕地用电量在全国各省份中仅优于黑龙江和西藏。吉林省抗御自然灾害的能力还比较薄弱，西部地区、中部地区连年干旱，造成粮食产量波动剧烈，说明农田水利设施建设还不能完全适应农业生产需求。

（三）农产品区域品牌建设能力有待加强

农产品品牌化也是农业现代化的核心内容之一，它在很大程度上体现了农产品的市场竞争力与经济收益水平。2017年中央一号文件指出，推进区域农产品公用品牌建设，建设一批地理标志农产品和原产地保护基地。截至2016年12月，吉林省行政认定的146个中国驰名商标名录中，涉农商标占33.6%。截至2017年上半年，吉林省拥有的地理标志农产品发展到124个。尽管目前吉林省农产品区域品牌建设取得了较大的突破，但是要发挥优化产品和产业结构、推进农业提质增效的作用，还存在一些亟须解决的问题。一是知名品牌的总量较少。拥有的地理标志农产品数量只占全国的不到2%。二是品牌竞争力不强。吉林省作为产粮大省，农业资源优越，但农业及加工业的优势产品品牌竞争力不强。三是一些优势资源产业品牌"散、乱、杂、小"。如吉林省大米、玉米的品质都很好，但是能否实现"惊险的一跳"，还需要"吉字号"品牌的打造与区域品牌形象的打造。就大米而言，仅仅九台就有饮马河、石口门、岔路河三个品牌，品牌过于分散，知名度难以提高，规模效益难以形成。四是拥有自主知识产权、核心技术的创新品牌较少。

（四）农产品物流发展环境有待改善

现代农业发展不仅仅要考虑生产环节效率的提高，更要考虑流通环节效率的提高。在流通方面，吉林省物流业发展速度较慢。交通运输、仓储和邮政业产值占 GDP 的比重低于全国平均水平，且逐年下降。农产品物流更是由于农产品标准化程度低而成本居高不下，物流产业园区分布不够均衡、物流节点建设设施基础薄弱，冷链物流发展滞后。农产品市场价格受供需影响明显，为农业全产业链提供仓储、运输、机械设备、销售等社会化服务的合作社及其他社会组织发育不足，2017 年上半年全省农林牧渔服务业产值比重还不到 2%。电子商务平台在农村的普及率不高，对农产品销售的促进作用还不够明显，农民创业积极性不高。

三　2018年吉林省农业农村经济形势展望

（一）现代农业生产能力逐步提升

结合乡村振兴战略，加速推进率先实现农业现代化，将继续成为 2018 年吉林省农业农村经济发展的一个主旋律。围绕这一核心，吉林省农业基础生产能力将稳步提高。第一，农业投资力度将加大。近四年来，吉林省第一产业固定资产投资占投资额的比重不断增加，2018 年不仅仅政府对农业的投资力度将加大，社会资金也将被整合且多方面投资建设农业农村。社会资金的流入必然可以提升农业基础设施水平，进而提升农业生产能力。第二，政策扶持力度将加大。2018 年吉林将进入率先实现农业现代化的攻坚阶段，各种财政、金融等补贴优惠政策也将持续出台，以此为杠杆，现代农业生产方式将逐步实现转变。2018 年扶持的重点将集中在棚膜经济建设、农业技术推广、农业机械化建设等方面。

（二）种植业结构继续优化调整

2018年吉林省种植业结构的优化调整将主要在两个方面实现突破：一是结合各地自然资源的优势特点，积极发展特色产业，实现设施农业的快速发展。即通过发展园艺特产业棚膜经济，发挥地域比较优势，提高单位土地面积的产出价值，促进农民收入的增加。二是逐步调整优化农产品结构。2018年将在稳定粮食产量的前提下，优先发展三辣、马铃薯、油料作物等附加值高、品牌知名度高的经济作物，持续发展品质认同度高、市场行情好的大豆、杂粮杂豆、鲜食玉米。

（三）农村产权改革不断深化推进

产权明晰才能保障各阶层经济主体的利益分配，土地经营权确权登记颁证试点工作完成后，全省土地经营权确权信息将实现联通共享，在此基础上可以进一步放活土地经营权，推动农村土地适度规模经营。另外，农村集体产权制度改革持续推进，2018年将集中力量，完成集体资产的清产核资、建立台账、搭建集体资产管理平台等工作，解决历史遗留问题，充分释放改革发展红利。同时，农村土地经营权抵押贷款试点改革持续推进，解决了农民贷款缺乏抵押物的难题，为农业扩大经营规模，发展新型经营主体提供了助力。

（四）农村新业态发展速度加快

为应对可持续发展要求，环境友好的农村新业态将迎来发展的春天。应突出各地特色农产品，结合东部的人参、林蛙、食用菌等，西部的杂粮杂豆，中部的优质玉米、大米等，在2018年建设和打造一批特色农产品品牌核心生产基地，重点培育大米、人参、杂粮杂豆、玉米、食用菌和优质畜产品等农产品品牌。在打造品牌的基础上，打造吉林省特色农产品的电子商务新业态，使其成为农产品销售的助推器，农民创业增收的新平台。此外，还应根据吉林省各地不同的自然资源禀赋条件，发展休闲农业、旅游农业。2018 年将重点开展一、二、三产业融合建设工作，通过培育休闲农业经营主体，支持设施建设，提高休闲农业发展水平，增强农村产业融合发展能力。

四 对策建议

按照实施乡村振兴战略要求，针对吉林省实际情况与当前存在的现实问题，加快农业、农村经济发展可以考虑从以下几个方面着手。

（一）促进农民收入水平持续增长

"生活富裕"是实施乡村振兴战略的总要求之一，因此必须确保农民收入与经济发展速度同步增长，构建农民收入水平稳步提升的长效机制。一是充分利用吉林省优质农业生产资源，特别是对于原生态无污染的农业自然资源，要给予重点保护利用。根据消费者当前对健康的消费需求，生产绿色、优质、富有特色的农副产品，提高附加值水平。二是推进农产品加工企业的发展，尤其是推进省级重点龙头企业产加销一体化，以龙头企业为中坚环节，带动一、二、三产业融合发展，进而带动农民就业与增收。与此同时，要结合吉林省软环境建设平台，营造开明、开放、诚信、守信、公平、公正的宜商环境，鼓励外来投资方投资建厂，同时鼓励农民开展小微企业创业，有利于土地流转到种田大户手中，发展专业化生产、规模化生产、标准化生产。三是通过开展各种形式的技能培训，拓宽农民的就业渠道，提高农民创业积极性。农民在接受技能培训之后，不仅可以提升现代农业的经营水平与管理能力，还可以掌握一技之长，通过多种渠道就业务工，提高农民就业率和务工收入水平。同时鼓励在城市发展中积累了一定资源和技能的农民返乡创业，对当地农民形成带动效应。

（二）促进就业非农化

建立健全城乡融合发展体制机制，是乡村振兴战略的主要内容之一。吉

林省在保持粮食产量稳定的基础上，提高农业经济收益水平，必须通过农村二、三产业的发展，搞活农村经济，吸收农村富余劳动力。促进非农就业，首先要促进土地流转，实现适度规模经营。结合吉林省农村集体经济组织产权制度改革，明晰产权，保障土地流转的推进。只有实现了土地适度规模经营，才能大幅度提升农业生产效率，实现农业现代化，为农村二、三产业的发展奠定基础。其次，就业非农化还要注重三次产业融合发展，鼓励农民成立合作经济组织，在产地对农产品进行初加工，有条件的组织精深加工，延长产业链条。最后，还可以在人口相对密集、购买力较强的核心城市，如长春市、吉林市周边开展采摘农业、休闲农业等，同时吸引城市人群开展城市周边自驾游，通过认证领养种养业产品，开展休闲旅游农业、观光农业等。推广吉林市龙潭区棋盘村的经验，发展休闲观光农业，在大幅提升农产品附加值的基础上，还可以带动"农家乐"餐饮、住宿、手工艺制品、文化产业等非农产业的发展。

（三）完善农业机械社会化服务

吉林省农作物耕种收综合机械化水平较高，但是全程农机化程度和水平较低，大型农机装备不足。目前，农民对农机使用还有一些顾虑和担心，如机收粮食损耗率较高，家里有劳动力闲置再租用机械设备不划算，大型农机具进入农田作业易降低土地松软性等。随着土地流转与农业经营规模的扩张，农村对农业机械的社会服务需求势必会有所增加，可以在中部粮食主产区建设农机合作社，同时结合仓储服务，覆盖较大面积的农业生产。通过合作社提供统一的农机服务，不仅可以节约农业机械设备资源，避免一家一户购置农机设备，还可以提高社会化服务水平，满足不同作物机械化作业需求。同时，农机合作社的机器设备利用效率高，应加速农机设备的更新换代，保证技术创新与设备的先进性。农机合作社的农机社会化服务，可以有效满足周边覆盖区域规模化经营农场的需求。此外，农机合作社还可以结合仓储服务，使得农产品可以在市场价格合适时出售，避免价格波动风险。

（四）推进农产品品牌化发展

加快吉林省农产品品牌培育建设，在 2017 年农业品牌推进年工作的基础上，继续着力推进无公害农产品、绿色农产品、有机农产品、地理标志农产品的注册申报工作，打造吉林省的农产品区域品牌。对于已经具有一定知名度的品牌，如"双阳梅花鹿"、"延边黄牛"、"长白山人参"等，要充分加以整合利用，并做好质量监管工作，利用第三方平台进行定期检查与不定期抽查。同时，进行广泛宣传，让农业生产经营者了解保障品牌产品的质量是为了保证农产品的销路，从而使其愿意遵守规定的质量保证条件和产品质量标准，并接受第三方的检查和监督。

（五）打造质量安全化体系

质量是市场的核心。要使品牌产品拥有长久的生命力，必须确保农产品的质量安全，质量安全、绿色可持续农业的发展是打造农产品品牌的前提和基础。其一，通过完善农产品质量安全追溯体系，构建全省统一的农产品质量安全追溯公共服务体系平台，强化生产、加工、流通、消费等各个环节追溯体系的无缝对接，让消费者放心选择。其二，构建农产品质量监督体系，包括完善市、县、乡镇各级农产品质量安全监管机构；加大投入升级完善质检机构检验检测设备硬件；加强农产品质量安全执法监管队伍的建设。其三，建设质量安全宣传平台，宣传优质区域品牌，同时发动群众对质量不达标产品进行自发自觉地举报监督，对质量不达标的市场经营者进行公示批评。

B.4
吉林省服务业发展形势分析与展望

赵奚*

摘　要：　2017年前三季度以来，吉林省服务业发展速度高于全省GDP
以及工业发展速度，在东北经济深度调整的背景下实现了规
模、投资额平稳扩大，主要行业发展成果丰硕，在带动全省经
济增长，促进产业优化升级中表现出重要作用。但是与全国发
达地区相比，吉林省服务业总量规模较小，带动就业能力较
弱，制约其发展的问题仍然比较突出。展望未来，吉林省应在
新的机遇中整合资源，突破区域界限，挖掘资源优势，促进产
业联动发展，多举并行，推动吉林省服务业更加强劲地发展。

关键词：　生态农业　服务经济　吉林

随着产业结构升级和供给侧改革的推进，服务经济已经成为吉林省经济
发展的重要部分。在经历了"十三五"的开局之年之后，面对错综复杂的
国际国内经济形势，在"转方式、调结构、增动力"以及东北三省经济深
度调整，下行压力增大的情形下，众多行业增长表现出动力不足特征。但
2017年以来，吉林省服务业发展稳中有进，增长速度高于全省经济增速以
及工业增速。面对东北经济发展现状，借机国家新一轮东北振兴战略，吉林
省应继续整合金融资源，突破区域界限，深度挖掘资源优势，推动产业联
动，促进融合发展，为打造吉林省服务业经济新增长点贡献力量。

* 赵奚，吉林省社会科学院软科学研究所助理研究员，主要研究方向为数量经济和产业经济。

一　吉林省服务业发展现状

（一）总量持续增长

在东北经济减速发展，产业结构经历深度调整的情况下，吉林省服务业仍然表现出持续增长的趋势，在全省经济增长的构成中占据重要地位。2017年1~3季度全省服务业实现增加值4016.41亿元，增速达7.6%，低于同期全国服务业增速（7.8%）0.2个百分点，高于全省GDP增速（5.7%）1.9个百分点，高于全省工业增速（5.3%）2.3个百分点。服务业增加值占地区生产总值比重达到40.28%，比上年同期增加4.44个百分点，低于全国服务业占比（50.73%）10.45个百分点。上半年，服务业对经济增长贡献率超过50%，高于第二产业8.1个百分点，比上年同期提高6.5个百分点，拉动全省GDP提高3.4个百分点，比上年同期提高0.3个百分点。吉林省服务业发展规模在逐步扩大，增速提升平稳，服务业在全省经济增长以及结构调整中的作用日趋明显。从服务业用电量可以看出行业的发展势头强劲：上半年，吉林省服务业用电量绝对量为66亿千瓦时，同比增长6.26%。第二产业同电量绝对量为207.51亿千瓦时，增长4.74%，其中工业用电量202.58亿千瓦时，增长4.6%；建筑业用电量4.93亿千瓦时，增长10.47%。全社会用电量340.25亿千瓦时，增速仅为5.15%，低于服务业用电量增速1.11个百分点。服务业中，金融、房地产、商务及居民服务业用电量增速最快，达到10.68%，公共事业及管理组织和交通运输、仓储和邮政业用电量增速分别达到7.5%和5.1%。用电量增速最慢的分别为商业、住宿和餐饮业以及信息传输、计算机服务和软件业，增速分别为4.81%和1.86%。服务业在促进吉林省经济增长、经济发展方式转变、产业机构调整等方面发挥了重要作用。

（二）主要行业发展保持平稳

在吉林省委出台了《关于加快服务业发展的若干实施意见》后，吉林

围绕传统消费性服务业、金融业、现代物流业、房地产业、旅游业等领域进行重点突破，发展攻坚成果丰硕。2017年1～3季度，吉林省服务业重点行业增加值仍然保持正向增长，交通运输、仓储和邮政业和其他服务业增加值增速均超过了全省GDP增速。

1. 消费性服务业转型升级步伐加快，新兴消费性服务业快速成长

2017年前三季度，批发和零售业实现增加值801.24亿元，增速为5.5%，占服务业比重达到20%，除其他服务业外，批发和零售业占服务业比重最高。全省批发业销售额3763.20亿元，同比增长12.4%；零售业销售额5555.48亿元，增长11.4%。批发业中，限额以上企业销售额为1572.19亿元，增长16.2%，与上两年同期的负增长相比有较大幅度的提升；限额以下企业销售额为2191.00亿元，增长9.8%；零售业的限额以上和限额以下及个体户销售额分别为1821.41亿元、3734.07亿元，增长势头良好，增速分别达到4.5%和15.1%。上半年，从限额以上社会消费品零售总额商品零售类值来看，用类商品零售额881.71亿元，占零售总额比重为68.9%，穿类商品增速最快，达到6%。从消费品种类看，一是汽车销售情况有所好转。上半年，全省限额以上企业实现汽车类零售额271.26亿元，同比增长5.1%，增速比一季度提高5.3个百分点。二是石油零售额增速回落。上半年，全省限额以上企业石油及制品类零售额同比增长2.9%，增速比一季度回落11.2个百分点。从限额以上社会消费品零售地区来看，乡村消费品零售额增速（5.1%）仍然高于城镇（4.4%）和全省（4.5%）平均水平，乡村消费品零售市场空间巨大。

住宿和餐饮业保持稳健增长。1～3季度住宿和餐饮业实现增加值182.65亿元，增速达到4.7%，同比下降3.7个百分点，占服务业比重为4.6%；全省住宿业营业额为176.71亿元，比上年同期增长9.0%；餐饮业营业额为812.17亿元，比上年同期增长10.3%。除限额以上餐饮业外，全部实现了正增长，受线上订房、外卖等新业态发展影响，限额以下企业及个体户表现明显优于限额以上企业，限额以下住宿和餐饮企业营业额分别为142.71亿元和705.82亿元，成为住宿和餐饮业的主要构成力量。

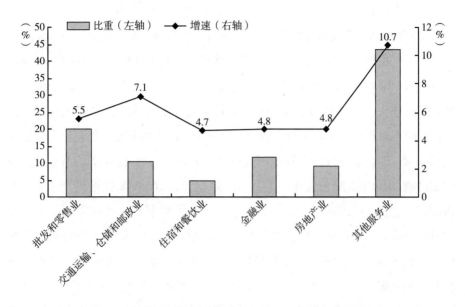

图1　2017 年前三季度吉林省服务业各行业增加值及增速

2. 现代服务业稳定发展

现代物流业加速发展。2017 年前三季度交通运输、仓储和邮政业实现增加值 412.54 亿元，增长 7.1%，比上年同期回落 0.3 个百分点，占服务业增加值的 10.3%。在《吉林省人民政府关于推进吉林省"互联网＋"行动实施意见》指引下，全省电子商务推动现代物流业快速发展，到 2016 年 5A 级物流企业和 4A 级物流企业总数增加到 43 个，全省快递业务累计完成特快专递 126.87 亿件，增长 30.4%，增长势头强劲。邮政业务总量收入 46.03 亿元，增长 27.4%。吉林省现代物流体系布局明显优化、效率明显提升。空港货物运输能力提升较快，货物运输周转量和发送量大幅提升，旅客运输量出现了大幅下降。上半年各种运输方式运送旅客 3587.8 万人；旅客周转量 124.27 亿人公里，与上年同期持平；货物发送量 2386.8 万吨，增长 65.4%；货物周转量 236.39 亿吨公里，增长 42.8%。这说明吉林省在汽车、农产品、医药等行业高附加值产品的带动下输出规模持续扩大。

金融业平稳发展。上半年，吉林金融机构本外币存款余额 21527.14 亿元，增长 4.8%；本外币贷款余额 17950.11 亿元，增长 9.8%。其中，银行保险业继续实现平稳增长，原保险费收入 428.26 亿元，增长 19.4%，其中，人身险保费收入 351.84 亿元，增长 20.7%。吉林省保险业保持保险收入大于赔付的良好发展势头，到 2016 年，全省保险公司经营主体 32 家，发展潜力巨大。证券业发展相对较慢，A 股主板上市企业仅一家，即中国脉通，创业板上市企业也仅一家，即金冠电气，全省境内共有上市公司 41 家。证券市场不景气，股票交易额 2016 年下降 51.2%，为 19376.37 亿元，债券交易额增长 75.6%，为 18289.17 亿元。随着域外金融机构进驻长春，长春东北亚区域金融服务中心建设取得成效，农村金融综合改革试验进展顺利。2016 年有 7 家农信社改制成功，农商行累计达到 35 家，村镇银行新增 6 家，累计达到 61 家，成功实现县域全面覆盖。

文化体育产业发展迅速。吉林市歌舞团在新三板挂牌，成为全国第一家步入资本市场的转制文艺院团。大批朝鲜族、满族、蒙古族歌舞和吉剧、二人转等艺术作品不断涌现，吉林歌舞、吉林期刊、吉版图书等吉林品牌文化平稳发展。冰雪体育、山地运动、户外健身、民族体育四大体育产业发展势头良好，冰雪运动场馆、全民健身中心建设加快，一大批旧厂房、仓库、老旧商业楼宇改造成为羽毛球等中小型便民体育运动设施。截至 2016 年，全省"五个一"工程共资助建设全民健身中心 10 个、体育场 4 个、体育公园 15 个，为 91 个乡镇 1350 个行政村配建了全民健身器材。

旅游业快速增长。2016 年，全省接待国内外游客 16578.77 万人次，增长 17.3%，其中国内游客 16416.82 万人次，增长 17.4%；入境游客 161.95 万人次，增长 9.4%，其中，外国游客 142.17 万人次，增长 10%；港澳台游客 19.78 万人次，增长 4.7%。全年旅游收入 2897.37 亿元，增长 25.2%。全省旅行社 1032 家，星级以上饭店 193 家，五星级以上饭店 5 家，国家 A 级旅游景区 243 家，新增 1 家，5A 级旅游景区 5 家。随着《吉林省推进旅游业攻坚发展实施方案》的实施，线上线下旅游服务迅猛发展，重点旅游产品快速得到推广。

（三）投资势头良好

2017 年前三季度，全省服务业固定资产投资 4634.61 亿元，同比增长 11.2%，高于全省固定资产投资增速 11.2 个百分点，高于工业固定资产投资增速 20.4 个百分点。服务业固定资产投资占全省固定资产投资额的 43.6%，高于上年同期 4.4 个百分点。2016 年，全省服务业固定资产投资 5878.18 亿元，占投资总额的 42.7%，低于全国服务业固定资产投资比重 58%；全省服务业固定资产投资增速为 18.8%，同比增长 5.6 个百分点，高于第二产业固定资产投资增速 16 个百分点。从投资结构看，2016 年吉林省服务业投资以房地产投资为主，占比为 20.59%，同比增长 10.2%，扭转了前两年负增长局面。交通运输、仓储和邮政业投资占比为 19.78%，同比增长 21.7%，与房地产投资差距缩小；水利、环境和公共设施管理业投资占比为 19.76%，同比增长 23%；批发和零售业投资占比为 12.7%，同比增长 25.8%。其他行业投资占比均不超过 2%。从细分行业同比增速来看，2016 年固定资产投资负增长的服务业细分行业减少，文化、体育和娱乐业以及公共管理、社会保障和社会组织两个细分行业投资出现负增长，同比增速为 -4.2% 和 -14.8%。在实现正增长的行业中，金融业投资增速最快，批发和零售业以及交通运输、仓储和邮政业等 6 个细分行业增速超过 20%，增长势头强劲。

二 吉林省服务业发展存在的问题

在经济深度调整背景下，吉林省服务业虽然发展相对平稳，但自身仍存在一些问题，制约了区域经济的发展。

（一）服务业总量需要进一步提升

2017 年前三季度，吉林省服务业增加值占地区生产总值的 40.28%，低于广东、浙江、江苏等发达省份，也低于全国平均水平 12.62 个百分点。自

2003 年 10 月，中共中央、国务院下发《关于实施东北地区等老工业基地振兴战略的若干意见》，启动振兴东北地区等老工业基地战略以来，吉林省服务业比重一直偏低，并从 2003 年的 40.4% 下降到 2012 年的 34.76%，吉林省短期内仍难以摆脱传统的产业结构模式，在一定程度上制约了服务业的发展。直到 2013 年，吉林省服务业比重才开始上升，到 2016 年达到 41.92%，超过了 2003 年的水平，说明吉林省产业结构的调整初见成效，但服务业总量仍需进一步提升（见图 2）。

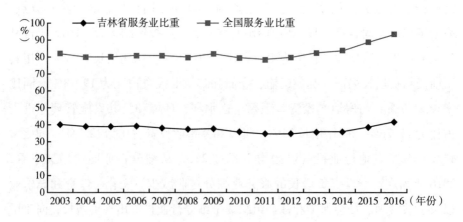

图 2　2003～2016 年吉林省和全国服务业增加值占 GDP 比重

（二）现代服务业规模较小增速较慢

从现代服务业在服务业及地区生产总值中所占比重看，2017 年上半年，吉林省现代服务业增加值为 1534.4 亿元，占服务业增加值的 62.48%，占吉林省 GDP 的 25.05%。从现代服务业增长速度来看，"十二五"期间，吉林省现代服务业增加值从 2010 年的 1803.81 亿元，增长到 2015 年的 3227.91 亿元；占服务业增加值比重从 2010 年的 57.98% 增加到 2015 年的 59%；占吉林省 GDP 的比重从 2010 年的 20.81% 增加到 2015 年的 23%。这说明吉林省现代服务业不但整体规模仍然较小，而且增长速度也仍然缓慢。

（三）服务业发展创新能力不足

在全国的"互联网＋"发展趋势下，吉林省在"互联网＋服务业"发展方面较为缓慢。吉林省城镇居民人均可支配收入近十年来持续低于全国平均水平，收入水平有限导致服务业需求较小，"互联网＋"发展空间相对有限。同时，吉林省居民收入差距仍然较大，针对不同收入阶层差异消费的服务创新不足。除了高端现代服务业在长春市高度集中的趋势明显外，其他地区适应当地居民生活水平的新型服务业发展不足，如健康服务业、养老服务业、文化服务业等，覆盖全省的生活性服务业体系急需创新。此外，还需要进一步加强针对服务业的创新业态发展，尤其是要利用"互联网＋"大力创新发展生活服务业，如近年崛起的二手车网络平台。吉林省缺少能够覆盖全省各地区的汽车服务网络，便民服务水平和行业服务效能较低，汽车零配件用品规模化、网络化发展水平有待提高，服务业利用电子商务平台的拓展能力较低。

三　趋势与展望

（一）服务业保持稳定增长

发挥服务业的带动作用，对经济社会发展全局意义重大。从依托第一产业优势，创造"接二连三"的连锁效应；依托第二产业主导平台，创造"以二生三"的衍生效应，促进产业合理布局的规划可以看出，服务业是吉林省经济转型升级的重点环节。自2013年全国第三产业比重首次超过第二产业以来，吉林省服务业占GDP的比重也保持了持续上升的态势。"十三五"时期是吉林省经济转型升级的关键时期，也是服务业加速发展的重要时期。随着工业化、城镇化、信息化、农业现代化进程的进一步推进，服务业在国民经济和社会发展中的作用将日益突出。2015年10月，省委省政府提出实施服务业发展攻坚战略，推动服务业实现跨越式发展、加快产业结构

优化升级、促进经济发展方式转变、实现全面建成小康社会、老工业基地整体跃升。尽管吉林省服务业在国民经济中比重较低，但保持了较稳定的增长趋势，在接下来的经济结构调整中，吉林省将主动寻求服务业增长的新动能，预计吉林省服务业增加值会以超过 GDP 和第二产业增速的速度持续保持增长，成为拉动经济增长的主要推动力，生产性服务业占服务业比重将持续提升。

（二）农业与服务业融合发展进入新阶段

吉林省大力发展生态农业，推进农业与现代物流业和旅游业融合发展。吉林省休闲农业与乡村旅游业起步较晚，发展较快。到 2015 年末，全省有休闲农业户 2988 户，接待人次达 2950 万人次，收入达 60 亿元，安置农民 11.6 万人。全省有"全国乡村旅游和农业示范县"9 个，全国"休闲农业和乡村旅游示范点"19 个，"中国最美休闲乡村"11 个。按照农业产业化经营模式，推进生态农业、现代物流业、乡村旅游业融合发展，使各种生产要素突破地域、行业、城乡界限，实现农村资源的有效配置，形成新的生产能力。吉林省重点加强延长农业产业链，提高带户功能，打造资源配置合理、辐射带动力强、区域特色鲜明的休闲农业与乡村旅游业。同时，大力发展现代物流业，完善农村物流服务体系。发挥邮政物流、供销系统覆盖农村的网络优势，实施"新网工程"、"农超对接"及"农产品批发市场升级改造"三大市场工程，构建农产品物流绿色通道，推进粮食"四散化"运输和整个流通环节的供应链管理。加快发展农产品冷链物流，逐步形成一体化的现代农产品冷链物流体系。

（三）生产性服务业成为吉林经济发展新动能

吉林省生产性服务业近年发展速度较快，从 2012 年至今增长速度一直保持在 15% 以上，一直高于同期吉林省 GDP 和服务业的增长速度。这说明吉林省生产性服务业总量虽然偏小，但其具有较大的发展潜力。在吉林省传统制造业转型升级的关键节点上，生产性服务业突出表现成为平衡全省传统经济与新经济、挖掘全省经济驱动力的新动能。在吉林省工业化的中后阶段，应加快科技、金融、现代物流等生产性服务业的发展，形成与制造业的良性互动，实现经济发展的双轮驱动。2014 年，国务院下发了《关于加快发展生产性服务业促进产业结构调整升级的指导意见》，为了因地制宜引导生产性服务业在中心城市、制造业集中区域、现代农业产业基地以及有条件的城镇等区域集聚，实现规模效益和特色发展，吉林省将长春市、吉林市作为全省服务业发展的两大区域龙头中心，要重点集聚发展高端服务业，扩大辐射范围，强化引领带动，集中打造一批科技信息、研发设计、软件外包、现代物流、现代金融、商务咨询等生产性服务业集聚区。加强中心城市与周围城市的联系，发挥辐射作用。周围城市也可充分利用中心城市转移出来的生产能力、信息、资金和科技。预计吉林省生产性服务业占服务业比重将持续增加。在经济新常态下，生产性服务业如交通运输、现代物流、信息技术的载体建设，会产生新的投资以及衍生出新的需求，因此未来吉林省将加快推动生产性服务业集群化、特色化、高端化发展之路。

四 对策与建议

（一）利用自然资源优势，促进产业融合发展

吉林省自然资源丰富，粮食产业基础雄厚。资源优势就是吉林省的生产力。吉林省生态资源丰富，集聚程度又比较高，应充分利用自然资源优势，大力推动相关绿色产业发展。在服务业发展过程中，找寻自然资源和文化、休闲产业之间的契合点，挖掘吉林省服务业发展潜力，将自然资源优势和旅游、休闲娱乐、文化产业相融合，推动集旅游、休闲、文化与经济于一体的具有吉林地方特色的旅游产业发展。

作为农业大省，吉林省要转变农业发展理念，拓展农业附加功能，寻找传统粮食主产区转变为休闲农业的新路径，推动实现农区到景区、民房到客房、产品到商品的转变，给吉林省农业和服务业融合发展带来转机。大力开创观光农业、智慧农业等发展模式，积极创办农业博览会等大型活动，促进

农业与文化、旅游、会展等服务行业的融合发展，在提高农业附加值的基础上，进一步促进服务业发展空间扩大，做到产业内外联动，三次产业融合发展，拉动经济增长，推动产业优化升级。

（二）重视人才培养，鼓励人才引进

坚持以人为本，建立和完善人才培养制度，营造人才发展的良好环境。特别针对复合型专业人才的培养，加强与其他地区和本地高校的合作，积极开展国际人才交流和复合型人才的培养与引进工作，实现优势资源共享和互补，不断完善人才考核制度、激励制度，实现用人才、留人才的目的。积极组织举办培训班，通过各种形式的咨询、讲座、培训与高校合作办学、加强国际合作研究和交流等多种途径，迅速培养一支业务精、素质好、复合型的专业技术人才队伍，提高服务业队伍的专业水平和整体素质。注重加大人才引进力度。为吸引优秀专业技术人才加盟服务业，允许服务业企业对发明、专利和专有技术作价入股，允许产权所有者对有特殊贡献的技术和管理人员实行奖励。吸引更多优秀人才创业，推进服务业与国际接轨。

（三）推动"互联网＋"，创新服务业发展业态

加快发展"互联网＋流通"。构建电子商务孵化、营销、物流等服务体系，完善农村现代商贸流通网络。重点推进长春市和吉林市创建国家级电子商务示范城市建设。发展"互联网＋农业"。利用"三农"信息服务平台为农民提供精准技术指导。发展"互联网＋旅游"。与阿里旅行共同打造东北三省首家在线旅游商铺，整合旅游线路、景区门票、旅游特产等资源。发展"互联网＋金融"。积极引入基于互联网的第三方支付机构、网络信贷、众筹融资等互联网金融机构，支持东北亚金融中心等机构创新研发金融平台。发展"互联网＋消费"。提升传统商贸、餐饮服务模式，鼓励利用网络平台、手机客户端、电商平台开展线下服务。发展"互联网＋制造"。依托互联网信息平台，推进智能制造、服务制造、协同制造和网络营销，在长春新区等试点单位开展制造业服务化试点。发展"互联网＋政务"。推行网上政

府咨询、并联审批，促进政务信息资源共享，整合医疗、养老、教育、社会保障等信息资源，完善智慧城市及信息惠民工程建设。

（四）响应"一带一路"倡议，提升对外开放层次

抓住"一带一路"倡议发展机遇，提高服务业对外开放层次。重点创建服务型政府，创造有利的招商引资环境，提高服务业外资开放程度；有序扩大服务业开放，提高服务业国际竞争力。逐步放宽行业市场准入门槛，鼓励民间资本投资，激发市场活力。扩大金融、医疗、养老、教育等服务产业的对外开放，引进新兴服务业态，提高吉林省服务业国际竞争力水平；重点提升入境旅游服务水平，谨慎开发旅游资源，吸引"一带一路"沿线的国际游客，加快服务贸易的对外开放。

加强重点企业和项目合作，扩大服务贸易进出口。鼓励企业扩大服务进出口规模和承接国际离岸服务外包，支持企业进行国际资质认证，并给予资金补助；扩大服务领域对外交流，推进产业区域合作。组织企业参加服务贸易领域相关展会，开展境外业务交流洽谈。利用"东北亚博览会"等促进平台，推介吉林省服务贸易优势产业，寻求跨境合作机遇。建立更为广泛的国际合作，在"一带一路"新的起点上推进区域国际合作。建立东北大平台，创新开放思维，健全合作机制，制定科学的政策措施，加快建立开放型、双向性、跨区域的多产业园区平台，形成宽领域、多层次、高水平的区域合作新格局。

参考文献

张丽娜：《吉林省服务业转型升级的思路及对策建议》，《经济纵横》2017 年第 2 期。
安桂武：《2016 年吉林省服务业发展报告》，吉林省发展和改革会员会，2016。
纪明辉：《吉林省服务业运行形势与展望》，社会科学文献出版社，2016。
张丽娜：《加快服务业转型升级》，《吉林日报》2016 年 1 月 12 日。
刘瑶：《吉林省服务业结构调整与升级研究》，社会科学文献出版社，2017。

B.5
吉林省投资形势分析与展望

孙志明*

摘　要： 2017 年，吉林省投资形势严峻，出现改革开放以来少有的负增长情况，特别是占有决定性地位的民间投资不振，给全省经济保增长带来很大压力。但从趋势上看，似乎最困难的时候已经过去，呈现逐月走好的迹象。为巩固这一良好趋势，吉林省需要在优化投资结构、改善投资环境等方面做进一步的努力。

关键词： 投资　投资结构　投资环境

进入 2017 年以来，投资增长速度的不断下降，成为制约吉林省经济发展的一个突出问题。2017 年 7 月，吉林累计投资额同比增速转变为负数，是多年未见的鲜有现象，这给全省经济发展带来了隐忧。吉林省的投资率远高于全国平均水平，而投资的负增长，给全省经济的稳增长任务出了一个大难题，如何破解，值得深入研究。

一　基本情况

1. 投资总量的变化

2017 年 1~9 月，吉林省固定资产投资（不包括农户，下同）完成额为

---

* 孙志明，吉林省社会科学院经济所所长，研究员，主要研究方向为区域经济、产业经济。

10606.84亿元，同比为零增长，与上年同期10.3%的增速相比，大幅下降了10.3个百分点，与同期全国7.5%的增速相比，相差7.5个百分点。在全国31个省份中，吉林省排倒数第4，仅好于3个负增长的省份。在东北三省中，前9个月吉林省的投资增速好于辽宁省（-15.4%），但不如黑龙江省（7.5%）。

从分月份的情况看，2017年前几个月吉林省投资情况还可以，虽较上年同期有一定程度的下降，但还是保持了比较高的增速。只是从6月开始，投资增速大幅下降，累计增幅从上月的6.8%，猛然下降到2.4%，下降幅度高达4.4个百分点，随后就出现了连续两个月累计的负增长（见表1）。6月的转势，从全国的情况看，并没有出现什么大的变化，说明还是吉林省自身出了问题。

表1　吉林省和全国累计固定资产投资增速

单位：%

月份	吉林省		全国	
	2017年	2016年	2017年	2016年
1~2月	6.5	6.8	8.9	10.2
1~3月	6.0	8.5	9.2	10.7
1~4月	6.3	9.8	8.9	10.5
1~5月	6.8	9.8	8.6	9.6
1~6月	2.4	10.3	8.6	9.0
1~7月	-3.1	10.2	8.3	8.1
1~8月	-1.3	10.1	7.8	8.1
1~9月	0.0	10.3	7.5	8.2

注：本表数据来源于国家统计局网站、吉林省统计局网站。

2. 投资的产业分布

分产业看，前9个月吉林省投资下降主要表现为第二产业同比下降9.2%，而第一产业和第三产业均有所增长，投资的产业分布发生了明显的变化。第一产业所占份额最小，但与上年同期相比有所提升，提高了0.8个百分点。第二产业投资额最大，所占份额仍在一半以上，高达50.5%，但与上年同期相比有较大幅度下降，下降幅度达到了5.1个百分点。第三产业

投资虽不如第二产业多，但增加较多，所占份额较上年同期提升了 4.4 个百分点。第二、第三产业投资份额差距大大缩小，从上年同期的 16.4 个百分点，缩小到了 6.9 个百分点。

表 2　吉林省分产业固定资产投资

单位：亿元，%

	2017 年 1~9 月		2016 年 1~9 月	
	投资额	份额	投资额	份额
第一产业	635.94	6.0	558.31	5.2
第二产业	5366.29	50.5	5911.76	55.6
第三产业	4634.61	43.6	4167.27	39.2
投资总额	10636.84	100.0	10637.34	100.0

注：本表数据根据吉林省统计局网站数据计算所得。

3. 投资的主体结构

从投资主体角度看，2017 年前 9 个月，吉林省国有投资份额虽有所增加，但仅占 1/5 多一点，国有单位投资的主体地位已不复存在。民间投资已牢牢地占据了全省投资的支配地位，虽然所占比例略有下降，但依然高达 74.3%，起着支撑性的作用。

按隶属关系分，中央投资项目所占比例不到 3%，所占比例不大。地方投资项目占了绝大部分份额，可见地方在促投资、稳增长方面是做了很多努力的。

表 3　吉林省按投资主体和隶属关系分的固定资产投资

单位：亿元，%

		2017 年 1~9 月		2016 年 1~9 月	
		投资额	份额	投资额	份额
投资总额		10636.84	100.0	10637.34	100.0
按投资主体分	国有投资	2175.73	20.5	2104.81	19.8
	民间投资	7907.99	74.3	7946.48	74.7
按隶属关系分	中央项目	310.56	2.9	309.94	2.9
	地方项目	10326.27	97.1	10327.40	97.1

注：本表根据吉林省统计局网站数据计算所得。

4. 投资的建设性质

从建设性质上看，新建投资项目还占据着主导地位，所占份额接近一半，且较上年同期还提高了 0.4 个百分点。相对而言，扩建、改建和技术改造投资所占比重还不大，增量扩张还是主导性的，存量改造仍处于从属地位。

表4　吉林省按建设性质分的固定资产投资

单位：亿元，%

	2017 年 1 ~ 9 月		2016 年 1 ~ 9 月	
	投资额	份额	投资额	份额
新建	4852.92	45.6	4809.28	45.2
扩建	1814.66	17.1	1710.39	16.1
改建和技术改造	2476.96	23.3	2545.52	23.9
投资总额	10636.84	100.0	10637.34	100.0

注：本表根据吉林省统计局网站数据计算所得。

二　存在的问题

1. 投资减速明显

2010 年以来，吉林省的投资增速呈现逐年下降的趋势，从 2010 年的 32.5% 下降到了 2016 年的 9.6%，六年时间，投资增速削减了七成多，减速明显。这一变化趋势，与全国的平均走势几乎同步。同期，全国的投资增速也从 2010 年的 23.8% 下降到了 2016 年的 7.9%，削减幅度也接近七成。由于吉林省的基数比较高，2010 年的投资增速是全国平均水平的近 1.4 倍，虽然减速高于全国，但这些年来吉林省的投资增速仍是快于全国的，到 2016 年，依然比全国平均水平快 1.7 个百分点，但可看到差距已明显缩小。

2017 年是一个转折点，年初吉林省的投资增速就落在了全国平均水平之下，前两个月投资仅增长 6.5%，比全国同期平均水平少了 2.4 个百分点，5 月差距缩小到了 1.8 个百分点，但随着 6 月吉林省投资增速的大幅下滑，与全国平均水平之间的差距就大大地拉开了。2017 年吉林省投资增速

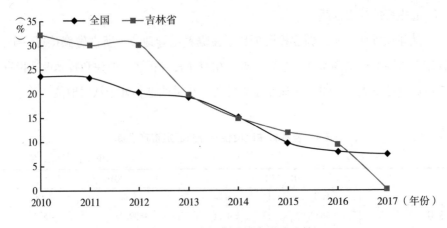

图1 吉林省与全国投资增速比较

注：数据来源于各年份国家统计公报、吉林省统计公报，2017年数据为前8个月的数据。

突然快速下滑，出人意料，影响巨大。

2. 民间投资不振

2013年以来，吉林省民间投资增速一直高于全省平均水平，使得民间投资所占份额不断上升，从2013年的69.5%提高到了2016年的74.1%，三年时间提高了4.6个百分点，对全省投资的支撑作用进一步增强。

但进入2017年，吉林省的民间投资则由增长转为下降，从各月累计的情况看，均是下降的，除7月外，累计增速均低于全省投资的平均水平。从高达两位数的正增长，下滑到负增长，又占据着全省近3/4的投资份额，因此民间投资的不振，是造成吉林省2017年投资困境的主要原因。

表5 2017年吉林省各月份累计固定资产投资增速

单位：%

月份	投资总额增速	民间投资增速	月份	投资总额增速	民间投资增速
1~3月	6.0	-7.1	1~7月	-3.1	-2.6
1~4月	6.3	-10.6	1~8月	-1.3	-1.5
1~5月	6.8	-1.9	1~9月	0.0	-0.5
1~6月	2.4	-0.4			

注：本表数据来源于吉林省统计局网站。

3. 投资依赖度高

2003 年以前，吉林省的投资率与全国平均水平不相上下。但实施东北老工业基地振兴战略，特别是 2005 年吉林省推进投资拉动战略以后，投资率迅速攀升，2003 年为 41.4%，2008 年达到了最高峰 79.6%，短短五年间几乎翻了一番。与全国平均水平之间的差距也在同一年达到了峰值，比全国平均水平高出 36.4 个百分点。从国际上看，与同等发展水平的国家相比，我国的投资率已经是很高的了，而吉林省的投资率又比全国的平均水平高了那么多，很显然这种结构是扭曲的。

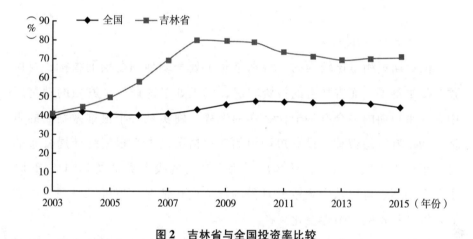

图 2　吉林省与全国投资率比较

注：数据来源于 2016 年《中国统计年鉴》、《吉林统计年鉴》。

在这段时间内，吉林省投资率的走势与全国基本相同，都是先上升后下降。但全国投资率的波动是相对平缓的，2011 年的 48.0% 是最高点，比2003 年仅提高了 7.6 个百分点。到 2015 年，全国的投资率降到了 44.9%，较最高点下降了 3.1 个百分点，与 2003 年相比提高了 4.5 个百分点。而吉林省投资率的波动则十分剧烈，波动幅度要比全国平均水平大得多，且回调幅度也没有达到全国的平均水平。到 2015 年，全国回调幅度已达最高升幅的 40.8%，而吉林省仅回调了最高升幅的 23.3%，投资率仍高达 70.7%，与全国平均水平相差 25.8 个百分点，与 2003 年仅 1 个百分点的差距相比，

差距仍较大。

虽然没有2016年的投资率数据，但当年吉林省全社会固定资产投资增长了9.6%，远高于5.9%的GDP名义增长率，估计投资率不会有太大的变化。70%上下的投资率表明，吉林省的经济对投资的依赖度是非常高的，2007年以来投资增速的下降，以及经济增速的回调，已经清楚地表明了这一点。

三 未来展望

1. 短期反弹可能性大

做短期预测是比较难的，特别是对于处于剧烈动荡期的指标，要做预测就更难了。而吉林省的投资状况，就正处于这样一个剧烈的动荡期中，未来短期内，会有一个什么样的走势，确实是一个很难做判断的事情。为了看清楚吉林省投资短期内的变化情况，本文根据统计局公布的各月累计投资额的数据，计算出了每个月份的投资数额及其同比增速，由此我们不仅可以从中观察分月份的投资变化情况，还可以看到吉林省固定资产投资的季节性变化规律。

从投资总额的增长情况看，从2016年11月开始就已明显减速，12月就出现了负增长，由于这两个月是投资的淡季，投资额比较小，对当年整体投资增速的影响不大，所以并没有引起人们的关注。而进入2017年后，投资增速的起点就不高，较以往有很大的差距，但6月1.7%的负增长，加之又是投资的旺季，投资额比较大，对累计投资增速的影响就很大，拖累全省投资下了一个比较大的台阶。而紧接着7月又出现了15.4%的巨幅下降，使得全省累计的投资增速出现了少见的负增长。虽然8月的累计投资依然是负的，但实际上当月已经出现了4.5%的正增长，9月又迅速提升到了15.8%的两位数增长，如果这一势头维持下去的话，摆脱投资的负增长，实现投资增速的反弹，并非不可能。

表 6 吉林省各月份固定资产投资及增速

单位：亿元，%

月份	2017 年		2016 年	
	投资额	增速	投资额	增速
1~3 月	455. 71	6. 0	430. 01	8. 5
4 月	647. 07	6. 6	607. 22	10. 7
5 月	1517. 86	7. 1	1417. 64	9. 8
6 月	2638. 27	- 1. 7	2682. 60	10. 8
7 月	1954. 05	- 15. 4	2309. 45	10. 0
8 月	2506. 72	4. 5	2398. 59	9. 8
9 月	917. 16	15. 8	791. 83	12. 8
10 月			2847. 05	10. 3
11 月			219. 25	4. 4
12 月			69. 53	- 6. 6

注：本表根据吉林省统计局网站数据计算所得。

再看一下对吉林省投资起支配作用的民间投资情况，负增长的情况也是出现在 2016 年的 12 月，并一直持续到 2017 年的 4 月，这对吉林省投资增速下台阶是有很强解释力的。而从 5 月开始的 2017 年投资旺季中，除了 7 月为负增长外，其他 4 个月民间投资都是有所增长的。也就是说，吉林省民间投资并没有形成趋势性的下降走势，反弹随时可能出现。

表 7 吉林省各月份民间投资及增速

单位：亿元，%

月份	2017 年		2016 年	
	投资额	增速	投资额	增速
1~3 月	304. 88	- 7. 1	328. 18	20. 0
4 月	417. 20	- 13. 0	479. 76	21. 2
5 月	1154. 13	4. 5	1104. 23	17. 8
6 月	2056. 18	1. 0	2036. 01	11. 7
7 月	1535. 16	- 7. 9	1666. 94	5. 3
8 月	1862. 17	2. 0	1825. 95	11. 6
9 月	578. 27	14. 4	505. 41	26. 0
10 月			2141. 66	9. 5
11 月			77. 98	45. 9
12 月			33. 93	- 27. 0

注：本表根据吉林省统计局网站数据计算所得。

2. 长期减速不可避免

从长期来看，吉林省未来投资的走势应该说还是比较明确的，就是以往的长时期高速增长难以再现，投资增长的减速是难以避免的，只不过减少到什么程度，能够维持在一个什么样的增长水平上，还得由吉林省自身的努力程度而定。从学者的角度考虑，如果能够维持中高速增长，处于与 GDP 增速相仿的水平上，是一种比较理想的状态。

如前所述，吉林省的投资率是非常高的，2015 年仍高达 70.7%，这样一个扭曲的经济结构是难以持久的，调整将不可避免。只不过调整如果过于剧烈，必然会对全省经济产生不利影响，如果能够实现长期的、缓慢的调整走势，既优化了结构，又不会给经济造成剧烈动荡，应当是我们追求的理想目标。所以，虽然吉林省的投资率过高，我们要调整，但我们依然要努力增加投资，使之保持一个适当的增速，以实现稳增长的调控目标。

2016 年，吉林省有一个指标的变化应当引起人们的注意，那就是年底的常住人口，净减少了 20.29 万人，这是 1949 年以来，全省第一次出现人口的负增长。从东北的情况来看，黑龙江省是从 2014 年开始出现人口减少的，辽宁省是从 2015 年开始出现人口减少的，吉林省 2016 年也出现了人口减少的现象，由此可见，这可能是东北整个区域的一个普遍现象。人口的减少，必然会对经济发展产生相应的影响，一般这种情况下，投资减速也是正常的。

我国经济已经进入了新常态，靠投资拉动的粗放增长模式会发生改变，这在很大程度上也会制约投资高增长情况的出现。在这种大的环境下，投资结构的优化、投资效率的提升，必然会成为未来人们关注的焦点，在这些方面多下功夫，是未来需要着重考虑的。

四　对策建议

1. 努力增加投资

在当前的局势下，稳增长是吉林省发展的第一要务。2014 年以来包括吉林省在内的东北地区，连续三年增速垫底，进一步彰显了要实现老工业基地的振兴，确实是一个非常大的难题。而吉林省又恰好处在一个很特殊的发展阶段上，一旦把握不好时机，便极有可能陷入"中等收入陷阱"。采取措施，及早走出困境，乃是当务之急。而要实现这一目标，就离不开投资这一关键要素。在需求侧的"三驾马车"中，投资是最易于进行调控的，不论是想推动经济发展，还是要压制经济发展冲动，第一位的调控对象都是投资，这是过去常见的做法。但现在不同了，对于如何更好地发挥市场的作用，使投资保持在一个比较适当的增长区间内，还是需要下很大功夫的。从当前的情况看，由于增速下滑很快，鼓励投资应当成为主基调。

如何增加投资，可以从两方面来考虑。一是增加内源投资。要发挥本省企业、投资者的积极性，投资那些具有比较优势的产业，具有市场竞争力的企业和产品，特别是要鼓励对于创新的投资，对于产业升级的投资，对于满足人们新需求的投资，以及有可能引领未来走向的投资等。二是积极引进外资。这里所说的引进外资，不仅仅包括外国投资，更主要的是指引进外省资金。近些年来，在吉林省的经济发展中，特别是在投资领域，外省资金的介入是一大亮点，对全省的经济发展起着巨大的推动作用，可以说是功不可没。比如2016年，实际利用外省资金7649.36亿元，相当于吉林省全社会固定资产投资的54.9%。所以，要增加投资，还得加大招商引资力度，更充分地利用好外资。

2. 优化投资结构

相对于增加投资，优化投资结构，充分地利用好投资，是更重要的一件事情。对于吉林省来讲，从现有的情况出发，以下几个方面是需要着重关注的。一是节制产能过剩行业的投资。不论是在我国还是世界范围内，产能过剩都是一个很突出的矛盾，在产能过剩比较严重的行业中，增加投资是一定要谨慎的。二是增加补短板的投资。从国内看，不论是从人口规模看还是从经济总量看，吉林省都只能算是一个小省。但从全球角度看，吉林省的人口、经济总量则相当于一个中等国家的体量，从这个角度看，建立一个相对完善的产业体系是有一定合理性的，所以补短板的投资是有很大机会的。三

是增加战略性新兴产业的投资。包括吉林省在内的东北地区，属于比较典型的老工业基地，资源开采和初级产品加工比重较大，急需转型。新的增长点在哪里？战略性新兴产业那里机会很多，应当积极努力增加这一领域的投资。四是提高研发投入水平。吉林省的研发强度还不到1%，与全国已经超过2%的平均水平相比，是有很大差距的。增加研发的投入，不仅本身就是增加投资的举措，更主要的是要可以通过提高研发投入水平，为全省经济的发展注入创新活力。

3. 改善投资环境

改善投资的硬环境，主要就是加大基础设施建设的力度。在这方面，吉林省还是有很大短板的。比如辽宁省，已经基本实现了县县通高速，而吉林省有的地级市还没有通高速公路，因此亟须补上这个短板。还有一个重要的方面，就是城市基础设施建设方面，省会城市长春刚通地铁，计划中的另外几条线路建设任务也是很重的，特别是中小城市、小城镇，以及农村地区的基础设施，也都有非常大的改进余地。当然，这些都是需要资金的，而且多数是属于公益性的，难以市场化地回收资金。这对于财政资金比较紧张的吉林省来讲，确是一大难题，但建设的步伐不能停下来。

如何改善投资的软环境，应当成为当前迫切要解决的问题。这不需要资金支持，但需要实施的勇气。党的十八大以来，简政放权成为新一届中央政府的一大亮点，取得了很好的成绩。吉林省实际上也做了很多工作，且在很多方面是走在全国前面的。比如，工商登记的"先照后证"、"五证合一"等，都在全国普遍推广之前实施，先走了一步，所以不能笼统地说吉林省在改革上事事都落后，实际上也在努力有所作为。但由于整体上还是受传统影响比较大，个别领域的改革突进效果有限，"吃拿卡要"行为虽有所收敛，但"不作为"的现象则更为突出了。所以，要进一步加大改革攻坚的力度，切实提高政府部门的工作效率，不断改善经济发展的软环境。

B.6
吉林省消费形势分析与展望

孔静芬*

摘　要： 2017 年，面对国内外复杂的宏观经济环境，围绕"十三五"发展规划和目标任务，吉林省切实采取一系列有效措施，推动消费规模不断扩大，消费水平不断提高，促进了居民消费升级，为消费品市场注入了新活力。2017 年 1～6 月，吉林省实现社会消费品零售总额 3684.39 亿元，与上年同期相比增长 8.8%。消费品市场仍保持平稳发展态势。

关键词： 新常态　消费结构　电子商务

一　吉林省消费现状

（一）吉林省消费总体发展情况

1. 消费规模进一步扩大

随着居民收入不断增加，吉林省居民消费水平得到进一步提高，消费能力进一步释放，吉林省消费品市场继续保持稳定向好增长态势，消费增速有所放缓。2017 年 1～6 月，吉林省实现社会消费品零售总额 3684.39 亿元，同比增长 8.8%，低于全国增速 1.6 个百分点，也低于上年同期增速 1.1 个百分点，与一季度相比较落后 0.7 个百分点，增速下降幅度较大。增速位居

---

* 孔静芬，吉林省社会科学院软科学研究所研究员，主要研究方向为消费经济。

全国第24位，比2016年同期后移6位，在东北排第一。与邻省比较来看，2017年1～6月，辽宁省实现社会消费品零售总额6695亿元，增速为1.6%；黑龙江省实现社会消费品零售总额4090.5亿元，增速为8.3%，从此数据可看出吉林省增速高于辽宁省与黑龙江省（见表1）。

表1　2017年1～6月东北三省和全国社会消费品零售总额增长与排名情况

省份	社会消费品零售总额(亿元)	增速(%)	增速排名
全　国	172369	10.4	—
辽　宁	6695	1.6	31
吉　林	3684.39	8.8	24
黑龙江	4090.5	8.3	25

资料来源：吉林统计信息网、吉林统计月报。

2. 乡村消费增速快于城镇消费增速

统计数据表明：2017年1～6月，吉林省城镇社会消费品零售额实现3314.78亿元，与2016年同期相比增长8.8%，与一季度相比下降了1.1个百分点；吉林省乡村社会消费品零售额实现369.61亿元，与2016年同期相比增长9.4%，增速比一季度增长了3.5个百分点。随着农村居民收入水平的继续提高及城镇化继续推进，农村居民的消费观念和消费档次也在逐渐提升，汽车等高档耐用消费品已经逐步进入寻常百姓的家庭，大大地促进了乡村消费品市场的活跃，也说明农村消费市场的购买潜力巨大。虽然农村的社会消费品零售额增速在二季度超过城镇，但在绝对值上城镇市场所占比重仍大于农村市场，占全省比重在87%以上，在消费品市场中起决定作用，城镇消费为拉动消费品市场的增长做出了主要贡献。

3. 物价保持平稳运行

2017年6月，吉林省居民消费价格总水平（CPI）同比上涨1.3%，低于全国水平0.2个百分点，涨幅较5月回落0.1个百分点，与3月、4月持平，居全国第20位，属于物价上涨较低省份；6月，吉林工业生产者出厂价格指数（PPI）上涨2.3%，低于全国水平3.2个百分点，涨幅较5月高0.1个百分点，比 4 月回落 0.8 个百分点，与 3 月相比回落 1.7 个百分点，在全国排第 30 位，在工业生产者出厂价格指数中属于上涨最低的省份之一。2017 年 1~6 月，吉林省居民消费八大类商品"七涨一跌"：食品烟酒类下跌 1.3%，衣着、居住、生活用品及服务、交通和通信、教育文化和娱乐、医疗保健、其他用品和服务分别上涨 1.9%、0.6%、1.0%、1.9%、1.4%、11.1%、2.6%。

4. 房地产市场销售逐渐回暖

2016 年以来，国家针对营业税出台了一系列的优惠政策，对房地产交易环节中的契税进行了调整，同时还颁布了《关于进一步做好住房金融服务工作的通知》，对房地产销售实施促销政策，大大提升了个人住房贷款需求，人们买房的热情得到激励，购房的刚性需求得到满足，房地产销售额大幅增加。吉林省也紧随国家步伐，相继出台了取消住房限购限贷的一系列政策，全省商品房的成交量大幅增加。同时，在房地产去库存方面，年初以来吉林省在商品房销售面积和销售额上一直保持两位数的增幅，商品房销售面积增长 20.0%，商品房销售额增长 21.9%，与住房联系紧密的家用电器和音像器材类、家具类、建筑及装潢材料类商品销售也随之大幅增长。统计显示：2017 年 1~6 月，家用电器和音像器材类增长 4.2%、家具类增长 5.2%、建筑及装潢材料类增长 8.2%。

5. 汽车消费市场逐步企稳

2017 年以来，吉林省汽车消费市场推出了一系列的促销活动，二季度开始汽车商品进入了销售旺季，销售回升势头明显。2017 年 1~6 月，吉林省限额以上汽车商品实现零售额 271.26 亿元，与 2016 年相比增长 5.1%，高出一季度 5.3 个百分点，拉动全省限额以上社会消费品零售额增长 1.1 个百分点。在石油及制品类商品方面，2017 年 1~6 月，吉林省累计实现限额以上石油及制品类商品零售额 216.69 亿元，与 2016 年相比增长 2.9%，增速较一季度回落 11.2 个百分点。

6. 居民消费结构持续升级

从吉林省居民八项消费支出情况可以看出吉林居民消费具有如下几个特点。

生存类消费性支出比重保持平稳。吉林省城乡居民恩格尔系数一直保持在 30% 以内，达到了联合国 20%~30% 的富裕标准。2016 年，吉林省恩格尔

系数城镇为 25.92%，农村为 28.59%，与 2015 年相比城镇上升了 0.1 个百分点，农村下降 0.45 个百分点。食品烟酒消费支出依然是居民消费支出的主要内容，总量逐年增加，但比重在下降。2016 年，吉林省城镇居民人均食品烟酒消费支出 4957.05 元，比上年增加 316.47 元，增长 6.8%；农村居民人均食品烟酒消费支出 2721.90 元，比上年增加 171.1 元，增长 6.7%（见表 2）。

发展、享受型消费支出比重逐年上升。随着居民消费结构的逐步升级，人们用于发展、享受型方面的消费支出比重逐步增加。表 2 显示，2016 年，吉林省居民人均居住消费支出城镇为 3587.07 元，农村为 1817.15 元，分别较上年同期增长 1.6% 和 7.0%，居民购房的主要目的发生改变，侧重点不在面积、功能，而是更加关注房屋所处的环境和文化氛围。居民在子女的文化教育、休闲娱乐、旅游度假等方面的消费支出迅速增加，2016 年，吉林省居民人均教育文化娱乐消费支出城镇为 2367.54 元，农村为 1231.73 元，分别较上年同期增长 9.5% 和 10.2%；人均医疗保健支出城镇为 2059.24 元，农村为 1230.94 元，分别较上年同期增长 7.0% 和 16.33%；人均交通和通信支出城镇为 2691.01 元，农村为 1334.98 元，分别较上年同期增长 15.87% 和 10.92%，增幅较大。

表 2　吉林省城乡居民年均消费性支出情况

单位：元

	2015 年		2016 年	
	城镇	农村	城镇	农村
合计	17972.62	8783.31	19122.79	9522.40
食品烟酒	4640.58	2550.80	4957.05	2721.90
衣着	1812.94	594.56	1818.96	606.20
生活用品及服务	1026.65	353.53	1107.08	375.63
医疗保健	1924.20	1058.10	2059.24	1230.94
交通和通信	2322.47	1203.56	2691.01	1334.98
教育文化娱乐	2161.81	1117.70	2367.54	1231.73
居住	3532.25	1698.29	3587.07	1817.15
其他商品和服务	551.72	206.77	534.85	203.87

资料来源：《吉林统计年鉴》。

（二）吉林省消费特征

1. 批发和零售业仍是消费品市场增长的主导力量

从零售额的行业构成看：批发和零售业是吉林省消费品市场增长的主导力量，在限额以下法人企业中，批发和零售企业达八成。2017 年 1～6 月，吉林省批发和零售业实现零售额 6191.17 亿元，占全省总零售额的 90.9%，同比增长 12.65%，增速比上年同期加快 2.45 个百分点，对限额以上商品零售额增长的贡献率高达 98%。其中，批发业实现销售额 2488.38 亿元，同比增长 13.2%，增速与上年同期相比加快 5.7 个百分点，与全省限额以上零售额平均增速相比高 8.7 个百分点；零售业实现零售额 3702.79 亿元，同比增长 12.1%，增速比上年同期下降 0.8 个百分点。

2. 各大住宿餐饮企业快速转型实现同步增长

吉林省各大住宿餐饮企业积极调整经营策略，更多地向大众化消费方向转移，特别是春节期间越来越多的家庭流行"走出去，吃饱归"，各大餐饮企业纷纷推出不同档次、不同价位的新春套餐和半成品"打包年夜饭"，以年夜饭、家宴、朋友宴为主的大众消费和基于"互联网＋"的网络订餐、团购外卖等成为住宿餐饮业消费的主要类型。2017 年 1～6 月，吉林省餐饮业实现零售额 521.33 亿元，同比增长 11.7%，其中：限额以上餐饮业实现零售额 63.28 亿元，同比下降 1.9%，限额以下餐饮业实现零售额 458.05 亿元，同比增长 13.9%。住宿业完成零售额 100.74 亿元，同比增长 10.8%，其中：限额以上住宿业实现零售额 20.35 亿元，同比增长 3.3%，限额以下住宿业实现零售额 80.39 亿元，同比增长 12.8%。可见，限额以下住宿餐饮业增速快于限额以上住宿餐饮业增速，对消费市场贡献力较大。

3. 旅游消费市场持续向好

2017 年以来，吉林省在发展旅游产业过程中，狠抓旅游重点项目这个龙头，积极做好旅游项目的开发、推进、指导、服务工作，打造具有吉林特

点的新业态、丰富新供给、推动产业结构升级，有力地推进了全省旅游项目的建设和旅游业的转型发展。以吉林长白山为例：2017 年 1~6 月，长白山保护开发区旅游总人数达到 97.29 万人次，同比增长 15.12%，旅游总收入实现 9.69 亿元，同比增长 21.46%。

4. 服务型消费持续增长

随着生活水平的提高，城乡居民的保健意识逐步增强，居民花钱买健康的观念正在逐渐形成，人们越来越重视健康、保健、养生。特别是随着人口老龄化的不断加剧，居民对养老和家庭服务消费的需求逐渐增大。老年人在生活上的需求很多，包括生活照料、医疗保障等，这将是今后新的、可持续的消费热点。据统计：2016 年，吉林省城镇居民人均医疗保健支出为2059.24 元，比上年增加 135.04 元；人均交通和通信支出为 2691.01 元，较上年增加 368.54 元，年均增长 15.87%，增速居八项消费支出之首；教育文化娱乐支出稳步增长，2016 年，吉林省城乡居民教育文化娱乐支出分别为 2367.54 元和 1231.73 元，较上年分别增加 205.73 元和 114.03 元。

二 吉林省消费发展遇到的主要问题

（一）居民收入增长缓慢

2017 年，吉林省城乡居民收入虽然大幅增加，但与全国平均水平相比较，增速有所放缓，居民收入水平不高，城乡居民之间的收入差距较大，这种偏低的收入水平和较高的收入差距制约了吉林省消费品市场的发展，阻碍了消费品市场的快速增长，吉林省社会消费品零售总额增速忽高忽低，处于调整状态。统计数据显示：2017 年 1~6 月，吉林省城镇居民可支配收入为14138 元，与 2016 年同期相比增长 6.7%，低于全国平均水平 1.4 个百分点；农村常住居民人均可支配收入为 6346 元，增长 5.5%，低于全国平均水平 3 个百分点，城乡收入绝对额相差 7792 元；2017 年 1~6 月，吉林省城镇居民人均消费性支出达到 9391.00 元，与 2016 年同期相比增长 3.4%，与全国平均增长水平相比低 2.7 个百分点；农村居民人均生活消费性支出达到 4697.00 元，同比增长 5.2%，低于同期全国平均增长水平 1.8 个百分点。收入水平偏低和增速的放缓，对吉林省消费发展影响巨大。此外，教育、医疗、养老等费用的不断攀升，也抑制了居民的消费意愿。

（二）农村消费品市场动力不足

近年来，吉林省城乡消费市场共同发展，但二者相比农村消费市场相对迟缓，2017 年 1～6 月，吉林省农村社会消费品零售总额为 369.61 亿元，同比增长 9.4%，城镇社会消费品零售总额达 3314.78 亿元，同比增长 8.8%，农村增速快于城镇 0.6 个百分点，但农村社会消费品零售额占全部社会消费品零售总额比重只有 9.3%。这就说明吉林省农村居民消费水平较低，农村消费市场蕴含着较大的潜力。

（三）电子商务高速发展给传统商业带来巨大的冲击

随着"互联网＋"的渗透和发展，居民收入水平的提升、受教育程度的提高，信息消费、绿色消费、时尚消费等新型消费的潜力加速释放，网络消费改变了传统的消费习惯、消费模式和消费流程。随着电子商务的迅猛发展，居民消费能力的提升，居民对消费品质的要求大大提高，特别是对国外品牌商品的需求大大增加。一方面吉林省各地市场缺少中高档品牌商品，另一方面居民生活水平提高及交通出行便利，使得相当一部分人群选择去邻近省市或者港澳台地区甚至国外购物消费。同时，随着电子商务的迅猛发展，还有很大一部分消费者通过"淘宝购物"、"微信代购"、"海外直邮"等方式消费，这些都在一定程度上造成了购买力的流失。居民足不出户、方便快捷的网络购物已经成为很大一部分消费者的重要消费方式。百货、商场及超市等传统业态销售"平淡"，实体店面临着消费日益分流的困境，房租、人工和资金等经营成本不断上涨，经营压力增加，对传统的进店消费模式产生了极大的冲击，传统零售模式面临着巨大挑战。

（四）缺乏新的消费热点

在调结构、转方式的背景下，国家和地方尚未出台比较直接的刺激消费的政策，市场仍然缺乏新的有效的消费热点。同时，居民的生活观念在逐步发生变化，居民消费也开始由实物型向服务型转变，所以实物型消费的零售额必然会受到一定程度影响。而新的消费热点形成也需要一定的培育周期，在短期内不会显现出较明显的刺激效果。

（五）预期消费占比高

居民消费能力受工资收入和人口数量结构限制，工资水平增长不及商品价格增长快，中高年龄消费群体消费意愿不强，教育、医疗、住房等方面预期支出高，消费能力受限。统计资料显示：2016 年，吉林省城镇和农村居民用于教育和文化方面的支出与上年同期相比分别上涨 9.5% 和 10.2%；城镇和农村人均医疗保健方面的支出分别较上年上涨 1.6% 和 16.33%；城镇和农村人均居住方面的支出分别较上年上涨 7.2% 和 7.0%。可以看出居民用于这几方面的支出较大，所占比重较高。截至 2017 年 6 月末，吉林省金融机构人民币各项存款余额为 21374.64 亿元，同比增长 4.9%；住户存款余额为 11242.92 亿元，同比增长 11.4%。

三　消费趋势与展望

2018 年，吉林省经济发展面临的形势依然复杂严峻，经济下行压力仍较大，这在一定程度上也制约着吉林省消费发展，但经济发展的动力加大，挑战和机遇并存，在十九大精神的指导下，预计吉林省消费运行仍有望保持平稳增长态势，社会消费品零售总额增速将放缓，不会出现大的起伏。

从促进消费发展的有利因素来看，一是政策扶持唤活消费新生机。2017年国家先后出台了《关于积极发挥新消费引领作用加快培育形成新供给新动力的指导意见》、《加快发展生活性服务业促进消费结构升级的指导意

见》、《关于进一步扩大旅游文化体育健康养老教育培训等领域消费的意见》
等政策以及对新能源汽车加快发展的政策意见、对房地产业出台的各种惠民
措施，加上省级层面出台的配套举措，使耐用消费品市场产生新生机，相应
的后期消费将水涨船高。2018 年吉林省将进一步健全流通领域消费供给转
型政策体系，结合吉林省互联网经济先发优势，将加速全省批发零售业改造
提升，促进线上线下融合发展，优化业态布局，改善商品供给结构，促进供
需匹配，便利居民消费。

二是工资性收入将稳步增加。2017 年以来，吉林省同全国一样，宏观
经济运行平稳，这为城乡居民收入的提高提供了可靠依据。在国家提出的促
进居民收入增长与经济同步发展，劳动者报酬增长与劳动生产率提高同步等
相关政策的实施下，居民收入特别是工资收入将继续保持平稳增长态势，收
入的增加为未来扩大消费需求奠定了坚实基础。在投资方面，自 2016 年以
来，由于我国股票市场一直比较低迷，投资获利机会不大，不少股民亏损，
投资收入不大。预测 2018 年，证券市场的发展总体将面临较大困难，不确
定性较多，在房地产方面，国家提出房子不是用来炒的而是用来住的，这样
会使得住房市场投资性机会和投资收益受到影响，居民投资性收入增长幅度
不会太大。

三是深化改革激活消费热点。吉林省将深入推进简政放权、放管结合、
加大服务改革力度，放宽市场准入，逐步消除影响居民养老、教育文化、体
育等消费的各种体制机制障碍，增加这些领域的有效供给，加快服务型消费
的发展，推动热点领域消费提质扩容。再加上东北亚博览会等各种展会效应
将提升吉林影响力，吸引外来旅游、商务人流大幅增长，推动吉林省消费市
场走向国际化。

四是电商产业培育消费新动力。2017 年以来，吉林省积极推进电子商
务在民生领域的广泛应用。支持购物、餐饮、旅游、娱乐、休闲、家政等多
元化消费业态线上线下融合发展。有序推进电子商务在医疗、社保、交通、
教育等领域的应用。预计到 2018 年，电子商务应用普及率将达到 80%。吉
林农村电商目前还处于发展初期，与发达省份相比存在较大差距。主要是因

为认识不足，农村电商整体应用水平还不高，网络消费规模较小以及农村电商技术人才缺乏等。未来吉林将加快农村电商体系建设，培养农村电商人才，加快农村物流发展，推进农产品"走出去"。

从制约消费发展的不利因素来看：目前国内经济仍处在结构调整的攻坚阶段，吉林省民间投资虽然趋稳小升，但增长动力依然不足；经营成本高企、电商分流、发展模式粗放矛盾依旧突出，百货、超市等实体零售业态仍处在转型阵痛期。

四 对策与建议

（一）继续加快拓展农村消费市场

落实强农惠农政策，提高农业生产经营收入和农民转移性收入，逐步提高农民收入水平，缩小城乡收入差距，解决农村有效需求不足的问题，活跃城乡两个消费市场，进一步挖掘和释放城乡消费潜力。首先，对农村消费市场工程建设的力度要加大，真正做到使得有竞争能力的大中型流通企业、连锁公司等扩大自身的经营范围，将经营触角向农村地区延伸，努力改善农村消费市场的消费环境。其次，采取积极有效措施，解决农村居民农产品出售困难的问题，切实增加农民收入，从而激活农村居民的消费欲望和提高其购买能力。最后，利用良好的生态环境、丰富的休闲农业和民俗文化资源、不断完善的基础设施，积极发展乡村休闲、旅游、养生、养老、餐饮等产业。把农村的优质生态资源和产品引向市场，促进农村市场繁荣发展。

（二）大力发展电子商务

针对吉林省网上零售规模小、市场份额占比低的现状，应积极应对"互联网＋"发展态势，在资金上对电子商务企业加大扶持力度，出台各种优惠政策吸引优秀人才加入，进一步完善网络、仓储、物流等相关配套设施,助推电子商务发展。引导并扶持省内有实力的商贸企业建设具有本市特色的网络平台,抢占新兴业态商机,扶持面向中小企业的第三方电子商务平台,应对电子商务对实体商业企业的冲击。吉林省要紧紧抓住国家促进互联网信息消费的机遇,依托互联网电子平台,快速发展电子商务,采取线上和线下相结合的方式,走出单一传统营销模式,发展网上销售,拓展新型消费模式,促进传统行业与网购融合,不断开创营业收入增长的新通道,促进消费品市场平稳发展。

(三)积极培育新兴消费热点

随着经济的发展,传统消费逐步趋于平稳甚至增长乏力,但新的消费热点尚未形成。应着力培育新的消费热点,采取有力措施,大力支持和鼓励吉林省有突出特点的重点行业、重点企业发展体验式消费、定制消费、智能消费、无店铺无人消费等新型消费模式,制定行之有效的可持续发展政策,顺应新常态下消费发展的新趋势,努力提高消费服务质量,提升消费服务品质,创造良好的消费环境,提升消费者信心。新兴消费热点对经济拉动作用日益凸显,居民的消费习惯和消费方式逐步发生转变,要从满足不同群体的多层次需求出发,在满足居民便利实惠消费、安全放心消费、绿色循环消费的同时,积极扩大居民的服务性消费需求,培育新的消费热点,在新型电子产品、智能家电、节能汽车等热点领域,提高财政支持力度,使这些领域形成有效、持续的消费热点,带动相关行业发展。

(四)充分发挥旅游辐射的带动作用

旅游业具有消费关联性、产业带动性、经济拉动性等特点,这些特点对于吉林省增加就业岗位、促进消费结构升级、产业结构优化都具有积极意义。吉林省要加快本地旅游产品开发,突出本地特色,积极建设优质景区。一是创新应用模式,定制个性化旅游产品。在景区的规划和建设过程中,在旅游模式选择上,突破原来传统景区,导入新的商业机制,积极满足新型景区管理需求,推动景区的经营模式创新,吸引境内外游客来吉林消费,促进

消费回流。二是注重消费体验向"享受型"旅游转型。"穷游热"随着消费观念的转变逐渐成为过去,"享受型"旅游取而代之成为当下的热门,传统酒店开始向智慧酒店转型。因此,要积极抓住互联网发展机遇,努力促进自身形态的优化升级,最大限度地满足当下消费者的高标准要求。例如,图们市作为边疆小城市,要充分利用边疆优势,挖掘优势资源,增强旅游消费在扩大内需促消费保增长方面的拉动作用,为扩大图们市消费品市场增添新的活力。

B.7
吉林省对外贸易形势分析与展望*

邵　冰**

摘　要： 2017 年吉林省外贸延续过去一年良好的发展势头，继续回稳向好，对周边贸易市场出口增势良好，贸易结构进一步优化。吉林省陆续出台的一系列促进外贸稳增长、调结构的政策措施效应继续显现，在未来一个时期全省外贸发展的内生动力将不断增强。当前，对外经贸合作发展的国际、国内环境和条件发生深刻的变化，国际经贸关系复杂多变，吉林省对外贸易发展既面临严峻的考验，也存在新的机遇。新时期，吉林省应积极开拓国际市场，深化经贸合作；优化外贸发展方式，打造竞争新优势；推进新兴业态持续发展，培育外贸持续发展新动能；加强园区和载体建设，拓展对外贸易发展平台。按照开放型经济发展的要求，研究谋划加快推进新一轮高水平开放的政策措施，全力以赴保持外贸回稳向好。

关键词： 对外贸易　开放型经济　对内开放　对外开放

2017 年以来，吉林省对外贸易发展所面临的国内外环境有所改善。从国际方面来看，虽然国际政局动荡多变，贸易保护主义势力上升，"逆全球

* 课题资助：吉林省科技厅软科学研究项目"吉林省融入'一带一路'战略的发展思路与对策研究"（项目编号：20160418015FG）。

** 邵冰，吉林省社会科学院东北亚研究中心副研究员，主要研究方向为区域经济。

化"思潮涌动，不确定性增多，但是全球经济开始回暖和复苏，增长动力增强，国际市场需求有所回升。美、日、欧等发达经济体的经济增长提速，与此同时，得益于外部环境的改善，发展中经济体和新兴市场的经济增长也不断加快。从国内环境来看，随着供给侧改革的不断推进，经济结构不断优化，发展动能不断提升，我国经济稳中向好、稳中有进的态势持续发展，经济发展的质量效益不断提升，为对外贸易良好发展奠定了坚实基础。吉林省应积极应对当前外贸发展所面临的机遇与挑战，着力培育外贸增长新动能，促进吉林省外贸回稳向好发展。

一 2017年吉林省外贸运行特点

近年来吉林省积极贯彻和落实国家有关促进外贸发展回稳向好的各项政策措施，积极培育外贸主体，着力发展外贸新兴业态，努力开拓国际市场，为全省外贸发展打造良好的环境。2017 年，在国际需求回暖和市场开拓政策强化的共同作用下，吉林省对外贸易延续了 2016 年良好的发展势头，1~9 月全省实现进出口总额 948.9 亿元人民币，同比增长 5.1%，外贸进出口同比净增加 46 亿元。① 其中，进口 728 亿元，同比增长 4.4%；出口 220.9 亿元，同比增长 7.5%。

（一）外贸增速呈现前高后低的走势

2017 年 1 月，吉林省对外贸易延续了自 2016 年下半年以来的反弹态势，在外贸形势严峻复杂、国际市场疲软的情况下，吉林省外贸持续保持增长，进出口完成 125.5 亿元，在全国排第 21 位，实现了开门红，增幅超过三成，高于全国平均水平 13.7 个百分点。其中，进口增长了 36.8%，出口增长了 22.3%。1~7 月，吉林省外贸继续保持良好的增长态势，但是进出口增幅却持续收窄，各月增幅分别为 33.3%、19.5%、16.7%、13.1%、

---

① 《2017 年 9 月份吉林省外贸运行简况》，吉林省商务厅网站，http：//www.jldofcom.gov.cn/ztxx/201711/t20171103_3498301.html。

7.2%、4.7%、2.8%。在经历进出口增速持续下降后，全省外贸增幅逐月收窄的情况得到遏制，8月吉林省进出口呈现强势反弹，实现增长3.9%，进出口贸易额完成113亿元，当月同比增长11%，是2017年以来的月度第三高。9月进出口实现5.1%的增长，增幅继续回升。总体上来看，2017年吉林省外贸呈现前高后低、增幅收窄的整体走势。这主要是由于年初一汽集团进出口增幅超过40%，有力地拉动了全省外贸的大幅增长，随后其进口回落，逐月下滑，8月、9月开始逐步回升。此外，由于长春轨道客车股份有限公司、吉林吉盟晴纶有限公司、长春丰之航物流有限公司、吉林北沙制药有限公司等重点外贸企业出口下降，全省第三季度外贸出口增幅回落。

（二）对外贸易结构进一步优化

2017年前三季度，吉林省一般贸易出口147.65亿元，占出口总值的比重为66.8%，比上半年提高1.6个百分点。加工贸易出口55.23亿元，占出口总值的比重为25.0%（见表1）。1~8月，边境小额贸易进出口大幅增长，增幅为255%。保税区仓储转口货物、保税仓库进出口货物均有所增长。吉林省对外贸易结构持续优化，趋向多元化的发展态势。

表1　2017年前三个季度吉林省进出口贸易方式和企业性质情况

项目		出口			进口		
		金额（万元）	增速（%）	占比（%）	金额（万元）	增速（%）	占比（%）
海关进出口总值		2208935	7.5	100	7279915	4.4	100
贸易方式	一般贸易	1476477	14.6	66.8	6471585	2.6	88.9
	加工贸易	552358	-10.2	25.0	240814	10.3	3.3
	其他贸易	180100	—	8.2	567516	—	7.8
企业类型	国有企业	540641	11.4	24.5	2067543	-6.7	28.4
	外商投资企业	661836	-3.5	30.0	4481091	13.3	61.6
	集体企业	7583	17.0	0.3	27790	-2.0	0.4
	私营企业	993148	13.8	45.0	644903	-9.3	8.9
	其他企业	5727	—	0.3	58588	—	0.8

资料来源：根据吉林省统计信息网《2017年1~9月吉林省对外贸易》统计数据计算。

（三）私营企业在外贸发展中的地位进一步提升

2017 年前三季度，吉林省私营企业出口 99.31 亿元，增长 13.8%，占出口总值的 45%，出口第一大经营主体的地位得到进一步巩固；进口 64.49 亿元，占进口总值的 8.9%。外商投资企业出口 66.18 亿元，占出口总值的 30%；进口 448.11 亿元，占进口总值的 61.6%。国有企业出口 54.06 亿元，占出口总值的 24.5%；进口 206.75 亿元，占进口总值的 28.4%。私营企业出口好于外商投资企业和国有企业。

（四）对周边贸易市场进出口增势良好

近年来，吉林省不断完善和健全对外贸易促进政策与服务体系，同时为了深度融入全球产业链和物流链，吉林省企业不断努力扩大与世界各国各地区的投资合作与贸易往来。2017 年前三个季度，吉林进出口市场多元化继续取得进展，在与吉林省有贸易往来的 179 个贸易伙伴中，有 101 个国家和地区进出口实现增长，进出口额净增加 86.3 亿元；有 78 个国家和地区进出口出现下降，进出口额减少 40.3 亿元。其中，进出口净增加额居前五位的分别是日本、俄罗斯、韩国、中国香港、罗马尼亚；进出口净减少额超过 1 亿元的有泰国、荷兰、新加坡、巴西、斯洛伐克、德国等。德国、日本、斯洛伐克为吉林省前三大进口来源国，韩国、美国和日本是吉林省前三大出口市场。2017 年 1~7 月，吉林省对东北亚五国的贸易额为 154.1 亿元，同比增长 23.5%，占全省进出口总额的 21.2%。① 1~9 月，吉林省对周边市场贸易增势良好，对日本、韩国和俄罗斯的进出口增幅均超过 20%。

（五）大类商品出口增势较好

出口方面，2017 年 1~9 月，占吉林省出口额达 92% 的八大类重点出口

---

① 《吉林对外开放呈现新活力》，中国商务新闻网，http://news.comnews.cn/20170908/3292.html。

商品中，汽车及零部件、农产品、轻纺产品、木制品及家具等四类商品呈现较好的增长态势，同比分别增长 15.1%、12.4%、9.1% 和 8.7%。轨道客车及其零部件产品出口同比下降了 36.2%，石化产品、冶金产品和医药产品出口有小幅下降。进口方面，2017 年 1～9 月，占吉林省进口额 83% 的五大类重点进口商品中，冶金矿产、汽车及零部件进口同比分别增长 26.1% 和 2.9%，轻纺产品、石化产品实现进口小幅增长。农产品进口降幅较大，同比下降 42%。

（六）各市州进出口发展不平衡

2017 年开年以来，重点地区的进出口增长带动了全省外贸形势回稳向好。1～2 月长春市进出口 23.7 亿美元，延边州进出口 3.5 亿美元，吉林市进出口 1.3 亿美元，合计金额占全省进出口总额的 92.5%，三地增幅均高于全省平均水平，有力地拉动了吉林省进出口的增长。2017 年前三个季度，吉林市、延边州进出口增幅均超过 20%，公主岭、集安、梅河口扩权强县试点市进出口实现良好增势。四平、白城、白山三个地区由于部分重点外贸企业贸易额下滑严重，进出口降幅均超过 20%。

二 当前吉林省外贸发展面临的挑战与机遇

当前，世界经济在国际金融危机以来的深度调整中曲折复苏，但是贸易摩擦仍然较多，逆全球化趋势仍在蔓延，国际经贸关系更加复杂，外贸发展面临的形势依然严峻。面对外经贸合作发展的国际、国内环境和条件发生的深刻变化，吉林省对外贸易既存在新的机遇，也面临着严峻的挑战。

（一）挑战与障碍因素

1. 外部政治环境带来经济复苏的不确定性

在各国经济政策的刺激下，全球经济增长动力不断增强，复苏势头显现。美国消费数据和采购经理人指数总体上表现良好，欧元区主要经济指标

均好于预期，日本制造业企业信心增强，加拿大经济与全球经济同步温和复苏，发达经济体经济形势的持续好转为全球的经济复苏提供了有力的支撑。新兴市场和发展中经济体经济增长也较快，总体企稳回升，巴西和俄罗斯等已经摆脱衰退状态，亚洲新兴经济体经济增长势头强劲，这些都将推动国际贸易的进一步增长。但是美国贸易保护"收缩政策"、英国脱欧谈判的不确定性，以及一些国家极右翼势力的复兴，使得政治议题可能越来越多地影响经济政策，从而拖累全球经济复苏的步伐。

2. 新一轮国际产业竞争更加激烈

金融危机后，制造业面临着全球产业结构调整带来的全新机遇与挑战。为了寻找后金融危机时期经济和产业发展的新出路，不论是发达国家还是发展中国家，都开始重新重视本国制造业的发展，纷纷推出制造业强国战略，抢占出口市场份额。美国、德国、英国等发达国家推出"再工业化"政策与战略，将焦点锁定在以新一代互联网、新能源、生物技术、高端装备制造为代表的战略性新兴产业上，展开了新一轮的增长竞赛，试图抢占新一轮全球经济竞争的战略制高点。与发达国家相比，中国国内成本要素不断高企，在产品的质量、标准，以及服务等方面还存在着短板，因此，在装备制造等产业的国际市场开拓方面，将面临异常激烈的全球竞争。

3. 非理性贸易保护主义的影响进一步凸显

金融危机后，世界经济复苏乏力，在全球经济持续低迷的宏观背景下，世界部分地区资源分配不公、经济不平等现象加剧，受欧美政治经济形势的影响，西方发达国家孤立主义和民粹主义浪潮兴起。特别是2016年英国脱欧、特朗普当选、全球范围内右翼思潮回潮等"逆全球化"倾向持续发酵，给世界政治经济带来深刻的不确定性。在全球政治经济格局深刻调整的过程中所引发的博弈与冲突，将使得世界贸易形势更加不确定。据世贸组织的统计，2015年10月至2016年5月，G20国家新增实施145项贸易限制措施，增加幅度较大。中国作为第一出口大国，成为全球贸易保护主义的首要目标国，贸易摩擦的最大受害者，部分国家为了给本国产业提供保护而频繁限制进口中国产品。2016年，中国共遭遇27个国家和地区发起的119起贸易救济调查案件，同比上升 36.8%，其中反倾销 91 起，反补贴 19 起，保障措施 9 起；涉案金额 143.4 亿美元，同比上升 76%。[①] 2017 年以来，虽然世界主要经济体复苏增长势头向好，"逆全球化"浪潮的发展势头有所减弱，但其并未消失，一旦非理性贸易保护主义愈演愈烈，便会对我国经济增长和对外贸易带来巨大的挑战。

（二）机遇与有利因素

1. 新一轮高水平对外开放的深入推进为外贸增长提供新的机遇

当前中国经济保持稳中向好的发展态势，经济结构加快转型升级，经济增长速度位居世界前列，中国作为世界商品大市场和投资热土的优势不断显现。为顺应我国经济深度融入世界经济的趋势，我国将推动新一轮高水平的对外开放，进一步放宽外资市场准入，优化对外开放区域布局，构建外贸可持续发展新机制，创造更加公平便利的国际贸易环境。我国分三个批次设立了 11 个自贸试验区，不断提高投资贸易的自由化、便利化水平。"一带一路"建设的逐步深入发展，与沿线国家经贸合作的不断加快，必将为吉林省加快对外开放的步伐，推进吉林省外贸进出口增长提供新的机遇。

2. 政策红利的集中释放促进外贸发展的制度环境不断优化

近年来，中国高度重视对外贸易发展，在围绕培育经济发展新动能、降低企业运营成本、改善营商环境、加大金融财税的支持力度等方面，密集出台了一系列支持外贸发展的有针对性、可操作性强的政策措施。吉林省在抓好各项国家政策落实的同时，相继出台了配套政策文件，采取促进外贸回稳向好的多项政策措施。吉林省大力发展外贸新兴业态，鼓励和引导吉林省企业外向型发展，推动"吉林省进口商品展示、交易、批发中心"和长春兴隆综保区海外仓项目建设，举办"吉林省跨境电商峰会"，在阿里国际站建设国内首个省级跨境电商专区。为提高吉林省企业获取国际订单的机会，吉

---

① 《去年我国出口遭遇 119 起贸易调查，同比上升 36.8%》，21CN，http：//news.21cn.com/caiji/roll1/a/2017/0221/18/32002668.shtml。

林省将企业开展跨境电商业务的单笔信用交易额度提高至 10 万美元，并由政府出资为企业开展跨境电子商务提供总额超 3 亿美元的信用保障。成功引入"一达通"这一国内知名外贸综合服务企业在吉林省落户运营，其能为吉林省中小外贸企业提供融资、退税、通关等全流程外贸综合服务。此外，吉林省还积极组织省内企业参加国内外的知名展会，不断丰富和拓展境外营销展示中心的功能，广泛地与国际知名商协会、海外重要华侨华商组织、各国地方政府，以及几百个跨国公司建立联系，帮助省内企业开拓和深耕全球市场。通过举办东北亚博览会、东北亚合作高层论坛，以及东北亚地方政府经济协议会、中韩 FTA 研讨会等活动，帮助企业与东北亚各国进行经贸对接，全力为吉林省外贸发展打造良好的环境。

3. 外贸发展新动能不断积聚推动外贸新业态加快创新

当前，我国外贸发展进入新阶段，外贸发展传统动能仍有较大的提升空间，新的动能成长势头明显加快。随着《中国制造 2025》的实施，我国制造业信息化、网络化、智能化进程加快推进，新技术和新产品层出不穷，一大批外贸企业主动探索商业模式创新，以外贸综合服务企业、跨境电子商务、市场采购贸易等为代表的外贸新业态、新模式得到蓬勃发展。中国正在实现由"贸易大国"到"贸易强国"的历史性转变，外贸新业态、新技术和新模式正在成为新的发展动能。吉林省为积极应对外贸转型与挑战，实施"互联网＋外贸"战略，着力培育新型外贸商业模式，大力发展跨境电子商务，推动传统外贸发展转型升级，跨境电商的企业数量和交易金额均不断增长。目前，吉林省在阿里巴巴国际站的跨境电商企业合作数量达到 247 家，比 2016 年初增长了近 3 倍。2017 年上半年吉林省跨境电商企业实现出口 9 亿元人民币，销售业绩不断提升。吉林省跨境电商在聚集国际和国内资源，打通国际通道方面取得了良好的效果。

三　吉林省外贸发展前景展望及对策建议

当前世界经济形势企稳回升、持续向好的趋势没有改变，大多数国家市场需求有望好转，为国际贸易继续回暖提供了有力的外部条件。国际大宗商品价格的稳步提升，也促进了全球外贸进出口增量的提升。全国各地区各部门深入贯彻落实新的发展理念，国内产业结构将进一步调整优化，国内经济仍将保持中高速稳步增长态势，对外贸易形势不会发生根本性的变化。2017年吉林省陆续出台的关于支持跨境电商、信保、展会等一系列促进外贸稳增长、调结构的政策措施效应继续显现，在未来一个时期吉林省外贸发展的内生动力将不断增强。

对外贸易已经成为我国开放型经济体系的重要组成部分和国民经济发展的重要推动力量。党的十九大报告明确提出，要拓展对外贸易，培育贸易新业态新模式，推进贸易强国建设。为此，吉林省应主动适应引领经济发展新常态，按照开放型经济发展要求，研究谋划加快推进新一轮高水平开放的政策措施，全力以赴保持外贸回稳向好。

（一）积极开拓国际市场，深化经贸合作

伴随着"一带一路"倡议的深入推进和吉林省开放步伐的加快，吉林要积极应对全球经济贸易格局的新变化，调整市场结构，加快实施市场多元化战略，加强对外经贸合作。一是积极开拓多元化国际市场。在深度开发韩国、美国、日本等传统市场的同时，深化与欧洲、中亚的经贸合作，不断地提升与新兴市场的贸易比重。二是积极对接"一带一路"合作倡议。抓住国家实施"中非十大合作计划"和建设六大国际经济走廊的机遇，坚持"请进来"与"走出去"并重，坚持向东向南开放两翼并进、沿边开放和内陆开放并举，推动企业积极参与沿线国家基础设施的互联互通，把长吉图开发开放先导区建设成为中蒙俄经济走廊的重要支撑区和我国东北地区对外开放的示范区。三是加强国际产能合作。充分发挥吉林省老工业基地装备制造业领域的优势，以重点项目为抓手，以东南亚、东北亚、非洲等重点区域为主攻方向，以轨道客车和汽车等核心产业为重点，发挥产业优势，带动钢铁、化工、森工、建材等优势产能"走出去"，务实地推进吉林省装备制造和优势产能的国际合作。

（二）优化外贸发展方式，打造竞争新优势

加快推进吉林省商务领域供给侧结构性改革，优化外贸发展方式是促进吉林省外贸发展从规模扩张向质量效益提高转变的有效途径。一是转变贸易发展方式，坚持进出口贸易"优出优进"。与内贸企业不同，外贸企业面向广阔的海外市场，加快转变贸易发展方式要有国际视野，加快培育以品牌、技术、服务、质量等为核心的新优势，推动原有产业转型升级，提升产品的附加值，优化对外贸易结构，提升和巩固传统竞争优势，培育和打造竞争新优势，着力将过剩产能转化为优势产能。二是加快服务贸易发展。支持长春服务外包示范城市建设，内接东部外联日韩，扩大服务业对内对外开放。注重培养服务贸易人才，加强服务贸易园区建设，在文化贸易、技术贸易、服务外包等重点行业创新服务产品，扩大服务外包产业转移，促进吉林省服务贸易和离岸服务外包领域的深化合作，助推全省经济转型升级。三是促进加工贸易创新发展。加快建立和完善加工贸易配套发展平台，引导吉林省加工贸易企业由加工基地向制造中心转变，提高出口产品的附加值，加速加工贸易的转型升级，鼓励吉林省企业以贸易为先导、以效益为中心、以市场为导向，开展境外加工贸易。

（三）推进新兴业态持续发展，培育外贸持续发展新动能

支持跨境电商、外贸综合服务企业、市场采购贸易，以及海外仓等新业态持续发展，为吉林省企业外贸方式创新和全省外贸转型升级增加新的动力。一是支持吉林省有条件的边境经济合作区、综保区、出口加工区、保税物流中心等海关特殊监管区建设进出口商品展销平台和跨境电商公共服务平台，积极申报设立国家级跨境电子商务综合试验区。二是重点建设长春兴隆综合保税区进出口商品展览展示中心和直销中心、阿里巴巴"一达通"和海外仓转运基地项目，建设东北亚跨境电子商务园区，引导企业落户园区，为跨境电子商务企业提供通关、结汇、退税、仓储、物流、融资等全方位服务。三是引导和鼓励吉林省具有自主品牌的木耳、人参、杂粮等产品利用跨

境电子商务开展对外贸易，开拓国际市场，不断壮大外贸主体，助推吉林省内贸企业向外贸领域的融合发展。

（四）加强园区和载体建设，拓展对外贸易发展平台

推动加快现有的国际合作示范区、综合保税区、出口加工区等重点园区的建设步伐，加强园区资源的集约利用，促进园区之间的协调联动，提高开放平台和载体的辐射带动功能，有效发挥其对吉林省经济发展的支撑作用和吉林省对外开放的带动作用。一是积极抓住推进中韩自贸区建设的有利契机，谋划建设中韩国际合作示范区。组织长春、延吉、珲春等具有一定对韩合作基础的开发区，在投资贸易、科技创新、市场培育、产业融合等方面开展先行先试，打造具有国际影响力的中韩经济和产业合作平台，便利经贸人员往来，推动投资贸易自由化，逐步建成中韩自贸协定框架下的地方经济合作示范区。二是加快通化国际内陆港务区、珲春国际物流园和四平国际物流港建设，打造立足吉林省、服务东北东部、面向全国、连接国际的现代综合物流集散基地，为吉林省外贸发展营造良好的营商环境。

产业升级篇

Industrial Upgrading

B.8
吉林省粮食种植结构调整研究

于 凡*

摘 要： 调整农业种植结构，提高供给质量和效率，是当前农业发展的重要任务。近期吉林省各市（州）结合各自区域特点，从稳定水稻种植面积、调减非优势区玉米种植面积、扩种大豆杂粮和饲料作物，构建合理轮作制度等方面加快优化粮食种植结构。但整体看仍存在结构调整战略性规划不足，区域优势与特色发挥不够；粮食产品品质仍待提升，品牌建设尚存较大空间等问题。应结合省情、粮情与区域优势，细化调整产业政策；建立现代农业的规范化标准体系，提升品质创品牌；完善基础设施建设，促进省内各区域均衡发展；培育新型农业经营主体，带动农户缩小差距；完善农业服务体系，提高农业生产配套服务水平。

---

* 于凡，博士，吉林省社会科学院农村发展研究所助理研究员，主要研究方向为农业经济理论与政策。

关键词： 吉林　农业供给侧结构性改革　粮食种植结构

在农业供给侧结构性改革背景下，农业种植结构调整相较于一般概念的结构增减被赋予更加丰富的内涵，既包括农业生产结构，也包括要素投入结构和农产品质量结构的调整。作为我国重要的粮食主产区，随着经济社会的发展和人民生活水平的提升，吉林省粮食作物需求早已由数量型、单调化转为质量型与多样化，传统作物生产效益下降并逐渐丧失优势，农业生产要素成本不断攀升。调整适应市场需求的农业种植结构，是实现农业增效、农民增收的必然路径，也是现代农业建设的有效支撑。

一　吉林省粮食种植结构现状与趋势

1. 粮食种植品种结构

近十年来，吉林省作为我国重要的粮食主产区，粮食作物播种面积占农作物播种面积比重一直在较高水平保持稳定（见图1），且近三年略有提高，2015年达到了89.41%。整体看高于同期全国平均水平20个百分点左右。

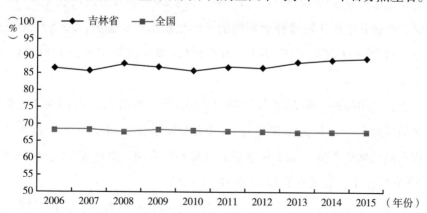

图1　2006～2015年吉林省与全国粮食作物播种面积占农作物播种面积比例情况

资料来源：《中国统计年鉴（2016）》、《吉林统计年鉴（2016）》。

就农业生产条件而论，吉林省无论水稻、玉米，还是大豆，都具备种植优势。从三大作物播种面积看（见图2），近十年来吉林省粮食作物播种面积仍是以玉米为主，且持续稳定增长，远远领先于水稻和大豆；水稻播种面积在较稳定状态中略有提高；大豆播种面积较小且连年递减。

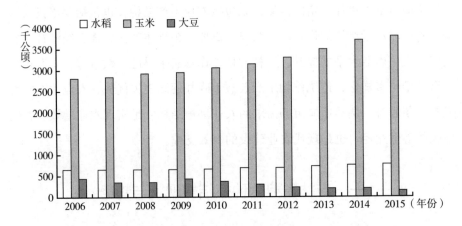

图2　2006~2015年吉林省水稻、玉米、大豆播种面积

资料来源：历年《吉林统计年鉴》。

2015年，吉林省玉米播种面积达到380万公顷（见图3），占同期全省粮食作物播种面积的74.83%，较2006年的280.59万公顷增长了35.4%。同时，产量和单产伴随播种面积的增长而呈现出增长态势，2015年全省玉米总产量2806万吨、单产7384公斤/公顷，10年间分别增长了41.43%和4.43%。

全省水稻播种面积2015年为76.17万公顷（见图4），占同期全省粮食作物播种面积的15%，较2006年66.4万公顷增长了14.71%。产量和单产呈现出波动增长态势，2015年水稻总产量630万吨、单产8272公斤/公顷，与2006年相比分别增长了27.79%和11.41%。

吉林省大豆播种面积和产量表现为与玉米和水稻截然相反的下降趋势（见图5）。2015年吉林省大豆播种面积仅存16.14万公顷，在全省粮食作物播种面积中占3.18%，比2006年的44.84万公顷减少64%。产量和单产也

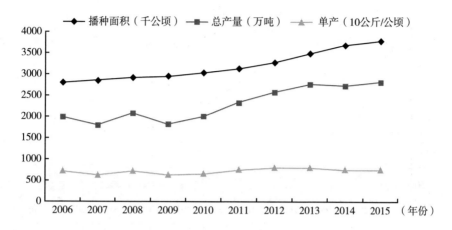

图3　2006～2015年吉林省玉米播种面积与产量

资料来源：历年《吉林统计年鉴》。

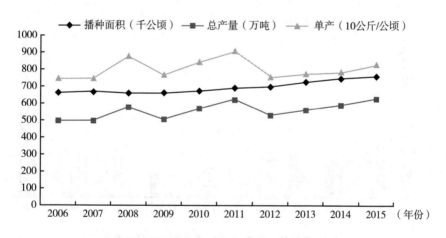

图4　2006～2015年吉林省水稻播种面积与产量

资料来源：历年《吉林统计年鉴》。

在波动中整体下降，2015年吉林省大豆总产量29万吨、单产1799公斤/公顷，分别较2006年降低了76.03%和33.54%。

2. 粮食种植区域结构

2015年，吉林省粮食作物播种面积508万公顷，从各市（州）粮食作物播种面积在全省的占比情况（见图6）可以看出，吉林省粮食种植结构存

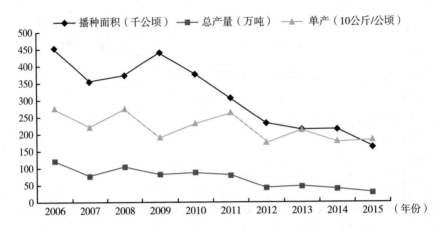

图5　2006～2015年吉林省大豆播种面积与产量

资料来源：历年《吉林统计年鉴》。

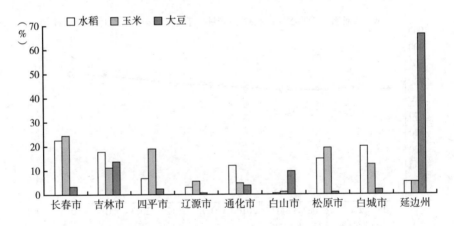

图6　2015年吉林省各市（州）粮食作物播种占全省比重

资料来源：历年《吉林统计年鉴》。

在区域差异。玉米主要分布在长春市、松原市、四平市、白城市和吉林市，播种面积依次为长春市105.11万公顷、松原市82.38万公顷、四平市80.93万公顷、白城市52.90万公顷、吉林市47.42万公顷；水稻主要分布在长春市、白城市、吉林市、松原市和通化市，播种面积依次为长春市16.83万公顷、白城市14.89万公顷、吉林市13.33万公顷、松原市11.03万公顷、通化市 9.06 万公顷；大豆半数以上分布在延边州，播种面积达 10.67 万公顷，占全省大豆播种面积的 66.08%，其后为吉林市 2.16 万公顷和白山市 1.50 万公顷，其余 6 个市播种面积较小，面积均不足 1 万公顷。

从各市（州）内部粮食作物播种面积比例看（见图 7），玉米种植面积比例达到 90% 以上的有四平市和辽源市，80% 以上的是长春市和松原市，比例最小的延边州也达到了 59.19%。水稻在吉林省中部、东部、西部均有种植，主要分布在图们江、鸭绿江、松花江、嫩江和辽河流域。从各市（州）各自的种植结构看，水稻种植面积比重较大的地区依次为通化市（占 31.58%）、白城市（占 21.87%）、吉林市（占 21.19%）、长春市（占 13.75%）和松原市（占 11.80%）。吉林省原本是传统的优势大豆产区，而 2015 年本地区大豆播种面积所占比重延边州为 30.34%，白山市为 29.89%，其后是吉林市 3.44% 和通化市 2.03%，其余 5 市都不足 1%，在产量不稳且逐年下滑中表现为向东北部集中的趋势。

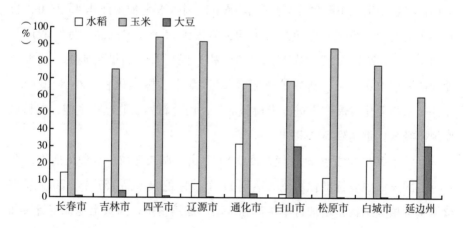

图 7　2015 年吉林省各市（州）内部粮食作物播种结构

资料来源：历年《吉林统计年鉴》。

二　各市（州）粮食种植结构调整近况

推进农业供给侧结构性改革，提高农业供给质量和效率，是当前农业经

济发展的重要任务。吉林省各市（州）结合各自区域特点，从稳定水稻种植面积、调减非优势区玉米种植面积、扩种大豆杂粮和饲料作物，构建合理轮作制度等方面加快优化粮食种植结构。

长春市2016年启动建设五大现代农业实验区，带动农业发展方式加快转变。综合农机化率超过80%，调减籽粒玉米面积22.3万亩，"长春大米"等优质农产品品牌影响力持续扩大，成为首个"创建全国绿色有机农业示范市"。

吉林市2017年推进产业体系建设，优化种植业结构。规划调减玉米种植面积1.5万公顷以上，深入实施"健康米"工程，发展设施农业，推动果蔬、食用菌等优势特色产业形成绿色品牌优势，规划建设温德河现代都市农业产业带。

四平市受玉米价格下降影响，在保证粮食稳定生产的同时，加大种植业结构调整力度。2016年切实保护耕地，建设高标准基本农田63万亩，在保障粮食产量稳定在100亿斤以上的前提下，调减玉米种植面积45万亩，牧业小区发展到1556个，特色棚室蔬菜园发展到65个，"三品一标"农产品达到374个；2017年优化农产品供给结构，提高农产品供给质量，调整粮食种植面积100万亩，新建扩建棚膜园区15个、标准化牧业小区100个，加快玉米产业化发展，推进玉米精深加工，培育新型农业经营主体，农村适度规模经营比重达到50%以上。

辽源市2016年适度规模经营面积81万亩，调减籽粒玉米种植面积5.76万亩，国家级农业标准化示范区达到11个，特色农产品157个；2017年继续调整种植业结构，增加订单生产和推动产加销衔接，探索土地稳定流转和农民稳定增收保障机制，完善农田水利基础设施，新增20万亩高标准农田，实施20个农业科技项目。

通化市深入推进农业供给侧结构性改革，2017年调减籽粒玉米种植面积5万亩，发展鲜食玉米7.5万亩，粮食增产技术推广应用面积100万亩；完成基本农田划定工作，建设高标准基本农田3.9万亩；新创20个绿色有机无公害产品标识，打造通化大米、人参、山珍等知名品牌。

白山市农业生产保持稳定，粮食播种面积增加。2017年玉米播种面积减少160公顷，大豆增加0.6万公顷；全市围绕参、蛙、菌、药、菜、牧、果、游八大产业板块发展生态效益型特色农业，前三季度规模以上特色产业基地达118个，落实特色种植面积1.6万公顷，占耕地面积的28.3%。

松原市2016年调减普通玉米种植面积79万亩，有机绿色无公害作物种植面积达到190万亩，种植中药材4000亩；新建高标准农田41.6万亩；"善德良米"成为杭州G20峰会指定用米；将黑玉米种植与农户、合作社、电子商务联合起来，以全产业链一体化模式打造"黑玉米之都"。

白城市2017年扩大"粮改饲"试点，规模种植燕麦、苜蓿等饲草，发展舍饲牧业，推广稻、苇、鱼、蟹立体养殖技术，探索种养结合型循环农业发展模式；规划扩大燕麦、绿豆、辣椒、高粱等特色种植基地面积到500万亩，水田面积达到260万亩，实施"三品"战略，培育"弱碱大米"、"绿色渔业"品牌，推介"白城燕麦"、"白城绿豆"等地标品牌，依托杂粮杂豆国检中心，全力打造"东方燕麦之都"、"中国特色杂粮杂豆之城"。

延边州2017年调整优化农业种植结构，实施"米改豆"及粮豆轮作，构建"粮经饲"三元种植结构，增加水稻种植面积，加强有机、绿色、无公害"延边大米"品牌建设，全面开展永久基本农田划定工作，完成9.5万亩高标准基本农田建设任务。

三　吉林省粮食种植结构调整存在的问题

1. 结构调整战略性规划不足，区域优势与特色发挥不够

不少市（县）的农业结构调整仍然局限在对玉米与水稻、豆类以及薯类的种植面积调增调减的常规性调整方面，粮食结构调整缺少准确及时的市场预测，缺少科学的具有可预见性的战略性规划。在实践中表现为重复性生产和雷同性调整，而在提升质量、科技含量以及附加值等方面没有下真功夫，与本地区域优势结合得不够充分，特色农产品效应发挥不足。从农民层面看，农民多年以来形成盲目性跟风式调整，习惯性根据前一年市场行情来

确定种植品种和面积，导致农产品品种雷同且收益增长缓慢。此外，一些地方仍然存在形式主义调整和政府职能错位的现象，有些乡（镇）政府或村组织直接成为结构调整的倡导者和决策人，从地方政府政绩出发，以行政手段参与农业生产，下指令、搞运动，急于求成，脱离结构调整的客观实际和农户主观意愿。

2. 粮食产品品质仍待提升，品牌建设尚存较大空间

农业产业化龙头企业、农民专业合作社等新型农业经营主体是"三品一标"的主要实践主体。但从全省范围看，无公害农产品、绿色农产品和有机农产品认证比例仍然不高，而且存在随着某类产品品质提升，该类产品的生产比例却下降的情况。从已获"三品"认证的层次看，第一层次无公害农产品相对较多，而对品质提升要求更高的绿色农产品和有机农产品比例相对较小。从品牌建设意识和品牌影响力看，农民合作社、家庭农场和种植大户中拥有注册商标或自主品牌的经营主体比例仍然不高。在拥有自主品牌的各经营主体中，品牌影响力拓展到国内其他省市的也占少数，多数农产品的品牌影响力仍仅限于本省、本市甚或是县域范围内。此外，目前吉林省粮食种植对绿色生产方式的应用前景仍不乐观，农业生产过程仍然过于依赖农药、化肥和农膜等生产资料，甚至各类新型农业经营主体对单位耕地投入的农药、化肥和农膜数量水平要远高于一般农户。

3. 结构调整的区域不平衡性与经营主体差异性仍然较高

从区域间看，吉林省东中西部各地区经济基础及对外开放程度不相一致，交通与通信条件好、与外界交流畅通的区域，对市场的敏感度高且更乐于接受新信息、新技术，因而粮食种植结构调整较早、调整力度较大。目前，吉林省仍有为数不少的乡村，经济基础薄弱，贫困闭塞，其种植结构调整缓慢、力度较小，增效增收效果较差。从经营主体看，近年来吉林省农民专业合作社、家庭农场等新型农业经营主体发展较快，在信息技术、规模经营和市场对接等方面表现出明显优势。但整体看，全省为数众多的小农户仍是现阶段农业生产经营的微观主体，分散经营、规模狭小和兼业化等普遍特征使得许多农户对调整种植结构、提高农业生产效益，或者缺乏积极性和主

动性，或者是心有余而力不足。

4. 结构调整的社会化服务滞后，服务体系仍需健全

社会化服务贯穿于整个农业生产过程。政府职能转变较慢等原因使得结构调整的公益性服务仍显滞后，服务功能弱化，而市场体系不成熟等原因使得商业性服务主体多、杂且散，农户仍集中于简单买卖环节，缺少售后服务和技术指导，质量难以保障。从农户层面看，产前的生产要素供给，市场变化趋势等信息服务仍较欠缺，不够及时准确，给结构调整带来盲目性；产中对生产经营指导不足，调整过程中的技术需求无法得到满足；产后流通领域服务跟不上，储运和初加工等能力有限，制约了品质结构的调整。现有农民主体缺少有针对性的技术培训，很多不适应因结构调整产生的新职业，限制了结构调整向广度和深度发展。

四　吉林省粮食种植结构调整的对策建议

1. 结合省情、粮情与区域优势，细化调整产业政策

产业政策调整关乎种植结构调整的方向，是种植结构调整的重要内容，各级政府应结合吉林省情、粮情以及本地特色与区域优势，不断细化完善与粮食种植结构调整相关的产业政策，使各项政策细致、到位、有效。政策调整应把握宏观化和服务化的原则，遵循客观规律，尊重农民意愿，重视科技应用。既要引导种植结构调整的发展方向，又要协调种植业内部各层次、各产业之间的关系。产业政策应充分结合区域资源优势，开发优势特色农产品，发展观光农业等新业态推进特色农业生产经营方式。另外，目前吉林省为数众多的小农户面对复杂的市场环境和纷繁的外部信息，判断决策能力仍然较差，各级政府要利用自己的优势，根据国家农业产业政策和省内外市场需求，在政策执行中引导和指导小农户调整种植结构。政府对于农户调整的决策应该适当承担一定风险，一方面是对农户群体利益的倾斜，另一方面也是对一些基层政府急功近利短期决策的约束，以提高决策的科学性和效率。

2.建立现代农业的规范化标准体系，提升品质创品牌

不断提升农产品品质，发展绿色生态农业和推动农业可持续发展，是种植结构调整的一项重要目标，而建立现代农业的规范化标准体系是这一过程中的重要一环。各级政府应尽快落实与区域特色相适应的农产品质量标准和技术标准，规范农户、家庭农场、农民专业合作社和龙头企业等经营主体的农业生产经营行为，推进标准化生产；健全农产品质量和安全监管体制，推行农产品质量安全培训，培养提高经营主体的质量安全意识，会同质监等部门定期对域内农业生产进行指导检查，完善检测手段，促进农产品质量的持续提升。各级政府应引导大力发展无公害农产品、绿色农产品和有机农产品，加大科研投入、扩大规模，通过技术创新降低绿色生态可持续生产方式的成本，提高农产品附加值，形成品牌和名牌，加强品牌意识，实现粮食种植提质增效。

3.完善基础设施建设，促进省内各区域均衡发展

农业基础设施是种植结构调整中最重要的公共产品，目前全省农业基础设施整体上仍有较大提升要求，各级政府应加大对农业基础设施的投入，完善农业农村基础设施建设，促进省内各区域均衡发展。一是以现代农业为目标，各地应全面加强农田水利、耕地保护、土壤改良、生态环境、防灾减灾、农业机械等农业基础设施建设。二是加强以农村道路、供水、供电、传媒、通信等为主要内容的公共设施建设。三是加强农产品市场设施建设，健全产地批发市场，使农民能够确实感受到市场供需变化，及时调整生产结构，同时应鼓励农产品市场新业态发展，支持打造农产品电商平台，构造农产品电商标准体系，建设农村电商服务站点。

4.培育新型农业经营主体，带动农户缩小差距

大力扶持农业产业化龙头企业、农民专业合作社、家庭农场等各类新型农业经营主体，在政策制度的制定实施中引导各类经营主体完善功能、健康发展；大力培养种养大户、家庭农场主、农民专业合作社骨干等新型职业农民，提高农村实用人才带头人的数量，加强其职业技能、生产经营能力和科技素质，实施新型农民科技培训工程、农村实用人才创业培训工程和农业科

技入户示范工程等。引导土地适度规模经营，规范土地流转，推动形成三产融合的全产业链农业生产经营模式，鼓励各新型农业经营主体通过"龙头+合作社+农户"等模式带动更多的小农户，推动农业生产方式转变，打通小农户与规模经营、结构调整之间的通道。

5. 完善农业服务体系，提高农业生产配套服务水平

完善的农业服务体系包括公益性服务体系、商业性服务体系和合作性服务体系。其中公益性服务体系主体是政府相关部门及所属公共服务机构，因此各级政府尤其是基层政府应在结构调整中不断提高各项服务水平。一是信息服务。及时收集市场供需信息、价格信息，在分析筛选后将有价值的信息传递给农户，通过市场监测及时预警，有效引导结构调整方向，降低市场风险。同时，政府应利用科技手段，对农业气象灾害进行及时预报，指导农户合理安排生产，预防降低自然风险。二是资金服务。种植结构调整、新品种的引进和新项目的建设都离不开资金和物资的支撑，政府应对符合产业政策的项目给予资金扶持和金融对接服务，并做好优质种籽种苗、化肥农药以及农机具等农业生产资料供应对接服务。三是法律服务。随着与大市场的日益对接，法律问题不可回避，在法律关系中农户属弱势群体，政府应负起保护农户合法权益的责任，对农户结构调整过程中出现的合同纠纷等问题提供咨询和援助。此外，还应不断改善农业商业性和合作性服务主体的政策发展环境，拓展农村金融服务范围，加大农村金融政策扶持力度，形成公益性服务、商业性服务与合作性服务相衔接的农业服务体系，引导各类服务主体提供更多优质的农业生产经营配套服务。

B.9
吉林省装备制造业转型升级研究

肖国东[*]

摘　要： 近年来，吉林省装备制造业产业规模不断扩大，城轨、高速
动车组等一批重点产品竞争力不断提高，国家、省、市三级
创新体系初步形成，装备制造企业的创新能力不断增强，卫
星及应用、航空航天设备制造等先进制造业快速发展。但转
型升级中面临的问题仍然突出，享誉全国的吉林省"三机一
车"，现只有"一车"保持着竞争优势，高端装备制造与全
国存在较大差距，省内配套行业发展滞后，装备制造中七类
行业专业化程度较低。当前，吉林省装备制造业中传统装备
制造业比重仍然较高，产能过剩、投资率过高等累积性结构
矛盾突出，应进一步优化产业结构，以掌握核心技术为目标，
寻求行业价值链的高端环节，增强核心关键部件配套能力，
提升装备制造技术水平，积极拓展域外产能合作空间。

关键词： 装备制造业　产业结构　区位熵

装备制造业是为国民经济提供生产技术装备的基础性行业，也是其他行
业发展的重要保障。推动吉林省装备制造业转型升级，对于夯实吉林省工业
基础，保障吉林省经济持续发展具有重要意义。根据国家统计局的分类，装
备制造业分为汽车制造业，铁路、船舶、航空航天和其他运输设备制造业，

---

* 肖国东，吉林省社会科学院助理研究员，主要研究方向为产业经济学、数量经济学。

通用设备制造业，计算机、通信和其他电子设备制造业，金属制品业，仪器仪表制造业，专用设备制造业，电气机械和器材制造业八类行业。吉林省汽车制造业产业规模较大，是吉林省的第一支柱产业，基于吉林省产业经济发展的特殊性，同时根据《吉林省经济和社会发展第十三个五年规划》中行业分类方法，本文中的吉林省装备制造业不包含汽车制造业，特予以说明。

一　吉林省装备制造业基本情况

（一）产业特色明显

多年来，通过培育先进装备制造、改造提升传统制造、打造特色制造等多项举措，吉林省装备制造业产业体系已相对比较稳固。目前，在吉林省装备制造业产业体系中，轨道交通装备制造处于龙头地位，而农机装备制造以及电力设备、起重运输和石油机械、换热设备制造等一批转型中的传统制造业仍是主体，航空航天、卫星及应用等先进装备是吉林省打造的装备制造新引擎。轨道交通装备制造业是吉林省具有明显优势和潜力的产业。吉林省依托长客股份，集研发、制造、配套和服务为一体，使得高速动车组和城轨客车的产能达千辆，成为全国最大的轨道交通装备制造基地。卫星及应用、精密仪器与装备等先进制造业快速发展，传统装备制造业中，换热设备、农业机械、电气设备、能源装备、矿山机械及冶金设备、工程机械等传统优势产业通过持续技术改造，产业规模和质量得到提升，省内基础配套能力稳步提高。北方化工灌装、四平艾斯克、辽源瑞意粮机等一批"专精特新"智能制造装备企业快速成长，成为细分市场领域国际先进、国内领先、替代进口的国内行业领军企业。

（二）地区分布相对集中

在吉林省九个市（州）中，装备制造业均有分布，但长春市地位举足轻重。轨道交通装备制造是吉林省装备制造业的龙头，其主要分布于长春市和

辽源市。长春市以长客股份公司为依托，主要以整车装备设计、研发和制造为主。辽源市以麦达斯铝业股份公司和利源铝业股份公司为依托，主要以铝合金车体制造为主。依托长光卫星科技有限公司，吉林省的卫星及应用、通用航空设备制造主要坐落于长春新区。依托长拖农业机械装备集团有限公司、长春格瑞特农业装备科技有限公司、中机北方机械有限公司、四平东风机械有限公司、四平隆发机械有限公司、松原奥瑞海山机械有限公司和延吉插秧机制造有限公司，吉林省农机装备制造主要分布于长春、四平、松原和延吉。吉林省换热器产业基础较好，主要分布于四平市和长春市。依托四平巨元瀚洋和四平维克斯公司，四平市生产的板式换热器、管式换热器、螺旋式换热器和板壳式换热器，被应用于石油化工等多个领域，在国内竞争力较强。依托富奥汽车零部件散热器公司、一汽法雷奥汽车空调有限公司和富奥伟世通汽车热交换（长春）有限公司，与汽车相关的换热设备生产主要集中在长春市。

（三）产业集群初具规模

吉林省装备制造业产业集群规模已经初步形成，现拥有装备制造产业集群 8 个，集群数量占整个产业集群数量的比重达 30% 以上，拥有省级特色工业园区 10 个。目前，长春轨道交通装备制造产业集群是国内规模最大的轨道客车制造基地，也是国家新型工业化示范基地。依托长客股份、福伊特、研奥电气、日立永济电器等公司，长春轨道交通装备产业园区已经集聚了 50 余户轨道交通装备相关领域的企业，初步形成了一个特色鲜明、优势凸显的产业集群。长春轨道交通装备产业园区包括转向架设计制造集群园区、整车装备集群园区、牵引驱动集群园区、车内电器集群园区、车身附件及内饰集群园区、物流仓储区及研发设计中心等多个集群园区。四平换热器设备制造产业园区拥有 108 户换热器企业，已成为国内集中度最高的换热器设备生产制造基地。农机装备产业集群主要分布于长春、四平、延边和松原四个地区，长春农机装备产业园区以拖拉机、收获机、耕整地机和播种机械生产为主，四平农机装备产业园区以收获机、脱粒机生产为主，延边农机装备产业园以水稻插秧机和钵苗移栽机生产为主，松原农机装备产业园区以玉米收割机和拖拉机生产为主。此外，白城新能源装备产业园区规模也在不断扩大。

二 吉林省装备制造业转型升级取得的成效

（一）产业规模进一步壮大

近年来，吉林省装备制造业发展较快，总产值、增加值增速均高于全省工业增速，实现了较快增长。在"十三五"开局之年的 2016 年，吉林省装备制造业分别实现总产值和增加值 2643 亿元和 656 亿元，同比分别增长了 7.2% 和 7.9%，增速均高于全省规模以上工业 1.6 个百分点，与 2011 年相比，上述两项指标增长幅度分别为 68% 和 52%。此外，吉林省装备制造业的主营业务收入和利润增速也高于全省工业增速。2016 年吉林省装备制造业实现主营业务收入 2500 亿元，同比增长 7.8%；利润 153 亿元，同比增长 9.3%。

（二）创新能力不断增强

目前，吉林省装备制造业创新体系相对完备，拥有国家级重点实验室 1 个、国家级研发中心 3 个、省级公共技术研发中心 9 个、省级企业技术中心 70 个，共计 83 个创新中心。产品创新能力不断增强，例如 380 公里动车组制造平台达到国际先进水平，东风牌 E518 大马力玉米收割机获得国家 8 项专利，吉林昊宇电气公司已经掌握管道弯头核心技术，省内一批行业领军企业制定了换热器、试验机等方面的近 50 项国家标准。高端制造领域的研发投入也在不断加大，如长客股份公司、合心机械公司、长光卫星科技公司等一批骨干企业研发投入强度已经超过 3%，远超目前全省的研发投入强度 0.36%。

（三）先进装备制造快速发展

近年来，吉林省轨道客车国际产能合作空间得到拓展，卫星和智能制造

产业化步伐加快。长客股份公司生产的高铁列车、动车组和地铁，无论在国内市场还是国际市场，均订单不断，远销美国、巴西、澳大利亚和伊朗等国，已经成为我国高端装备制造快速发展的招牌。由长光卫星科技公司自主研发生产的中国首颗商用遥感卫星"吉林一号"发射成功，标志着吉林省卫星及应用制造业产业化发展迈出了实质性的一步。与此同时，吉林省智能制造业也实现了较快发展。高端传感设备制造处于国际领先水平，六自由度工业机器人已能批量生产，国遥博诚公司规模快速壮大，在全国工业无人机领域已排名前三。

（四）重点产品地位突出

目前，吉林省装备制造业门类较为齐全，可批量生产的产品达到2000多种，并且拥有一批具有竞争力的特色产品，在国际国内同行业中占有一席之地。例如，长客股份公司是亚洲最大的轨道客车生产基地，累计生产了7000辆城轨车辆，30000辆铁路客车，分别占全国同行业的55%和45%，产品远销多个国家。辽源麦达斯铝业生产的轨道客车大部件占全国同行业的60%，为加拿大庞巴迪、法国阿尔斯通等国际知名大型企业提供配套产品。板式换热器、光电编码器等一批产品在国内市场具有明显的竞争优势。众多吉林省装备制造的商标品牌开始崛起，目前，全省装备制造业拥有9个国家级驰名商标、61个吉林省名牌产品和87个著名商标。四平换热器产业集群被国家列为区域品牌建设试点单位，长春禹衡光学有限公司被国家评为工业品牌培育示范企业。

三　吉林省装备制造业面临的主要问题

（一）产业链条不够完整

装备制造业的发展离不开相关配套行业的支撑和保障，但吉林省装备制造业配套行业滞后于整机行业的发展，尤其是核心关键零部件更是受制于人，产业配套能力相对薄弱。吉林省装备制造业产业链条主要包括轨道交通装备产业链、农机装备产业链、换热设备产业链、食品加工成套装备产业链、医药器械成套装备产业链等。在吉林省装备制造各个行业省内配套率方面，轨道交通装备在吉林省省内的配套率相对较高，但目前吉林省省内企业仍然无法满足长客股份公司对齿轮传动轴、轴箱、牵引变压器、制动系统、受电弓、网络控制系统、空调系统、风挡装置和车钩缓冲装置等配套项目的需求，这些核心关键部件大多在省外和国外采购。吉林省规模以上农机装备制造企业有160多家，但仍然缺少具有核心技术的产品。吉林省换热器制造产业基础较好，但仍然没有国家级研发中心。吉林省食品加工业发展很快，规模较大，已经发展成为吉林省三大支柱产业之一，但是食品加工成套装备发展滞后，企业规模较小，多数食品企业所用的设备都以省外采购为主。吉林省医药产业基础良好，拥有修正药业、通化东宝、金马药业等多家知名企业，能生产片剂、丸剂和针剂等医药产品，但它们所使用的生产加工设备，也大多从省外或者国外引进。

（二）产业的市场地位较低

一般来说，工业较发达的国家，装备制造业占工业比重都比较高，例如，美国和新兴工业国家的装备制造业占工业比重分别在40%和30%以上，而吉林省装备制造业占工业比重较低，层次也不高。2016年吉林省装备制造业实现增加值655.99亿元，占全省规模以上工业比重为10.7%，低于全国平均水平22.2个百分点。与2015年相比，差距还扩大了0.8个百分点。在吉林省装备制造业地位下降的同时，增速也相对较低。2016年吉林省装备制造业增长7.9%，低于全国平均水平1.6个百分点。从装备制造业细分行业看，在吉林省七个装备制造行业（不包括汽车制造业）中，金属制品和通用设备制造等传统装备制造业比重较高，而电气机械和器材制造业，计算机、通信和其他电子设备制造业等高端制造业比重过低。

产业专业化程度，也可称之为比较优势，与行业的市场地位息息相关，通常采用区位熵来测算。区位熵大于1，专业化程度较高；反之，专业化程度较低。总体上，吉林省装备制造业专业化程度较低，行业市场份额较小。吉林省装备制造业占全国比重为0.75%，明显低于吉林省制造业占全国比重（2.04%）。经过测算，吉林省装备制造业区位熵为0.37，小于1，专业化程度较低。按照国家统计局分类标准，在吉林省装备制造业（不含汽车制造业）中，七个行业的区位熵全都小于1，其中铁路、船舶、航空航天和其他运输设备制造业为0.97，专用设备制造业为0.85，通用设备制造业为0.48，金属制品业为0.45，仪器仪表制造业为0.28，电气机械和器材制造业为0.27，计算机、通信和其他电子设备制造业为0.05。上述七个行业中，除铁路、船舶、航空航天和其他运输设备制造业专业化程度接近全国平均水平以外，其他六个行业的专业化程度与全国平均水平差距较大，尤其计算机、通信和其他电子设备制造业专业化程度很低。

近年来，吉林省装备制造业得到了较快发展，产业规模也不断扩大，但原有产业结构不合理问题暴露得越发明显。传统装备制造转型升级步伐缓慢，致使原来享誉全国的吉林省"三机一车"，现只有"一车"（轨道客车）仍保持着竞争优势，而"三机"（东方红拖拉机、四平装载机和四平联合收割机）的竞争优势已经不复存在。除轨道交通装备制造业外，吉林省其他高端装备制造行业市场地位还都没有建立。

表1　吉林省装备制造业产业区位熵（2015年）

行业 \ 区位熵	主营业务收入（亿元）		占全国同行业的比重（%）	区位熵
	吉林省	全国		
装备制造业（不含汽车制造业）	2323.52	308789.85	0.75	0.37
金属制品业	340.08	37257.26	0.91	0.45
通用设备制造业	464.29	47039.64	0.99	0.48
专用设备制造业	620.75	35873.75	1.73	0.85
铁路、船舶、航空航天和其他运输设备制造业	379.03	19087.69	1.99	0.97
电气机械和器材制造业	380.28	69183.18	0.55	0.27
计算机、通信和其他电子设备制造业	89.09	91606.58	0.1	0.05
仪器仪表制造业	49.97	8741.75	0.57	0.28

（三）高端装备业发展滞后

吉林省装备制造业结构表现为"一高一低"，即在吉林省装备制造业中技术含量偏低的行业比重高于全国水平，而技术含量和附加值偏高的行业比重低于全国水平。2015 年吉林省专用设备制造业、通用设备制造业、金属制品业和铁路、船舶、航空航天和其他运输设备制造业的主营业务收入为620.75 亿元、464.29 亿元、340.08 亿元和379.03 亿元，分别占全省装备制造业（不含汽车制造业）比重为26.72%、19.98%、14.64%、和16.31%，并分别高于全国水平15.10 个、4.74 个、2.57 个和10.13 个百分点。2015 年吉林省电气机械和器材制造业的主营业务收入为380.28 亿元，计算机、通信和其他电子设备制造业的主营业务收入为89.09 亿元，仪器仪表制造业的主营业务收入为49.97 亿元，分别占全省装备制造业（不含汽车制造业）比重为16.37%、3.83%、2.15%，并分别低于全国水平6.03 个、25.83 个、0.68 个百分点。

四　加快吉林省装备制造业转型升级的对策建议

（一）进一步优化产业结构

当前，吉林省装备制造业中传统装备制造业比重过高，产能过剩、投资率过高等累积性结构矛盾仍然突出，资源性行业发展受到严重制约，去库存压力很大。因此，遵循产业结构演进的规律，积极调整产业结构，以市场需求结构变动为方向，深入推进供给侧结构性改革，调整资源流向，引导生产结构调整，促进需求结构和产业结构协调发展，将是破解结构性矛盾的紧迫任务。以提质增效为目的，加快农机装备、电力设备、煤矿采选设备、石油机械和换热器等传统装备制造转型升级，盘活沉淀资产，进一步推进资源性开发向精深加工转变，向行业价值链的高端环节延伸，促使吉林省装备制造做大做强做优。推动传统装备制造向中高端转型的同时，应加快高端制造产

品的商业化和产业化步伐，壮大高端装备制造业，提升吉林省轨道交通设备、卫星及应用、航空航天设备制造等高端制造业在全国的地位。

（二）提升技术创新能力

随着装备制造产业规模不断扩大，粗放型发展方式已经难以为继，应加快技术创新步伐，优化科技创新资源配置，发挥规模报酬递增效应。在加大技术创新资源投入的同时，增加人力资本的投入，促使高素质的劳动者与现代科技手段相结合，加快成果转化，提高创新产品的有效产出能力。以掌握核心技术为目标，推动生产要素与技术创新相结合，增强关键核心部件配套能力，提升吉林省装备制造技术水平。对具有成本优势的传统行业，加快技术改造与升级，推动成本优势向集约式技术优势转变。加快吉林省装备制造业高端化发展，从而推动工业结构由重工业化、高加工化向技术集约化转变。随着互联网在制造业各个领域的渗透，加速互联网技术与吉林省制造业的深度融合，强化基于互联网的协同设计、协同制造、协同服务，构建"互联网＋"协同技术创新体系，激发吉林智造活力。营造创新发展的环境，激发企业家精神，增强创新发展动力，通过干中学、学中用，形成企业自我学习机制。

（三）加速完善产业链条

关键核心部件发展相对滞后，势必会削弱整机及装备制造整体的竞争力。基于吉林省装备制造业产业链条不够完整的现状，在加快发展整机的同时，还需大力发展中场产业，营造有利于中小企业发展的良好环境，完善原材料制造与最终产成品之间的链条，增强装备制造配套生产能力。应进一步充分发挥装备制造行业协会的作用，组织产业链条的上下游企业集聚在装备制造园区，延伸产业链条，扩大产业集聚效应。在吉林省现有装备制造的基础上，加快"互联网＋装备制造业"平台建设，提高研发、设计、生产、经营和管理效率，完善服务体系，解决企业人才、资金和技术不足等问题。依托装备制造产业园区，瞄准价值链的高端环节，积极承接国内外先进装备制造配套产业转移，扩大关键部件产业规模，加快建立轨道交通装备、农机装备、电力设备、卫星及应用等产业链条配套体系。

（四）拓展域外产能合作空间

当前，吉林省装备制造业依赖资源型产业特征明显，高端装备制造业发展相对滞后，固定资产投资后劲不足，转型升级内生动力不足，因此重塑吉林装备制造竞争新优势，还需进一步扩大对外开放水平，积极参与国际分工，嵌入产业链的高端环节。吉林装备制造业应积极适应国际产业结构深度调整的新形势，提高利用外资水平，注重技术外溢，鼓励装备制造企业在全球范围内配置资源，提高产品的附加值和竞争力。在经济"新常态"背景下，积极融入"一带一路"建设，加快建设吉林省与东北亚国家间互联互通工程，推动东北亚区域装备制造产能合作，为吉林省制造业产业结构调整提供更多新的机遇。鼓励装备制造企业走出去，充分利用东北亚区位优势，整合国际国内资源，优化与东北亚国家之间的贸易结构。开展广泛多层次的装备制造研发学术交流活动。拓展投资领域，深化政府间的合作，为吉林省装备制造国际产能合作提供便利化条件。

参考文献

孙韬：《东北地区装备制造业创新现状及对策》，《经济纵横》2011 年第 5 期。

张约翰：《东北装备制造业竞争力评价及影响因素研究》，《中国科学院研究生院学报》2011 年第 4 期。

肖国东：《经济"新常态"下我国产业结构调整趋势分析》，《内蒙古社会科学》2015 年第 4 期。

《吉林统计年鉴 2016》，中国统计出版社，2016。

《中国统计年鉴 2016》，中国统计出版社，2016。

《吉林省国民经济和社会发展第十三个五年规划》，吉林省人民政府，2016。

B.10
吉林省旅游业质量提升研究

纪明辉*

摘　要： 吉林省旅游业具备较好的发展基础，在新时期被赋予要成为新支柱产业的历史使命。经过一系列举措的实施，吉林省旅游业取得令人惊艳的成绩，旅游收入连年高速增长，旅游设施建设快速推进，旅游业与其他产业的融合发展取得了良好的效果等。但旅游精品少、设施不完善、旅游商品发展缓慢、旅游统计数据欠缺等问题仍然制约着吉林省旅游业质量的提高。在加快发展旅游的重大机遇面前，吉林省应进一步从规划旅游精品、强化设施供给、开发旅游商品、加强宣传营销和构建统计体系方面着手，形成旅游业发展的竞争实力。

关键词： 旅游设施　旅游产品　旅游质量

党的十九大报告提出，中国特色社会主义进入了新时代，我国社会主要矛盾已经转化为人民日益增长的美好生活需要和不平衡不充分的发展之间的矛盾。新时代，旅游正日益成为人民群众对美好生活的向往，成为促进人的全面发展和全体人民共同富裕的重要渠道，成为美丽经济、健康产业、幸福产业之首。吉林省旅游业的发展受到省委、省政府的高度重视，旅游收入增长稳定、快速，旅游经济跃升为全省经济增长新亮点。但是在旅游资源开发、旅游设施建设、旅游品牌推广等方面与发达地区仍存在较大差距，从满

---

* 纪明辉，吉林省社会科学院软科学研究所副研究员，主要研究方向为数量经济和产业经济。

足人民对美好生活的需要、实现人民对幸福生活的向往角度出发，着力提升旅游业发展质量，打造吉林旅游服务品牌，树立吉林旅游良好形象，从而推动产业发展迈向中高端水平，是促进吉林省旅游业全面、健康、持续发展的迫切需要。

一 吉林省旅游业发展现状

（一）旅游规模持续扩大

旅游收入增速较高。从2016年旅游业发展数据看，吉林省接待游客量和旅游总收入均实现了较高水平的增长，全年接待游客总人数为16578.77万人次，同比增长17.32%，高于全国平均水平6.54个百分点；旅游总收入接近3000亿元，同比增长25.15%，增长率高于全国平均水平11.55个百分点。2017年旅游业发展继续向好，旅游接待人数和总收入均保持较高水平的增长。根据吉林省旅游局统计数据，前三季度，全省接待旅游总人数15558.38万人次，同比增长16.14%；旅游总收入达到2722.44亿元，同比增长21.28%。外省游客占比达到65.5%，较2016年末提高2.2个百分点；值得一提的是2017年"十一"国庆节，全省接待游客量和旅游收入同比增长率均在30%以上。

对相关产业发展贡献度较大。旅游业在自身获得较好发展的同时，也带动了其他相关产业的发展。以旅游总收入的45.8%为增加值的统计换算比例计算，旅游业已占全省GDP的8.7%，对交通运输业和住宿业增加值的贡献率超过80%，对餐饮业的贡献率超过60%，对房地产业的贡献率超过20%。

形成了大旅游格局。旅游业在吉林省的发展中受到多方重视，长春、吉林、松原等地的发展规划中明确将旅游业作为支柱产业。2016年2月和11月，国家旅游局公布了两批次的全国全域旅游示范区创建单位，吉林省共计有19个市县上榜，是上榜数量最多的省份。

（二）旅游设施更加完善

一大批旅游基础设施日臻完善，弥补了吉林旅游的短板。

交通运输水平有了较大的提高。2017年10月底，松原查干湖机场正式通航，这是吉林省内的第六个民用机场，机场通航后将初步开通至北京、上海、青岛、三亚、呼伦贝尔、沈阳等城市的多条航线，以后还将陆续开通至杭州、深圳、广州、武汉等城市的航班，逐步形成覆盖重要旅游城市的航线网络布局。"十三五"期间，吉林省全面建设东部、南部、西部三条精品旅游带，建设3A级以上旅游景区旅游公路网。按照2016年8月印发的《交通运输促进旅游业健康发展的若干指导意见》，"十三五"期间，全省交通运输部门将以交通运输扶持旅游业科学发展为主线，到2020年底，逐步实现省内3A级以上旅游景区一次换乘即可到达，推进形成以白山松水、民族风情、医药养生、人文生态、城市休闲等为主题的品牌旅游带。

旅游厕所建设成为全国的典范。为保障旅游厕所建设的有序推进，吉林省投入专项资金，保证专款专用，旅游厕所建设工作进展顺利，2016年共建设709座旅游厕所。重点景区，如长白山、六鼎山、净月潭、松花湖以及梅河口城市景观带内的旅游厕所已投入使用，极大地方便了游客的出行，提升了旅游目的地的形象。吉林厕所设计之美、标准之高、力度之大，被多家媒体宣传报道，在全国旅游厕所工作会议上被树立为典型。

（三）"旅游+"良性发展

旅游业与其他产业的有机结合，不仅为旅游业带来了发展的机遇，也有效地带动了各行各业的发展。

"旅游+冰雪"动力强劲。2022年北京冬奥会的申办成功，为冰雪产业的发展带来了强劲的动力。吉林省抢抓机遇，依托自身优势，加快将"旅游+冰雪"产业做大做强，积极谋划冰雪旅游项目的创新，过去的冰雪旅游仅限于观雪景、赏冰灯，如今吉林省积极借鉴世界先进经验，将冰雪的体验性与参与性融入旅游项目中，探索在冰冷的天气里"玩"出热度，不仅有冰雪观光，还有滑雪、温泉以及民俗体验等丰富多彩的冰雪旅游产品，吉林逐步构建起冰雪产业体系。

"旅游＋农业"效益较好。农业是吉林省产业发展的基础，"旅游＋农业"的发展实践有效地促进了农业产业结构的转型升级，广大农民也因此致富增收，2016年，全省乡村旅游接待游客和总收入分别增长31%和42%。"旅游＋农业"为农户指明了致富的方向，点燃了农民的创业热情，吉林丰满孟家村950余户家庭都办起了"农家乐"。乡村旅游产品不仅仅局限于传统的以采摘为主的"农家乐"，而且更多地将休闲、娱乐、健身等元素融入其中，使得乡村旅游活动更有意思，对城市和农村居民的吸引力也更高，长春乡村旅游节仅开幕式当天就接待游客超过4万人。

"旅游＋中医药"加快融合。中医药产业是吉林省的特色产业，"旅游＋中医药"的结合使二者的发展都熠熠生辉。通化市成功入选全国首批中医药健康旅游示范区名单（全国仅15家），以此为契机，吉林省将积极探索中医药健康旅游发展的新理念和新模式，促进旅游业与中医药健康服务业的转型升级。

（四）旅游项目加快推进

项目建设是旅游业发展的命脉，重大项目的聚集为吉林省旅游业态多元发展、产业布局优化产生了强劲的带动作用。

旅游项目投资规模较大。2017年初的吉林省旅游投资大会指出全年全省计划建设279个旅游项目，涉及总投资超过3000亿元。在5月的全国旅游投融资促进大会上，吉林省包含长白山文化产业园项目在内的9个项目入选全国优质旅游项目。旅游项目的建设有力地推进了吉林省旅游业的转型发展。伴随着旅游业发展方向的明确，吉林省旅游项目建设呈现大型组合化的趋势特点。2016年以来，50亿元以上的重大项目共计15个，如鲁能、万科、万达、中弘等大企业领衔开发建设的旅游综合体项目；旅游投资主体以民营和社会资本为主，2017年民营投资占比超过了70%，是名副其实的投资主力；旅游项目在全省遍地开花，尤其是西部地区，白城和辽源等地也引

来了旅游大项目。

重点旅游项目进展迅速。这些项目形态丰富，各具特色。园区型产品开发如火如荼，万达水上乐园、辽源凯旋王国等项目完工并运营良好；目的地产品日益丰富，通化龙溪谷健康小镇、吉林漫江生态文化旅游综合开发项目等旅游小镇、风情县城、宜游名城建设项目加速推进。旅游项目带动的旅游要素的聚合为全省旅游业实现持续快速发展提供了有力支撑。

（五）旅游业管理逐步规范

旅游发展注重政策引领。旅游业的健康发展离不开政策的引领，吉林省旅游业就是在一系列紧密、翔实的政策规范中获得了明确的发展方向。2016年初，吉林省委、省政府印发了《中共吉林省委吉林省人民政府关于加快服务业发展的若干实施意见》，旅游业作为服务业发展的重要引擎和新常态下经济转型升级的关键驱动力，带动打响了服务业发展攻坚战的第一枪，省旅游局形成了《吉林省推进旅游业攻坚发展的实施方案》，并于 2016 年 6月由吉林省人民政府办公厅以文件形式印发。该实施方案为吉林省旅游业设计了发展路径，指明了发展方向，勾画出了发展蓝图。吉林省出台的《关于做大做强冰雪产业的实施意见》，从 18 个方面论述了吉林省冰雪产业发展的主要内容，清晰地勾勒出吉林省冰雪产业的发展路径。

旅游制度建设加快推进。除了政策文件的引领，吉林省还在实践中践行旅游业的全面深化改革。2016 年底，吉林省旅游发展委员会正式挂牌，标志着吉林省旅游业进入了新的发展时期。近两年来，吉林省加快推动旅游业现代治理体系的形成，重点指导和支持 19 个已纳入国家全域旅游示范区的地区发展"1 + 3 + x"的旅游管理体制，"1"代表的是委员会，"3"代表的是旅游警察、旅游巡回法庭和工商旅游分局，"x"就是鼓励各地自主创新。长白山管委会通过建立旅游"红黑榜"制度，规范和整治长白山旅游市场秩序，提高旅游管理服务水平。吉林省坚持依法治旅，提升治理效能的良好局面逐步打开。

二 吉林省旅游业发展存在的问题

（一）优质旅游产品仍然较少

吉林省是全国旅游资源大省，却也是旅游产品小省、旅游品牌弱省。吉林省旅游产业仍主要以自然景观资源为主，产业化程度低。如长白山的游览形式依然是短途观光，对吃、住、玩、购的带动效果差；温泉旅游产品同质化经营现象较为严重，经营形式停留在温泉加食宿的层级，主题单一、缺乏内涵，体验性及新奇性不足，对"80后"和"90后"年轻群体缺乏吸引力。度假旅游产品严重供给不足，需求外溢，每年从吉林赴三亚、普吉岛、马尔代夫等度假胜地的旅游线路都异常火爆。受到气候、资源等因素的限制，吉林省旅游活动显得非常不均衡。景区和景点夜间活动设计不足，缺乏能延长旅游时间、扩张旅游活动空间及深化文化旅游资源开发的产品。旅游的淡旺季差别较大，"半年闲"成为产业发展痛点。产品开发与项目建设呈低质化、同质化发展特征，造成产品结构单一，质量不高，热点不多，特色不鲜明。由于长期的旅游宣传不足，省内一些独具特色的景点知名度不高。

（二）旅游配套服务功能尚不完善

吉林省旅游业快速发展的同时，设施配套和公共服务欠缺的问题也暴露得更明显。以当前较为热门的乡村旅游和自驾游为例。吉林省乡村旅游近几年发展较好，但也存在着硬伤，首先是基础设施建设滞后。在道路交通方面，存在着进出道路不畅，可进入性差的问题，村镇周边垃圾遍地，尘土飞扬，与乡村旅游点的良好环境形成反差；在接待设施方面，游客服务中心、停车场、水冲厕所等这些必要的接待设施在一些重点的乡村旅游村镇及接待单位都不能保证，遇到恶劣天气，道路、通信、采暖等问题频繁出现，极大地影响了旅游者的游览心情。全域旅游时代，自驾旅游已经成为大趋势，但

是吉林省自驾游市场还不够成熟，旅游营地建设不足，自驾车信息平台不完善，省内大部分旅游地尚缺乏针对自驾车游客的产品和特色服务，在景区建设中对自驾车所需设施考虑不够。

（三）旅游商品存在短板

当前，吉林省从事与旅游商品相关的企业有近 500 家，涉及生产研发、经营和销售等环节。旅游商品也形成了几个系列，包括以松花石、浪木根雕、车模等为主的工艺品系列，以朝鲜族、满族和蒙古族等民族文化为代表的民族民俗商品系列，以刀画、剪纸、农民画为主的文化艺术品系列，以人参、鹿茸、蛤蟆油等为主的土特产品系列等。但是相比较发达地区以及本省旅游业的发展状况，吉林省旅游商品市场尚在起步阶段，全省旅游商品收入只占旅游总收入的 15% 以下。旅游商品在特色化、创新性以及美观等方面还存在不足。一是旅游商品缺乏特色，开发层级低。各景区在售的旅游商品种类雷同，多为手串、明信片、玉器及玛瑙摆件、挂件等，旅游商品普遍低质价高，很难带动游客的购买热情。二是旅游商品包装简陋，不能满足游客对馈赠物品的要求。

（四）旅游数据统计工作较为欠缺

随着旅游业的发展，旅游形式发生了翻天覆地的变化，大众旅游和全域旅游的时代来临。在这样的时代下，旅游业的政策设计、发展规划乃至宏观调控都需要翔实旅游数据的支撑。其他行业和领域的数据已经体现出全面、系统和及时的特征，但是旅游业的数据统计还明显落后。吉林省统计数据量偏低，统计方法创新不足，旅游统计数据准确性、真实性和可靠性还有待提高，数据在认清旅游发展情况、总结旅游投资趋势、分析涉旅企业经营状况方面发挥的作用还很不充分。旅游业发展状况的分析对数据的需求量越来越大，大数据应该成为推动旅游产业战略性升级的资源之一。吉林省当前对旅游情况变化的掌握力度还很不足，如原来典型的游客旅游形式是跟导游、进景区、吃团餐、买纪念品，而自驾游和旅友团的兴起，已经让"典型"旅游"不再典型"，这就导致相关部门通过数据为旅游宏观决策提供服务的能力稍显欠缺。

三　吉林省提升旅游业发展质量的对策建议

吉林省旅游资源丰富，旅游产业发展基础较好，旅游特色突出，具备快速发展的优势。旅游业是蕴含着"吃、住、行、游、娱、购"六大要素的特殊产业，与其他产业的关联性大。当前，大力发展旅游业是推动吉林省可持续发展的必然选择也是带动吉林省服务业发展的突破口。新时期，吉林省旅游业要提升发展质量，还需做好如下几方面的工作。

（一）升级旅游产品，打造精品旅游项目

以市场需求为导向，大力推进旅游供给侧结构性改革，优化旅游产品，推动产业结构升级。以长白山为龙头，深度挖掘冰雪运动、康体疗养、休闲度假等旅游项目，打造集休闲、运动、娱乐、体验于一体的，具有区域影响力的旅游目的地，加快长白山景区由简单的观光游模式向复合型旅游模式转变，将长白山旅游项目做精做强。支持有条件的地方开发夜间旅游项目，如夜市、夜游、宿营等新业态，丰富旅游产品，延长旅游时间。依托区位条件并突出乡村特点，打造具有资源特色和文化内涵的乡村旅游精品，提升民俗体验、节庆活动、采摘农耕以及温泉养生等旅游产品的层次；针对民族特点突出、地域特色鲜明的旅游小镇，要大力支持其进行旅游项目的开发和建设。

（2）强化设施供给，提升旅游服务能力

强化交通与旅游的深度融合。空中客运方面，加快组建吉林航空公司，积极创造条件为航空企业在省内设立基地提供支持。地面客运方面，开辟铁路旅游专线，积极推进高速公路建设，加强旅游公路建设，提高3A级以上旅游景区的可进出程度和通达性；围绕自驾短程游、周边乡村游等旅游热点产品，大力发展城际定线旅游班线，逐步实现省内的旅游交通体系方便快

捷、设施完善和安全舒适。拓宽公路服务功能、加强到达精准指引、方便广大游客集散。完善旅游景区的功能配套。统筹规划和建设供电、供水、通信等基础设施,在移动通信使用如此普及的情况下,应保障省内主要景点及公路沿线的通信畅通。加快推进智慧旅游工程。依托移动互联网信息技术,建立出行信息服务系统,为公众出行提供精准信息,方便公众的出行计划制订;通过卫星定位信息数据对旅游客运车辆实时监控,推行运输服务全域化,以科技智慧服务保障旅游安全。

（三）深挖文化内涵，开发旅游商品体系

吉林省旅游商品的开发应随着旅游产业发展热潮一并推进,立足吉林省现有优势资源,以市场需求为导向,大力宣传具有吉林特色的旅游商品品牌,构建以旅游食品、旅游工艺品、旅游文化用品、旅游生活用品、旅游装备用品等为主体的旅游商品体系。积极推进吉林特色旅游商品纪念品研发基地的建设,通过引进国内外知名设计师和大品牌,提升吉林旅游纪念品的收藏价值,增加游客的购买欲望。各类旅游商品要向便携式和精致化方向转变,实现旅游商品对旅游目的地的二次营销。重点研发以冰雪文化为核心的旅游商品,体现出与其他冰雪旅游目的地的差异性。鼓励各地推荐"旅游购物首选商品"名录和旅游商品"诚信店",为游客购物营造良好的氛围和环境。

（四）创新市场推广机制，大力开展旅游宣传营销

加大宣传力度,将"22 度的夏天"和"冬季到吉林来玩雪"两个旅游品牌在全国范围内扩展和延伸,逐步加深各地对吉林旅游的印象。在具体的宣传方式上,除了传统的电视、广播、报刊、网站等公共媒体或机场、车站、重要口岸等公共场所的广告式宣传外,还应加大力度组织策划有影响力的旅游营销活动,借助吉林-浙江对口合作平台,广泛开展交互季节等互动式营销推广活动,通过主题活动,提高吉林旅游的知名度,推广重点旅游项目。对全省的旅游资源进行整合式营销,变单打独斗为联合发力,联合具有

专业化营销手段、市场化营销能力、国际化营销视野的市场营销机构，探索"智力支持型"服务外包，将具有特色的吉林旅游推向营销新高度。

（五）优化发展环境，营造浓厚发展氛围

旅游业诚信体系是一个地区旅游业服务质量体系的重要内容，也是整个地区社会管理和建设水平的缩影。吉林省应在设立旅游诚信基金上投入更多一些，在旅游业领域形成诚信有奖、失信有罚的奖惩机制，引导旅游商家规范经营，培育良好的诚信经营环境。继续深入开展"满意吉林"等诚信旅游活动，积极引导城乡居民参与到旅游诚信建设中来，建设安全有序的旅游目的地。积极引进国内外有实力的旅游开发企业参与吉林省的旅游项目建设，鼓励社会资本进入旅游领域，加快省内旅游企业向现代化、精细化管理运营模式的转型升级。加快提升旅游从业人员服务水平和素质，逐步改善导游及景区服务人员的服务形象，保证游客良好的旅游体验。

（六）创新统计机制，建立规范的旅游统计体系

衔接国家标准，统一数据指标的内涵和外延，制定与国家统一的旅游数据体系，以便真实反映出旅游业的发展现状和趋势；科学、合理地设定统计指标，既要有理论支撑，又要贴近现实；拓展旅游数据采集渠道、创新旅游统计方式方法，整合行业统计资源，加强省里与各市（县）的互动，扩展各部门之间的联系，实现数据共享共用；搭建覆盖全省的统计组织架构，形成工作网络，加强对数据的研发和集成，针对社会需要和政府决策，形成数据产品，并进一步推广应用，为产业运行分析和决策提供科学依据。

参考文献

石培华：《实现宏伟战略目标　旅游业大有可为》，《中国旅游报》2017 年 10 月 20

日第 1 版。

　　徐慕旗：《我省旅游业发展势头强劲》，《吉林日报》2017 年 2 月 17 日第 1 版。

　　贾艳玲、冯超：《吉林在大众旅游时代诗意地崛起》，《吉林日报》2017 年 5 月 23 日第 5 版。

　　崔莹：《吉林全域旅游发展方向选择》，《开放导报》2016 年 12 期。

B.11
吉林省东部地区*大健康
产业发展问题研究

李冬艳**

摘 要： 吉林省东部地区作为"东北东部经济带"重要组成部分，肩负着该区域大健康产业发展的重任；东部地区依托长白山独特资源优势，突出医药产业龙头引擎，以全球化的大视野，跨界融合的新理念，谋划大健康产业新定位，前延后伸、高位嫁接、深度融合，探索"健康中国"建设的吉林之路。尽管目前大健康产业发展存在着产业结构不尽合理、科技创新能力不足、顶层设计不充分、产业链条连接程度不高等问题，但是吉林省东部地区大健康产业发展方向、目标已经确定。未来应通过探索发展重点领域、筛选发展模式、选择发展路径、制定发展战略，构建具有吉林特色的大健康产业体系，把大健康产业打造成吉林省东部地区支柱产业。

关键词： 大健康产业 医药产业 绿色食品产业 旅游产业 东部地区

大健康产业是指为人的生命健康提供相关产品及服务的产业统称，三次产业中均包含大健康产业。大健康产业是世界上最大和增长最快的产业之

---

* 吉林省东部地区是国家发改委编制的《东北东部经济带发展规划》中确定的东北东部地区范围囊括的吉林省范围，即通化市、白山市、延边朝鲜族自治州。

** 李冬艳，吉林省社会科学院农村发展研究所副研究员，主要研究方向为农业经济、区域经济。

一，美国著名经济学家保罗·皮尔泽（2009）等认为，健康产业会以不可阻挡的势头加速发展，很快将替代 IT 产业成为推动世界经济发展的新引擎，为继 IT 产业之后的全球"财富第五波"。在国家健康产业发展战略的引导下，吉林省东部地区利用原有医药产业发展基础，迅速发展大健康产业，尽管发展过程中遇到了很多难点问题，但总的发展态势是积极向上的，大健康产业在吉林省东部地区 GDP 中的比重不断增加，未来必将成为该地区新的支柱产业。

一　吉林省东部地区大健康产业①发展背景

在国外大健康产业蓬勃发展及国家发展大健康产业政策引导下，吉林省东部地区各市、州紧跟时代的脚步，出台积极的发展政策，加快推动本地大健康产业发展，取得一系列发展成果。2008 年世界范围内经济危机爆发以后，世界各国更加重视人类健康产业发展，大健康产业已经成为发达国家经济发展的支柱产业。我国大健康产业迅速崛起，正快速成长为国民经济发展的重要支撑。吉林省依靠国家政策及自身资源禀赋，促使大健康产业在全省尤其在东部地区快速发展，并且形成产业发展优势。

（一）国内大健康产业发展已于21世纪全面起步

大健康产业由医药健康产业及健康产业发展演变而来。大部分发达国家的医疗消费开支超过了其国内生产总值（GDP）的 10%，在我国，健康产业仅占 GDP 的 4%～5%，甚至低于许多发展中国家。目前，中国大健康产业发展面临良好的政策环境。中国持续推进医疗体制改革，为大健康产业发展提供了良好的政策环境。2012 年 3 月，《国务院关于印发"十二五"期间深化医药卫生体制改革规划暨实施方案的通知》提出了"健康中国 2020"发展战略；2016 年 10 月中共中央国务院发布了《"健康中国 2030"规划纲

---

①　吉林省东部地区大健康产业主要包括医药健康产业、绿色食品产业和生态旅游产业。

要》，提出了健康中国战略；2007 年 1 月，新医改方案发布。此前多地已将健康产业列为优先发展产业，上海、广州、深圳、杭州、成都等地较早建立起相关的产业基地和产业园区，成为发展健康产业的先行区，并在医药化工、生物制药、医疗器械等方面形成了一定的产业优势。同时，在国内也陆续兴起了一批健康产业集聚区，例如北京中关村生物医药园、泰州中国医药城、武汉光谷生物医药产业园、贵州侗乡大健康产业示范区、海南国际健康医疗旅游岛。党的十九大报告指出：实施健康中国战略、实施食品安全战略，发展健康产业，为大健康产业发展指明了方向。

（二）医药健康产业已被列为吉林省新的支柱产业

医药健康产业作为大健康产业中的重要组成部分，已经被列为吉林省新的支柱产业。2015 年，吉林省出台了《关于加快推进医药健康支柱产业的实施意见》，要求到 2017 年把医药健康产业打造成为吉林省新的支柱产业。2017 年吉林省《政府工作报告》指出医药健康产业要做好重点品种技术升级与二次开发，支持通化国家医药高新区及骨干企业发展壮大。此外，国家和省还在支持老工业基地振兴、推进绿色转型发展、促进旅游投资和消费、发展养老和保健食品产业方面出台了一系列政策措施。应该说，吉林省发展大健康产业面临难得的政策机遇。

二 吉林省东部地区大健康产业发展现状

吉林省东部地区大健康产业主要包括医药健康产业、绿色食品产业、生态旅游产业。2016 年，全省规模以上医药健康工业实现总产值 2253.6 亿元，同比增长 10.1%。

（一）医药健康产业发展基础良好

全省一半以上医药健康产业资源在吉林省东部地区。2016 年吉林省有

通化国家医药高新技术产业开发区和长春国家生物产业基地"一区一基地"双核心发展区，有梅河口、敦化、辽源、白山、吉林、四平"六个特色产业基地（园区）"，其中，"一区（通化国家医药高新技术产业开发区）、三个基地（梅河口、敦化、白山产业基地）"在吉林省东部地区。2016年，延边州规模以上医药工业企业实现产值97.1亿元，增长12.1%；通化市规模以上医药工业企业实现产值1200多亿元，同比增长10%，利润同比增长23.4%，总量和效益占全省医药工业企业产值的60%左右。白山市推动矿泉水、医药健康、绿色食品等"大健康"产业发展，组建中国长白山天然药物研究机构，打造医药产业新优势。预计2017年，吉林省东部地区医药健康产业产值将达到700亿元，占全省930亿元的75%，成为吉林省东部地区支柱产业。

（二）绿色食品产业发展优势已经形成

吉林省东部地区积极开展绿色食品原料标准化生产基地创建工作，截至2016年末，该地区拥有全国绿色食品原料标准化生产基地12个，面积近160万亩，带动农户10万户。已成立农业质量安全检测机构33家，初步形成了以部级中心为龙头、省级中心为骨干、市州级中心为配套、县级站为基础、市场（基地）检测点为补充的农产品质量安全检验检测体系基本框架。先后建成各类各级农产品标准化示范区93个，示范基地86个，面积达到1133千公顷。所有县（市）主要农作物种子生产、加工和销售实现了标准化。2016年无公害农产品1200个，绿色食品180个，有机食品178个，农产品地理标志13个。

（三）生态旅游产业呈爆发式发展态势

吉林省作为生态大省，拥有丰富的生态旅游资源，为观光旅游向休闲康养度假转变奠定了基础条件。公开数据显示，吉林省"十三五"以来，年接待旅游人数递增17%以上，实现旅游收入递增26%以上。吉林省东部地区，山峦起伏，江湖相映，四季分明，保存有欧亚大陆北半部最完整的森林生态系统，有大量中医药、温泉、深林氧吧、养生谷，具有休闲、养生、疗养、康复大健康产业发展的资源优势。大力发展生态、医药养生旅游，青山绿水换"真金白银"成为东部地区绿色转型发展的一张王牌。吉林省出台了《长白山旅游发展总体规划》及专项规划 20 余项，形成了科学完整的旅游规划指导体系，为破解长白山冬季旅游难题，推动四季旅游均衡发展提供了重要决策依据。2016 年长白山旅游总人数达 355 万人次，同比增长 13.4%，是 2011 年的 1.3 倍。通化市拥有 6 个国家森林公园，景色优美。五年来，通化市依托集安五女峰等旅游资源，大力发展旅游业。目前，全市 A 级以上旅游景区达到 29 家，其中国家 4A 级景区 9 家。2016 年，通化市接待国内外游客 1033.9 万人次，与 2011 年相比增长 124.4%，旅游收入达 154.3 亿元，与 2011 年相比增长 243.19%。近五年来，白山市创建国家全域旅游示范区，启动"长白山之冬"文化旅游节，打造一批生态型、民俗型、康养型、休闲型、历史文化型特色精品旅游小镇，推动鲁能漫江度假区、复华长白山国际度假区、松城水都等百亿级重点项目建设，开发旅游节点，打造"长白山核心区域旅游目的地"。全市有国家 5A 级景区 1 处、4A 级景区 3 处。2012~2016 年，全市共接待国内旅游者 3393.84 万人次，实现旅游收入 420.98 亿元，分别是上一个五年总和的 2.28 倍和 3.39 倍。延边州地处中俄朝三国交界地带，图们江两岸中朝边境风貌与口岸景观令人向往。这里四季分明、美食丰富、特色明显，高铁开通后，更成为人们向往的旅游之地。一批规模大、特色鲜明的旅游项目相继建成。敦化六鼎山文化旅游区获批国家 5A 级旅游景区；安图大戏台河景区建成营业。2017 年，国家旅游局公布 20 个首批国家级旅游业改革创新先行区名单，延边州成为吉林省唯一入选地区。过去五年，全州游客接待量、旅游总收入增长率分别达到 16.7% 和 26.1%。

三 吉林省东部地区大健康产业发展遇到的问题

尽管吉林省东部地区大健康产业取得了长足发展，但是通过调研发现，

吉林省东部地区大健康产业发展还存在许多问题，需要今后加以解决，以推动该区域大健康产业加快发展。

（一）产业结构不尽合理，层次有待提升

吉林省东部地区由于大健康产业战略构想明确时间较短，产业结构、产品结构的建设也刚刚起步，因此结构单一，层次较低。产业发展主要以新型工业和农业特产加工业为主，医药一家独大，养老、保健品等其他产业总量比较小；第三产业发展较慢，旅游目的地大规模接待外地康养休闲游客的能力还不足，比如通化市近年来升级新建了 7 处四星级宾馆、发展了多处商务宾馆和时尚宾馆，但旅游旺季还是一房难求。从事大健康产业的大企业主要集中在农产品加工业和医药行业。由于市场波动较大、风险多，这两类企业普遍缺乏竞争力，带动力不强，盈利机会不确定。同时从事养生保健的多是个体商户，且数量也比较少，经营不够规范。特色农业产业规模小。由于大型龙头项目带动力不强，农业特色资源转化利用及品牌影响力、知名度不高，特色农业产业总体规模小，产品附加值低，加快建设以生态循环经济为主体的特色农业任务艰巨。产业发展层次不高。全省大健康产业发展总体处于初级发展阶段，中药材资源优势尚未很好地转为经济优势，医药产业主要集中在低附加值制造领域，产业结构层次不高，基因药物、生物制药等技术含量高的产业所占份额偏少。健康食品的产业组织化、市场化程度不足；最具发展优势的人参等文化内涵丰富的特色资源产品相当一部分尚处于售卖原料阶段。全球市场数据显示，发达国家制造业中药品和医疗器械的比值是 1∶1，目前我国这一比值是 4∶1 左右，而吉林省为 20∶1，发展空间巨大。养生养老等康养产业发展还处于萌芽阶段，优质的冰雪资源还没有转化成"真金白银"。

（二）创新能力不足，产品竞争力有待提升

科技创新平台是大健康产业赖以生存、发展、壮大的基础，打造一批科技含量高、成长性好的高新产业项目，是企业持续推动科技创新、转型发展

的不竭动力。大健康产业发展起步晚、政府投入不足、企业短期行为等导致全省大健康产业科技创新能力不足，大健康产品的市场竞争力提升缓慢。通化国家医药高新技术产业开发区整体承载能力有待提升。由于"一区"起步较晚，享受的国家高新区建设的优惠政策较少，体制机制发展存在制约，创新引领和产业集聚的能力严重不足。如何突破制约瓶颈，推动相关平台建设和知识产权保护等专业服务体系建设，开辟药品和保健食品审批绿色通道，科学谋划大健康产业发展布局，是吉林省需要重点解决的问题。企业重大产业化项目资金投入不足。目前医药企业大量资金重点投入新版 GMP 认证，资金缺口较大，重大产业化项目实施进度放缓。医药健康产业综合创新能力亟待提高。企业研发实力整体偏弱，专业创新平台和公共服务中心数量较少，特别是为中小企业提供创新服务的共享工作机制还没有真正建立起来。产品研发能力有待加强。从事大健康产业的大型企业中，具有自主研发能力，并且不断推出科技新产品的企业较少。

（三）顶层设计不充分，产业链条连接程度不高

由于大健康产业战略构想刚刚起步，很多规划、布局还不够完善，虽然出台了多项产业扶持政策，特别是出台了医药健康产业发展实施意见，成立了推进机构，但都是针对大健康产业的分支产业，缺乏整体推进的顶层设计，没有形成合力。整个大健康产业中不同产业之间产业链条的连接远没完成，严重影响了大健康产业的健康发展。一直以来吉林省东部地区公共服务建设滞后于医药、食品、旅游产业发展，公共创新服务平台严重不足，特别是为中小企业提供创新服务的共享工作机制还没有真正建立起来，造成产业持续发展的后劲不足，产业升级进展缓慢。企业之间不清楚不同产业链条如何连接，不同产业或者不在同一地区的产业链条连接困难很大、障碍很多。

（四）缺乏产业整体思维，对发展大健康产业认知程度不到位

调查显示，目前，尽管通化市已经确定大健康产业为本市主导产业，但是该市涉及大健康产业的有关部门、各县（市区）政府部门，对大健康产

业的认识不到位，绿色食品产业、生态旅游产业还没有被纳入大健康产业统一考虑。大健康产业还没有得到各个层面足够的重视，发展大健康产业仅被认为是医药部门的事情。此外，还存在城乡环境需要进一步改善，城市基础设施发展滞后、服务功能不健全等问题。

四　吉林省东部地区大健康产业发展建议

大健康产业关乎国民经济的持续发展和新增动力，关乎社会的稳定与和谐，加快大健康产业发展，必将对巩固民生建设产生重大而深远的影响。在供给侧结构性改革过程中，需要调整经济结构，在不断压缩传统过剩产能的基础上，大力发展大健康产业。通过制定产业发展规划，确定发展目标，成立产业发展组织机构，指导吉林省东部地区大健康产业发展方向；通过出台积极的产业政策，克服发展中的难点问题，支持大健康产业健康发展。

（一）树立大健康产业发展理念

一是宣传大健康及大健康产业理念。动用所有媒体全方位、立体式宣传大健康及大健康产业的地位和作用。建立健康的价值观、健康的经济观、健康的社会观。二是通过加强政府引导，转变国民健康观念；普及生命科学、树立健康文明观念，生命健康行业的企业在健康教育中也要承担相应的社会责任。

（二）筛选大健康产业发展模式

遵循可复制的原则筛选适合吉林省东部地区的大健康产业发展模式。一是依靠特色资源发展模式。例如，长白山区域大健康产业发展模式，依托长白山资源禀赋优势，发展具有长白山特色的大健康产业。二是依靠园区发展模式。例如，通化市医药健康产业集群发展模式。充分利用国家和省、市给予的扶持政策，通过集成要素资源，优先支持通化医药高新区发展，推进项目建设，打造产业集群，优化营商环境，提升服务水平；强化产学研联合，推进技术资源市场化，设立院士工作站，加强孵化基地建设，营造万众创业氛围；积极对接"互联网＋"行动，创新产品营销模式；优化资源配置，强化金融支撑。三是依靠重点企业发展模式。例如，通化东宝健康产业发展模式。通化东宝实业集团主要做法是，通过企业家的引领意识，重视人才队伍建设与培养，夯实科技创新平台，打造一批科技含量高、成长性好的高新产业项目，用创新平台吸引人才，长期推进科技创新，用科技创新转型发展保障东宝企业长久不衰。四是依靠产品品牌发展模式。例如，吉林人参产业发展模式。在"药食同源"政策的推动下，地处长白山腹地的通化、白山、延边等地区，通过建立完善白山市万良人参市场、通化市吉林省国富人参交易中心、延边州人参鹿茸市场等，积极打造具有吉林省特色的长白山人参品牌，打造中国人参之乡、世界人参集散地。

（三）创新大健康产业发展路径

吉林省东部地区要依托长白山资源优势，挖掘地处长白山周围各市（州）、县（市）大健康产业发展重点，分工协作。通过融合各地区大健康产业，构建吉林省东部地区大健康产业体系，通过各地区大健康产品，进行全省大健康产品系统分类；进而通过筛选已有政策，学习国内外先进经验，创新吉林省东部地区大健康产业发展路径。一是依托本地发展优势，挖掘各地区发展重点。根据地区资源禀赋特点，确定本地区发展重点。长白山地区重点发展以长白山自然资源为原料的医药健康产业、长白山旅游产业、长白山绿色食品产业；根据发展基础，继续扩大主导产业生产规模。依托各种国家级和省级开发区、产业园区、示范区，做大做强具有本地特色的大健康产业，提升这些产业的竞争力，打造具有东部地区特点的大健康产品。二是根据本地市场需求，确定本地应补齐的短板产业。康养（医药养生、保健养生、生态养生）、健康目的地旅游（健康旅游＋康养福地）、绿色食品品牌是吉林省大健康产业的短板，也是今后吉林省大健康产业的发展方向。三是融合各地大健康产业，构建大健康产业体系。吉林省东北地区目前大健康产业体系主要包括：绿色农业、山区特产业、健康食品制造业、药品制造业、医疗器械制造业、药品包装材料制造业、保健设备制造业、化妆品制造业、医疗卫生服务业、健康管理与促进服务业、养老服务业、整形美容业、保健康复业、养生文化教育业、健康旅游业、文化演艺业、体育休闲业和健康饮食服务业。四是融合各地大健康产品，进行大健康产品系统分类。吉林省东部地区目前大健康产品主要有：绿优米、杂粮杂豆、畜禽、水产、人参、林蛙、葡萄、草莓、大樱桃、苹果梨、菌类、山菜、坚果、蜂蜜、中草药材、食药用动物、食用酒精、畜禽加工食品、人参食品、林蛙保健食品、果酒系列、白酒、啤酒、矿泉水、"长白山"茶系列、生物制药、医疗器械、药剂包装材料、印刷包装材料、电子理疗仪器、中药保健设备、人参化妆品、林蛙肽化妆品、基层医疗卫生服务、养老服务机构医疗保健服务、个性化健康检测评估和健康咨询服务、心理咨询服务、专业康复理疗、社会化养老服务、整形美容和中医保健康复、休闲按摩，等等。五是筛选已有政策和先进经验，选择新的发展道路。确立"突破传统格局，引领健康需求，形成示范效应，确定领先地位"的战略导向，依托全省大健康产业资源优势，以医药、食品、旅游产业为支撑，以现代农业为基础，建立吉林省医药工业、绿色食品加工业以及康养旅游发展新格局。利用互联网、大数据和云计算等现代科技手段，实现"健康＋医疗服务"、"健康＋养生养老"、"健康＋旅游"、"健康＋绿色食品"的产业发展新路径。

（四）制定大健康产业发展战略

依托现有优势，找准发展重点，克服产业发展不足，补齐发展短板，实现大健康产业跨越式发展。努力把吉林省东部地区建设成中国尤其是东北地区大健康产业的排头兵，把大健康产业打造成为吉林省第四大支柱产业。通过制定发展规划，确定发展产业，成立领导机构，考核发展目标，明确实现具体发展目标的支持和奖励政策。一是确立大健康产业发展机制。从市场准入、财政支持、土地供给、税收优惠、队伍建设、技术创新、投融资等多方面加大政策支持力度。二是强化科技创新支撑。大健康产业是高科技产业，需要高新科技支撑，要建设好科技支撑体系。应出台科技支撑产业目录，配置产业项目支持政策，引导全省大健康产业技术研发、项目储备及发展方向。三是优化产业发展环境。促使大健康领域向国内外各类资本全面开放，重点打造廉洁高效的政务环境、功能完善的设施环境、互利互赢的开放环境、温馨包容的社会环境。四是推进产业发展平台建设。包括各级别大健康产业特色园区、开发区、先导区建设，为大健康产业发展提供各种服务，包括技术、项目、融资、市场的公共平台及业务支撑平台建设。五是加强体系衔接。实施多规合一发展，做好大健康产业发展的顶层设计。大健康产业涉及国民经济和社会发展多个领域，应该被纳入全省经济社会发展规划之中通盘考虑，各项发展目标所需资金应该纳入各级财政预算，各级管理部门编制应该由各级政府编制部门统一确定。六是各地区强化组织保障。成立大健康产业领导小组，下设办公室（为常设机构）；健全大健康产业发展联席会议制度，明确分工和责任。七是建议国家在支持东北振兴过程中，单列支持大健康产业发展政策清单，包括项目、金融、税收、产业园区建设等方面。

参考文献

赵广欣：《吉林省医药健康产业迅速崛起》，《吉林日报》2017 年 8 月 4 日。
董杰通：《推进医药健康产业发展》，《吉林日报》2016 年 5 月 4 日。
裴虹荐：《向国际医药健康名城迈进》，《吉林日报》2017 年 4 月 6 日。
《创新医药产业，建设健康中国》，《吉林日报》2016 年 9 月 13 日。

改革创新篇

Reform and Innovation

B.12
吉林省农村集体产权制度
改革试点问题研究

张 磊*

摘　要：　吉林省农村集体产权制度改革是按照中央统一部署进行的。
全省农村集体产权制度改革试点进展顺利，成果显著，形成
了包括公主岭市平洋村、农安县陈家店村、通榆县陆家村等
股份合作制发展集体经济模式，取得了阶段性成果；同时，
改革过程中存在包括集体经济组织成员资格界定困难、集体
资产管理组织组建困难、老股金情况混乱严重制约清产核资
工作开展、改革后村集体如何发展公益事业等一系列问题；
我们要通过改革农村集体产权制度，加强对农村集体资产的

* 张磊，吉林省社会科学院农村发展研究所所长，研究员，主要研究方向为"三农"问题、区
域经济。

产权保护，探索农村集体所有制有效实现形式，创新农村集体经济运行机制，着力推进经营性资产确权到户和股份合作制改革维护，农民合法权益，增加农民收入，让广大农民分享改革发展成果。

关键词： 农村集体经济　农村改革　产权制度改革

吉林省根据国家的统一要求，先后分两批次进行农村集体产权制度改革试点工作。通过改革农村集体产权制度，加强对农村集体资产的产权保护，探索农村集体所有制有效实现形式，创新农村集体经济运行机制，推进经营性资产确权到户和股份合作制改革，对于维护农民合法权益，增加农民收入，让广大农民分享改革发展成果，实现乡村振兴，进而全面建成小康社会具有重大现实意义。

一　吉林省农村集体产权制度改革试点现状

通过农村集体产权制度改革试点，探讨全省农村集体产权制度改革的方式方法，主要包括如何确认农村集体经济组织成员身份，明晰集体所有产权关系，建立什么形式的集体经济，以及如何建立集体产权制度。实践证明，凡是有产权制度改革的地方，农民收入都会提高。通过推进改革，盘活整合农村集体资产并确权到户，发挥其作用，提高农村资源要素配置和利用效率，能够增加农民财产性收入，促进农民收入持续稳定增长。

（一）吉林省农村集体产权制度改革试点取得阶段性成果

尽管吉林省农村集体产权制度改革试点起步较晚，2014 年只有 3 个行政村进行了改革试点，2015 年下半年在全省范围内仅对 22 个行政村开展了改革试点；但是，吉林省农村集体产权制度改革试点效果显著，产生了积极

影响，为下一步全面启动农村集体产权制度改革积累了经验，奠定了基础。

1. 第一批改革试点工作已经完成

2014 年吉林省农委决定在农安县合隆镇陈家店村、公主岭市范家屯镇平洋村和香山村等 3 个村开展农村集体产权制度改革试点。截止到 2016 年底，3 个试点村改革已经完成。合隆镇陈家店村对全村 147 公顷宅基地进行整理，通过土地增减挂钩改革试点，既保证了耕地和建设用地指标的双增长，又实现了村民的集中安置，就地就近实现城镇化，实现了农村城镇化的根本转变。范家屯镇平洋村利用土地增减挂钩政策，对全村 84 公顷宅基地实施复垦整理，实现整村搬迁，由村进镇。

2. 第二批改革试点工作即将完成

2015 年，吉林省确定 22 个行政村为全省农村集体经济组织产权制度改革试点单位。试点工作计划两年完成，即到 2017 年底完成改革任务。全省农村集体经济组织产权制度改革试点村名单如下：长春市双阳区山河街道东升村、长春市莲花山生态旅游度假区泉眼镇岗子村、吉林市经济技术开发区九站街道七家子村、吉林市龙潭区江北乡棋盘村、四平市铁西区平西乡孤榆树村、伊通县伊通镇永青村、辽源市西安区灯塔镇西孟村、东辽县白泉镇赵家村、辉南县朝阳镇新胜村、柳河县柳河镇先锋村、通化县快大茂镇东安村、白城市洮北区平安镇中兴村、通榆县乌兰花镇陆家村、松原市宁江区伯都乡杨家村、松原市宁江区大洼镇房身村、临江市新市街道黎红村、白山市浑江区七道江镇东岗村、图们市月晴镇水口村、安图县明月镇园艺村、敦化市江南镇下石村、梅河口市解放街道新城村、公主岭市双龙镇青山村。2017年由于一些原因，个别试点村退出改革试点工作。

3. 第三批试点县改革试点工作正在开展

2017 年开始，按照中央关于推进农村集体产权制度改革的意见精神，结合吉林省实际，全省推进伊通县、长春市朝阳区、吉林市昌邑区等三个县（区）进行全县区域农村集体产权制度改革。计划用三年的时间完成整个县域所有行政村农村集体产权制度改革。

（二）对吉林省农村集体产权制度改革试点工作的基本判断

1. 吉林省农村集体产权制度改革试点工作进展比较顺利，基本上达到了预期目标

吉林省农村集体产权制度改革试点工作取得了阶段性成果，主要表现为组织保障比较有力，清产工作基本收尾，核资工作全面展开，资源性资产改革进展顺利。2016 年吉林省委、省政府办公厅下发了《吉林省农村集体经济组织产权制度改革试点方案》，在 2014 年试点的基础上，在全省 9 个市州 21 个县市区全面进行改革。各市州、各县市区、各乡镇都成立了农村集体产权制度改革领导小组，开展本地农村产权制度改革事宜，具体工作由农业经济管理（总）站负责执行；各行政村在上级领导下，在所在县乡农经部门的指导下，成立了领导小组和改革工作小组，负责本村改革具体事项。各层次改革领导机构的设立为本次改革的顺利进行提供了组织保障。

2. 全省农村集体产权制度改革试点先行，形成了一些具有普遍意义的农村集体经济发展模式

按照上级文件要求，吉林省在有经营性资产的 25 个村进行集体产权制度改革试点。特别是城中村、城郊村和经济发达村，经营性资产较多，因产权不清引起的问题矛盾也多，群众对改革的呼声较高。按照要求，农村集体的资源性、经营性、非经营性资产都在本次改革范畴内。而集体经济中的经营性资产，是本次改革的重点。改革后，农村集体经济经营性资产必须确权到户，而村集体经营性资产本身最多只占总经营性资产的 20%。具体模式如下：一是通榆县蹄疾步稳推进试点，乌兰花镇陆家村基本实现两年任务一年完成并探索出农村集体经济新模式。陆家村于 2016 年 1 月及时启动试点工作，严格按要求加强组织领导、制定工作方案、强化工作保障，环环相扣推进集体经济组织成员身份确认、清产核资、折股量化、政经分开等各项改革试点工作，保证把每个环节抓对抓稳抓实抓好，探索出了"资源变股权、资金变股金、农民变股民"的农村集体经济新模式。二是敦化市拓展改革

思路，江南镇下石村在有效解决老股金问题上找到了好办法。该村本着公平、公正和尊重历史的原则，制订行之有效的"敦化下石模式"，通过推举老股金知情老村民，协助清理老股金，使这一高难度问题得到解决，收到了较好效果，为全省解决村集体老股金问题提供了重要参考。三是通化县强化保障措施，快大茂镇东安村在以可靠财力、物力、人力支撑高标准试点工作上树立了标杆。通化县认真解决改革成本问题，强化经费保障，县财政拨付10万元工作经费，购置电脑等办公设备，为搞好这项改革试点工作提供了良好条件。抽调相关部门业务骨干参与到改革试点工作中，并确保改革小组工作人员与原单位脱钩，及时到岗到位，为搞好这项改革试点工作提供了可靠力量。有力的保障措施，保证了各项试点工作按要求高效率高质量推进，从而圆满完成了2016年度试点任务。四是长春市双阳区创新方式方法，山河街道东升村在阳光、规范操作试点工作上树立了样板。双阳区坚持依法依规、阳光操作，在全省"六步工作法"的基础上，创造出"村党支部提议－村两委会商议－党员大会审议－乡镇审核－村民代表会议或村民会议决议－决议公开－实施结果公开"七步工作法，进一步保证了改革试点各阶段工作顺利推进，也保护了集体经济组织成员合法权益。五是辽源市西安区积极借鉴成熟经验，灯塔镇西孟村在发展多种形式股份合作上闯出了新路。西安区组织区、镇、村三级工作人员和村书记43人，历时7天到青岛、寿光学习农村集体产权制度改革先进经验，同时借鉴本区2010年林权改革经验，深入研究解决改革试点中遇到的实际问题，着力发展股份合作社，为农村集体经济组织产权制度改革闯出了一条新路。

3. 农村集体产权制度试点县的改革，将解决全省县域改革问题

2017年开展的县级农村集体产权制度改革，将进一步积累农村集体产权制度改革的经验教训。由于全省各地经济发展水平不同，农村集体资产构成各异，各地农民群众诉求也不尽相同，推进农村集体产权制度改革不能一套方案包打天下，必须分类实施、试点先行。吉林省农村集体产权制度改革试点初期，25个试点单位都是行政村，没有行政乡镇以上的单位，不利于全面开展全省范围的改革。2017年试点县改革的进行，将破解过去改革范

围小的问题，并将取得大范围区域农村集体产权制度改革的经验，为下一步吉林省全省开展农村集体产权制度改革探索路径，积累经验。

二 吉林省农村集体产权制度改革过程中存在的问题

尽管全省农村集体产权制度改革试点工作进展较顺利，但是，笔者在调研过程中发现，吉林省农村集体产权制度改革试点仍然存在很多问题，有些是改革过程中的问题，有些是历史遗留问题，有些是改革政策需要进一步完善的问题。

（一）集体经济组织成员资格界定存在困难

关于农村集体经济组织成员如何界定，法律法规没有明确说法。国家及吉林省文件要求由村民自治组织自我管理，在村民自治法的框架下，根据乡规民约、历史习惯等因素来界定，界定结果的合理性、合法性很难保证。调研显示，越是经济发达的富裕村、城中村，农村集体经济组织成员越复杂，有很多外来户、挂靠户的户籍落到城中村，但是这些户籍人口没有真正融入村集体中去。这些外来户、挂靠户没有和原来村中的居民一样履行一个村民应尽的村民义务，例如，没有参与上缴乡统筹、村提留款，没有为村集体基础设施建设出过义务工等，就是没有为村集体经济发展做过贡献。仅靠户籍确定村集体经济组织成员不客观，原有村民意见很大。

（二）新建集体资产管理组织较为困难

农村集体产权制度改革完成并组建农村股份制集体经济之后，要重新建立管理机构，即组建新型集体经济组织。但是，对于如何明晰和确定其组织形式，目前没有明确规定和具体办法。农村集体产权制度改革后新组建村集体经济组织面临的最大困惑是，村集体收入减少，费用增加，负担加重，有一种不如不改的感觉。特别是在工商注册登记后，集体经济组织需要缴纳各种税费，集体成员按股份分红时需要缴纳个人所得税，加重了村集体和农民个人负担。

（三）老股金情况混乱问题严重制约清产核资工作开展

老股金形成年代较久远，有些村有账目，有些村没有账目，情况混乱，将老股金统一纳入改革范畴有一定困难。老股金有几种情况：一是20世纪50年代"拉马入社"时留下的账目，很多老人有股权证；二是20世纪70年末期，改革开放初期，农民自行在农村信用社购买的股金，有股金证；三是部分地区农村供销社也发放股金，并且1996年中华全国供销合作总社《关于印发〈供销合作社股金管理办法〉的通知》，明确供销合作社是农民自愿入股、自我服务的合作经济组织，发展社员股金是体现供销社合作经济性的重要方面。

（四）改革后村集体如何发展公益事业

改革后短期内村集体经济收入将会减少，最多只能达到改革前收入的20%，公共事业支出也会相应减少，农民对改革不理解现象普遍存在。按照《吉林省农村集体经济组织产权制度改革试点方案》（吉办发〔2015〕50号文件）精神，此次改革后新成立的农村集体经济组织，在工商局注册登记以后，对收入分配有新规定，即集体组织收入最多只能达到全部收入的20%，另80%的收入归农村集体经济组织成员所有。这就产生一个问题，过去村集体组织为农民所做的公益事业，如何在村集体组织新的收入状况下进行。过去的许多公益事业可能将不能持续下去，例如，低保户医保费用、五保户节假日补贴、临时困难户补贴等都需要重新考虑。

（五）土地集约入股后剩余劳动力如何安置

在外出打工收益下滑、打工难度加大的背景下，农民土地入股后的就业问题明显突出。农村集体产权制度改革最终成果是成立股份制公司。目前，吉林省80%以上的行政村是纯农村，基本上没有经营性资产，农村集体产权制度改革形成的股份制公司只能是以土地入股，而农民土地入股之后最困难的问题是干什么？土地集中耕作之后，摆在各级政府部门面前十分艰巨的任务是解决农村剩余劳动力就业问题。

（六）改革后村民自由退股权利如何行使

目前这25个试点村基本上都是集体资产数额较大、经济实力较强的村。产权制度改革以后，数量庞大的农村集体经济资产对于农村新型集体经济组织成员个体来说，具有极强的诱惑力，如果不设置一些行使权利的必要条件和程序，改革后多数村民会急于将其所持股权变现，可能导致村集体经济组织最后只剩下空壳股权。

原因分析：①存在模糊认识和畏难情绪。一些基层干部担心改革后将失去集体经济支配权，一些农民认为改革就是分财产，一些试点单位认为，改革程序复杂，涉及多方利益调整，敏感问题多，存在畏难情绪。②组织领导和工作保障力度不够。许多试点村没有制定试点方案，仅有一半试点村的试点经费由所在县（市、区）财政负担。③一些试点工作在操作上存在障碍。例如通化县东安村为朝鲜族村，70%的村民长期在韩国或外地打工，村民代表会议很难达到法定出席人数。一部分经费由试点村先行垫付，财政经费拨付较晚，影响了试点工作顺利推进。④村民代表大会决定改革事项存在风险隐患。目前多数改革试点中遇到的问题都需经村民代表大会决定，难免出现多数人侵害少数人合法权益问题。

三 吉林省推动农村集体产权制度改革对策措施

农村集体产权制度改革是一项系统工程，吉林省农村集体产权制度改革试点工作已取得阶段性成果，为进一步推动改革奠定了良好基础，改革过程中遇到的各种矛盾和问题是不可避免的，是可以克服和解决的，试点县改革工作正在启动，将为全省全面开展农村集体产权制度改革铺路搭桥。农村集体产权制度改革任务重、困难多，推进全省全面开展农村集体产权制度改革，需要顶层设计，因地制宜地制定改革措施。

（一）完善顶层设计，保证改革试点工作规范有序推进

一是出台具有可操作性的改革试点实施细则。明确清产核资发现的债权债务等具体问题的处理意见、集体资产折股量化到人后维护低保户现有利益的具体办法、股权设置及管理办法；完善集体资产股份权转让、继承、分红细则。二是建立健全经费保障机制。统筹研究解决试点工作经费问题，将此项改革经费纳入各级政府财政预算，明确会计账目支出科目，不能由于缺少必要经费支撑而影响改革进程。三是根据成功经验，确定改革步骤。根据吉林省改革试点村经验，吉林省农村集体产权制度改革基本有五个步骤：宣传培训、清产核资、确认组织成员、折股量化、资产股权管理。具体内容涉及宣传发动、培训考察、清产、核资、人员普查、成员认定、老股金清查、制定折股方案、成立股份管理机构、工商注册。四是穷尽农村集体资产类型，明确改革对象。确定试点村改革范围。农村集体资产包括资源性资产、经营性资产和非经营性资产。对资源性资产，重点是土地承包经营权确权登记颁证工作，在充分尊重承包农户意愿的前提下，探索发展土地股份合作等多种形式；在稳定林地承包关系、保持林地用途不变的前提下，积极稳妥开展集体林地股份合作制经营。对经营性资产，重点是明晰集体产权归属，将资产折股量化到集体经济组织成员，发展农民股份合作，健全集体资产运营的监督管理和收益分配机制。对非经营性资产，暂不进行农村集体产权制度改革，继续为集体经济组织成员及社区居民提供公益性服务。五是选择资产核资方式，根据需要确定核资方法。制定各类资产价值确认方案。依据相关的法律、法规和制度，对各类资产进行价值确认。

（二）破解试点难题，确保实现改革试点目标

推进农村集体产权制度改革，是巩固和完善中国特色社会主义制度的必然要求，是全面深化农村改革的紧迫任务，是全面建成小康社会的重要保障。实践证明，凡是有产权制度改革的地方，农民收入都会提高。通过推进

改革，盘活整合农村集体资产并确权到户，发挥其作用，提高农村资源要素配置和利用效率，能够增加农民财产性收入，促进农民收入持续稳定增长。一是明确农村集体经济组织成员界定办法。二是明确新成立的农村集体经济组织法人地位。三是由集体组织通过合法程序确定集体股权。四是明确实施"政经分开"与"三权分立"方式。

（三）扩大改革成果，推动农村集体经济不断发展壮大

一是创新发展路径。以股份制经营为突破口，发展土地股份合作社，发展集体经济。二是坚持市场导向。根据市场需要确定发展目标、制定发展规划、采取发展措施，壮大村集体经济实力。三是加强培育引导。村集体经济组织股份制运营是一种新生事物，需要政府的培育和引导，提高经营管理水平。

（四）通过扩大试点范围增强改革试点成果可复制性，完善全省不同区域农村集体产权制度改革模式

改革试点的最终目的是大范围复制推广，通过强化 2017 年扩大到试点县的改革，筛选囊括全省行政村集体资产类型的改革模式，让改革成果在全省所有行政村中复制推广。一是总结试点成果，明确改革成本。根据试点村改革费用情况，测算全省此次改革成本，并明确改革成本是可承担的。二是探索不同类型村集体经济发展壮大路径，制订全省农村集体经济发展措施。三是完善顶层设计，保证改革试点工作规范有序推进。四是破解试点难题，确保实现改革试点目标。五是巩固改革成果，推动农村集体经济不断发展壮大。

（五）强化政策支持，保证全省农村集体产权制度改革顺利完成

建立吉林省壮大农村集体经济组织发展基金，对集体经济发展过程中确实需要资金支持的，用发展基金撬动外来及银行资本。实施政策贴息，对于完成产权制度改革的村集体经济组织，给予项目贴息贷款。强化税收支持，

在试点改革后一段时间内，对集体经济组织缴纳营业税、增值税、所得税、房产税和集体成员按股份分红缴纳个人所得税等，给予一定的特殊优惠政策。在改革试点村实施基础设施建设先行工程。加大财政转移支付的补助力度，促进村集体经济的发展。按照"客观计算、因素分配"原则，改革财政支农资金分配制度。

参考文献

《中共中央关于稳步推进农村集体产权制度改革的意见》，《人民日报》2016 年 12 月 30 日。

《土地增减挂钩成为推动新型城镇化关键动力》，《吉林日报》2014 年 7 月 11 日。

卓尚进：《稳步推进农村集体产权制度改革》，《金融时报》2017 年 1 月 3 日。

《吉林省农村集体经济组织产权制度改革试点方案》（吉办发〔2015〕50 号文件）。

B.13
吉林省加快发展新型
科研机构的对策建议

赵光远*

摘　要： 从清华深圳研究院的成立算起，中国新型科研机构经历了 20
多年的探索和实践后，已经成为区域创新体系的重要力量。
吉林省作为科技基础条件较好但科技创新实力呈现下滑趋势
的区域，有必要借鉴发达地区新型科研机构发展的经验，按
照"跨越性思维引领、多渠道推动支撑、合理化目标引导、
市场化绩效考核、公平性竞争保障"的总体思路和"市场化
主导、多模式并举、备案制推动、普惠性支持"的发展路径
予以推进。同时还应结合吉林省实际强化备案制管理、普惠
性政策、新型科研机构加速器、"扩改引并剥分"并举等政
策措施，推进吉林省新型科研机构更好地加速发展。

关键词： 新型科研机构　备案制管理　普惠性政策

　　我国的新型科研机构发轫于广东省，弥补了传统科研机构的不足，对于
区域创新体系建设和经济社会发展发挥了重要的作用。2017 年广东省有关
文件给出最新定义："新型研发机构是指投资主体多元化，建设模式多样
化，运行机制市场化，管理制度现代化，在科学研究、技术研发、成果转

---

* 赵光远，吉林省社会科学院城市发展研究所副所长、副研究员，主要研究方向为科技创新与
区域发展。

化、创新创业与孵化育成等一个或多个方面形成鲜明特色，产学研紧密结合、独立核算、自主经营、自负盈亏、可持续发展的组织或机构。"① 吉林省作为科技基础条件较好但科技创新实力呈现下滑趋势的区域，有必要借鉴发达地区经验，加快发展新型科研机构，重塑吉林省科技创新生态，进一步强化科学技术作为"第一生产力"的重要地位。

一 吉林省新型科研机构发展现状

（一）吉林省新型科研机构建设工作刚刚起步

2017年，吉林省把新型科研机构发展列为重点工作之一，可见新型科研机构在吉林省尚处于起步期。在这一时期，要强化对新型科研机构战略作用的认识，切实抓住这一新兴事物，加快完善吉林省创新体系，加速创新驱动发展进程。吉林省新型科研机构作为科研机构系统中最具活力的新兴力量，不是对科研机构功能的否定，而是对科研机构制度的改进和活力的激发，是供给侧结构性改革在科研机构体系的应用和实践。新型科研机构是区域创新体系降本提效的催化剂。新型科研机构能够降低区域创新体系的制度性成本。传统科研机构受制于编制限制、经费使用行政化约束、市场化约束激励机制不健全、产学研合作积极性不高等问题，其从事科技研发的动力不强，制度性成本居高不下。新型科研机构引入了理事会治理机制以及竞争机制，能够有效降低制度性成本。新型科研机构能够引领创新体系的市场化导向改革。新型科研机构为传统的企学研研发主体提供了转型的方向，提供了市场化机制和研发事业相结合的方向。通过新型科研机构可以更好地以市场化、能者上的方式展示资本、人才在创新中的力量，推动区域创新体系的市场化进程。新型科研机构能够强化人才和资本的有机结合。新型科研机构在

---

① 广东省科学技术厅：《关于申报广东省新型研发机构的通知》，广东省科技厅网站（http：//www.gdstc.gov.cn），2017年9月。

一定程度上是平台经济在创新领域的体现，让不同的主体都敢去创新，资本可以选人才，人才也可以选资本；企业可以选产品、产品也可以选企业。如广东省强调的"在科学研究、技术研发、成果转化、创新创业与孵化育成等一个或多个方面形成鲜明特色"，人才与资本的结合可以选择不同层面，新型科研机构的功能也可以选择不同层面。这种弹性的结合机制，必然会促进人才和资本的有机结合，也会促进人才和资本最大化地发挥作用。

（二）新型科研机构建设具有一定基础

当前，吉林省尚未开展新型科研机构的认定工作，经官方认定的新型科研机构数量为零，这一点远远落后于广东、江苏等发达地区。但从实际看，近年来吉林省新型科研机构也在逐步成长。吉林大学工业技术研究总院、吉林大学先进技术研究院、东北师范大学理想信息技术研究院等机构在一定程度上已经在履行新型科研机构的功能，吉林省科技大市场、长春科技大市场以及有关双创园区也在发挥着一定的新型科研机构的功能。同时，有些高校、科研机构在东部沿海发达省份具有较好的运营新型科研机构的经验，如吉林大学在珠海的"珠海市吉林大学无机合成与制备化学重点实验室"，在青岛的"吉林大学青岛汽车研究院"、"吉林大学青岛海洋研究院"；长春应化所的"青岛中科应化技术研究院"等。

（三）新型科研机构的市场需求与日俱增

近年来由于吉林省经济发展转型升级需求极为迫切，中小企业发展对新型科研机构的需求日渐增多。很多企业在产学研合作、科技成果转化方面有强烈的需求，很多产业园区希望得到科技方面的支持。从经济发展阶段看，根据世界银行2015年的收入分组标准，吉林省经济发展水平（人均GDP为8170美元）处于由中等偏上收入水平（4126～12735美元）向高等收入水平（12736美元以上）跃升的时期，因此突破"中等收入陷阱"也亟须新型科研机构强化创新动能。当前，针对经济社会发展对新型科研机构需求趋增的态势，吉林省已经把新型科研机构发展列为2017年重点工作之一，吉

林省科技部门已就新型科研机构发展进行了相关调研并起草了相关方案，这意味着吉林省新型科研机构发展即将进入一个有序发展时期，也意味着其可能进入一个发展加速期。

二 吉林省新型科研机构发展中存在的问题

基于吉林省的经济基础和发展环境，对如何认定新型科研机构、如何资助新型科研机构、如何设立新型科研机构发展目标、如何确保新型科研机构未来发展"不走样"、新型科研机构与原有科研机构如何区别等问题短期内均需加以重视并尽快解决。同时，由于新型科研机构主要来自传统科研机构和科技型企业转型发展两个渠道，吉林省新型科研机构发展中还存在着三个亟待重视的问题。

一是传统独立科研机构缺少新型内生动力的问题。2015 年吉林省有独立科研机构 109 家，但有 R&D 活动的单位仅 55 家。2016 年列入调查范围的独立科研机构比上一年度少了 3 家（相关统计数据尚未发布，但初步调查显示的 R&D 经费数据比 2015 年略有下降）。从 2011～2015 年科研机构相关情况看，吉林省科研机构的 R&D 经费仅从 20 亿元左右增长到 29 亿元左右，其中 2012～2015 年稳定在 24 亿～26 亿元。而同期江苏省的独立科研机构 R&D 经费从 76 亿元增长到 130 亿元，广东省从 31 亿元增长到 60 亿元以上，湖北省从 47 亿元增长到 70 亿元左右，四川省从 128 亿元增长到 200 亿元左右。吉林省科研机构四年 R&D 经费的增长额度尚不足有关省份单年度的增长额度，这说明传统科研机构在配置市场资源方面严重滞后。同时科研机构在一定程度上恐惧改革、事业单位改革进程被政府推着走的事实也说明吉林省新型科研机构缺少新型的内生动力。

二是各类附属科研机构外在发展环境不完善。2015 年吉林省非独立科研机构（有 R&D 活动的单位）有 411 家，其中企业属 291 家，高校属 84 家，多年来这一数据变化不大。从广东等省份的发展经验看，高校属、企业属科研机构已经成为新型科研机构的重要组成部分，深圳清华大学研究院、清华大学深圳研究生院、香港城市大学深圳研究院、美的制冷研究院等高校或企业办研究机构都是广东省首批认定的新型科研机构。当然，吉林省各类附属科研机构与广东等发达省份相比，在科技创新的外部需求、要素支撑等方面具有巨大差异，广东省企业法人数是吉林省的 9.7 倍，规模以上工业企业数是吉林省的 7.4 倍，财政收入水平是吉林省的 7.6 倍，财政支出水平是吉林省的 4 倍，等等。可以说，吉林省经济发展总体水平尚无法有效拉动各类附属科研机构的发展。

三是科技型企业不发达。2017 年 10 月 27 日由科技部官网发布的《中国区域创新能力监测报告 2016～2017》显示，吉林省有 R&D 活动的企业只有 274 户，比重只有 4.82%；有研发机构的企业只有 148 户，比重只有 2.60%；高技术企业数 406 户，比重只有 7.15%；企业专利申请数、发明专利申请数均较上一年度有显著下降；多个涉及企业科技创新的指标均处于全国最低水平。2017 年 11 月 13 日，吉林省完成了首批省级科技小巨人企业的认定工作，仅有 149 户企业被认定为科技小巨人企业。此外，吉林省尚没有"独角兽"企业。这些数据都表明，吉林省科技型企业不发达，靠科技型企业转型为新型科研机构或者支撑新型科研机构发展具有很大的难度。

三 广东省加快新型科研机构发展的有关做法

广东省是国内新型科研机构发展最早、最快的地区之一，也是制度相对完善、经验相对丰富的地区之一。广东省加快新型科研机构发展的有关做法值得吉林省借鉴。

一是新型科研机构具有明确认定标准。广东省新型科研机构的申请标准包括具有独立法人资格（企业、事业和社团单位等法人组织或机构）；注册地、主要办公和科研场所设在广东，具有一定的资产规模和相对稳定的资金来源，注册后运营 1 年以上；上年度研究开发经费支出占年收入总额比例不低于 30%；在职研发人员占在职员工总数比例不低于 30%；具备进行研究、

开发和试验所需的科研仪器、设备和固定场所；拥有明确的人事、薪酬、行政和经费等内部管理制度；具有多元化的投入机制、市场化的决策机制、高效率的成果转化机制、市场化的薪酬机制、企业化的收益分配机制、开放型的引人和用人机制等；符合国家和地方经济发展需求，以研发活动为主，具有明确的研究方向和清晰的发展战略。

二是新型科研机构申报流程简洁。广东省新型科研机构的申报流程，基于互联网平台技术的支撑和阳光政务管理的需要，强化了流程管理和线上线下融合管理的功能，突出了便捷操作、减少层级、去中间化、去中介化等现代管理特点。此外，广东省网上办事大厅和广东省科技业务管理阳光政务平台之间具有统一性，对主管部门在申请资料审核方面的权限进行了设定等也都提高了申报流程的顺畅程度。

三是对新型科研机构扶持力度较大。广东省新型科研机构在研发资助、职称评定、人员聘用等方面能够享受与国有科研机构同等政策，在财政税收方面能够享受优先审批政策，被重点扶持且纳税确有困难的新型科研机构，可享受减税或免税照顾。新型科研机构的科技成果转化参照《广东省人民政府关于加快创新驱动发展的若干意见》有关政策执行。专门支持新型科研机构发展的省级财政科技专项资金，强化了普惠性政策的支持力度，对符合条件的进口科研用仪器设备免征进口关税和进口环节增值税、消费税，未能享受以上税收优惠的可享受一定比例的经费支持，根据新型科研机构的研发经费支出给予后补助支持。

四 吉林省加快新型科研机构发展的对策建议

从以上分析看，吉林省新型科研机构处于自由探索期，仍缺乏强有力的政府指导，同时吉林省的经济社会发展水平也很难对域外新型科研机构产生较大的吸引力。在这种情况下，吉林省新型科研机构发展要采取不同的方式，借鉴发达省份发展新型科研机构的经验和教训，强化市场导向、实效导向、共享导向，以正确的导向引领吉林省新型科研机构快速发展。

（一）吉林省加快新型科研机构发展的基本思路

一是跨越性思维引领。立足吉林省经济社会发展相对滞后的现实，必须以跨越性思维引领全省的新型科研机构发展工作，以超越发展阶段的理念、政策来支撑新型科研机构发展，如果不具有跨越性思维，即使认定了、资助了新型科研机构，也无法真正发挥作用。

二是多渠道推动支撑。新型科研机构的发展不能被局限在一个地域空间内或已有基础的行业内，引进的科研机构、合作成立的股份制科研机构、企业内科研部门的独立运营、按新型科研机构目标发展的事业单位、科研平台等都是新型科研机构的发展模式，以各类产业基金为引导、市场化资金为主体、政府性资金为补充等是新型科研机构资金构成的重要选择，新型科研机构必须按照市场化思维进行运营，但不一定必须采取理事会治理的模式。

三是合理化目标引导。按照吉林省的经济规模和创新规模，吉林省不可能需要很多的新型科研机构，因此必须在测算吉林省未来的新型科研机构数量后，再制订相应的发展目标。

四是市场化绩效考核。新型科研机构不能再按照政府规定的复杂的指标体系进行绩效考核，必须按照市场的经验，按照能者上、庸者汰的原则进行考核，必须坚持相对较长周期考核。同时，根据吉林省实际，要把新型科研机构的绩效简化为经济效益和人才引进两个指标予以考核。

五是公平性竞争保障。新型科研机构和传统科研机构在一定领域会产生竞争，政府部门以及相关制度建设要坚持公平竞争的原则，不能为了解决短期问题牺牲长期发展利益，不能因为传统科研机构竞争力弱，就打压新型科研机构，或给传统科研机构多拨款、多批项目。

六是开放性发展提升。具有开放性以及平台属性是新型科研机构的重要特点，甚至可以说新型科研机构不只是为了科研而存在，其更大的作用在于配置资源，尤其是面向全球配置科技资源。也就是说，新型科研机构可以从外引进资源，不一定仅限于本地。这些在吉林省加快新型科研机构发展的进程中都必须加以重视。

（二）吉林省加快新型科研机构发展的基本路径

在以上基本思路基础上，结合吉林省新型科研机构发展处于萌芽阶段的特点，吉林省加快新型科研机构发展的基本路径应与发达省份有所区别，以"市场化主导、多模式并举、备案制推动、普惠性支持"为主。

一是市场化主导。吉林省新型科研机构要更加强化市场化思维，申报时要有相关行业的若干企业或产业联盟进行推荐，要有外聘的科研团队进行支撑，要有较大比例的市场化融资份额或渠道。

二是多模式并举。吉林省新型科研机构要强化企业化管理机制，但是不等于全部推行企业制的管理机构。根据吉林省新型科研机构发展阶段的需要，吉林省必须促进企业转科研机构、企业化科研机构、事业化科研机构、股份制科研机构、合作型科研机构、外资型科研机构多模式并举，放宽条件，宽进严出，适度竞争，加快新型科研机构发展进程。

三是备案制推动。吉林省新型科研机构发育不足，不适合一开始就搞"认定"，广东省新型科研机构是在发展近20年的基础上才开始进行认定的。吉林省不可急于开展认定工作，而是要先搞清楚新型科研机构是什么、哪些机构具备向新型科研机构发展的潜力，要从备案制开始，先扶持培育后认定规范，打造具有吉林省特色的、模式独特的新型科研机构发展之路。

四是普惠性支持。普惠性政策支持的关键是对新型科研机构和传统科研机构、科技型企业、高等学校进行同等对待，让普惠性政策自动、主动覆盖新型科研机构，还要对传统的科研机构、科技型企业、高等学校科研人员与新型科研机构科研人员以及在新型科研机构工作的兼职科研人员在评职晋级、科研奖励、项目推荐等方面同等对待，避免科研机构的科研人员出现自我感觉"低人一等"的情况。

（三）吉林省加快新型科研机构发展的具体措施

1.解放思想，深化对新型科研机构发展的认识

新型科研机构并不是纯粹的科研机构，而是科研的平台或者科研的服务

机构，同时也是一种新机制和新动能。从本质上看，新型科研机构承认科研是人的活动，而不是机构的活动。这需要科技部门、党建部门、宣传部门、文化部门等加强宣传，不要让社会各界把新型科研机构与传统科研机构混为一谈，不要让科研人员把新型科研机构与传统科研机构混为一谈，不要让科技成果的需求者把新型科研机构与传统科研机构混为一谈。

2. 深化改革，统筹新型科研机构和传统科研机构发展

新型科研机构的发展是非常必要的，尤其是其对成果转化、激发人才活力等具有重要作用；但是传统科研机构的存在也有必要性，它在关键行业、关键技术的开发、科研人才的培养、大型设备的采购以及科研机构和产业结构调整等方面仍有巨大的作用。至少在吉林省当前的发展阶段，新型科研机构和传统科研机构的并存还将保持很长一段时间。传统科研机构需要深化改革，新型科研机构需要加快培育，科技管理部门必须两者并重，并给予同等政策、同等待遇，促进两者的协同发展。

3. 创新模式，"扩改引并剥分"多渠道推进新型科研机构发展

吉林省发展新型科研机构必须走创新模式、多渠道并举之路，充分发挥社会各界的力量。在创新模式方面，要强化备案制管理，放松各种约束条件，激发社会各界参与创办新型科研机构的活力。按照吉林省与发达省份经济发展水平相差 10 年左右的差距，用 3~5 年时间对备案机构进行加速培育之后再进行科学认定和严格管理。建立吉林省新型科研机构加速器，专门对备案的新型科研机构进行扶持和培育。

在多渠道并举方面，要强化"扩改引并剥分"多种方式，支持具有新型科研机构潜质的科研单位或科技型企业扩大科研队伍和科研业务范围，建设新型科研机构，支持企业属、高校属科研机构按相关标准改制成新型科研机构，支持引进域外新型科研机构到吉林省建设分支机构或者引进域外大学、科研机构到吉林省建设新型科研机构，支持不同科研机构之间业务接近的研究部门按科研链条和市场机制合并重组成新型科研机构，支持有关科研机构剥离非主营业务向新型科研机构发展，如支持高校附属科研机构人员剥离教学任务等，支持规模庞大、制度性运行成本过高、科研绩效不足的科研机构

按科研链条拆分成公益属性强的传统科研机构和市场属性强的新型科研机构。

4. 强化竞争，统筹推进建立新型科研机构绩效评估机制

政府引导和推进新型科研机构建设离不开绩效评估，在新型科研机构建设过程中必须采用第三方评估机制，同时还要重视如下几个方面的绩效评估。一是统筹新型科研机构内部和外部的绩效评估，新型科研机构内部需要绩效评估机制提供动力，外部需要绩效评估机制增加压力；二是统筹新型科研机构和传统科研机构之间的绩效评估，通过绩效评估发现新型科研机构新的特征以及新型科研机构在模式创新等方面的经验；三是统筹不同类型、不同行业的新型科研机构绩效评估，在绩效评估中设置共性指标和特色指标，强化对评估结果的动态考察和综合考量；四是统筹推进不同地区的新型科研机构建设及绩效评估，并不是所有的地区都需要建设新型科研机构，并不是所有的地区都适用于同一标准；五是统筹推进省内与省外新型科研机构的对标型评估，重点评估吉林省与发达地区新型科研机构的绩效差距是呈现扩大状态还是缩小状态，从而总结经验教训，促进吉林省新型科研机构的跨越发展。

5. 比照先进，推进形成新型科研机构的普惠性政策支撑体系

新型科研机构需要政府资金以更灵活、更市场化的方式给予支持，传统的项目资助方式无法满足新型科研机构的需要。与前述备案制和新型科研机构加速器相结合，吉林省应采用与绩效评估结果相结合的、基于普惠性政策的新型科研机构发展政策支撑体系。一是要强化税费减免政策。对获准备案的新型科研机构的科研人员、科研项目要在增值税、所得税等方面予以一定程度的减免，对通过认定的新型科研机构要在备案制基础上进一步加大税费减免的幅度和延长税费减免周期。二是强化基金式管理或股权式参与。对于获准备案的新型科研机构，财政投入的专项资金要通过新型科研机构加速器以股权方式进行投入，同时也利用股权的权利加速新型科研机构的治理现代化进程。三是不断对标广东、江苏、浙江等发达省份的支持政策和力度，保证支持新型科研机构经费强度不能显著低于发达地区，应有针对性地改善和加强新型科研机构需要的营商环境和创新环境。

B.14
吉林省创新服务平台建设研究

——以长春科技大市场为例

徐　嘉*

摘　要： “十三五”伊始，吉林省继续加快经济转型升级步伐，以科技创新带动产业结构调整，特别是推动创新驱动发展已经成为吉林未来一段时期改革的核心任务。吉林省正在采取多项举措来加速科技成果转化，从财政资金容错、科技金融改革、深化科技合作、强化人才引进等多方面着手推动创新吉林发展。其中，创新服务平台建设是科技创新体系发展的重要环节之一，也是创新驱动战略实施的关键内容之一，要以现有服务平台为研究对象，进行合理分析，梳理开发瓶颈，加速推动吉林省新型创新服务平台建设。

关键词： 科技创新　创新服务平台　科技大市场

科技创新服务平台建设，是科技基础平台建设的重要组成部分，是实现科技成果转化的硬件基础设施建设，同时也是软件协同发展的重要支撑。科技创新服务平台可以内含多个子平台，可以集多项科技服务于一身，其中主要可以分为几大类：交易服务平台、信息服务平台、公共技术服务平台、创新创业孵化服务平台等。吉林省近年来积极建设完成与在建的创新服务平台

---

* 徐嘉，吉林省社会科学院城市发展研究所副研究员，主要研究方向为区域经济与产业经济。

有很多，诸如吉林省科技大市场、长春科技大市场、长春高新区科技大市场、长春新区科技创新服务平台、吉林省创新医药公共服务平台、长春科技成果评价服务中心、长春科技金融创新服务中心等。本文综合吉林省创新服务平台建设的整体现状，以长春科技大市场为切入点，总结现行建设经验与模式，分析落后瓶颈，寻求建设性对策。

一 吉林省创新服务平台发展现状

全国各省市近年来都在积极推进创新服务平台建设，吉林省各相关部门通过考察调研，积极组织搭建各类省级与市级创新服务平台，可以说，吉林省创新服务平台建设迎来了发展的春天。虽然高校与科研机构创新平台、信息基础创新平台、行业创新平台发展还处于初级建设阶段，但以省市级科技大市场、长春高新区科技大市场、长春新区科技创新服务平台为代表的具有吉林特色的综合性科技创新服务平台正进入快速发展阶段。

（一）初步具备建立创新服务平台的基础

创新服务平台搭建过程中，软件与硬件条件都必不可少，最基本的物质条件就是硬件设施，包括创新服务平台搭建与运行所需的资金、场地、设施等；软件条件则包括制度建设、人才储备等。

1. 创新服务平台建设的资金基础

科技创新服务平台建设过程中，从平台的开发与搭建，到运营与管理，再到安全与日常维护，都需要大量的人力、物力，这些人力、物力存在的基础是前期资金的投入与后期资金的跟进。目前吉林省创新服务平台建设资金保障主要以财政专项拨款为主，未来将陆续考虑科技资金容错、科技金融投融资合作等形式。

以长春科技大市场为例。为全面打造新型创新服务平台，2016 年，长春市由市财政投入 8000 万元作为长春科技大市场启动资金，并设立 3000 万元年度专项扶持资金和 1000 万元年度技术交易后补助资金，用于长春科技大市场的日常运行管理。财政科技专项资金与科技创新普惠性财税金融政策的实施，为长春市科技大市场在资金方面提供了保障。

2. 创新服务平台建设的环境基础

由于创新服务平台的综合功能要求其具备相应的办公职能，因此创新服务平台对建筑场地、建筑面积均有一定要求。同时在创新服务平台建设过程中，其仪器、设备、文献、资料、数据都需要一个自由集中整合梳理的过程，因此，作为创新服务平台的子平台，科技信息服务平台、科技仪器共享平台是全平台搭建的物质基础，是最重要的基础设施。目前，吉林省各级政府积极协调土地、设备等资源，为各级各类创新服务平台建设提供良好环境。

以长春科技大市场为例。长春市选取高新区约 2.8 万平方米的建设用地，用于科技大市场的基础设施建设。与对面长春市的投融资平台长春科技金融创新服务中心遥相呼应，有利于创新服务平台业务交叉合作。建设模式方面，采用多方共建、企业运营、购买服务的模式，保证不增编制、不增人员，确保运营效率。

3. 创新服务平台建设的人才基础

创新服务平台建设的另一个基础是人才。吉林省内以"两所五校"为支撑，以中直企业为依托，通过创新服务平台的人才资源库，把省内的实验室、高端技术人才、科研机构、信息机构、高等院校的科技研发人才与科研管理人才、科技成果转化人才的信息进行整合管理，实现资源共享。

以长春科技大市场为例。长春科技大市场大力通过原始创新、集成创新和科技成果转化，并把中科院光机所、应化所及吉林大学、东北师范大学、长春工业大学、长春理工大学、东北电力大学等机构作为科技成果转化试点，鼓励这些机构的实验室与高技术人才积极参与创新服务平台建设。

4. 创新服务平台建设的政策与制度基础

吉林省委省政府在改革进入攻坚阶段的当下，把科技创新作为转变经济增长方式的动力进行统筹规划，省内各级科技相关部门不断修订与改进实施细则与相关政策，力求确保最大限度地为科技创新工作全面推进保驾护航。

同时积极推进省级、市级创新平台建设，从制度建设与政策扶持方面给予支持。

以长春科技大市场为例。为更好管理创新服务平台，成立了长春科技大市场建设领导小组，由市长任组长，主管科技的副市长任副组长，领导小组成员单位包括科技局、财政局等。实施政府引导，企业运营的组织形式，成立长春科技大市场运营服务有限公司。在政策制定方面，实施"1＋N"政策体系，"1"指制定支持长春科技大市场建设与运行的相关政策，"N"指具体实施细则，包括技术交易专项奖励补助、仪器设备共享专项奖励补助等相关政策。制度运行方面，积极探索市场化运营机制，采用政府与企业共建、线上与线下融合、信息与业务联动、公益与商用并行的建设运营模式，制定完善了运行管理、平台建设管理、技术交易制度管理、综合科技服务管理及科技中介管理等系列制度。

（二）创新服务平台运行取得实效

吉林省 2016 年共签订技术合同 5671 份，实现合同成交额 115.38 亿元。全省共有科技企业孵化器 62 个，其中国家级科技企业孵化器 19 家、国家备案的众创空间 12 家、国家级大学科技园 3 个、众创空间等新型孵化器 18 个。全省现有技术合同认定登记机构 13 家；技术转移示范机构 34 家，其中国家级技术转移示范机构 10 家；技术经纪人培训常态化，已培训合格技术经纪人 278 人；已建成国家级重点实验室 11 个，省部（吉林省与科技部）共建重点实验室 3 个，省级重点实验室 57 个，省级科技创新中心（工程技术研究中心） 116 个。建立吉林省农业科技成果交易中心，促进农业科技成果的转移转化；县域综合科技服务平台遍布全省 9 个市州 33 个县（市、区），部分县域综合科技服务平台已向乡镇和农村延伸和扩展。拥有以吉林大学科技园、长春理工大学科技园等为代表的 8 家大学科技园，其中 5 家大学科技园为省级大学科技园。

以长春科技大市场为例。围绕各孵化器实际需求，打破物理空间局限，提升现有空间的承载能力和服务能力，先后与高新区、净月区、朝阳区共同建设科技创新中心，充分利用各区域创新创业资源高度集聚的优势，打造区域性高科技产业经济带，初步形成了市、区两级联动、相互补充的"双创"发展格局，让长春科技大市场真正成为成果转化的"加速器"、产业发展的"助推器"、资源统筹的"聚变器"。截至 2017 年 9 月，加速企业达到 1300多家，孵化项目达到 700 个。成立一年来，先后有 200 余家合作机构、百余家高校和科研院所、4000 多名各类科技型专家、1100 多家企业与长春科技大市场形成良好的信息互动。举办各类交流活动近 200 场，参与人数超过 3万人；完成技术合同认定登记近 8000 份；技术交易额 143 亿元；服务大厅为企业提供各类线上线下服务超过 2 万次；网络平台流量突破 10 万次。共享大型仪器设备 1500 多台，聘请科技专家 4155 人，入驻科研院所 89 家，服务机构 114 家，高等院校 26 所，受理科技人才需求服务 1012 次，验收科技项目 469 次，专利代理 1395 件，受理知识产权维权 548 次。

（三）创新服务平台功能逐步完善

吉林省创新服务平台建设的总体目标与任务在于方便科技成果转化，加速经济发展。这就要求新型创新服务平台区别于以往单一功能、设计简单、功能覆盖有限的创新服务平台，需要构建"全新、全面、全方位，全息、全域、全覆盖"的创新服务平台，需要逐步完善其功能。吉林省近年来搭建的无论是吉林省科技大市场等综合性创新服务平台，还是吉林技术创新信息网、吉林省创新医药公共服务平台、吉林省软件和信息服务业公共服务平台等专业创新服务平台，均做到了为发掘新资源、发现新市场、形成新模式提供技术支撑与服务支持。更多的创新服务平台的出现，打造了科技资源集聚中心、技术转移与技术交易中心和科技创新创业服务中心，实现现有资源的高度集聚，为供求双方提供易于交流的一站式服务。加速促进创新精神、企业家精神和工匠精神紧密结合，突出政策创新和环境优化。吉林省目前搭建的创新服务平台作为科技基础设施，其实现了科技资源效率优化，在对现有科技人才、科研文献、设备仪器、数据资料集中整合分享的基础上，实现了公共科技服务平台的开放、高效、网络化。

以长春科技大市场为例。长春科技大市场是东北地区首个由政府主导、企业运维、功能齐全、配套设施完备的科技服务平台，以技术支持、信息咨询、科技金融、人才汇集、企业孵化等服务为主营业务。功能相对完善，包括推动线下对接交易服务与线上互动共享体验的有机协同，梳理全市科技企业不同发展阶段的需求，汇聚整合科技创新资源，大力发展科技服务业。为创业团队提供创业场地和公共设施，定期组织创业指导、银企对接会、成果发布会、融资路演、创业研讨、产品首发式、高科技产品展销会；设立种子基金，支持孵化器开展直接融资、间接融资，政府、企业、科研平台、孵化器之间良性互动，形成了以互联网＋智慧农业、互联网＋智慧医疗、互联网＋智能制造、互联网＋信息工程等为重点行业的专业型孵化器集群。

（四）创新服务平台架构注重实用性

通过对省内部分创新服务平台的调研与走访发现，其搭建过程选取与侧重的功能与子平台各有不同，设计的构建体系也涵盖不同方面，但分析归类后发现，其主体框架与基础平台均离不开研发平台、成果转化平台、科技资源共享平台三大核心部分。研发平台建设以大学科技园区、成果转化型研究机构、吉林省区域优势传统产业公共技术服务平台、企业创新研发平台建设为依托。成果转化平台建设以政策、资金和体制调整为切入点，发展多元投资主体，强化市场化服务管理，形成规范化孵化基地，打造系统化企业管理的创新基地。科技资源共享平台建设是通过对省内高校科学仪器设备进行备案统计，逐步构建科研设备的共享体系，依托长春市科技创业中心、吉林省创新创业科技服务促进会、企业技术研发中心等创业与研发平台，实现成果转化的信息共享、政策共享、人才共享、技术共享。

长春科技大市场由"两网、四厅、八中心、十系统"构成，具备资源汇聚、供需链接、服务撮合、技术交易、成果转化五大功能，目的是打造信息对称、互动通畅、资源共享、服务增效的科技服务创新生态体系，推动创新链与产业链、资金链、服务链融合对接。长春科技大市场为打造面向全国的信息资源库，以市场为导向提供技术与资金供需链，为技术需求企业、高端技术人才服务，提供撮合平台、面向东北亚的技术交易平台、面向企业的成果转化平台。

（五）创新服务平台运行机制日益成熟

吉林省目前搭建与运行的创新服务平台基本按照"政府推动、高校主导、社会参与、市场运作"的管理模式运行，其核心的运行机制建立在其他省市运行较为成功的科技创新服务平台运行机制基础上，结合吉林省自身科技发展情况与经济运行情况、财政资金情况等略加以改进，正逐步走向成熟。其主要特点如下：一是协同服务机制。现有创新服务平台通过创新服务机制，公开服务内容、服务流程和服务标准，建立良好的协同机制和监督、测评机制。有效地统筹、引导和带动更多的社会服务资源进入创新服务平台，关键是加强服务机构之间、服务资源之间的联系与合作，促进服务资源和服务产品在创新服务平台内有序地流动，坚持提供高标准、高效率、高质量的服务，树立品牌形象，打造和延伸服务产业链，增强服务的系统性。二是省市共建机制。考虑到吉林省区域间发展不平衡，创新服务平台全面铺开建设困难较大，因此要加强省市共建能动性，充分利用省级现有经验与平台，简化子平台搭建手续。三是企业管理机制。建立健全现代企业制度，实行公司化管理。创新服务平台的管理严格按照现代企业制度，依法建立健全法人治理结构，完善公司章程，规范操作，科学运营，确保资产保值增值。四是公益性可持续机制。吉林省现运行的创新服务平台运营工作原则基本都是政府引导、社会服务参与、市场化运作、机构协同发展，即公益服务和市场化运作兼顾。坚持公益性服务原则，尽可能降低服务成本，在满足中小企业科技服务需求的同时，利用和发挥政府支持的优势，不断开发有市场需求的特色专业服务产品和高端增值服务，增强专业化服务机构可持续发展的能力，提高收益，消化公益服务成本，增强自身造血功能，建立可持续发展的运营模式。

以长春科技大市场为例。长春科技大市场综合创新服务平台主要突出科

技创新集成综合体功能。通过加大政策创新和资金扶持力度，加强公共基础设施和科技基础设施建设，强化与"互联网＋"等新兴业态融合发展，有针对性地加强科技情报分析、研发路线设计、科技供需衔接、技术转移服务、专利综合服务、中试转化服务、高新技术产品市场调研等工作，建设具有吉林特色的综合性的科技创新服务平台。

二 吉林省创新服务平台建设存在的问题

通过对长春科技大市场的实地调研，结合目前走访的部分省内科技创新服务平台的发展情况，总结出以下几个平台建设过程中存在的共性问题。

（一）平台建设缺乏人才支撑

创新服务平台建设对人才的需求量较大，涵盖的专业范围与层次较广，对人才的定义具有双重属性，如吉林技术创新信息网对工业技术创新人才的需求、吉林省创新医药公共服务平台对中医药科学人才的需求、吉林省软件和信息服务业公共服务平台对软件企业的数据采集分析展示人才的需求等。高层次专业技术人才本身就是创新服务平台整合的专业技术人力资源，同时在创新服务平台建设与运营过程中，也是极其重要的参与者。目前吉林省进入创新服务平台建设高速发展期，急需大量软件与计算机专业人才、信息管理与信息系统维护人才、高技术研发人才、科技金融服务管理人才、科技创新服务平台管理与运营维护人才等。吉林省虽高校与科研机构众多，但近年来东北地区转移人口增加，特别是高层次人才流失严重。根据《中国区域创新能力监测报告2016～2017》，吉林省科技企业孵化器管理机构从业人员数仅746人，远低于辽宁省的1359人和黑龙江省的1675人。国家大学科技园管理机构从业人员数37人，仅为辽宁省的1/4，黑龙江省的1/6。火炬计划特色产业基地企业从业人员数43156人，仅为辽宁省的1/5，黑龙江省的1/6。当下吉林省打造创新服务平台，面临着人才短缺，人力资源素质参差不齐，省内地域间人力资源分布不均衡，人才年龄层次分布不均衡等多重问题。根据长春科技大市场专家数据库，吉林省 50 岁以上的专家占 64.1%，40 岁以下的只占 3.15%，专家梯队建设亟待重视，专家甄选入库机制、引进中青年人才政策亟须更新。

（二）平台信息化水平亟待提高

科技信息平台作为整个创新服务平台的子平台之一，其服务功能与其他子平台相比，并未有特殊属性，但其作为创新服务平台的信息库，其统筹汇聚的科技资源信息是整个创新服务平台的核心基础之一。吉林省内科研机构众多，研发主体的基础设施与信息环境发展不平衡，虽已经过一阶段的服务平台整合工作，但效果仍不明显，资源信息覆盖率仍然较低，整合度较弱，受中直企业各自为政的影响，以及经济条件的制约，大部分企业的信息硬件设施不能为信息化的广覆盖与信息资源共享提供足够支撑。另外，吉林省大部分企业的自主研发意识不足，仅局限于对行业技术的模仿与提升。吉林省企业中有 R&D 活动的企业和有研发机构的企业比重均偏低，根据《中国区域创新能力监测报告 2016 ~ 2017》，吉林省有 R&D 活动的企业占 4.8%，只有 274 户；有研发机构的企业占比为 2.6%，只有 148 户。因此技术信息的需求量不足，创新服务平台的科技信息服务平台在很多区域利用率较低。信息化水平不仅体现在数量与覆盖度上，也体现在管理水平上，吉林省现有的科技信息服务平台，由于建设缺乏统一设计，存在信息对接屏障，区域间的共享与对接尚存困难，效率较低。

（三）服务平台总量不足

即便是发展情况较好的长春科技大市场这类综合创新服务平台，其子平台建设、跨区平台建设依旧进展缓慢，综合性服务平台在各市与区的建设步伐亟待加快。另外，以产业为主的创新服务平台建设缺乏动力，其根本原因在于，工业企业作为吉林省科技研发的主体，其近 90% 的企业仍旧处于被动研发甚至不研发的状态，小型企业规模小科研条件不足，又不愿意积极推进科技创新来改变企业现状提升竞争力。粗放型生产企业居多，缺乏创新的

内在动力。同时，高校创新服务平台建设参与度不高，无论是部属高校还是省属高校，区域科技共享与服务意识均不强。产学研结合机制实际运行效果还有巨大提升空间，科研成果转化效率较低。正是企业与科研机构的服务意识相对薄弱，才造成了全省科技创新服务平台总量不足的现状。行业特别是吉林省具有一定优势的产业，以及各个城市的优势产业，其创新服务平台亟待开发，同时高校科技服务平台、中小城市科技创新服务平台、各地科技金融服务平台等，也都亟待建设。

（四）资源共享意识薄弱

吉林省高校与科研机构分管部门层次不同，拥有的资源、设备仪器、实验室和技术成果之间共享存在困难，管理者尚未破除思想桎梏以寻求真正实现资源共享的方式方法。以资源共享情况尚属良好的长春科技大市场为例。截至2017年11月，长春科技大市场共享仪器设备数量为1849台套，按服务单位分类，高等院校仅为6.9%，研究院所占9.2%，国有企业占2.3%，国家机关仅占1.15%。国有机构本质上缺乏参与科技研发资源共享的意识与积极性。在人才与信息、技术共享方面，近几年有较大改善，但在不同城市与区域间，如何实现人才共享技术共享依旧是困扰中小企业实现科技研发与攻关的难题。同时，不同机构之间的资源共享，不同区域之间的资源共享，在实施难度上，不仅仅是观念与意识的问题，还存在技术与政策问题。如信息服务平台的数据传输、数据交换的兼容技术处理问题；人才落地的待遇与发展环境发展条件问题；仪器设备的匹配、维修、保养问题；投融资的风险把控与投资软环境问题等。资源共享的意识与资源共享的条件是相辅相成的。

三　加快吉林省创新服务平台建设的对策建议

"十三五"时期将是吉林省更加重视科技成果转化、加快高新技术产业发展和谋划新平台新载体，创新科技成果转化模式的五年，也是推动大众创业万众创新的深化期、"一带一路"助力创新的探索期、中国制造以及新兴业态发展对创新需求的强劲增长期，应继续以创新服务平台为基础，全力打造吉林省科技成果转化综合性基地。

（一）强化政府主导作用

科技创新平台建设全过程都离不开政府的统筹规划与协调，特别是在建设初期。目前对于吉林省内的创新服务平台来说，政府相关机构参与了其组织机构筹建、政策制度制订、资金来源拓展、建筑用地划拨等各个方面，因此，创新服务平台中政府的主导作用需要得到充分发挥。一是以政府为引领，努力做好科研机构与高校、行业组织与协会、企业与中介机构的协调工作，最大限度地动员全社会增强协同创新意识，提高全社会参与创新平台建设的积极性。二是政府应在战略规划、职责认定、管理运营、监督协查、政策制定与落实等多方面完善自己的职能，既要做好后勤保障工作，又要做好组织协调工作。切实把自己的一切职能部门活动起来，多部门协同联动，高速、有序、高效地完成创新平台建设的政府责任范围部分。三是政府在尽职尽责的同时，也要避免大包大揽，处理好与企业经营的关系，突出企业的主体地位，做好政府支持与企业投入的衔接工作，实现"$1+1>2$"的效果。

（二）完善市场化运营机制

创新服务平台体系建设的所有政策、制度、组织机构都应该以市场为导向，在兼顾公益的基础上实现盈利。市场化运营机制需要：一是在政策设计与组织机构的设立上要坚持企业的核心主体地位，时刻把市场供求作为调节杠杆，让市场成为科技资源配置的有效手段。二是服务对象坚持市场化原则，以全社会所有对科技研发、技术、投融资、产品开发、创业孵化有需求的创新主体为服务对象。三是使科技资源成为主要产品，面向科技资源的持有者、经营者、需求者、开发者提供完善的一条龙服务。

（三）搭建科技资源良性生态环境

一是打造特色化的创新服务平台。充分挖掘吉林省在机械制造、光电

信息、生物工程等专业领域的优势，搭建创新服务平台网络。以新能源、医疗健康与生态农业等领域为突破重点，组建产业共性技术创新平台和技术创新综合服务平台。二是鼓励和支持各类创新主体利用"互联网＋"等新业态探索新的协同创新模式。三是建设吉林省科技大市场及其在各市的子平台，全力打造长春科技大市场，打造东北技术转移中心；组织有条件的科研单位、高校立足科研设备和人才优势，成立科技中介服务平台。四是突出创新服务平台的科技创新集成综合体功能。加大政策创新和资金扶持力度，加强公共基础设施和科技基础设施建设，强化与"互联网＋"等新兴业态的融合发展。

（四）提升平台建设人才素质

加强创新服务从业人员队伍建设。一是重视现有人才的培养工作，在吉林省科技大市场、长春科技大市场等服务平台选拔后劲强、责任心强、事业心强的中青年科技创新各领域人才进行国内外学术交流合作。积极学习发达地区创新服务平台运营的先进经验，拓展视野，参考国外科技成果转化的先进方式方法，提高人才综合素质。二是严把进人用人关，改变东北区域招聘引进人才过程中的诸多不良习气。让真正拥有职业资格认证和专业资质的人才参与到创新服务平台的运营和维护之中。三是完善人才机制，从引进、培养、进修、工资待遇、公共服务、社会保障等多方面留住人才。

（五）整合资源共享能力

一是以高校与科研机构为资源共享示范点。吉林省政府应该根据自身经济发展情况和科研需求，在各地区根据科研机构的特点与当地的产业资源禀赋，有效引导优势学科与优势产业强强联合，建立资源共享机制，建立并完善资源公共服务公开机制。二是发挥政府的战略规划作用，因地制宜地统筹平台规划建设，建立有序分布的资源配置格局，有效协调不同方面的科技管理部门，进行科技平台建设。推动跨部门、跨领域的科技资源整合和系统优化。

参考文献

邹蓟、杨帆：《对中小城市科技创新服务平台建设的思考》，《科技资讯》2014 年第 3 期。

夏利平：《北部湾电子信息产业科技创新服务平台建设的实践与探讨》，《企业科技与发展》2010 年第 12 期。

欧喜军、王庆艳：《吉林省高校科技创新平台建设的问题与对策研究》，《吉林工程技术师范学院学报》2017 年第 5 期。

张娜：《合肥市科技创新服务平台建设研究》，安徽大学硕士学位论文，2011。

王萍：《关于地市科技创新服务平台建设的几点思考》，《科技视界》2015 年第 15 期。

《长春科技大市场建设总体方案》（2016 年 5 月 22 日）。

B.15
吉林省再生资源回收利用的
法律规制研究

刘星显*

摘　要： 自党的十六届三中全会对发展我国循环经济提出了明确要求
以来，再生资源产业开始受到各级政府部门的高度重视。近
年来，吉林省各地方政府结合本地实际，因地制宜地制定了
一些操作性强的规章制度，再生资源回收利用逐步纳入法治
化管理轨道。但仍存在再生资源回收利用法律规制体系不完
备，政策支持不充分，农村垃圾回收利用的法律规制与政策
扶持实效较低等问题。应进一步完善吉林省再生资源回收利
用法律政策规制，构建涵盖再生资源回收利用全产业链的地
方性法律规制体系，推进吉林省再生资源回收利用政策支持
模式转型，加强农村生产生活垃圾回收利用的政策引导与法
律规制。

关键词： 再生资源　循环经济　环保法律

2017 年是实施"十三五"规划的重要一年，规划纲要中强调要抓好供
给侧结构性改革，将战略性新兴产业发展摆在经济社会发展的突出位置，建
立高效节能、先进环保、资源循环利用产业体系。吉林省再生资源回收利用

---

* 刘星显，吉林省社会科学院法学研究所副研究员，法学博士，主要研究方向为法理学、地方
法治。

领域作为节能环保产业的重要组成部分在供给侧结构性改革及可持续发展的背景下面临新的发展机遇与挑战，再生资源回收利用产业亟待转型、升级。党的十八以来的相关部署进一步明确了新时期再生资源回收利用产业发展的重点任务和努力方向，加快再生资源回收利用产业发展，完善法律制度建设，是全面落实科学发展观的必由之路，也是建设资源节约型、环境友好型社会的重要内容，对实现吉林振兴、富民强省具有重要意义。

一 再生资源回收利用法治化路径日趋清晰

从对近两年来陆续颁布出台的一系列相关法律政策进行梳理并考察其施行实效可以看到，一批法律法规及政策优化了再生资源回收利用产业的发展环境，也使得再生资源回收利用的法治化路径愈加清晰。

（一）明确再生资源回收利用产业体系化的法治化建设思路

2015 年 1 月，商务部等部门联合印发的《再生资源回收体系建设中长期规划（2015~2020）》（商流通发〔2015〕21 号）提出到 2020 年建成一批网点布局合理、管理规范、回收方式多元、重点品种回收率较高的回收体系示范城市，大中城市再生资源主要品种平均回收率达到 75% 以上，实现 85% 以上回收人员纳入规范化管理、85% 以上社区及乡村实现回收功能的覆盖、85% 以上的再生资源进行规范化的交易和集中处理。该规划在充分肯定"十一五"以来我国在再生资源回收利用法律政策方面取得的建设成绩的同时，也明确指出了在配套政策、责任划分以及监管执法等方面存在的诸多问题，提出应加快出台、升级相关条例内容，研究建立科学合理、功能齐全、统一权威的再生资源标准体系总体框架。2016 年 5 月，商务部等 6 部门发布了《关于推进再生资源回收行业转型升级的意见》（商流通函〔2016〕206 号），提出要顺应"互联网＋"的发展趋势，推动再生资源回收模式的创新，促进由粗放型向集约型，由劳动密集型向资本和技术密集型的转变，建立健全完善的再生资源回收利用体系，要求加强法律、法规、标准的建立

和健全，以有效规范回收交易行为。2016年12月，工信部、商务部、科技部联合发布了《关于加快推进再生资源产业发展的指导意见》（工信部联节〔2016〕440号），确立了绿色化发展、循环化发展、协同化发展、高值化发展、专业化发展与集群化发展的主要任务，提出到2020年基本建成管理制度健全、技术装备先进、产业贡献突出、抵御风险能力强、健康有序发展的再生资源产业体系，预计回收利用量将达3.5亿吨。其中，还强调了应推动相关法律法规制度建设，加快产业发展法治化进程。2017年5月4日，国家发改委和科技部等14个部门联合发布了《循环发展引领行动》，指出到2020年实现主要资源产出率比2015年提高15%，在法治化方面提出要推动《循环经济促进法》修订，增强法律约束力，完善《循环经济促进法》配套法规规章，支持各地结合实际制定循环经济促进条例或实施办法。

（二）明确再生资源回收利用全产业链延伸覆盖的法治化建设思路

2016年12月，国务院办公厅印发了《生产者责任延伸制度推行方案》（国办发〔2016〕99号）（以下简称《方案》），明确将生产者对其产品承担的资源环境责任从生产环节延伸到产品设计、流通消费、回收利用以及废物处置等全生命周期，提出到2020年初步形成生产者责任延伸制度相关政策体系，使重点品种的废弃产品规范回收与循环利用率平均达到40%。《方案》确定对电器电子、汽车、铅酸蓄电池和包装物等四类产品率先实施该制度，提出要加快制定、修订相关管理办法、管理条例，完善法规标准。生产者责任延伸制在家电拆解行业经多年试点后予以推广，对行业的良性循环产生了明显效果，可以说推动该制度向包装物等领域辐射是存量经济模式下解决再生资源循环利用及环境保护问题的重要措施。

（三）明确生活垃圾回收利用体系建设的法治化思路

随着经济社会的快速发展，"垃圾围城"、"垃圾围村"现象日益成为制约城市村镇发展的问题，尤其是近年来电商业的繁荣发展带来了快递业的兴盛，也使得包装袋等快递垃圾与日俱增，统计数据显示，包装垃圾增长率已超45%。2016 年 8 月，国家邮政局出台了《推进快递业绿色包装工作实施方案》，提出到 2020 年要基本建成社会化的快件包装物回收体系。该实施方案从政策法规上将包装物回收和再利用等纳入《快递条例》和《循环经济促进法》，但仍需建立完善相关法律法规，明确运输包装环保标准、数量标准等。2017 年 3 月，国务院办公厅转发了国家发改委、住房城乡建设部的《生活垃圾分类制度实施方案》（国办发〔2017〕26 号），确定了实施生活垃圾分类的总体要求，提出应加快完善相关法律制度，推动地方性法规、规章的出台。2017 年 5 月，吉林省政府办公厅发布了《吉林省改善农村人居环境四年行动计划（2017～2020 年)》，提出到 2020 年全省农村人居环境同步达到小康标准，实现全省 90% 的行政村生活垃圾得到有效治理，力争将全省秸秆综合利用率提升至 85%。2017 年 7 月，住房城乡建设部发布了《关于开展第一批农村生活垃圾分类和资源化利用示范工作的通知》，吉林省的辽源市东辽县、通化市通化县、白山市抚松县与白城市镇赉县成为首批农村生活垃圾分类和资源化利用示范县。该通知要求示范县（市、区）确定符合本地实际的农村生活垃圾分类方法，并在半数以上乡镇进行全镇试点，两年内实现农村生活垃圾分类覆盖所有乡镇和 80% 以上的行政村，并在经费筹集、日常管理、宣传教育等方面建立长效机制。诸多再生资源回收利用长效机制的探索、试验、确立与推广为最终将相关长效机制上升为法律法规制度奠定了坚实基础。近年来，吉林省再生资源产业链建设取得了初步成效，回收网络体系逐步完善，法规政策体系不断健全，产业发展也获得了社会各界的普遍重视。

二　当前吉林省再生资源回收利用
法律政策体系存在的主要问题

总体上看，2017 年国内再生资源回收利用行业的发展形势仍呈现错综复杂的局面。吉林省在经济增速放缓的压力下，强化经济内生增长动力同促

进可持续发展及环境保护之间的矛盾较为突出，市场的振荡波动加大了经营风险，在物流、劳动力成本不断上升的大背景下，对再生资源回收利用产业的发展产生了一定的负面影响。同时，再生资源回收利用行业的环保标准趋严，环保成本也大幅提升。这些因素都对吉林省再生资源回收利用行业的粗放型经营发展模式构成了一定挑战。

（一）再生资源回收利用法律规制体系不完备

在国家层面，我国陆续出台了《环境保护法》、《循环经济法》、《再生资源回收管理办法》以及《粉煤灰综合利用管理办法》、《废弃电器电子产品回收处理管理条例》等法律法规，但由于再生资源回收利用的专门性法规较少，法律效力较低，执行难度较大，行业统计、标准工作相对滞后，再生资源品类缺乏包括产品技术、质量分类、检测在内的标准规范。统一行业标准的缺失引发了一系列问题。不容忽视的是，不同法律法规在衔接环节也存在一定问题，影响了再生资源回收利用产业的规范发展。同时，在法律上权责分配不明，行业管理职权分散、缺乏合力，扶持政策和工作措施缺乏配套性。在调研中，我们发现省级主管部门对各地的再生资源回收利用工作开展统筹规划指导不足，对地区相关情况与信息掌握不够，积极性不高，缺乏动力，这与职能部门权责不明不无关系。

（二）再生资源回收利用行业政策支持不充分

当前资源回收利用行业所蕴藏的发展潜能已被社会大众所认知，也受到了各级政府部门的普遍重视，不过从该行业近年来的总体发展情况看，无论是产业规模，还是发展速度，都尚明显滞后于经济社会的发展需要。其中的一个重要原因是，再生资源回收利用行业缺乏统一规划的政策扶持机制，目前吉林省在再生资源回收利用的政策支持上主要存在以下两个短板。

（1）再生资源回收利用基金补贴发放周期较长。以废弃电器电子产品为例，目前废弃电器电子产品处理利润水平偏低。依据我国 2012 年颁布实施的《废弃电器电子产品处理基金征收使用管理办法》（2015 年修订、调整了部分基金补贴标准），国家对废弃电器电子产品回收处理给予基金补贴。按照该管理办法规定的基金补贴发放流程，相关企业申报后经省级环保主管部门审核并上报环保部，经环保部核实提交财政部，最后由财政部予以支付。根据对吉林省相关企业的调研，从目前再生资源领域基金补贴政策的实际执行情况看，尚存在不同程度的基金补贴发放周期较长问题，有的企业在申报一两年后仍没有拿到基金补贴，导致企业普遍面临资金困难。部分企业"造血功能"不足，加大了经营风险，在一定程度上制约了吉林省再生资源回收利用产业的发展规模。另外，吉林省再生资源回收利用领域也不同程度地存在"跟风政策"现象，受扶持政策的刺激一拥而上，造成了业务重叠、水平扩张的局面，相当多的企业应对市场形势变化的能力不足。

（2）再生资源回收利用税费优惠力度不强。依据目前执行的《资源综合利用产品和劳务增值税优惠目录》中的规定，凡"从事符合条件的环境保护、节能节水项目的所得"可免征、减征企业所得税，但在该目录中所规定的再生资源品类较少，总体上存在覆盖范围窄、返还比例低的问题，一些品类如废玻璃等对资源综合利用贡献较大，却未享受退税政策，因此优惠政策未能惠及所有再生资源回收利用行业。而且，符合条件的品类优惠比例偏低，获得地方政府财政补贴的门槛一般较高，一般企业申请难度很大。就吉林省再生资源回收利用产业来看，再生资源80%～90%来自社会生活产生的废弃物，经营者多为零散户，个体工商户及企业在地方政府给予增值税地方留存部分返还或奖励后，对比其他行业总体税负仍偏高。从目前适用税费优惠政策的产业环节来看，主要侧重于深加工环节及产业链延伸方面，对回收和加工领域则支持较少，如对收购废旧家电、废塑料等的企业还没有出台适用的相关优惠政策。

（三）农村垃圾回收利用的法律规制与政策扶持实效有待提升

近年来随着农村居民生活水平的不断提高，大批工商业产品涌入农村消费市场，在农村地区，垃圾数量逐年递增，随意倾倒、垃圾围村现象日益严重。据住建部的统计，截至2016年底城市生活垃圾无害化处理率达

96.62%，县城生活垃圾无害化处理率为 85.22%，在村镇一级有 65% 的行政村对生活垃圾进行处理，而农村垃圾处理率只有 50% 左右，其中包括大量的塑料、地膜、农药包装废弃物、秸秆等。吉林省作为农业大省，农作物播种面积大，秸秆产量高，利用率低，存在一定处理压力。在调研中发现，有的乡镇虽设有垃圾回收处理厂，但由于资金支持不到位，运营成本难以承担，人员配置不足等原因，垃圾减量化、资源化的成本较高，沦为"面子工程"，没有发挥应有的作用，而且在生活垃圾的处理上仍延续传统的填埋方式，相关政策落实性较差。

三　进一步完善吉林省再生资源回收利用法律政策规制的对策建议

（一）构建涵盖再生资源回收利用全产业链的地方性法律规制体系

20 世纪 90 年代以来，在可持续战略指导下，世界各国尤其是西方发达国家日益将再生资源回收利用理念贯彻到环境保护和资源开发利用的实施方略中，把经济活动运作成"自然资源—产品—再生资源"的闭环反馈式流程，尤其注重再生资源的回收利用，将对自然资源和环境承载负荷的影响控制在最低限度。推动再生资源回收利用产业的良性发展，关键是将资源循环利用理念融入立法之中，通过建立健全再生资源回收利用的相关法律制度，实现对再生资源回收利用管理的法律规制，进而提升作为一个整体的再生资源回收利用的法律规制效能，保障吉林省再生资源回收利用产业的持续、稳定发展。

以德国为例，该国居民生活垃圾和企业生产垃圾利用率在 60% 以上，在旧纸张、旧电池、包装垃圾等品类上的回收利用率在 80% 以上，废旧钢铁回收率则可达到 90% 以上。德国之所以在再生资源方面始终保持极高的回收利用率，与其在相关法律法规制度建设方面的系统性与完备性密不可分。自 20 世纪 70 年代以来，德国出台了《废物处理法》并陆续颁布了《废旧汽车处理规定》等各项专项法规，建立起从生产到消费，到废弃物产生，再到回收利用处理的完整的法制管理体系，法律法规全面覆盖环保部门、清算协调中心、生产者、物流运输商、销售商、消费者、回收点各个环节，形成了严密的责任网络，有效提升了再生资源回收利用率。德国、美国和日本等主要发达国家注重对废弃物资源的立法活动，在通过法律手段推进废弃物的回收利用方面取得的成效和经验对吉林省再生资源回收利用事业发展带来颇多启示。应参照国外先进国家以及国内先行省、市及地区（如上海）的相关立法，促进相关法律尽快出台，研究起草制定具有针对性及可操作性的地方性再生资源回收管理办法，减少吉林省在再生资源回收利用产业发展过程中的规范真空状况，减少相关规定的矛盾冲突。

吉林省立法部门应及时将长期以来通过政策形式固定下来的做法与经验上升为具有稳定性与权威性的法规，涵盖从源头收集到中端分拣，再到下游回收与再利用的全产业链，适应现代化的管理要求，形成"资源—产品—废弃产品—再生资源"的循环发展模式。目前，吉林省相关地方立法部门应充分发挥地方性立法优势，尽快研究制定《吉林省再生资源回收利用管理办法》，以法规形式明确政府、企业及社会公众在再生资源回收利用体系中的责任与义务，使各方参与主体各尽其责，各司其职，规范政府管理及市场行为。在制定地方性再生资源回收利用管理基本法规的基础上，可以根据不同品类的废弃物分别制定不同的管理办法，促进地方性再生资源回收利用行业标准体系建设，提出操作性较强的法规规范，以加强法律法规的执行性与引导性，促使吉林省再生资源回收利用管理实现从行政性管理到法治化治理的转型。另外，在生活垃圾回收利用方面，近期兄弟省份陆续颁布的各类办法、方案，如《江苏省生活垃圾分类制度实施办法》、辽宁省发布的《城乡生活垃圾分类四年滚动计划实施方案（2017～2020 年)》，都为吉林省制定相关城乡生活垃圾回收利用法规提供了值得参考的成功经验。

（二）推进吉林省再生资源回收利用政策支持模式转型

再生资源回收利用行业本身具有较强的公益性，产业链较为脆弱，动力不足，产业发展受相关政策的影响较大。再生资源回收利用产业目前在吉林省尚处于初级发展阶段，当前吉林省再生资源回收利用体系的建设需以政府为主导，兼顾社会经济、环境保护等各方面的效益。应充分发挥政府在利益调解方面的职能，对相关企业提供必要的贴息、信用担保等支持，给予优先扶持政策，给予优惠措施以有利于其稳固发展。健全完善再生资源回收利用产业的投融资体系，主导建立再生资源回收利用产业基金、风险创业基金等，并为企业建设再生资源回收利用技术研发中心等提供资金支持。从域外的再生资源回收利用产业财政政策支持经验来看，大都对购置环保设施和污染处理设备的企业给予财政补贴、减税、加大折旧率等方式的鼓励，减轻企业负担。吉林省要开拓多种支持途径，为再生资源回收利用产业设立专项基金，提供优惠贷款。

"十三五"期间，对再生资源回收利用行业将由过去的财政、税收等直接政策支持逐步向法治化、制度化及标准化的政策支持转变，要减少政策对再生资源回收利用产业过多的限制或刺激，取而代之的是由政府购买企业服务，企业通过政府购买服务建立长效运营机制，培育企业自生能力和抗风险能力。通过相完善法律制度，加强政策引导等方式，给再生资源回收利用企业形成遵法守规的压力，在实现物质循环最大化利用的同时保护各方权益。从相关支持政策来看，吉林省各级政府应从各地区的实际发展情况出发，围绕当地特色产业，着力打造产业集群，适时调整产业链的运行模式，保证产业链的内生动力，将再生资源回收利用纳入产业链，提升经济效益与社会效益。

（三）加强农村生产生活垃圾回收利用的政策引导与法律规制

吉林省农村生产生活垃圾规模不断扩大，对农村环境污染也日益加剧，尽管政府各级财政对农村生产生活垃圾回收处理及利用的支持力度不断加大，但在财力支持相对薄弱的现状下，受多种因素影响，财税支持政策与农村生产生活垃圾回收处理与利用的实际要求之间还存在相当差距。但应当指出，财政政策支持对农村生活垃圾回收利用在相当一段时期仍将起到决定性作用。目前，吉林省农村生产生活垃圾回收利用与处理牵涉的部门较多，财力的分散对实现资源利用效率最大化产生了一定影响，应创新财政支持制度，整合分散在各部门的资源，有效整合来源稳定的财力资源，制订相应的规章制度，以规范财政资金管理工作，形成支持农村生产生活垃圾回收利用综合治理的长效机制。

在继续保持、巩固环境财政资金投入的同时，还应积极探索拉动企业和社会资金的投入以带动相关产业发展。实践表明，仅依靠政府提供垃圾处理服务存在诸如供给不足、效率低下等弊端。应逐步改变公共服务供给主体单一化的现状，开放市场，引入政府采购模式，提高农村生产生活垃圾回收利用的专业化水平，激发市场活力，减轻政府财政负担。政府购买应遵循《中国政府采购法》、《招投标法》等相关法律法规规定，以公开招标为主，适当辅之以其他采购方式，由财政部门统一牵头负责，依法履行招标、投标、开标、评标及定标程序。地方政府应顺应公共服务采购趋势，制定相关地方性法规，并完善相应的绩效考评机制。应充分发挥市场在资源配置中的作用，全面开放垃圾处理项目的建设、投资及运营管理，促进农村生产生活垃圾回收利用的产业化，引导社会资本流入再生资源回收利用市场，实现垃圾处理"无害化、减量化、资源化"的良性循环。调研组在赴云南考察时发现，一些地区积极引入成熟的城乡生活垃圾资源化处理项目技术，具有投资低、用地少、对周边环境影响小、运营成本低、无害化程度高、使用年限长、适用范围广等特点，产生了较大的经济效益与社会效益。吉林省可考虑采用实施农村生产生活垃圾处理特许经营项目，引入成熟企业与相关先进技术，提高垃圾无害化处理及回收利用水平。

参考文献

商务部：《中国再生资源回收行业发展报告2017》。

周汉城、潘永刚：《2016 年再生资源市场情况及 2017 年形势预测》，《再生资源与循环经济》2017 年第 10 卷第 1 期。

周汉城：《2017 年上半年再生资源市场形势、影响因素及供销社企业发展建议》，《再生资源与循环经济》2017 年第 10 卷第 7 期。

樊毅、张瑾：《发达国家再生资源产业发展模式与环境治理经验及启示》，《商业经济研究》2017 年第 13 期。

刘光富、田婷婷：《基于顶层设计视角的我国再生资源产业链协同发展研究》，《生态经济》2017 年第 33 卷第 1 期。

李英杰：《再生资源行业财税政策存在的问题及建议》，《中国集体经济》2017 年第 25 期。

刘煜东：《农村生活垃圾处理财税政策研究》，财政部财政科学研究所博士学位论文，2014。

区域发展篇

Regional Development

B.16

吉林省推进"向南开放"的
区域协作研究

刘 瑶[*]

摘　要： 吉林省推进"向南开放"，将对东北区域经济一体化产生巨
大推动作用和示范效应，也是长吉图积极融入"一带一路"
建设，推动内陆省份外联内通的重要途径。"向南开放"的
顺利进展必须要以转变封闭思想、树立开放型发展观念，打
破省际限制、形成跨省区域协同合作，扭转同质竞争局面、
形成产业集群式发展为前提，加快建设白通丹经济带和四辽
铁通经济合作区，以物流业、旅游业、大健康产业和装备制
造业为重点产业，积极探索完善区域协作机制和切实可行的
产业分工体系，不断完善基础设施建设，为区域发展提供信

---

* 刘瑶，吉林省社会科学院软科学研究所助理研究员，主要研究方向为区域经济。

息平台和融资平台，并强化科技与人才支撑。

关键词： 跨省合作　"白通丹"经济带　"四辽铁通"合作区

　　贸易通道是否畅通，是决定一个国家和地区经贸规模大小的重要因素。作为内陆省份，吉林省一直没有自己的出海口，这种先天的弱势，使吉林省外向型经济的发展比较缓慢和相对滞后。"向南开放"意味着丹东港将成为吉林省的一个出海口，这对吉林省发展比较滞后的长白山以东地区的经济会有很大的好处。"向南开放"理念的提出，旨在促使吉林省更加密切地参与长江三角洲、珠江三角洲、环渤海经济圈以及东北地区的分工协作，进而积极融入全国的区域发展大格局；引导吉林省城市群的发展建设向经济发达地区靠拢、向发展模式高效率地区看齐，从而使全省的经济发展自然而主动地融入全国经济甚至全球经济大循环系统中；培育外向型经济，积极扩大对外贸易，不断提高吉林省的经济外向度。

一　吉林省"向南开放"的现有基础

　　吉林省南部多个城市与辽宁省、内蒙古自治区毗邻，这些省际边界地区在资源禀赋、产业结构、基础设施建设、经济发展模式等方面都具有较高的关联度，统筹这些地区，推进吉林省"向南开放"，将对东北区域经济一体化产生巨大推动作用和示范效应，也是长吉图积极融入"一带一路"建设，推动内陆省份外联内通的重要途径。

　　《吉林省国民经济和社会发展第十三个五年规划纲要》中提出要开创振兴发展的新局面，其中关键工作之一就是发挥沿边近海优势，推进长吉图战略，积极融入国家"一带一路"建设，加快开放发展。统筹推进沿边开放与内陆开放、对外开放与对内合作联动发展，深入实施长吉图开发开放战略与融入环渤海双翼共进，加快推动"借港出海"，促进沿边近海优势转化为开放优势，进一步拓展振兴发展空间[①]。2016 年吉林省《政府工作报告》中明确提出未来重要工作之一就是要积极对接辽宁沿海经济带和京津冀经济圈，加快南部开放大通道建设，同时推进形成四平、辽源、铁岭、通辽经济协作区，加快打造"长平经济带"和"白通丹经济带"。2016 年 1 月，吉林省委书记巴音朝鲁对通化市委、市政府关于向南开放窗口建设工作做出重要批示："通化市谋划推进向南开放窗口建设，是抢抓振兴发展机遇，提升开放发展水平的重要举措，要加快推进。"同年 2 月 23 日，吉林省委、省政府《关于加快服务业发展的若干实施意见》再一次明确提出："主动融入国家'一带一路'战略，推动通化国际内陆港建设，对接辽宁沿海经济带和京津冀经济圈。"3 月 18 日，吉林省委、省政府随后出台了《关于支持通化市建设向南开放窗口的若干意见》，意见中指出："建设吉林向南开放窗口，重点是建设吉林通化国际内陆港务区。"2017 年吉林省《政府工作报告》中进一步提出全面深化向东向南开放，落实省委"两翼并进"战略，再一次强调了加强与京津冀协同发展等战略对接、打造"长平经济带"和"白通丹经济带"的重要性，提出要推动通化国际内陆港务区等重要载体建设，进一步加快推进互联互通。2017 年 1 月长吉图战略实施领导小组第四次会议通过了《吉林省向南开放总体实施方案》、《长春—四平经济带发展规划》和《白通丹经济带发展规划》。

2016 年 7 月，吉林省通化市和辽宁省丹东市就推进通丹经济带建设正式签署了战略合作框架协议，同时通化国际内陆港务区也与丹东港集团有限公司签订了合作协议书，提出共同建设通化港。将"借港出海"变成"建港出海"，旨在借助辽宁丹东港口，使吉林省加快对接辽宁沿海经济带和京津冀经济圈，逐步构建一个集保税加工、现代物流、产业合作、科技创新于一体的开放合作区，从而为东北内陆地区经济发展提供方便快捷的国际港口服务，这代表着"向南开放"迈出了实质性的一步。12 月，通化港重点项目全面竣工，并通关运营。港务区的目标是在 2017 年吞吐量达到 500 万吨，

---

① 参见《吉林省国民经济和社会发展第十三个五年规划纲要》。

到 2020 年吞吐量达到 1000 万吨，到 2050 年达到 1 亿吨。与辽宁丹东港合作后，港务区将会有 3 个以上泊位，借助丹东港直接联通 60 多个国家 120 多个港口。白山市也与丹东港积极沟通，邀请港务集团对白山市的资源、产品产量、物流园区的建设地点等进行全方位的考察评估。目前丹东港已经与白山市靖宇县达成了建设物流港协议。四平、辽源、铁岭、通辽四市也在 2016 年 11 月就"四辽铁通"区域合作中的重大项目对接、区域合作规划编制、向国家争取支持政策等相关事宜进行对接洽谈，提出合力构建一体化综合交通体系、壮大区域产业集群、共建生态新区三项重点工作，同时提出建设生态优美、宜居宜业、充满活力的科学发展之区的总目标。针对四平、辽源、铁岭、通辽四市经济协作区，三省份现已协作编制了建设方案。

二 吉林省"向南开放"面临的挑战

（一）转变封闭思想、树立开放型发展观念是"向南开放"战略得以实施的基础

吉林省作为内陆省份和老工业基地，其经济发展思想始终较为封闭，局限性较强，传统观念的限制是制约吉林省经济开放程度的深层因素。而开放型经济已然成为当下全球化、信息化迅速发展背景下区域发展的必然选择，通过开放型经济形态，可实现资源优化配置、资本流动以及互利共赢。我国开放型经济已经取得了长足发展，尤其是沿海及发达地区，经济开放已经成为地区发展的重要支撑。与之相比，吉林省经济开放程度较低，从政府到市场、从企业到民众对开放型发展观念都认知尚浅。开放型经济发展的腹地支撑能力不足，核心城市对周边地区的辐射带动效应不强，产业集聚程度不高，难以有效支撑国际性区域开发与合作的进行，对边境地区、近海地区等开放经济的前沿地区关注度不够，开放的"窗口"开发程度低，关于开放经济的许多规划与措施还停留在设想阶段。宣传与管理方面也亟待规范与加强。"向南发展"是个开放性战略，彻底转变以往

的封闭思想,从观念到政策导向都向开放型经济转化,是"向南开放"得以推进的根本基础。

(二)打破省际限制、形成跨省区域协同合作是"向南开放"战略的关键

"向南开放"的本质是通过吉林省南部地区与相邻外省地区加强区域合作,形成区域优势,增强经济外向度,进而对接辽宁沿海经济带和京津冀经济圈,因此,与辽宁省和内蒙古自治区相邻地区形成跨省经济协作是推进"向南开放"的关键。建立有效的区域协同合作需要将区际、区内各要素空前紧密地结合起来,区域规划要从大局出发,缓解地区发展矛盾,促进协调发展,维护区域整体利益和长远利益。形成跨省区域协同合作,需要内蒙古、吉林、辽宁打破省际限制,加强地方政府合作。区域经济的发展和地方分权而治推动了地方政府间的竞争与合作,地方政府间的横向合作有利于区域的整体发展,同时促进可持续发展,比较典型的如京津冀三地地方政府间的合作。在此意义上,要形成一个众多相同等级或不同等级的城市政府紧密联系的省级区域协作集合体,其内部各城市的发展以及城市群整体优势的发挥都需要通过加强省际关系协调来实现。

(三)扭转同质竞争局面、形成产业集群式发展是"向南开放"战略的必经之路

吉林省白山市与通化市同属长白山地区,又与辽宁省丹东市一起同为鸭绿江一脉、中朝边境地区,资源禀赋相似,导致产业趋同;而四平、辽源与铁岭、通辽在装备制造业、煤电铝、医药等产业上存在同质竞争。加之城市之间各自为政、协同合作不足,还没有形成强有力的利益协调、协商机制,区域间协作水平仍较低。在产业项目等方面,互争项目现象时有发生,彼此恶性竞争,相互排斥,甚至为了与相邻区域竞争经济资源出台特定优惠政策,导致有机结合的产业体系难以形成,既浪费行政资源,又影响区域经济发展。要推动"向南开放",实现增强东北亚区域腹地的支撑能力、对接辽

宁沿海经济带和京津冀经济圈的目标，必须扭转同质竞争局面，利用这些地区产业相似性高、产业关联强的特点，做好产业承接与联合，整合相同产业，走集群式发展路线，降低企业生产成本和市场信息不对称性，形成规模经济，以增强重点产业的产业竞争力，带动相关产业发展，进而培育经济增长极，提升区域整体经济实力。

三　吉林省"向南开放"的空间战略

以通化、白山、四平、辽源、长春、吉林六个城市为重要节点，连接三大区域——"白通丹"经济带、"四辽铁通"合作区、长吉腹地。以"白通丹"经济带打通吉林省陆海联通的第二条大通道，以"四辽铁通"合作区建立东北地区跨省合作示范区，对接辽宁沿海经济带和京津冀经济圈，以长春、吉林两个省内重要增长极作为"向南开放"的腹地支持，采用多种区域协作模式，形成点、线、面多层级的开放格局。

（一）"白通丹"经济带——吉林省陆海联通新通道

白山作为边境城市，拥有 4 个边境县（市）区，边境线长 458 公里，域内有临江、长白两个贸易口岸，六个过货通道，是吉林省对朝开发开放的前沿地区，同时也是省内绿色产业国际集散基地，长白山国际旅游区核心地区。通化是省内重要的交通枢纽，又是距离丹东港最近的城市，区位与交通便利优势使通化成为吉林"向南开放"的重要节点，而且通化在产业、资源、对外开放等方面的基础也十分有利于开展区域合作。同时，白山、通化与丹东在生态、旅游等方面，也具有许多相通相近之处，可以通过资源整合，联手打造鸭绿江生态安全屏障、鸭绿江黄金旅游带和长白山旅游圈。因此，将白山、通化、丹东这三个产业关联度大、经济互补性强的城市协同起来，建设"白通丹"经济带，使其成为吉林省陆海联通互动的连接带，吉林省第二条借港出海通道，吉林省"向南开放"的重要窗口。

"白通丹"经济带将采用轴带合作模式与共同合作模式相结合，以铁路、公路、水路等为主轴，充分利用便利畅通的交通网络，由吉林省与辽宁省共同推进大通道建设，实现交通一体化、信息一体化、港务管理一体化。吉林省"十三五"期间建设"白通丹"经济带的重点工作是：进一步建设完善通化国际内陆港务区，加快推进向南开放公路运输通道建设和机场建设，完成四平至通化至白河、通化至集安、通化至丹东高速铁路建设，争取国家批复集安边境经济合作区，培育外向型特色产业。通过推进"白通丹"经济带建设，引领吉林省南部对内对外开放水平的提升，对内开放的主要意义就是接轨国内辽宁沿海、环渤海、京津冀、东北东部，通过开展区域合作，将通化打造成东北东部的重要节点城市和中心枢纽；而对外开放的主要意义是接轨鸭绿江国际经济合作带、中韩自贸区建设，乃至中蒙俄经济走廊以及东北亚地区，将通化打造成吉林省对外开放的新窗口。

（二）"四辽铁通"合作区——对接辽中南经济圈与京津冀经济圈的排头兵

四平、辽源地区与辽宁省铁岭、内蒙古通辽毗邻，四市多年来在人文、经济、文化、教育、旅游、医疗等各方面建立了极其密切的往来联系，具有坚实的合作基础和广阔的合作空间，高度的产业关联性与区位优势有利于四个地区形成"四辽铁通"经济协作区。加强四个地区的产业协作与经济交流，建立一个跨内蒙古、吉林、辽宁三省份的区域合作示范区，将其培育成为吉林省对接辽宁沿海经济带和京津冀经济圈的排头兵。

"四辽铁通"合作区将采用政府主导模式和共通合作模式。一方面，要借助政府力量，打破行政区域界线，建立共同的协商机制，对区域合作协议进行统一规划，联动行动；另一方面，要依托跨区域铁路运输通道和省际高速公路建设形成的交通通道和公共信息交流平台，实现"四辽铁通"合作区从人才管理到科技信息，再到市场网络的全面一体化建设。"四辽铁通"合作区"十三五"时期的重点工作主要是：内蒙古、吉林、辽宁联手加强重点交通设施建设，合力构建一体化综合交通体系；以产业合作和区域项目为落脚点，培育区域合作产业集群，做好产业整合和产业分工，实现优势互

补，延伸产业链；共建生态优美、宜居宜业的科学发展合作区，加快将生态优势转化为经济优势。合作区各城市要树立开放型经济观念，注重区域性市场与国内市场、国际市场的接轨，既开放区域内市场，又对区域外开放市场，打造开放优势，建设立足区域，同时面向国内和国际的开放型市场。

（三）长吉腹地——"向南开放"战略的腹地支撑

长春、吉林两市作为吉林省经济社会发展的核心区，是"向南开放"强有力的腹地支撑，因此，要继续推进长吉一体化，注重提升长吉腹地的内陆开放功能，形成内陆开放高地。统筹优势产业，积极推进国际产能和装备制造合作。长春市重点以高新北区、九台开发区、空港开发区、兴隆综合保税区为依托，推进长东北新区建设。充分利用好东北亚博览会等，不断打造新的开放平台，加大招商引资力度，进一步提高开放型经济水平，加快建设东北亚区域性中心城市的步伐。吉林省以吉林保税物流中心、中新吉林食品区为依托，推进开发区改革创新，加速构建开放式通道与产业体系，提升自身腹地支撑能力。加强国内和国际经贸合作，打造若干国际产业合作园区、跨境经济合作区等，增强长吉腹地的要素集聚能力和辐射带动能力，为吉林省两翼开放提供核心支撑。

四　吉林省"向南开放"的重点产业

（一）物流业

"白通丹"经济带将充分发挥通化市全国综合交通枢纽、国家二级物流园区布局城市的优势，不断完善通化内陆港务区建设、增加货运量，同时，在原有基础上，进一步增加物流园区建设项目，加快构建一个集保税加工、现代物流、产业合作、科技创新于一体的合作区。依托通化佳泰物流园区等项目对市内中小物流、快递企业进行整合，促进物流产业向着健康、协调、可持续方向发展。加强推进集安口岸建设，加快国家级边境经济合作区的申报工作,争取设立综合保税区,健全境外和跨境经济合作机制。同时积极争取设立长通集沿边开发开放示范区(自贸区),形成沿边开发开放新高地。在白山市以"一个中心、两个园区、多个节点"的现代物流产业发展格局为指导,加强物流园区建设,与通化市和丹东港形成有效互动的空间形态,推动互联互通与经贸合作,以期对接长吉图经济带和环渤海经济圈。

"四辽铁通"合作区要重点挖掘四平市和通辽市作为交通枢纽城市在发展物流产业方面的潜力,着力培育重点物流企业,为合作区打通物流通道。同时加强辽源和铁岭与四平市、通辽市以及周边地区的物流活动。

(二)旅游业

通化市、白山市和丹东市同处长白山山脉和鸭绿江流域,均为中朝边境地区,民俗文化相通,适合合力发展旅游业。白通丹经济带发展旅游业要统筹区域内现有旅游资源与重点项目,共同制定区域旅游发展规划。依托长白山和鸭绿江生态资源特色,着力构筑以长白山旅游度假区为龙头,以朝鲜族民族风情游、鸭绿江异国风光游为支撑的"一环一带"大旅游格局,形成"依山、沿江、环城、跨国"旅游特色,创建国际特色旅游目的地,打造优秀旅游区。全面加强"白通丹"经济带经贸合作,联手打造无障碍旅游带。通过成立通港航空旅游公司,与韩国大旅行社开展包机业务。

"四辽铁通"合作区自然地理、文化人情、旅游资源相似且集中程度高。自然旅游资源以自然保护区和森林公园为主,可根据景观相似性联合成线,提高景点集聚性;人文旅游资源以清朝的古城遗址和皇家围场等为主,可以通过联合开发,整合出主题旅游线路,创立历史文化旅游品牌。大旅游格局的形成亟待四个地区共同进行资源整合,构筑合作网络,在资源开发、市场拓展、业务经营、线路设计等多个方面加强协作。在合作中一方面实施联合营销和信息共享,促进旅游产业的一体化发展;另一方面可通过旅游企业采取联盟式合作模式或产权式合作模式,对资源以兼并、参股、控股等形式进行整合,从整体提升旅游产业竞争力。

（三）大健康产业

推进吉林省"向南开放"，要坚持绿色发展原则，将吉林省的绿色优势转变为经济优势，重点发展大健康产业。依托吉林省在医药制造、保健食品、绿色食品、生态康养等方面的优势，以多元化养生康体、特色中医药等为重点，构建大健康产业格局。积极探索医药健康产业与养老、旅游、服务业的深度融合，推行"健康＋医药"、"健康＋养生"、"健康＋服务"、"健康＋旅游"等产业模式。加快特色农业、效益农业的发展，科学规范人参、葡萄酒原料以及中草药的种植，做强现代中药、生物制药和化学制药，进一步促进医药工业、医药商业与流通、医药包装、医疗器械、医疗健康服务的协调发展，在吉林省南部地区打造具有强大的竞争优势和明确的地域特色的国际医药健康名城。实现医药科技创新，开展对外科技交流合作，强化科技服务，推动企业与院校达成科技成果转让协议，同时推动校地共建产学研合作基地，合力发展大健康产业。共同打造辐射带动长吉图周边的健康生活示范区和健康服务业集聚区，带动医养结合大健康产业相关上下游产业发展。

（四）装备制造业

装备制造业是吉林省的重要支柱产业之一，而"四辽铁通"合作区装备制造业产业基础雄厚、发展潜力较大，具有较强的产业优势。目前合作区内装备制造业企业较为分散，存在较严重的同质竞争现象。未来需要引导这些地区的装备制造业形成跨省合作，要对现有装备制造产业进行整合，对产业进行优化升级，提升生产能力和技术水平，扩大产业规模。从空间发展角度看，要采取圈层辐射开放合作模式，以某一产业中产业优势最大的地区为极化点，从极化点向外不同圈层发散辐射，在不同圈层间实现能源、劳动力与技术的交换与流动，从而达到资源优化配置、区域经济共同发展的合作目的。针对地区特点，采用政府主导和企业主导相结合的模式，通过政府合作淡化行政边界、打破行政壁垒，再依靠企业在市场机制调节下进行资源重组，实现最优合作。鼓励合作企业通过产权式合作模式，以收购、兼并、合资的方式实现产业升级和产业转移，或通过组建商业联盟，以企业集团共建研究中心、合作开发项目，实现产业链向上下游的延伸。

五 吉林省推进"向南开放"的对策建议

（一）建立完善有效的区域协作机制

要推进"向南开放"就要打破省际边界地带的行政壁垒和地方保护，建立完善有效的跨省区域协作机制。促进各地方政府间的交流合作，合作区各地方政府应共同编制经济合作规划，杜绝地方保护行为，加大监管力度，在互惠互利的基础上，逐步加大合作的深度和广度，寻求共同发展。各地方政府应设立专门的经济合作管理机构，这些管理机构共同参与协商经济合作、制定相关政策等，为跨省经济合作的顺利进行提供保障。探索成立民间协调机构，如成立以企业为主体的行业协会或商会，发挥其作为参与区域内经济合作的各企业的沟通桥梁作用，并通过行业协会的引导，改善合作区内各地区产业结构趋同的现象，建立互利双赢的产业链，使区域内产业结构更趋合理化。

（二）构建科学合理的产业分工合作体系

首先客观分析涉及"向南开放"的各地区的产业结构和产业特征，探索资源与产业整合重构的可行性路径，构建切实可行的产业分工合作体系，这对区域合作的成功进行至关重要。地方政府要转变传统的各自为政的观念，建立充分协商的经济合作机制，带领合作区作为一个整体共同走产业集聚化发展的道路，联合发展优势产业，在合作中提升区域整体的产业竞争力，形成规模经济。在合作区内实现产业分工明确、互惠互利、协调发展的格局。对相似性较强的产业，要结合各地产业差异性，通过产业细化减小同质化，形成科学合理的产业分工与产业链布局。发挥东北特色产业的资源优

势，延长产业链，在合作区内形成特色产业的完整产业链，形成区域品牌，将资源优势转化为产业优势。

（三）提升基础设施承载力

加强"向南开放"合作区域的基础设施建设，推动跨省联合开发，从长远发展考虑，构建支持沿边开放的基础设施建设体系，为未来经济要素在区域中的集中汇集和功能提升留下空间。进一步加强以交通、给排水、能源、信息为支撑的区域基础设施网络建设，尤其要以加强现代化交通运输体系建设为核心。首先从降低区域空间联系成本出发，加强跨省交通和其他公共设施服务网络体系建设，加强区域内城市对接能力，改善省际边界区域交通衔接不畅的局面，完善跨区域铁路运输通道、高等级高速公路建设，搭建更为方便、快捷、无障碍的交通网络体系，实现内联外通、运输服务安全高效，以保证资源和产品的流通便利。同时，进一步完善电力、医疗、教育等公共服务性基础设施在各城市的网络式分布。

（四）打造区域信息共享平台和融资合作平台

打造信息共享平台和融资合作平台，将为"向南开放"经济合作提供便利和支持，促使开放程度的大幅提高。在信息共享平台建设方面，加强信息基础设施网络建设，构建"合作区空间信息平台"，完善信息传输机制，建立健全的区域信息服务体系，增强各城市之间、区域内与区域外各城市之间的信息联系。在融资合作平台的构建方面，为了满足跨省经济合作对资金的巨大需求，不仅需要吸收合作区内的资金，还需要通过多种渠道吸纳合作区外的资金，通过招商引资、信贷融资、上市融资、地方银行、风险融资等多种形式解决"向南开放"经济合作项目的资金问题。

（五）强化科技支撑与人才支撑

科技创新能力已成为一个地区赢得竞争优势、谋求跨越式发展的关键。要强化科技创新能力，首先要制定科技创新规划，对区域内的科技创新资源进行整合，建立健全完善的自主创新体系。其次要完善和优化科技创新的政策环境，从税收、信贷、投资许可、市场准入和进出口贸易等多方面为科技创新创业企业的发展提供便利条件，创造公平竞争、宽松和谐的政策环境。再者要积极促进相关的科研院所以及重点试验室等科研资源在合作区域内实现共享。推进"向南开放"，实现跨省区域协作，需要大量的人才供应，必须通过构建人才合作与交流平台，推动人才的引进与交流，开发人才资源。注重高层次人才的引进，建立健全的人才引进政策法规体系，营造良好的就业软环境，为吸纳高层次人才提供保障。推动区域内人力资源流动。推广通化市建立"向南开放"人才开发专项基金的做法，形成省级和各地区的"向南开放"人才开发基金会，为吸纳人才、激发活力、加快人才创新驱动提供有力的资金保障。

参考文献

安树伟、母爱英：《省级"行政区边缘经济"与统筹区域协调发展》，《重庆工商大学学报》2005 年第 15（6）期。

慕晶敏、谢守祥：《省际毗邻地区经济协作发展对策研究》，《科技信息》2008 年第 26 期。

江玲玲：《东北区域经济协调发展障碍分析》，《东方企业文化》2009 年第 6 期。

王兴平：《省际边界小城镇整合发展策略研究》，《现代城市研究》2008 年第 23 期。

马林、曹阳等：《东北经济区区域协调论》，东北财经大学出版社，2009。

贾创雄：《促进区域协调发展的思路与对策》，《经济导刊》2007 年第 7 期。

B.17
吉林省城市竞争力变化趋势
分析及对策

崔岳春*

摘　要： 近年来吉林省城市竞争力变化趋势与经济发展水平基本吻合，城市综合经济竞争力整体水平降低，可持续竞争力水平一般，生态城市竞争力、知识城市竞争力表现相对较好，宜居竞争力明显提升，教育环境表现优异，经济环境较为活跃。分析吉林城市竞争力变化趋势，发现存在很多问题，诸如吉林省城市竞争力整体呈现"一强多弱"格局，省内城市发展不平衡；经济总量不大、经济效益不高制约吉林省城市综合经济竞争力的提升；吉林省可持续竞争力缺乏支柱优势，信息城市竞争力、文化城市竞争力等较弱；落后的基础设施和公共服务水平制约了城市宜居竞争力提升等。报告最后针对如何提升吉林省城市竞争力提出建议。

关键词： 城市竞争力　综合经济竞争力　可持续竞争力　宜居竞争力

随着经济社会的发展，城市化进程的快速推进，城市作为人类集中从事经济、社会、文化、政治活动的空间载体，已经成为科技创新的动力源泉、经济增长的引擎、文化发展的平台以及权力决策的中心，地位日益重要。城

---

* 崔岳春，吉林省社会科学院城市发展研究所所长，研究员，主要研究方向为城市经济。

市竞争力问题已经成为关系到国家和地区在竞争压力下如何生存发展的大问题。本文中的城市竞争力主要由综合经济竞争力、宜居竞争力、可持续竞争力三部分组成。本文力图分析吉林省城市竞争力变化趋势，找出存在的问题，对提升吉林省城市竞争力水平，保持城市健康发展态势，具有重要意义。

一　吉林省城市竞争力变化趋势分析

（一）城市综合经济竞争力整体水平下降，多数城市处于全国中下游水平

2015 年以来，中国城市综合经济竞争力指数均值持续小幅下降。2015 年全国城市综合经济竞争力指数均值为 0.108，较 2014 年低 0.004；2016 年全国城市综合经济竞争力指数均值进一步回落至 0.103。由此可见，在经济新常态背景下，中国城市综合经济竞争力进入调整期。[①] 在这个大背景下，近几年，吉林省综合经济竞争力也呈现下降趋势。2014 年综合经济竞争力指数均值为 0.081，2015 年回落到 0.079，2016 年则降为 0.063；综合经济竞争力指数均值降幅逐年增大，2015 年综合经济竞争力指数均值下降 0.002，2016 年综合经济竞争力指数均值下降 0.016。并且吉林省城市综合经济竞争力指数均值排名首次跌出前 20 名，城市综合经济竞争力整体水平下降，处于全国中等偏下位置。除省会长春市外，其余 7 个地级城市的综合经济竞争力指数均值均低于全国平均水平。

表1　2016 年吉林省城市综合经济竞争力指数全国排名

城市	综合经济竞争力		综合增量竞争力		综合效率竞争力	
	指数	排名	指数	排名	指数	排名
长春	0.147	45	0.303	25	0.011	88
吉林	0.069	139	0.096	112	0.004	190

---

① 倪鹏飞主编《中国城市竞争力报告 NO.15》，中国社会科学出版社，2017，第 184 页。

续表

城市	综合经济竞争力		综合增量竞争力		综合效率竞争力	
	指数	排名	指数	排名	指数	排名
四平	0.057	196	0.062	183	0.003	191
辽源	0.049	230	0.036	249	0.005	149
通化	0.049	225	0.048	215	0.003	216
白山	0.039	264	0.029	262	0.001	245
松原	0.055	203	0.060	188	0.003	204
白城	0.041	254	0.036	246	0.001	268

资料来源：中国社会科学院城市与竞争力指数数据库。

从吉林省城市综合经济竞争力分项指标来看，如表1所示，相对于综合增量竞争力而言，吉林省各城市的综合效率竞争力表现较差。长春市综合增量竞争力指数为0.303，排名第25位，但是综合效率竞争力指数仅为0.011，在294个城市中排名第88位。其余7个地级市，除辽源市、白山市外，余下5个地级市综合效率竞争力排名均落后于综合增量竞争力排名。城市综合效率竞争力较差与吉林省经济发展程度不高、产业结构不优、投资增长后劲不足、对外开放水平不高等因素相关。

（二）可持续竞争力整体水平一般，生态城市竞争力、知识城市竞争力表现相对较好

2016年，全国289个地级及以上城市（包括港澳地区）可持续竞争力指数均值为0.326，289个地级及以上城市中有近60%的城市可持续竞争力指数均值低于全国均值。[①] 吉林省可持续竞争力指数均值为0.279，低于全国平均水平，整体水平表现一般。

可持续竞争力由知识城市竞争力、和谐城市竞争力、生态城市竞争力、文化城市竞争力、全域城市竞争力、信息城市竞争力六个部分组成。

---

① 倪鹏飞主编《中国城市竞争力报告 NO.15》，中国社会科学出版社，2017，第239页。

相较而言，吉林省生态城市竞争力表现最优。长春市排名第22位，松原市、吉林市排在前100位，其余5个城市排名虽然靠后，但也进入了前200位。吉林省知识城市竞争力表现也相对较好。长春市排在22位，吉林市、四平市排名进入前100位。在可持续竞争力六个分项指标中，吉林省信息城市竞争力、文化城市竞争力相对较弱。吉林省8个地级及以上城市的信息城市竞争力均没进入全国前50名，长春市排名第63位，通化市排名第195位，余下6个城市排名皆位于200名以外。文化城市竞争力只有长春市、吉林市排名位于前100位，其他城市排名靠后，均位于200名以外。这表明吉林省在信息城市竞争力、文化城市竞争力方面严重落后，制约了其可持续竞争力的提升。

表2　2016年吉林省城市可持续竞争力指数全国排名

城市	可持续竞争力		知识城市竞争力	和谐城市竞争力	生态城市竞争力	文化城市竞争力	全域城市竞争力	信息城市竞争力
	指数	排名	排名	排名	排名	排名	排名	排名
长春	0.541	31	22	103	22	55	43	63
吉林	0.366	90	71	107	96	96	96	203
四平	0.222	208	84	178	151	249	200	246
辽源	0.206	227	255	106	137	257	118	229
通化	0.269	176	175	79	135	205	137	195
白山	0.243	191	248	9	186	235	168	206
松原	0.200	234	280	212	80	223	142	274
白城	0.186	241	186	142	146	258	273	250

资料来源：中国社会科学院城市与竞争力指数数据库。

（三）宜居竞争力明显提升，教育环境表现优异，经济环境较为活跃

近几年，全国城市宜居竞争力水平整体呈现波动下降趋势，而吉林省城

市宜居竞争力整体水平则逆向上扬。与 2015 年相比，2016 年吉林省城市宜居竞争力水平快速提升。2016 年，全国 289 个地级及以上城市的宜居竞争力指数均值为 0.422，东北地区地级及以上城市的宜居竞争力指数均值为 0.431，吉林省 8 个地级及以上城市的宜居竞争力指数均值为 0.503，高于全国平均水平，也高于东北地区平均水平。从吉林省各城市宜居竞争力指数全国排名看，长春市、吉林市排在全国前 50 位，白山市排在 100 名以内，省内城市排名末位的白城市的全国排名也进入前 200 位，排名为第 165 位。2016 年全国有 145 个城市的宜居竞争力低于全国平均水平，而吉林省有 7 个城市的宜居竞争力指数超过全国平均水平。

城市宜居竞争力涵盖优质的教育环境、健康的医疗环境、安全的社会环境、绿色的生态环境、舒适的居住环境、便捷的基础设施及活跃的经济环境等七个维度，如表 3 所示。吉林省在教育环境方面表现优异，医疗环境表现较好，经济环境比较活跃，这些有力地拉动了城市宜居竞争力水平提升。长春市教育环境排名居全国第 8 位，在东北地区仅次于大连市；吉林市教育环境排名第 47 位，进入全国前 50 名；四平市排名第 90 位，也跨入全国前 100 名行列。医疗环境方面，长春、吉林二市均排在前 50 位。同时，在经济环境方面，吉林省 8 个地级及以上城市表现比较好，排名均列入较具竞争力的前 100 位。但是落后的基础设施和较低的公共服务水平制约了吉林省宜居竞争力的进一步提升。从表 3 可以看出，长春市基础设施仅排名第 268 位，居住环境排名第 226 位处于全国下游水平。其他诸如生态环境、社会环境长春市也仅仅分别排在第 157 位、159 位，处于全国中下游水平。

与在综合经济竞争力和可持续竞争力方面长春市都一枝独秀不同，在宜居竞争力方面省内一些中等城市表现亮眼。从宜居竞争力排名来看，省内各城市差异相对较小。从宜居竞争力分项指标看，白山市安全的社会环境排名第 29 位，白城市舒适的居住环境排名第 45 位，白山市、辽源市便捷的基础设施分列第 46、48 位，这些城市的排名不但均超过长春市且都进入全国前 50 位。由此可见，吉林省内城市在宜居竞争力方面各自具有独特优势，发展潜力较大。

表3 2016年吉林省城市宜居竞争力指数全国排名

城市	宜居竞争力		优质的教育环境	健康的医疗环境	安全的社会环境	绿色的生态环境	舒适的居住环境	便捷的基础设施	活跃的经济环境
	指数	排名	排名	排名	排名	排名	排名	排名	排名
长春	0.656	39	8	19	159	157	226	268	85
吉林	0.613	48	47	34	137	170	270	164	90
四平	0.497	104	90	109	133	240	210	126	87
辽源	0.448	129	177	246	121	191	203	48	81
通化	0.443	134	183	234	88	172	214	122	57
白山	0.564	68	154	209	29	214	80	46	75
松原	0.428	142	187	223	120	101	269	128	65
白城	0.374	165	254	252	63	224	45	111	98

资料来源：中国社会科学院城市与竞争力指数数据库。

二 吉林省在城市竞争力方面存在的主要问题

（一）吉林省城市竞争力整体呈现"一强多弱"格局，省内城市发展不平衡

在省内8个地级及以上城市中，长春市遥遥领先其他城市，处于龙头地位。长春市综合经济竞争力排名第45位，是吉林省唯一排名进入全国前100名的城市，长春市综合经济竞争力指数为0.147，也是省内唯一一个综合经济竞争力指数超过全国平均水平的城市。其他城市的综合经济竞争力排名基本处于全国中下游水平，最差位次排名为第264位。可持续竞争力方面，长春市是吉林省唯一排名全国前50名的城市，其他城市除吉林市排全国前100位以外多数城市排名在200名左右，最差位次为第241名。宜居竞争力虽然表现相对较好，省内各城市间差异较综合经济竞争力和可持续竞争力小，但是省内排名第一位的长春市在全国排在第39位，省内排名末位的城市全国排名为第165位，差距也较大。由此可见，长春市在省内优势明

显，省内各城市发展不均衡。

吉林省城市竞争力"一强多弱"格局的形成，与吉林省城镇规模与布局密切相关。吉林省城区人口超过100万的大城市2个、50万~100万的城市2个、20万~50万的城市8个、20万以下的城市17个，建制镇达到434个，形成上小下大的金字塔形城镇规模。长春作为吉林省的省会，既是全省的政治、经济、文化、科技和交通中心，也是东北地区重要的区域中心城市。受区域位置、资源要素、产业结构等因素影响，长春市人口和经济集聚效应明显，同省内其他城市差距越来越大。2016年，长春市GDP占全省GDP的40%。但从目前情况看，长春市城市集聚效应远大于溢出效应，作为区域经济增长极带动作用不明显，辐射能力有限。省内其他城市规模小、经济实力差，加之近年来有的城市甚至出现了城市收缩现象，因此与首位城市长春的差距拉大。城市竞争力"一强多弱"发展格局没有得到根本改善。

（二）经济总量不大、经济效益不高制约吉林省城市综合经济竞争力的提升

2016年，吉林省经济实现稳定增长，实现地区生产总值14886.23亿元①，比2015年增长6.9%，GDP增速在东北三省处于领跑地位，高于全国平均水平0.2个百分点。虽然吉林省经济总量保持了小幅稳步增长，但是经济规模仍然偏小。据初步测算，2016年全国实现国内生产总值744127亿元，吉林省GDP占全国GDP的2%左右。东北三省中，辽宁省2016年全年实现地区生产总值22037.88亿元②，黑龙江省全年实现GDP 15386.1亿元③，虽然辽、黑两省GDP增速不如吉林省，但经济总量均大于吉林省。

从衡量经济运行效率的重要指标全要素生产率来看，据学者测算④，

---

① 数据来源于《吉林省2016年国民经济和社会发展统计公报》。
② 数据来源于《辽宁省2016年国民经济和社会发展统计公报》。
③ 数据来源于《黑龙江省2016年国民经济和社会发展统计公报》。
④ 邵汉明主编《2017年吉林经济社会形势分析与预测》，社会科学文献出版社，2016，第31页。

2003～2013 年，吉林省全要素生产率对经济增长的平均贡献率在全国各省份中排在第 24 位，且呈现下降趋势。吉林省全要素生产率低于全国平均水平，在东北三省中也是最低的。

（三）吉林省可持续竞争力缺乏支柱优势，信息城市竞争力、文化城市竞争力较弱

从整体情况看，如表 2 所示，吉林省各城市在生态城市竞争力、知识城市竞争力方面表现相对良好，但是信息城市竞争力、文化城市竞争力较弱，拉低了可持续竞争力的整体水平，且生态城市竞争力等方面的良好表现不足以弥补这一劣势。

文化城市竞争力由城市的历史文明程度，每万人剧场、影剧院数量，城市国际知名度，每万人文化、体育和娱乐业从业人数四个指标构成[①]。历史文化沉淀是影响文化城市竞争力的重要因素之一，历史文化厚重的城市一般来说其文化竞争力会较高。从 2016 年全国文化城市竞争力排名前十位的城市看，榜首北京市是拥有世界文化遗产数量最多的城市，六朝古都南京、海派文化都市上海市、浙东学术文化代表宁波皆名列十强。东北地区唯一挺进文化竞争力十强城市的哈尔滨也以其独特的冰雪文化闻名全国。相比而言，吉林省对自己的历史文化底蕴挖掘不够深入，对地方历史文化保护与传承不够重视，没有形成独具特色的历史文化品牌。每万人剧场、影剧院数量是衡量文化硬件设施的主要指标。除长春、吉林两市外，吉林省其他地级市文化硬件设施普遍落后，缺少文化发展和传播的平台。

信息城市竞争力由客体贸易、主体交流、信息交流、物质交流四类指标构成，主要用于衡量城市对外联系和交流的能力。从客体贸易指标看，2016 年吉林省全年实现外贸进出口总额 1212.91 亿元[②]，其中出口总额277.4 亿元，进口总额 935.51 亿元，外贸依存度仅为 8.1%，低于全国平

---

① 本文中所有指标体系构建均采用中国社会科学院城市与竞争力指数数据库指标体系。
② 数据来源于《吉林省 2016 年国民经济和社会发展统计公报》。

均水平。从物质交流指标看，航空交通便利程度是衡量物质交流水平的重要因子。《2016 年民航机场生产统计公报》数据显示，在吉林省三个民航机场中，长春龙嘉机场起降架次排名第 37 位，延吉机场起降架次排名第 86 位，长白山机场起降架次排名第 113 位。航空交通便利程度低于全国均值，在东北地区居于末位。从信息交流指标看，虽然随着信息技术的飞跃发展，吉林省移动通信和网络基础设施建设力度不断加大，但是与发达省份相比，吉林省城市信息基础设施建设仍然比较薄弱。尤其是省会长春市以外的其他 7 个地级城市，信息基础设施统筹规划、集约建设和综合管理能力较弱，制约了信息城市竞争力提升。

（四）落后的基础设施和公共服务水平制约了城市宜居竞争力提升

相比城市综合经济竞争力、城市可持续发展竞争力而言，吉林省城市宜居竞争力整体表现较好。但是落后的基础设施和公共服务水平制约了城市宜居竞争力水平提升。如长春市，如表 3 所示，虽然宜居竞争力居全国第 39 位，但分项指标便捷的基础设施仅仅排名第 268 位，处于全国下游水平；吉林市宜居竞争力排名全国第 48 位，但舒适的居住环境仅排名全国第 270 位；白山市宜居竞争力在全国排名第 68 位，可其健康的医疗环境仅排名第 209 位。

吉林省城市基础设施建设虽取得了一定成就，但随着城镇化进程加速，城市的综合承载能力受到严峻考验，吉林省普遍存在城市综合承载能力不足的问题。在大城市，主要表现为交通拥堵、停车困难、市民出行不便。同时人均公共绿地面积、建城区绿地面积、人均住房面积、人均拥有铺装道路面积等指标均未达到全国平均水平。同时吉林省基础设施建设地区发展很不平衡，长期以来基础设施投资重大项目主要集中在长春、吉林两市。其他城市多因投资不足，城市基础设施陈旧落后，基础设施水平与城镇发展不相适应，成为城市宜居竞争力提升的瓶颈。

城市公共服务水平是决定城市生活质量的重要因素，是承载宜居竞争力的城市软硬环境的重要体现。城市公共服务水平也是吸引人力资本流入的关键要素。经验数据显示，城镇每建设 1 平方公里，需要公共服务设施等投入至少 2.5 亿元。[1] 这表明，城市质量的提升需要政府进行大量的财政投入，以满足居民日益增长的对教育、医疗、就业、社会保障等公共服务的需求。近年来，吉林省出台诸多教育、社会保障、就业服务、公共医疗卫生服务等方面的政策、制度，基本公共服务体系基本形成。但是，城乡之间公共服务供给数量和质量差异明显，无论是居民享有的公共服务，还是政府投入、资源配置等，农村都远落后于城镇。即使在城镇内部，基本公共服务均等化目标也尚未实现。不同人群、不同部门、不同地区公共服务供给存在巨大差异。基本公共服务整体水平不高、基本公共服务水平地区差异较大等问题的存在制约了城市宜居竞争力整体水平的提升。

三 提升吉林省城市竞争力水平的对策建议

（一）推进产业结构调整，培育经济发展新动能，带动城市综合经济竞争力提升

目前，吉林省正处于从旧的产业形态及其结构转向新型产业形态的关键时期。形成以高新技术产业为先导，基础产业和制造业为支撑，服务业全面发展的新格局，顺利转换经济发展新旧动能，对吉林省城市综合竞争力提升至关重要。为此，一是要量身订制各城市产业发展战略，根据各城市资源禀赋和产业基础制定符合实际、具有本地特色的发展战略和规划，避免出现盲目跟风、追求全面性等问题。二是要深入贯彻创新驱动发展战略，以科技创新作为产业升级和结构优化的动力。三是以带动力强的"龙头项目"为调整产业结构、提升产业能级的重要抓手。四是促进产业间有机融合，在融合过程中发现新机遇。

---

① 孙德超：《城镇化背景下公共服务体系面临的挑战与对策探析》，《福建师范大学学报》2013 年第 6 期。

（二）以贯彻绿色发展理念、建设生态城市作为增强城市可持续发展能力的重要着力点

相对可持续发展能力其他分项指标而言，省内多数城市在生态城市竞争力方面表现优良。吉林省生态资源丰富，生态环境优良。"环境就是民生"、绿水青山就是"金山银山"，通过提高生态城市竞争力带动城市可持续发展能力的提升，对现阶段的吉林省来说，具有事半功倍的效果。为此，一要摒弃"先污染后治理"的发展道路，树立绿色发展理念。二要继续推进节能减排工作，提高能源利用效率，降低城市污染排放总量。三是要充分利用丰富的自然环境资源，大力发展生态旅游、休闲养老等产业。

（三）因地制宜确定城市公共资源投入与公共服务供给重点方向，提高城市宜居竞争力整体水平

打造宜居城市，就是为城市居民提供活跃的经济环境、舒适的居住环境、绿色的生态环境、安全的社会环境、便捷的基础设施、优质的教育环境和健康的医疗环境。因此，公共资源投入和公共服务水平是决定城市宜居竞争力的重要因素。由于吉林省财政收入持续快速增长难度较大，而民生支出增长快，财政收支矛盾加剧，有鉴于此必须科学合理确定公共资源投入和公共服务供给重点方向，实现资金使用效率最大化。从吉林省城市宜居竞争力分项指标全国排名可以看出，省内不同规模的城市所面临的问题不同。以长吉二市为代表的大城市所表现出的主要问题是交通拥堵、环境恶化、公共资源使用拥挤等；其他中等城市主要面临教育质量不高、缺乏优质的医疗资源等问题。为此，一要加大省内大城市基础设施建设和改造力度，尤其是对公共交通、环境保护设施与信息化建设的投入力度，以提升大城市宜居水平。二要推进大城市内部教育均等化进程，取消重点学校和普通学校分类，促进优质教育资源公平分配。三要加大对中等城市高质量公共卫生资源的投入，提高公共医疗服务的均等性。四要加大对中等城市公共文化教育设施的投入，提升优质中学和大学数量，构建优质教育环境，缩小其与省内大城市之间的差距。

参考文献

《2017 年吉林省政府工作报告》。

《吉林省 2016 年国民经济和社会发展统计公报》。

《辽宁省 2016 年国民经济和社会发展统计公报》。

《黑龙江省 2016 年国民经济和社会发展统计公报》。

《2016 年民航机场生产统计公报》。

《2017 年吉林省互联网发展报告》。

邵汉明主编《2017 年吉林经济社会形势分析与预测》，社会科学文献出版社，2016。

倪鹏飞主编《中国城市竞争力报告 NO. 15》，中国社会科学出版社，2017。

孙德超：《城镇化背景下公共服务体系面临的挑战与对策探析》，《福建师范大学学报》2013 年第 6 期。

B.18
吉林省特色小镇建设路径研究

李 平*

摘 要： 特色小镇的建设是供给侧改革的新生事物，已成为新时期中国经济社会发展的重要平台。在吉林省振兴发展的关键时期，着力推进特色小镇的建设和发展，加快建设一批符合吉林省实际、主导产业特色突出、历史文化底蕴深厚、功能设施完善的特色小镇，有利于培育吉林省经济增长新动能。本报告深入阐述吉林省特色小镇建设现状及典型案例，深度挖掘吉林省特色小镇建设存在的问题，包括引导政策不完善、产业特色不突出、基础设施滞后、文化软实力不强及企业主体作用不明显等，并在此基础上，进一步结合吉林省小城镇的资源禀赋、经济发展现状及产业发展特征，从创新体制机制、培育特色产业、打造文化品牌和完善城镇功能等方面提出加快吉林省特色小镇建设的路径，以期为吉林省特色小镇的创建和培育提供路径参考。

关键词： 特色小镇 城镇化 吉林省

特色小镇是供给侧结构改革的新生事物，已成为新时期中国经济社会发展的重要平台，为我国小城镇的进一步发展提供了一种新的思路和模

---

* 李平，吉林省社会科学院城市发展研究所助理研究员，理学硕士，主要研究方向为城市发展与产业经济。

式。特色小镇最早由浙江省提出，2015 年 4 月，浙江省人民政府出台了《浙江省人民政府关于加快特色小镇规划建设的指导意见》（浙政发〔2015〕8 号），正式确立了以特色小镇作为浙江省未来城市建设和经济发展的着力点，指出特色小镇是相对独立于市区，具有明确产业定位、文化内涵、旅游和一定社区功能的发展空间平台，区别于行政区划单元和产业园区。2015 年 12 月，习总书记批示号召全国学习浙江建设特色小镇的经验，使浙江特色小镇建设正式成为全国热点话题。2016 年 7 月，住建部、国家发改委和财政部联合发文："到 2020 年，培育 1000 个左右各具特色、富有活力的休闲旅游、商贸物流、现代制造、教育科技、传统文化、美丽宜居等特色小镇，引领带动全国小城镇建设，不断提高建设水平和发展质量"。这一中央顶层设计直接将特色小镇建设推向全国。2017 年国家政府工作报告中提出，要优化区域发展格局，大力支持中小城市和特色小城镇发展，推动一批具备条件的县和特大镇有序设市，发挥城市群辐射带动作用。

一　吉林省特色小镇建设现状与典型案例

在吉林省振兴发展的关键时期，着力推进特色小镇的建设和发展，加快建设一批主导产业特色突出、历史文化底蕴深厚、功能设施完善的特色小镇，有利于培育吉林省经济增长新动能。目前，吉林省共有建制镇 429 个，人口近 1300 万人，接近全省人口的 50%，许多建制镇和乡集镇具有独特的产业和区位资源优势，具备培育特色小镇的条件。2016 年 10 月，住建部公布全国首批 127 个特色小镇名单，吉林省的辽河源镇、金川镇和东盛涌镇 3 个小镇入选；2017 年 8 月，住建部公布了第二批 276 个全国特色小镇名单，吉林省的二道白河镇、合心镇、松江河镇、叶赫满族镇、乌拉街满族镇、清河镇 6 个小镇入选。2017 年 3 月，吉林省住房和城乡建设厅发布了《关于开展吉林省特色小镇培育的通知》，提出要深入挖掘吉林省特色小镇在产业、形态、投资、创新、服务、人才等方面的独特优势，

探索出一条适合吉林省的特色小镇发展之路，6月评选出了第一批40个省级特色小镇。

（一）辽河源镇——生态农业小镇

辽河源镇是第一批国家级特色小镇，位于辽源市东辽县城东南部、东辽河源头，面积211.25平方公里，总人口4.3万人。辽河源镇依托特色生态环境，挖掘特色资源，城镇发展突出绿色精细加工、特色农贸交易、滨水景观休闲、生态宜居环境等特色，乡村发展强调无害化生产和有机农业，城乡统筹，以特色促发展、以发展促和谐，营造了良好的人居环境。

（1）产业特色鲜明。辽河源镇立足于得天独厚的区域资源发展现代生态农业，形成了特色生态有机农业、特色生态观光旅游、特色现代农业科技等独具特色的产业，建立了一个鲜明的产业集群。未来，围绕"中德辽河源头现代农业生态示范园区"建设，打造东北地区"特色型、标杆型、示范型"生态农业、智慧农业生产高地和休闲旅游聚集区。

（2）和谐宜居的生活环境。辽河源镇始终坚持生态优先，注重景观和绿化建设。同时，围绕特色产业形成了五大景观风貌区，即生态文化景观风貌区、世界先进农业景观风貌区、山水湿地景观风貌区、中华农耕文化景观风貌区、东辽河源景观风貌区。

（3）传承特色传统文化。辽河源镇文化底蕴深厚，形成了以东辽河文化为渊源、以农耕文化为本底、以民俗文化为特色、以鹿乡文化为辅助、以煤炭文化为补充的相互联系、相互依托的旅游文化体系。

（4）创新体制机制。在城镇建设管理方面，辽河源镇将基础设施纳入辽源市主城区城市建设系统，由辽源市统一建设、管理和维护；在社会管理方面，积极推进农民市民化和产业工人化；在农村土地流转制度方面，建立辽河源农村产权交易中心，实施农民土地承包权、宅基地退出和补偿试点；在农村集体经济组织形式方面，实施农村新型合作组织和农村新型社区试点。

（二）东盛涌镇——朝鲜族文化小镇

东盛涌镇是第一批国家级特色小镇，隶属于延边朝鲜族自治州，位于龙井市中部，是中国朝鲜族民俗文化发祥地，已获得全国重点镇、国家级生态乡镇等称号。面积254平方公里，下辖19个村，1个社区，总人口1.7万人，其中朝鲜族人口占总人口的87%。

（1）产业特色鲜明。东盛涌镇依托地域资源条件，主要发展旅游业和种植业。其中旅游业以龙山朝鲜族民俗村和传统酱体验馆为主，现已形成集传统朝鲜族特色民居、特色饮食、特色工艺品等于一体的民俗体验游目的地。而种植业则是以太平村的"海兰江"牌无公害绿色大米和五味子种植为主，现已远销北京、上海、广东等地。

（2）文化底蕴丰厚。东盛涌镇是我国朝鲜族民俗和历史文化保存最完整的一个乡镇，是延边州"8·15"老人节的发源地。同时，龙山村建有朝鲜族民俗博物馆，并且成功举办了"中国延边朝鲜族民俗风情游"首游式，形成了历史文化底蕴丰厚、时代特色鲜明的朝鲜族民俗文化景观。

（3）和谐宜居的美丽环境。东盛涌镇森林覆盖率高达63%，空气质量常年保持在国家二级标准水平上，被誉为森林氧吧。镇区环境优美，主要街道的绿化普及率达100%，人均公共绿地面积较高，实现了人文、历史、生态、民俗的有机结合。

（4）设施服务日益完善。目前，东盛涌镇实现了道路村村通，建立了较为完善的交通网络。完成了灌区改造、小流域治理、居民安全饮水、环境治理等工程，基本形成了覆盖全镇人民群众的基本医疗和基本公共服务网络。

（5）体制机制不断创新。东盛涌镇通过金融改革、简政放权，经济发展活力不断提高。积极探索农村金融综合改革，先后推出了"土地收益保证贷款"、"果树收益保证贷款"、"多户联保信用土地收益保证贷款"等融资新模式，在促进农业集约化、规模化发展，农民增收致富方面取得了明显成效。

（三）清河镇——人参特色小镇

清河镇是第二批国家级特色小镇，位于集安市西北部，全镇面积505平方公里，辖15个行政村，2个社区居民委员会，人口3.1万人，镇区面积0.85平方公里，镇区人口0.8万人。清河镇人参、食用菌产业为主要特色产业，已发展成为清河镇的两大支柱产业。截止到2016年底，全镇园参面积312万平方米，西洋参面积237万平方米，林下参总面积5060万平方米，平地参面积3000亩。清河镇已注册的人参加工企业共有65户，人参贸易商户600余家，全镇参农4827户。

（1）扶植特色产业发展。重点培育人参特色产业，新建清河人参产业园，扶植人参深加工企业，发展人参提取衍生产品、化妆品、健康医药、食品、电子商务、旅游地产等产业，打造一批具有影响力的特产企业、医药企业、化妆品企业。建设中国集安国际人参交易中心与双创中心，建立电商平台、产业信息平台、企业产品发布平台、新型产品研发平台，构成生产、销售、流通、宣传、研发一体的多元化产业聚合体。

（2）挖掘人参古老文化。积极组织"中国集安·清河野山参节"，庆祝放山人满载而归，人参丰收。建设清河文化中心，展示当地特色文化，保育遗存山林文化、演绎民俗民风。建设人参文化博物馆，系统地整理、保育、再现"关东人参"的历史与情怀。

（3）完善基础设施。建设中的集双高速有助于清河镇打破产业发展的交通瓶颈，降低国道G303的通行压力，使清河镇"南下丹东、北连长吉、西至辽沈、东通朝鲜"；清河镇周边的"三源浦机场、丹东港、通化高铁"等交通设施，为清河镇构建了"半小时连高铁、一小时登飞机、两小时跨地市、三小时进省城"的多元化、综合性便捷交通体系。

（4）创新体制机制。为保证清河人参小镇特色产业的蓬勃发展，集安市采取"强强联合、区镇携手"的工作策略，集安经济开发区未来的工作重点便是支持清河、建设清河、打造清河，为清河特色小镇注入强大的产业发展后备力量。

二　吉林省特色小镇建设存在的问题

根据"特色小镇"的内涵，即明确的产业定位、深厚的文化内涵、优美的生态环境、集成完善的功能和明确的投资主体等特征要求，吉林省的特色小镇在培育和创建中还存在着一些问题，主要表现在以下几个方面。

（一）特色小镇建设各项政策不够完善，政策引导明显不足

浙江省开展特色小镇创建工作较早，在培育和创建之初，为了加快特色小镇的规划与建设步伐，2015 年出台了《浙江省人民政府关于加快特色小镇规划建设的指导意见》（浙政发〔2015〕8 号），从总体要求、创建程序、政策措施、组织领导等方面明确了特色小镇规划建设内容。2016 年浙江省人民政府办公厅颁布了《关于高质量加快推进特色小镇建设的通知》，确保有关政策措施落实到位；天津市 2016 年相继出台了《天津市特色小镇规划建设工作推动方案》、《天津市特色小镇规划建设指导意见》等文件，指出到 2020 年创建 10 个实力小镇，20 个市级特色小镇；2016 年福建省人民政府也出台了《关于开展特色小镇规划建设的指导意见》，明确通过 3～5 年的培育创建，建成一批产业特色鲜明、体制机制灵活、生态环境优美、多种功能融合的特色小镇。与上述省份相比，吉林省政府虽然在积极推动特色小镇的培育和发展，但目前还没有相应的政策文件出台，对特色小镇创建和培育的政策引导还明显不足。

（二）特色小镇特色不突出，特色产业支撑能力有待提高

吉林省特色小镇的发展还没有长远整体的规划，城镇的功能和定位不够明确清晰，缺乏地方特色，大多数城镇以第一产业为主，第二、三产业发展相对落后，体现各城镇特色的主导产业发育不足，辐射和带动效应不强，自然资源和区位相近的地区产业发展雷同，没有形成如浙江省、江苏省等地特色小镇"一镇一业"、相互促进、共同发展的良好局面。如吉林省东部的长

白山地区，各城镇资源禀赋相近，围绕长白山旅游、矿产资源、长白山特产等进行开发建设，具体可分为森工型、旅游型、矿产资源型城镇，各城镇之间产业相似度较高，没有形成每个城镇主攻一个产业或产业链的一端，并围绕其做大做强的格局，各城镇产业之间、产业链上下游之间的紧密联系没有建立起来，很容易出现"百镇一面"、"千镇一面"的发展趋势。此外，从吉林省各特色小镇的项目建设情况来看，特色小镇的项目储备相对不足，在一定程度上影响了特色小镇创建的质量和成效。

（三）城镇基础设施建设落后，城镇环境建设不足

近年来，吉林省特色城镇建设进程不断加快，各城镇面貌得到一定的改善，但由于城镇基础设施建设需要投入大量的资金，而目前基础设施领域的投资以政府投资为主导，各城镇经济发展水平不高，财力相对紧张，基础设施建设资金不足，道路、给水、供暖、通信等设施相对落后，人均道路铺装面积、供水普及率低于全国水平，与发达省份差距较大，排水设施建设严重滞后；绿化、生态建设更是缺位，城镇环境相对较差，城镇承载能力不足，在一定程度上制约了城镇的经济发展与功能完善。应学习借鉴浙江省在城镇基础设施建设和环境保护方面的成功经验。浙江省在推进特色小镇培育和建设过程中，在完善城镇基础设施的基础上，要求所有的特色小镇按照3A级以上景区标准建设，旅游产业类特色小镇按5A级景区标准建设，在上述标准下建成的特色小镇景色优美、环境宜人、有利于人才集聚。

（四）忽略特色小镇文化的打造，小镇文化软实力不强

吉林省新型城镇化的不断推进，在很大程度上带动了城镇经济社会的发展和居民生活水平的提高，然而大部分特色城镇在忙于发展产业、发展经济的同时，在镇区建设改造的过程中忽略了对城镇文化的打造，缺少"地方性元素"的注入，各城镇难免"百镇一面"，缺乏特色。各城镇产生的背景与发展的历程各不相同，因此在产业特色、地域文化、风土人情、历史传承等方面必有其独特之处。2016年国务院发布的《关于深入推进新型城镇化

建设的若干意见》中明确提出，以提升文化竞争力为突破口，依托地方特色文化资源，为城镇发展注入"地方性元素"，提升城镇的综合竞争力，进而实现城镇的高品质、差异化和多样化发展。因此，在未来打造特色小镇的过程中，需要深入挖掘城镇文脉，在发展经济的同时，注重企业文化的打造，促使当地文化和社会文化相融合，提升城镇文化软实力。

（五）企业的主体作用不明显，创新要素集聚能力不强

当前，在我国投资放缓的宏观形势下，全国各地的特色小镇创建出现了"政府热、企业冷"的现象，反差较为明显。吉林省的特色小镇同样也面临这种困境，入住企业不多，很多特色小镇至今还没有形成真正起主导作用的企业主体。此外，特色小镇的独特内涵决定了其建设和发展需要一批产业创新、文化创意方面的高层次人才和领军企业，而年轻创业者、科技创业者、大企业高管、留学归国创业者等人才对创新创业的环境要求都较高，吉林省特色小镇特别是在县区乡镇的特色小镇，区位优势不明显、配套设施不完善，人文环境及人才集聚的弱势在一定程度上制约了招商引资，进展缓慢。

三 吉林省加快特色小镇建设的路径

（一）创新特色小镇培育的体制机制，完善政策措施

在吉林省特色小镇创建和培育的过程中，应借鉴浙江省特色小镇的创建方式，明确特色小镇既不是建制镇，也不是开发区，而是相对独立于市区，具有明确的产业定位、文化内涵、旅游和一定社区功能的发展空间平台。以吉林省各地市特色小镇的产业发展基础和资源禀赋条件为依据，突破行政边界的限制，合理确定未来"特色小镇"的发展方向、主导产业、空间布局等，促进特色小镇产业协同发展与资源整合共享。同时，在吉林省级层面对特色小镇创建的牵头部门予以明确，并且建立相应的联席会议制度，制订创建和培育计划，避免政出多门，以便统领吉林省特色小镇的创建和培育工

作；采取宽与严结合的方式，针对符合各特色小镇产业发展方向的项目开辟审批绿色通道，鼓励多元投资，突出政策的针对性、实效性、精准性、灵活性，同时，提高各类项目的准入门槛，对于与特色小镇产业发展与功能定位不符的项目，进行严格限制；建立吉林省特色小镇监测统计指标体系，包括特色小镇基本情况、发展进程及特色建设指标等，加强对特色小镇的动态监测。根据特色小镇的建设和运营情况，采取年度考核的办法，参照浙江模式，建立动态调整机制，考核等级分为警告和降格、合格、良好、优秀，对考核合格及以上级别的特色小镇兑现相应扶持政策，也可引入第三方的评估机构，对特色小镇的创建情况进行客观、公正、全面的评价。

（二）协调政府与市场的关系，建立政府与市场的动态互动机制

吉林省在建设特色小镇过程中，政府应以提供服务、搭建平台为主，要充分发挥市场的主导作用，采取政府负责提供土地及相应的政策措施，而由企业投资建设和负责运营的创建模式。在招商引资过程中重视引入东南沿海相关省份的大企业集团、实力型龙头企业，尤其是一些上市公司或者参与过特色小镇建设的企业，这些企业资金相对充裕，融资渠道相对顺畅，对特色小镇的开发建设更加注重品质，有利于特色小镇的持续健康发展，同时可以解决政府在资金和招商等方面的压力；吉林省各级政府对特色小镇创建和培育的总量要加强控制，对创建标准要求要严格落实，同时做好规划协调、政策配套等服务工作，主导完善特色小镇的基础设施和重要的公共服务设施，通过政府的前期基础设施和公共服务设施建设来引导企业共同推动各类特色小镇的建设。强化企业和市场在吉林省特色小镇建设中的主导地位，由市场配置人才、资本、土地等资源要素，增强特色小镇在市场竞争中的创新动力。

（三）以产业为支撑，构筑特色鲜明的产业体系

产业是特色小镇发展的基础条件，特色产业是特色小镇的重要标志。应立足吉林省传统特色产业及各特色小镇自身的禀赋条件、地理区位、历史人

文等，重点扶持发展有特色的优势主导产业，在差异定位和细分领域中构建特色小镇大产业格局。同时，以特色主导产业培育作为契机，促进吉林省制造业转型升级和创新发展，通过推进特色产业与高新技术、特色产业与地域文化的融合与嫁接，从而形成新产业和新产品。逐步推动特色小镇打造产业集中、专业化强、富有特色的地方特色产业集群，进而形成在全省、全国有影响力、有竞争力的特色支柱产业；借助与浙江省对口合作的机遇，通过市场化运作的方式，促进浙江等东部沿海发达省份的现代高新技术向吉林省转移，开展跨省产业合作。吸引以宁波商帮、龙游商帮和温州商帮等为代表的浙商参与吉林省特色小镇的建设，谋划建设浙商产业园，搭建集聚人才、技术和资本等创新要素的产业合作平台，建设一批跨省区域合作项目，推进产业的空间集聚、技术创新和产品升级，力争通过吉林省特色小镇的创建和培育，打造一批具有竞争力的高端制造业基地。

（四）挖掘地域传统文化，打造文化品牌

文化是特色小镇的灵魂，特色小镇的文化形象和标志是提高其识别度的重要内容。吉林省特色小镇的培育和创建既承载历史，又面向未来。在吉林省特色小镇产业发展和特色小镇建设全过程中应注重产业与文化的融合，充分挖掘吉林省特色山水文化、民族文化、冰雪文化、历史文化、红色文化等资源优势，将特色经典产业融入现代的体验、溯源、参观等多种元素，培育创新文化、汇聚人文资源，推动历史文化、现代文明与城镇建设有机结合。从文化风貌上看，应培育独特的文化标识，使吉林省的每一个特色小镇都独一无二。同时，在吉林省特色小镇文化基因的培植过程中，注重历史文脉的传承，充分挖掘和弘扬各特色小镇在历史文化方面的特色，发挥"文化＋"的内在动力，落实历史文化资源的保护、修缮、展示工作，将特色小镇的传统文化与当下流行的互联网、体验文化、旅游文化进行对接，围绕适于产业化开发的特色文化资源，发挥市场主体作用开发文化创意产品，推动有价值的传统民俗和文化习俗与节庆、演艺、赛事经济相结合，提升特色小镇的知名度和文化软实力。

（五）完善城镇功能，建设美丽宜居特色小镇

特色小镇的创建和培育，离不开人才，然而唯有良好的生活居住环境才能留住人才。因此，需要完善特色小镇的功能，高标准建设特色小镇基础设施和公共服务设施。按照适度超前的原则，加强吉林省特色小镇的道路、供水、排水、供电、通信等基础设施建设，提高特色小镇的公共绿地覆盖率，进一步完善宽带网络基础设施，探索运用"互联网＋"参与特色小镇管理和运营等，推动信息惠民；完善吉林省特色小镇公共服务配套设施，高标准建设教育、医疗等公共服务设施，引导省内外优势教育、医疗资源在特色小镇建设分支机构，打造适宜特色小镇的步行工作生活圈。同时，围绕吉林省各特色小镇主导产业建设具有创业创新、公共服务、商贸服务信息、文化展示、信息咨询、产品交易和信息管理等功能的综合服务平台。在吉林省特色小镇规划和建设中应坚持把打造令人向往的优美、宜居的环境贯穿始终。在特色小镇的培育和创建过程中，要加强对自然环境本底的保护，坚持按照以人为本、因地制宜、环境可持续的原则进行空间布局、功能分区和建筑设计，将每个特色小镇独有的特色文化元素和符号与现代生产生活需求相结合，增强对企业和人才的吸引力。

参考文献

韦福雷：《特色小镇发展热潮中的冷思考》，《开放导报》2016年第12期。

陈敏翼、刘永子：《广东特色小镇发展现状及对策建议》，《广东科技》2017年第3期。

闵学勤：《德国名镇哥廷根的建设对中国特色小镇创建的启示》，《中国名城》2017年第1期。

路建楠：《上海推进特色小镇发展的政策思路及典型案例研究》，《科学发展》2017年第1期。

B.19
吉林省贫困县经济转型问题研究

倪锦丽 *

摘　要： 吉林省共有八个国家级贫困县，主要位于吉林省的西部和东部，自然环境和经济发展特征有所不同。本文深入分析了吉林省贫困县经济转型面临的现实困境，并结合不同地区贫困县的实际情况提出了相应的对策建议。

关键词： 贫困县　经济转型　吉林省

贫困县是吉林省经济发展的薄弱环节和落后地区，影响着吉林省国民经济的健康、协调、快速发展。随着我国经济步入新常态和全面建成小康社会目标要求的明确，贫困县的低效益、高能耗、重污染的经济发展模式已不可持续，经济转型成为必然。

一　吉林省贫困县的基本情况

吉林省共有国家级贫困县八个，分别是位于吉林省西部白城地区的大安市、镇赉县、通榆县，位于东部山区延边朝鲜族自治州的汪清县、安图县、龙井市、和龙市，以及白山市的靖宇县。吉林省贫困县面积达到44825平方公里，总人口达到1968053人，三次产业结构为15.29∶46.57∶38.14，人均国民生产总值35389万元，农民人均纯收入7093元。由于交通不便，地理

---

*　倪锦丽，吉林省社会科学院农村发展研究所副研究员，主要研究方向为农业经济。

位置偏远，自然条件恶劣，以及经济基础薄弱等，各贫困县经济发展水平很低。

（一）吉林省西部地区贫困县自然环境和经济发展特征

吉林省西部的三个贫困县，位于松辽平原的西部和松嫩平原的南部，属于农牧交错地带，其土壤质量恶劣，土地沙化和碱化问题较为严重，大部分是风沙土和苏打盐碱土。除此之外，还存在着自然灾害频发的问题。自然灾害中最严重的就是风沙灾害，常在春季发生，持续时间长、次数多。其次是旱灾，也主要发生在春季，有"十年九旱"之说，旱灾级别为全省之最，自然条件较为恶劣。

吉林省西部的三个贫困县，基本属于农业型县域。三次产业结构为17. 68：46. 29：36. 03（见表1）。第一产业的比重相对较大，第一产业中农业以种植玉米、水稻、小麦为主，杂粮杂豆等特色农产品种植形成了一定规模。同时，贫困县第一产业中的畜牧业所占比重较大，水产养殖业相对省内其他县市也有一定的优势。西部贫困县第二产业的比例已达到46.29%，但工业发展并不强，主要是通过开发利用自身资源发展相关产业，以能源产业和农副产品加工业为主，规模小，效益低。西部贫困县第三产业发展缓慢，以传统的商贸流通、批发零售业为主。电子商务、生态旅游业虽有所发展，但规模小，对经济发展起不到引领和支撑作用。

表1 西部贫困县

地区	生产总值（万元）	第一产业（万元）	第二产业（万元）	第三产业（万元）	人均生产总值（元）	三次产业结构	农民人均纯收入（元）
通榆县	1198485	219593	420563	558329	32835	18. 32：35. 09：46. 59	7282
镇赉县	1355421	281986	616156	457279	49333	20. 8：45. 46：33. 74	7221
大安市	1418453	200809	801945	415699	35631	14. 16：56. 53：29. 31	6237

资料来源：《吉林统计年鉴2016》。

（二）吉林省东部地区贫困县自然环境和经济发展特征

吉林省东部的贫困县位于长白山山区，森林覆盖率较高。从地理位置上看，与朝鲜和俄罗斯接壤，具有一定的地缘优势。龙井市是延龙图的中心腹地，和龙市是东北亚经济圈的腹地，安图县是"东北亚经济合作圈"的腹地。由于贫困县独特的地形地貌特征，传统的种植业不占优势，而矿产资源、油气资源、水资源、林木资源、生态旅游资源和历史文化资源相对丰富。

吉林省东部贫困县经济的发展主要依靠对自然资源的开发利用，基本属于资源型县域。贫困县的三次产业的结构为12.87：47.78：39.35（见表2）。第一产业中，种植业以玉米、水稻、大豆为主。由于特产资源较丰富，特产业有一定发展，但规模小、效益不高。第二产业以矿产加工、农副产品加工、森工、制浆造纸、建材、食品和医药行业为主。第三产业以旅游业为主。由于经济基础比较薄弱，财政对各方面的投入明显不足，该地区对多种资源的整合力度不够，缺少大型的龙头企业。旅游业对相关产业的带动作用不足，产业链条较短，资源所产生的效益并不理想。

表2　东部贫困县

地区	生产总值（万元）	第一产业（万元）	第二产业（万元）	第三产业（万元）	人均生产总值（元）	三次产业结构	农民人均纯收入（元）
靖宇县	686994	73928	389643	223423	49071	10.76：56.72：32.52	7085
龙井市	389718	48876	150947	189895	23534	12.54：38.73：48.73	7381
和龙市	556015	63242	336082	156691	30695	11.37：60.44：28.18	7214
汪清县	664733	118253	310900	235580	29015	17.79：46.77：35.44	7146
安图县	682493	79288	236201	367004	33003	11.62：34.61：53.77	7183

资料来源：《吉林统计年鉴2016》。

二　吉林省贫困县经济转型面临的现实困境

吉林省贫困县经济转型就是要在经济和产业结构上，不断优化升级；在发展方式上，从粗放型向集约型转变，向生态环保转变。而目前贫困县的经济运行状态如产业结构层次低、经济发展方式粗放等几乎已成为一种固态，难以打破，经济转型面临诸多困难。

（一）产业结构层次低

由于政策原因，我国经济发展的城乡二元特征十分明显，要素配置过度向大城市倾斜，城市经济的发展受到更多的关注和重视。吉林省贫困县大多数经济结构单一，产业结构趋同，产业层次较低。在三次产业结构中，第一产业的比重普遍较高，而第二、三产业的比重偏低。贫困县经济的结构性矛盾不仅表现为三次产业之间的比例失衡，还表现为三次产业内部结构的不合理。在第一产业内部，贫困县的传统种植业和养殖业比重较高，而具有较高经济效益的经济作物的栽培和经济动物的饲养比重则很低。在第二产业内部，劳动密集型的初加工和资源型工业，采掘业和建筑业比重高，以提供原料和半成品为主；而向市场提供终端产品的技术含量较高的加工业比例很低，高新技术行业更是微乎其微。贫困县第三产业发展相对滞后，主要以交通运输、批发零售等传统服务业为主，而与现代农业和工业相配套的信息咨询、电子商务、现代物流等现代服务业发育程度低。

（二）经济增长方式粗放

长期以来贫困县经济发展主要是通过粗放型的增长方式实现的。一是效率不高，效益低下。贫困地区往往通过增加劳动力、增加机器设备和扩大生产场地等来实现和刺激经济的快速增长，从而造成投入产出效率不高，经济效益相对低下。二是质量不高。由于缺乏科学技术的支撑，贫困县经济始终处在产业链和价值链低端。县域第二产业低端化、第三产业低级化的特征很难使贫困县县域经济实现转型。三是生态环境日趋恶化。长期的粗放型的增长方式使得贫困县县域经济发展与资源、人口、环境之间的矛盾越来越突出。资源短缺、环境污染、生态恶化已成为制约贫困县经济发展的瓶颈。

（三）资金短缺

贫困县经济转型需要资金的支持，而资金短缺一直以来就是贫困县发展面临的困境，融资难和融资渠道单一成为主要问题。虽然国家采取了一些相对宽松的金融货币政策，但是国有商业银行仍然严格控制对中小企业的贷款发放，这极大地影响了以中小企业为主体的贫困县经济的发展，加之中小企业贷款担保难，基本无法得到银行的信贷支持。农村信用社由于受到资本金规模的限制，也无法满足中小企业的贷款需求。由此可见，贫困县获得资金支持的可能性和规模是非常小的，中小企业没有直接的融资渠道，缺乏必要的金融支持。现有的农村金融体制已无法适应和满足贫困县经济的发展要求。

（四）制度约束

贫困县经济转型过程中所面临的各种问题都有其内在的制度成因，即县域经济转型过程中存在着深层次的制度约束，制度约束的存在就意味着有效的制度供给不足。如农村集体土地无法进行抵押贷款，主要是由于农地产权制度不健全，农地所有权的各项权能受到限制；金融服务支持县域经济发展的能力不足，主要是金融制度不合理，不适应县域经济发展的需求等。在这样一个制度框架下，由于制度的不适应和不完善，资源配置效率低下，交易成本升高，创新意识淡泊，各种不确定性增加等，从而产生各种经济社会问题，并且使得县域经济在一种无效率的状态之中运行。制度上的障碍和约束也是贫困县经济转型面临的一大困境之一。

（五）创新不足

由于长期受计划经济体制和粗放型增长方式惯性思维的影响，贫困县的县乡两级政府往往忽视技术更新改造、制度创新、体制改革等对经济增长的积极作用，而一味地追求扩大经济规模和提高经济增长速度，但这种扩大再生产，往往是低水平的重复建设。同时，贫困县域的部分干部群众往往因循守旧、安于现状，缺少市场意识和创业意识，经济发展的氛围不浓。因此，思想观念和发展理念落后是影响贫困县经济发展的一大障碍。

三 吉林省贫困县经济转型的优势条件

吉林省贫困县拥有生态、旅游、历史文化和特色农产品等丰富资源，这为产业结构优化、经济转型提供了基础条件和可能性。

（一）特色农产品资源丰富

吉林省贫困县特色农产品资源丰富，为发展特色农产品产业，优化农业产业结构提供了条件。从种植业来看，西部贫困县杂粮杂豆、葵花子、烤烟、花生、蓖麻等特色农产品已有一定的规模和知名度。通榆县是全国四大葵花子产区之一，蓖麻年产量约占全国的1/6。从畜牧业看，西部贫困县草场资源丰富，为发展精品畜牧业提供了条件。通榆县是国家商品牛基地县，"草原红牛"是我国唯一一个拥有自主知识产权的新品种牛。大安市是全国优质细毛羊生产基地。从水产养殖业看，西部贫困县虽然降水不足，但地表水和地下水资源丰富，尤其是镇赉县和大安市，发展水产业的先天条件充分。东部贫困县都位于长白山地区，人参等中药材资源、山野菜、食用菌、蜂产品和野生浆果等农副特产品资源十分丰富，为发展生态型园艺特产业提供了条件。龙井市是中国苹果梨之乡，有亚洲最大的苹果梨种植园。安图县是中国人参之乡和蜜蜂之乡。此外，东部贫困县梅花鹿、林蛙等动物资源独特，为发展特产养殖业提供了条件。

（二）旅游资源丰富

吉林省贫困县丰富的旅游资源，为发展旅游产业，优化服务业产业结构提供了条件。吉林省西部贫困县具有较为独特的旅游资源，拥有草原、湿地、沙丘榆林、蒲草苇荡和湖泊水域等独特景观。通榆县境内有国家4A级旅游景区、世界A级湿地——向海自然保护区；有2万亩包拉温都杏树林为省级自然保护区；有亚洲最大的一片黄榆林——兴隆山蒙古黄榆林，面积达万亩。镇赉县境内有莫莫格国家级自然保护区，已被列入国际重要湿地名录，是"中国白鹤之乡"，也是全球最大的白鹤迁徙停歇地。大安市境内有嫩江湾和牛心套两个国家级湿地公园；月亮泡水库是吉林省著名的平原水库，其周边的沙丘岗地上有很多的文物古迹。吉林省东部贫困县多位于长白山山区，并与朝鲜接壤，旅游资源得天独厚，拥有独特的边境风貌、山水景观和民族风情。和龙市境内的仙景台是我国重点风景名胜区；图们江源和仙峰两个国家级森林公园，是生态旅游的"圣地"。龙井市有龙井地名的起源池，以及汉王山遗址和万亩果园等众多景点。汪清县的满天星风景区是省级风景名胜区。安图县境内的长白山天池、瀑布、温泉群、地下森林可谓闻名遐迩，其中国家4A级景区1个、3A级景区4个。

（三）历史文化资源丰富

吉林省贫困县丰富的历史文化资源，为发展文化产业，创新业态，优化产业结构提供了条件。东部贫困县的长白山文化和朝鲜族民俗文化底蕴深厚。东部贫困县是我国境内朝鲜族居住最集中的地方，龙井市朝鲜族人口占69%，是朝鲜族文化的发祥地，也是朝鲜族民俗文化保留最完整的地区。长白山文化是中华文化的一个重要组成部分，具有较强的民族性和文化的多元性，是渔猎、农耕和游牧相结合的一种物质文化和民俗文化。靖宇县是东北抗联将士战斗过的地方，是杨靖宇烈士就义的地方，红色抗联文化震撼人心，有待深入挖掘。西部的通榆县被誉为"中国现代民间绘画画乡"，其戏剧、年画、剪纸等独具地域特色。

（四）生态资源丰富

吉林省贫困县生态资源丰富。吉林省西部贫困县的部分地区被认定为我国的生态主体功能区，拥有草原、湿地、蒲草苇荡和湖泊水域，多为无污染生态区，承载着重要的生态功能。吉林省东部的贫困县位于长白山山区，森林覆盖率较高，更是天然无污染的生态区，生态效应明显。丰富的生态资源与各产业的融合将促进贫困县各产业向绿色、有机、生态环保转型。如发展

特色有机农产品产业、生态旅游、生态型工业等，从而优化产业结构，带动产业升级，实现经济转型。

（五）地理位置独特

吉林省个别贫困县地理位置独特，交通区位优势明显，为发展壮大现代大商贸和物流产业提供了条件。如东部的龙井市和西部的镇赉县。龙井市与延吉市仅相距 20 公里，延吉机场已开通至沈阳、大连、青岛、上海等城市的航线，并拥有开山屯和三合两个国家一级陆路口岸，对外经贸和人员往来十分活跃。镇赉县境内有嫩丹高速公路、齐双公路、图乌公路、平齐铁路和长白铁路等交通干线通过，是中蒙大通道的一个中转站。伴随着"长吉图开发开放先导区"的发展，镇赉县必将成为黑龙江西南部、蒙东、蒙古和俄罗斯远东主要能源和资源的集聚扩散、过境转化和延伸加工的承接地。

四　推动吉林省贫困县经济转型的对策建议

吉林省贫困县经济转型面临着诸多困境，但同时又具有一些有利于结构优化、经济转型的条件，如丰富的生态资源、特产资源、历史文化资源等。吉林省贫困县的经济转型只有通过注重创新，包括制度创新、业态创新等；注重生态，包括发展生态旅游、生态型工业等；注重特色，包括发展特色农产品产业等，才能打破困境，并提高对各种资源的利用效率和层次，从而实现产业升级、结构优化、经济转型。

（一）完善制度安排，突破转型制约

贫困县经济转型难，固然受自然条件、物质资源、地理位置、资金、经济基础等条件的限制和制约，但根本的也是最关键的，还是制度创新不够所导致的内生动力缺乏和发展环境不优。通过对行政管理制度、土地制度、产业制度、财政制度、金融制度、税收制度、环保制度等进行调整、

完善和创新，清除县域经济调结构、转方式、促升级上存在的体制和机制障碍。通过制度本身所具备的引导、激励、约束、倒逼的作用和力量推动经济转型升级。

（二）强化县域投融资功能，解决资金难题

吉林省贫困县基本处于山区和偏远地区，在县域进行招商引资和企业融资的难度相对更大。因此，一要优化投融资环境，加大招商引资的力度。贫困县的招商引资要与培育和壮大县域特色产业相结合，要与提升和改造中小企业相结合，走以项目为载体，企业为主体，以服务和政策为支撑的招商引资路子。二要加大国有商业银行对贫困县经济发展的信贷支持，并加快农村信用社改革。通过全面推行和完善农户小额贷款，不断扩大农村信贷规模；积极尝试农村信用社利率浮动改革，吸引更多资金向农村回流，增强农村信用社服务经济发展的实力。三是支持有条件的贫困县建立用于中小企业发展的担保基金，切实解决企业贷款难的问题；对如何利用社会资金发展贫困县经济的渠道和方式进行积极探索，拓宽投融资渠道，建立起有利于贫困县经济发展的金融体制和投融资平台。

（三）突出低碳环保，推动工业转型升级

吉林省贫困县的工业企业多数规模小、效益低、技术含量低、资金匮乏、对环境有污染，所以，吉林省贫困县工业的转型要突出低碳环保，把发展生态型工业作为结构调整和转型升级的主攻方向。吉林省的贫困县发展生态环保工业，一要推动传统产业绿色优化改造。实行一企一策，鼓励企业通过节能减排、技改升级和技术创新实现绿色转型。通过源头治理、清洁生产、绿色排放、循环利用和系统治理等综合措施完成传统产业的转型和优化升级。二是大力引进绿色项目。贫困县在招商引资上，要注重引进节能环保的绿色项目，坚决拒绝高能耗、高排放、高污染项目落地。三是运用高新技术提升传统优势产业层次，如医药制造、化工、机械、冶金等行业。有重点地引进国内外先进技术及设备，提高企业的技术含量和产

品附加值。以绿色发展促进贫困县形成资源节约、环境友好的工业体系和增长方式。

（四）做强特色有机农产品产业，调整农业产业结构

吉林省西部贫困县发展特色有机农产品产业，重点是发展特色种植业、精品畜牧业和水产养殖业。东部贫困县发展特色农产品产业，重点是壮大园艺特产业和经济价值较高的特色养殖业。做强特色有机农产品产业，就要突出生态、绿色、有机的品质。因此，一要加强对特色有机农产品生产基地及周边生态环境的保护，建立强制性法规，对土壤、水源和空气等实行强制保护，保证特色有机农产品的品质和质量。二要培育和壮大一批特色有机农产品的产业化龙头企业。特色农产品产业一般规模小且分布零散，竞争力不强。要重点培育和壮大龙头企业，对资源进行整合，实现农业生产、农产品加工和农业服务业的深度融合发展。三要深入开展实施品牌战略，积极推进绿色有机无公害农产品的质量认证，建设一批特色农业标准化示范区，打造和培育一批知名品牌，靠品牌占领市场，带动产业发展。四要加大对特色有机农产品的质量监管力度，建立起长效监管机制，定期进行抽查和检测，树立市场形象。

（五）壮大新兴业态，发展现代服务业

1. 打造精品旅游业

贫困县要依托独特的历史文化资源和自然旅游资源，在大环境营造、文化内涵挖掘、服务品质提升和精细化建设等方面深入开发，打造一批生态观光旅游精品。贫困县打造精品旅游业，一要加强旅游基础设施建设，完善旅游景区的道路、通信、水电和周边的基础配套设施，如购物、餐饮、住宿等；二要重点开发各具特色的旅游观光产品，如体验游和探险游等个性化旅游产品，民俗体验、森林康体、温泉养生和修学考察等不同类型的休闲度假产品，商务考察、会议、展览、奖励等不同类型的商务旅游产品；三要积极开发具有地域文化特色的旅游商品；四要加强监管和执法，维护旅游市场秩

序，净化旅游环境，提升服务水平，为旅游品牌建设树立良好的市场信誉，创造良好的外部环境；五要加大宣传力度，提升旅游产品的知名度，充分利用报纸杂志、广播、电视，特别是网络平台，扩大旅游信息发布的范围和区域。

2. 培育文化产业

文化产业是朝阳产业，具有生态环保和附加值大的特点，未来其必将成为区域发展的有效模式。近年来各省市都在结合本地区实际打造特色鲜明的文化产业，如云南省的少数民族文化和江西省的红色文化等，文化资源的经济效益正在被逐渐释放。吉林省东西部贫困地区地域文化各具特色，有待深入开发。培育和打造文化产业的关键是在传承的基础上进行创新，使其更具生命力。一是要注重内容创新，不断深化和丰富文化的精神内涵。二是注重方法创新，不断探索形成更加形象生动的风格、品种和载体。三要对贫困县的文化资源进行整合，以项目带动和产业支撑的方式，逐步构建文化产业的框架。

3. 大力发展电子商务

贫困县要积极践行"互联网＋"行动计划，如"互联网＋实体经济"、"互联网＋旅游＋文化"等模式，通过电子商务等现代商业模式对传统生产经营方式进行改造，促进贫困县域各产业与电子商务的深度融合，催生经济发展的新模式和新业态，从而调整和优化产业结构。贫困县发展电子商务一要加强政策扶持和资金支持力度，重点开展宽带普及和提速工程，提升网络支撑能力；二要加强信息网络基础设施的建设、维护和管理；三要加强电子商务交易平台的建设，信誉度和知名度高的交易平台会促进交易额的增加；四要加强物流配送体系建设。

4. 壮大现代物流业

加快现代物流业的发展是优化县域产业结构的必然选择。现代物流业将仓储与运输、加工与整理、装卸与配送等方面有机结合起来，形成完整的供应链，不仅可以促进传统的仓储和运输企业转型，还能对传统的经营业务进行整合，并且延伸服务范围。贫困县发展现代物流业，一要加大对批发中心、配送中心、物流中心、仓储业和集装箱中转站的投入，形成功能完善的现代物流设施。二是对物流节点进行合理布局，既与交通干线有效衔接，又能覆盖周边地区。三要培养和引进一批有实力、有影响和有品牌的大型物流企业，带来资金、技术和管理经验，从而引领和带动产业加快发展。四是政府在制定物流产业相关政策时，应在税收减免、银行信贷等方面提供必要的支持和帮助，积极引导和鼓励第三方物流企业的发展。

民生保障篇

People's Livelihood Security

B.20
吉林省健全农村特困人员
救助供养制度研究

韩桂兰*

摘　要： 打赢脱贫攻坚战是党中央、国务院和吉林省委、省政府的重
大战略部署，是实现"两个一百年"奋斗目标的重要举措。
吉林省委、省政府近年来持续加大扶贫开发力度，扶贫工作
取得显著成就。国家已经开始高度重视特困人员救助供养工
作。各地政府也在积极推进特困人员的救助供养工作。吉林
省是农业大省，还属欠发达省份，财力基础薄弱，脱贫工作
难度大，特困人员脱贫难度更大。而农村特困人员生活相当
困难，亟须政府给予生活保障。吉林省农村特困人员救助供
养工作还处于探索阶段，工作中还存在一些问题，需要各级

* 韩桂兰，吉林省社会科学院社会学所研究员。

政府加大工作力度，不断健全完善农村特困人员救助供养制度，保障农村特困人员基本生活，最后实现小康。本文通过调研，全面分析吉林省农村特困人员救助供养工作情况和存在的问题，针对救助供养政策、供养对象的认定、救助供养标准、供养的机构和供养服务等提出一些建议，为健全完善吉林省农村特困人员救助供养制度提供对策和参考。

关键词： 吉林省　农村特困人员　救助供养制度

习近平总书记在十九大报告中指出，"让贫困人口和贫困地区同全国一道进入全面小康社会是我们党的庄严承诺"，"做到脱真贫、真脱贫"。当前，正是我国全面建成小康社会的关键时期，让特困群体脱贫、过上小康生活被提上了日程。扶贫的关键在于精准，只有摸清贫困的情况，才能提高扶贫实效。本研究运用观察法和访谈法来收集资料，调研地点是通化县、和龙县和镇赉县农村，共走访50名农村特困分散供养人员、42名特困集中供养人员和5家农村福利中心。调查内容包括供养人员生活、精神照料、医疗设施和农村福利中心管理运行情况。通过面对面交谈，了解服务对象的服务需求及满意度等情况。此外，还向省民政厅和县市区民政局的相关工作人员了解农村特困救助供养的基本情况、存在的问题。通过调查研究，最后就吉林省农村特困供养情况和存在的问题提出具体的对策建议。

特困人员救助供养制度，是针对无劳动能力、无生活来源、无法定赡养扶养义务人，或者法定义务人无履行义务能力的老年人、残疾人以及未满16周岁的未成年人建立的救助制度。2014年，《社会救助暂行条例》颁布，将农村"五保户"纳入特困人员供养体系，明确提出建立特困人员供养制度；2016年，国务院颁布的《国务院关于进一步健全特困人员救助供养制度的意见》，就特困人员供养制度的有关内容做出具体的规定，进一步细化了救助内容。特困救助供养制度在社会保障体系中起兜底救助作用。

一 吉林省农村特困人员救助供养工作现状

吉林省委、省政府及相关政府部门非常重视特困人员救助供养工作，特困人员的救助供养工作取得了一定的实效。

（一）吉林省农村特困人员基本情况及满意度分析

1. 集中供养特困人员的基本情况和满意度

本研究在县市区选取 5 家农村福利中心作为对象，访谈了 42 位特困集中供养人员，其中，男性 27 人，女性 15 人。男性居多；年龄最大的 83 岁，最小的 19 岁。大部分是中高龄老人，60 岁以上的占 92.8%；从身体状况看，体弱多病的占 47.6%；无配偶的占多数，比例为 61.4%；文化程度都较低，小学、初中文化程度的居多，占总数的 71.4%。（见表 1）。

表 1 集中供养对象调查样本构成情况

单位：%

性　别	占比	婚姻状况	占比	文化程度	占比
男	64.3	有配偶	38.6	没上过学	16.7
女	35.7	无配偶	61.4	小　学	47.6
年　龄	占比	健康状况	占比	初　中	23.8
60 岁以下	7.2	健康	23.8	高中及中专	7.1
60~69 岁	57.1	一般	28.6	大专及以上	4.8
70~79 岁	28.6	体弱多病	47.6		
80 岁以上	7.1				

访谈内容主要围绕饮食、设施、医疗和护理等几个方面的情况展开（见表 2）。从饮食评价看，绝大多数人员对饮食情况不太满意，不满和非常不满意占比达到 54.7%。主要原因就是农村福利中心经费有限，用在饮食上的钱不够多，伙食标准偏低，只能够实现温饱。绝大多数福利中心不发放零用钱。

从设施评价看，较多人对住宿条件不满意，不满和非常不满意占比达到

42.9%。主要是住房面积小，人员多；健身设备陈旧，数量少，有的福利中心甚至没有健身设备，不能满足供养人员的业余生活需要。

从医疗卫生条件看，不满和非常不满意占比达到52.3%。目前农村福利中心能提供的医疗服务基本停留在打针输液上，没有健康咨询服务，治疗服务缺乏。

从护理服务方面看，不满和非常不满意达到50.0%。福利中心管理和护理人员上岗之前大多没有经过相关培训，专业人才缺乏，不具备护理人员应该有的心态、素质和能力，难以满足被供养人员的部分需求。

表2 福利中心供养人员入住满意度情况

单位：%

名称	非常满意	满意	一般	不满	非常不满意
伙食	7.1	9.5	28.6	47.6	7.1
设施	4.8	19.0	33.3	38.1	4.8
医疗	4.8	14.3	28.6	45.2	7.1
护理	9.5	16.7	23.8	42.9	7.1

2. 分散供养特困人员的基本情况和需求

在50名分散供养访谈对象中，男性41人，女性9人，男性居多。年龄最大的81岁，最小的17岁，60~80岁的居多。从能否自理方面看，能自理的27人，半自理的12人，不能自理的11人；从受教育水平来看，小学和初中文化水平居多，受教育水平较低。调查内容围绕供养需求与供给情况展开。

特困分散供养服务供给方面：从获得的救助资金看，绝大多数人员获得每月300元左右的救助金，这些钱除了用于基本生活外，还要吃药看病，特困供养人员基本上都有大病，如严重心脏病和脑梗，因此，生活非常拮据；从获得的生活照料方面看，基本没有得到政府方面的生活照料，生活照料大部分来自亲戚，极少数得到了村民的照料；从获得的医疗救助方面看，绝大多数得到了医疗救助，但没有获得住院陪护补助。

特困分散供养人员需求方面：从生活照料需求看，绝大多数需要日间照料服务，少部分需要经济帮助，如需提供米面油，还有人需要轮椅；从医疗救助需求看，大多数要求得到大病救助、长期医疗救助和住院陪护补贴；从精神安慰需求看，需要家人和其他人多关心，需要心理疏导，还需要文艺活动及其他娱乐活动；其他的还有住房需求等。

（二）吉林省农村特困人员救助供养工作现状

首先，健全法律制度。2017 年 9 月 18 日，吉林省政府印发了《吉林省人民政府关于进一步健全特困人员救助供养制度的实施意见》（吉政发〔2017〕28 号），以下简称《实施意见》。《实施意见》为特困供养人员的救助供养工作提供了政策依据。其次，加大资金投入。地方政府为重点保障特困供养人员的需求，新建一批公办养老院。2017 ~ 2019 年农村社会福利中心开展整合改造，将逐步改善农村供养服务机构设施条件。再次，推进供养和医疗结合工作。省民政厅建设一批医养结合示范机构。地方民政部门组织辖区内养老机构与医疗机构对接。最后，研究制订失能人员照护服务、服务对象满意度测评规范等一些地方标准，着力解决救助供养标准化体系不健全的问题。

截止到 2016 年第二季度，吉林省农村特困人员供养支出共计 11001.9 万元，其中集中供养支出为 3937.8 万元，分散供养支出为 7064.1 万元；农村特困人员供养人数为 114077 人，其中集中供养人数是 23609 人，集中供养率为 20.70%，集中供养平均标准为 4805 元/年；分散供养人数是 90468 人，分散供养率为 79.30%，供养平均标准是 3314 元/年。到 2017 年 8 月，全省农村特困人员供养支出为 14302 万元，增幅很大；农村特困人员供养人数是 107926 人，减少了 6151 人。

目前，吉林省农村社会福利服务中心共有 542 所。通过资源整合纳入民政部门垂直管理体系的有 46 所（延边州 36 所，德惠市 10 所），占总数的8.5%，纳入乡镇管理的有 500 所左右，占总数的 90% 左右。农村福利中心条件参差不齐，小的农村福利中心仅有十多人，由于人少，运转成本高，条件相对较差；大的农村福利中心有 600 多人，条件很好。

二 吉林省农村特困人员救助供养工作存在的问题

近年来，在省委、省政府的领导下，吉林省农村特困人员救助供养工作取得了一定的实效，基本满足了特困人员的救助供养需求。但是，吉林省是农业大省，农村贫困人口规模较大，其中大部分贫困人口是因病因残成为特困人员，贫困程度深，是脱贫攻坚中最难啃的"硬骨头"。吉林省的这项工作目前存在政策不完善、资金短缺、供养水平低、服务人员缺乏等一些值得改进和完善的地方。

（一）政策上的规定不具体

在调查中发现，地方政府在农村特困人员救助供养工作方面，对政策文件非常重视，并视之为开展救助供养工作的主要依据。2017 年 9 月 18 日，吉林省政府出台了《实施意见》，这是吉林省首次以省政府名义专门发文统筹城乡特困人员救助供养工作。然而，政策上的规定不详细、不具体，操作起来有难度。首先，在特困人员认定方面，特困供养人员专指城乡 60 周岁以上的"三无"老年人，那么年龄未满 60 周岁的"三无"人员就无法被纳入进来，而属于这种情况的人占一定的数量，因此恐怕要遗漏一部分农村特困人员。而这部分人是现阶段农村最困难、最脆弱的群体，遗漏了他们恐怕不利于编密织牢农村基本民生安全网，不利于共享发展成果，不利于打赢脱贫攻坚战和全面实现小康社会。其次，照料护理标准不明确，实际工作中不好操作。对于生活不能自理的特困人员应给予照料护理补贴。《实施意见》规定照料护理标准应当按照差异化服务原则，依据特困人员生活自理能力和服务需求分档制订，参照上年度当地最低工资标准的一定比例确定。标准并未根据人员的生活自理能力明确规定分几档，每档每月应补助多少。

（二）农村特困人员救助供养对象认定难

近年来，国家加大了对农村特困人员的救助供养力度，因此申报农村特困户的较多，竞争激烈。农村特困家庭信息采集还缺乏共享平台，相关信息共享程度低，农村特困户家庭经济信息采集、核查都是村委会工作人员进行，乡镇政府缺乏对村委会的有效监督，农村特困人员认定难度大。

（三）农村特困人员救助供养标准太低

吉林省农村特困人员集中供养平均标准和分散供养平均标准逐年提高，2013 年分别为 3900 元和 2500 元；2014 年分别为 4200 元和 2800 元；2016 年，分别提高为 4900 元和 3300 元。但在调查中发现，即使是目前的农村特困人员的供养标准，也仅能满足基本生存需要，无法满足精神和医疗需要。与全国和东北三省相比，吉林省农村特困人员集中供养标准和分散供养标准都比较低（见表3）。从农村特困人员集中供养支出看，全国是 392373.8 万元，辽宁省是 9433.2 万元，黑龙江省是 10687.1 万元，吉林省是 3937.8 万元；从农村特困人员分散供养支出看，全国是 703291.6 万元，辽宁省是 20389.1 万元，吉林省是 7064.1 万元；从农村特困人员集中供养平均标准看，全国是 6385 元，辽宁省是 6696 元，黑龙江省是 6339 元，吉林省是 4805 元；从农村特困人员分散供养平均标准看，全国是 4844 元，辽宁省是 4392 元，黑龙江省是 4384 元，吉林省是 3314。吉林省农村特困人员供养标准与我国农村特困供养标准最高的天津市相比，农村特困人员集中供养平均标准，天津市是吉林省的 3.58 倍，每年多 12378 元；农村特困人员分散供养平均标准，天津市是吉林省的近 4 倍，每年多 9662 元。

表3　2016 年第二季度全国及部分省份社会服务统计数据

地区	综合		不提供住宿的社会服务					
	农村特困人员集中供养支出（万元）	农村特困人员分散供养支出（万元）	农村特困人员集中供养人数（人）	其中，老年人（人）	农村特困人员集中供养平均标准（元）	农村特困人员分散供养人数（人）	其中，老年人	农村特困人员分散供养平均标准（元）
全国	392373.8	703291.6	1490504	1315876	6385	3592612	3038371	4844
北京市	955.5	1886.2	1776	1383	14396	2681	2212	13569
天津市	843.2	5988.3	1121	999	17183	10602	9183	12976
河北省	12114.0	36528.5	39851	35929	6090	189976	165996	4134

地区	综合		不提供住宿的社会服务					
	农村特困人员集中供养支出（万元）	农村特困人员分散供养支出（万元）	农村特困人员集中供养人数（人）	其中，老年人（人）	农村特困人员集中供养平均标准（元）	农村特困人员分散供养人数（人）	其中，老年人	农村特困人员分散供养平均标准（元）
山西省	5188.3	19529.3	20696	16596	5384	130844	95747	3485
内蒙古自治区	4306.0	14663.0	11288	8941	8442	75369	60056	5229
辽宁省	9433.2	20389.4	30394	26128	6696	107197	91919	4392
吉林省	3937.8	7064.1	23609	16088	4805	90468	57313	3314
黑龙江省	10687.1	19861.6	29909	22395	6339	91257	65604	4384
上海市	438.6	546.6	1040	937	13800	1505	1230	13800
江苏省	29815.0	36537.2	78131	73509	9003	119079	113252	7896

资料来源：中华人民共和国民政部：《2016年2季度各省社会服务统计数据》。

（四）农村特困供养机构入住率比较低

近年来，吉林省不断加大农村特困供养机构设施建设投入，新建一批公办养老院，改善了特困供养机构设施环境。但吉林省很多老人仍不愿去供养服务机构。吉林省特困集中供养率仅为20.7%，远低于全国30%的供养率。调查显示，吉林省很多特困人员不愿到供养服务机构去，致使特困供养机构床位空置很多。入住供养机构的多是生活半自理和不能自理的特困供养人员。吉林省特困人员集中供养率低，是因为人们对传统文化中"孝"的理解也存在一些误区。许多人认为"入住福利院，不是没儿没女，就是儿女不孝"。有的特困供养对象说，自己的衣食起居还能自己照料，即使日后不能照料了，也愿意留在家里。除了传统观念和生活习惯外，部分农村福利中心建设得比较早，设施陈旧、供养水平低、护理人员不足等也是影响特困人员集中供养率的因素。

（五）农村社会供养中心运行经费不足

集中供养机构由地方运转，受地方财力有限的影响，运营困难很大。特困人员供养经费长期来源于转移支付资金，而且是打捆式下拨，含在转移支付资金中的社会保障部分没有被分离出来，具体用于特困人员供养经费的金额随意性较大；吉林省农村特困人员供养资金 2016 年是 1.1 亿元，其中省里的资金占 8000 万元，其他的靠地方财政，而地方财政困难，投入有限。农村社会福利中心运行经费主要包括取暖费、房屋维修费、水电费和人员工资等。乡镇是责任主体，但乡镇财力有限，相应的配套设施包括管理资金并没有得到很好的落实，基础设施也不能得到及时维护和更换。运行经费不足的问题，一方面造成了福利中心运行艰难，发展受限；另一方面也造成了老人生活质量低，分散供养人员不愿意入住等问题。另外，到福利中心的农村特困人员大多数是身体不好的人，一旦犯病，治病和住院陪护的费用还得由福利中心支付，福利中心的压力很大。

（六）特困供养机构标准化建设还不完善

总体来说，吉林省特困供养服务标准化建设工作处于起步阶段，标准化体系有待健全和完善。不仅特困供养服务标准化体系以及标准化工作规划尚未制订，而且供养机构自身也缺乏标准化建设意识。随着相关标准的研究、制订需求日益迫切，吉林省急需成立专门的协调管理机构，指导特困供养服务机构标准化建设工作科学、有序地稳步推进。

（七）福利中心服务人员短缺

福利中心服务人员队伍不稳定，服务水平相对滞后。目前，吉林省福利中心服务人员数量与工作任务量不相适应、工资待遇与所付出的劳动不相符的问题十分突出。福利中心无运行管理经费保障，导致其无力聘请与供养对象人数相匹配的工作人员。按照国家五保政策规定，服务人员与供养人员的配备比例应达到 1∶10。据调查统计，吉林省福利中心服务人员大部分由公益岗位人员构成，全省现有服务人员 2815 人。服务人员每月工资低，每名工作人员要照顾 13 名老人的日常起居生活。各福利中心供养对象中残疾人、智障和精神病人都占有一定比例。繁重的工作任务、极低的工资报酬，导致

福利中心管理和服务人员岗位极少有人问津，即使有人从事，也热情不高，服务意识欠缺。另外，由于管理和服务人员没有"三险一金"保障，现有队伍不稳定，严重影响了福利中心服务质量。

（八）农村特困人员看病负担重

目前的农村特困人员救助供养标准，大多只能够满足农村特困人员的基本日常生活需求。若农村特困人员发生重大疾病，其大额医药费无法解决，极易导致特困人员患大病不敢治。在农村特困人员住院陪护方面，由于特困人员没有相关监护义务人，在生病入院时，福利中心因服务人员有限，很难抽出专人进行陪护。对于患有精神病、传染病的农村特困人员来说，他们中的绝大多数没有义务监护人或其亲属不愿承担监护照料义务，即使有专门治疗精神病或传染病的医院，但由于床位有限、治疗费用较高，也无法满足这类特殊群体的照料安置需求。此外，对患有精神病并有严重传染病的特困人员的照护安置难度较大，因为没有机构愿意接受。许多供养服务机构没有诊疗机构，不能满足特困人员的医疗需求。

（九）农村特困人员精神需求保障缺失

老年人是特困供养对象的主要群体，这部分老年人随着年龄的增长，体弱多病，有相当一部分因病处于失能或半失能状态。由于福利中心服务人员素质低、工作积极性不高等各方面原因，老人特别是失能、半失能老人缺少必要的关心、爱护和心理慰藉。在调查中还发现，几乎全部分散供养人员都会比较孤独，他们盼望得到关注，期望与外界交流。他们认为有人陪伴比吃的好更重要。农村特困供养人员有心理疏导方面需求的不在少数。

三 吉林省健全农村特困人员救助供养制度的建议与对策

农村特困供养对象是农村最困难的弱势群体。做好特困人员救助供养工作是打赢脱贫攻坚战的关键，做好特困人员救助供养工作，解决好这部分人的生活问题，是关注民生，全面实现小康社会的现实需要。我们应立足当前，着力长远，重点在完善立法、强化保障能力、改善硬件设施、提升服务质量、创新管理模式上下功夫，全面提升吉林省农村特困人员供养工作的整体水平。

（一）立法务实，创新发展

吉林省印发的《实施意见》是根据国务院颁布的《国务院关于进一步健全特困人员救助供养制度的意见》制定的，政策制定比较宏观、不具体，还需政府财政、民政、统计、卫生等有关部门协商，制定出适合吉林省的比较细致、具体、好操作的、有创新的农村特困人员救助供养政策。

（二）开展第三方评估，精准认定农村特困人员

以往的扶贫多是"撒芝麻盐"，扶贫效率不高。应通过开展第三方评估，确保精准认定吉林省特困供养人员。由公正的第三方进行细致的调查工作，采取"一看、二听、三问、四走访"的方式。即第三方评估小组进村后，一看户口簿、残疾证、病历诊断证明、住房和粮食等情况；二是听本人、监护人和村干部的讲述；三是问本人和监护人经济收入情况；四是访谈邻居。将四个方面综合起来，精准确定农村特困供养对象。

（三）加大财政投入力度，提高救助供养水平

目前吉林省特困人员分散救助供养标准为3300元，2017年吉林省农村低保标准是3400元，按照《实施意见》规定，农村特困人员的救助供养标准应是农村低保标准的1.3倍，即吉林省特困人员分散救助供养标准应当是4420元。据估计吉林省目前特困人员救助供养资金需7亿元，资金缺口很大，需要积极加大财政投入。到2020年，农村特困人员生活水平要达到小康水平，更需加大财政投入力度。

建立机制，重点解决农村特困人员供养机构保障经费不足的问题。一是将直接用于特困人员集中供养对象的生活费和集中供养机构的运行经费从转

移支付资金、预算资金中分离出来，实行单列，独立核算，重点解决生活费和运行经费混用的问题，解决运行经费挤占老人生活费的问题。二是逐年提高农村特困人员基本生活标准和建立照料护理标准。生活经费可按照特困供养对象在吃、穿、住、医、葬（教）等五个方面的支出，由民政部门每年会同统计、物价、财政部门核算，在纳入预算的同时，建立起随当地农村居民人均消费支出增长而同步提高的自然增长机制，切实保障好特困供养对象的生活。

积极探索建立失能特困供养人员基本生活照料标准。建立特困供养人员健康状况评估制度，根据不同特困供养人员的需求，提供不同标准的照料补贴。对年满80岁的特困老人和需要半护理、全护理的特困供养人员给予一定的生活照料补贴，用于购买家政服务、医疗服务和精神慰藉等方面的服务。

（四）加快标准化体系制订，规范救助供养机构服务内容

政府主管部门牵头组织开展供养机构和服务相关等级评定工作，或委托第三方机构开展供养服务的评估工作。建立供养服务评估专家库，为评估工作提供指导。出台各类评估标准，制定和实施特困供养人员服务需求评估、供养服务质量评估和等级评定，以及包括供养服务供给资质和供养服务管理资质等在内的供养服务评估系列标准，分类开展供养人员能力评估及服务需求、服务质量和资质评估工作。

（五）创新管理手段，重点提高农村福利中心服务水平

创新管理手段，改进服务方式，努力发挥农村福利中心特困人员供养的基础性作用。第一，推进福利中心规范化管理，通过农村福利中心星级管理考评，引导和促进福利中心健康发展。通过评选"模范福利中心、先进福利中心"，发放奖金等办法，调动各地福利中心抓管理、抓建设的积极性。对于入住人员较少的福利中心，为降低机构运行成本，可以适当合并，不必每个乡镇都有一个福利中心。第二，创新管理手段和服务模式，针对健康、失能、失智的特困供养对象等不同的服务人群，科学设计功能区域，建立专

业分级的养老服务体系。根据不同老人的需求，实行分级护理、分区域照料的服务模式。第三，加强对民政助理、福利中心主任的业务培训，提高他们的业务能力。第四，积极吸引分散供养对象和社会老人入住。对有土地的分散供养对象，可实行地随人走政策，土地由福利中心租借代耕，正常支付给特困对象租金，这样既增强了分散供养对象集中供养的意愿，又增强了福利中心的创收能力。福利中心要主动邀请懂技术、会经营的农业科技专家，增强院办经济技术支撑，提升自身的"造血"功能，不断改善福利中心的生活条件。加大宣传力度，向社会推介和宣传福利中心的软硬环境，既让全社会了解公办福利设施发展情况，又吸引有养老需求的社会老人入住。

（六）落实待遇，重点解决人员队伍不稳定的问题

一是按标准配备人员。在人员配备上，应做到工作人员与自理老人比例不低于1:10，与失能老人比例不低于1:3，总体不能低于1:7。二是按需求选聘人员。选任一批身份为事业编的国家正式干部为福利中心主任，加强对福利中心主任的业务培训，提高他们的业务能力和政策认知水平。选聘一批热爱社会福利事业的人士及相关的专业人才充实管理服务队伍。在人员选拔上，要打破常规，绝不能仅为就业而定岗定位，特别是公益岗位人员的选配，要将人员选聘权交由民政部门或乡镇政府，面向社会，根据服务需求，真正把爱老、敬老且愿意从事这项工作的人员选聘到福利中心来，逐步提高工作人员的工资。福利中心应与医疗机构加强合作，以满足特困人员对医疗护理的需求。

（七）拓展服务范围，满足特困供养人员的多方面需求

对特困人员的供养不仅要保障供养对象的吃、穿、住、医、葬等物质方面的需求，还要开展护理照料、医疗康复、心理安慰等服务项目，从细微处关心关注老人，使他们始终生活在被关心、被关爱的环境中。在大力推进农村社会福利中心爱心护理工程项目建设的同时，加强和完善"爱心护理间"等各项服务配套设施，强化专业人员队伍，专门为失能、半失能及临终老人

提供相对专业的医疗、护理、照料等服务，提高他们的幸福指数。建立分散供养对象自然情况以及生活档案，派专人经常深入分散供养对象家中，定期了解其身体状况和生活情况，建立志愿者服务队伍，组织邻里互济帮扶，保证分散供养对象得到应有的生活照料；依托农村社会福利服务中心"爱心护理间"，拓展服务范围，将服务向周边空巢、留守、失独等老人延伸，提供无偿进入和有偿服务，并为他们提供晚年临终关怀服务。

（八）医养结合，解决特困人员看病就医难问题

将农村特困供养对象全部纳入新型合作医疗，同时搞好与大病医疗救助制度的有效衔接。在救治中，协调卫生部门按比例承担"特困户"的门诊费用，经费由医院先行垫付，实行"一站式"服务，真正实现"特困户"病有所医。探索医养结合管理模式，实行公办民营、企业化管理。吸引社会力量参与公办农村福利机构的运营，提高社会力量参与的积极性，会减轻当地政府的资金压力。另外，实行"医养结合"模式，会提高集中供养对象和社会自费老人的就医康复保障水平。

（九）切实加大宣传力度，争取社会力量支持

目前农村特困老人的救助供养仅限于政府部门，应当鼓励引导社会力量参与救助。社会力量既是政府救助的必要补充，也是拓宽特困老年人救助渠道的有效途径。应出台鼓励引导社会力量参与救助的特殊政策，提高社会各界救助农村特困老年人的积极性。可以考虑先在政府部门开展结对帮扶认养活动，发挥示范作用，以此带动社会各界认养特困老年人，为其长期提供生活服务和精神慰藉。

B.21
吉林省新农合实施福利效应研究

王　一*

摘　要： 新农合在吉林省经过十几年的运行发展，更好地满足了农民的卫生服务需求，但农村居民的医疗经济负担也在不断加重，新农合制度的实施是否真正提高了农村居民的医疗福利水平成为值得进一步深入探讨的问题。本文从整体消费行为入手，用消费者实际的医疗服务消费和一般非医疗服务消费选择来间接代表消费者福利，基于当期效用和生命周期效用两个层次综合考察新农合的福利效应。通过对利用效应、价格效应和消费效应的分析可以看出，价格效应是影响福利水平的核心和关键，同时要注意价格效应与利用效应、消费效应之间的平衡，既增加卫生服务利用，又控制卫生服务价格、提高消费水平，以切实提高新农合福利水平。

关键词： 新农合　利用效应　价格效应　消费效应

2003 年以来，吉林省新型农村合作医疗制度逐步确立，覆盖面不断扩大，保障水平不断提升，农村居民的卫生服务利用总量显著增长，为实现农民"病有所医"奠定了良好基础。但值得关注的是，在新型农村合作医疗保障水平不断提升的同时，农村居民的医疗负担也有加重的趋势。根据卫生部公布的国家卫生服务调查结果，卫生支出占家庭总支出的比例从 2004 年

---

* 王一，吉林省社会科学院社会学所助理研究员，博士，主要研究方向为社会保障与社会政策。

的10.1%增长至2016年的28.3%。新型农村合作医疗只有在增加农村居民卫生服务利用的同时减轻农村居民的医疗负担,才能够实现"降低疾病经济风险"的制度目标,但保障水平提升与农村居民医疗负担加重的同时出现,使新型农村合作医疗(简称"新农合")的实施效果和福利效应如何成为一个值得探讨的问题。

一 吉林省新农合发展现状与政策评价

(一)吉林省新农合的基本现状

吉林省的新农合制度自2003年起开始实施,形成了政府补助与个人缴费相结合、以规避大病风险为主的模式。实施过程中,各级政府进行了大量的资金投入,充分调动中央政府、地方政府和农民三个方面的积极性,体现出政府的主导性、农民参合的整体性、资金统筹的稳定性、医疗保障的配套性等特点。

经过十几年的运行发展,新农合提高了农民对卫生服务的利用水平,受到了农民的普遍欢迎,是与吉林省农民整体健康水平和医疗体制改革基本方向相协调的医疗保障制度。2016年,吉林省所有县(市、区)均已实行新农合制度,覆盖率达100%,人均缴费额为每人每年150元左右,人均补助标准达420元,有1280.9万农民参加了新农合,参合率达98.98%,已有820.61万人次从中受益,支付补偿资金占年度新农合筹资总额的85.08%,① 作为农村基本医疗保障制度,新农合为解决农村居民医疗问题发挥了重要作用。

(二)吉林省新农合实施绩效与政策评价

从实施绩效来看,世界卫生组织提出的衡量全民健康覆盖水平的指标包括:覆盖人群情况、卫生服务利用率和补偿比例;同时,确保制度的良性可

---

① 《吉林省2016年国民经济和社会发展统计公报》。

持续运行必须考虑个人筹资能力和政府财政的承受能力，确定合理的保障水平。

首先，我们来考虑基本医疗保障制度合理的保障水平。一般来讲，医疗保障水平应该在风险分散的收益和道德风险的损失之间找到恰当的平衡点。当前，包括新农合在内的基本医保住院补偿比例目标为75%左右①，但这里的75%是指"政策范围内"的报销比例，只是"名义"补偿比例，而事实上，实际补偿比例与名义补偿比例相比会有不小的差距。一般认为，名义住院费用支付比例每提高1%，实际补偿比提高0.76%~0.86%。②如果名义补偿比为75%，那么实际补偿比应该在57%~64.5%；如果要求实际补偿比达到75%，则需要名义补偿比达到87%~98%。从国际范围来看，世界卫生组织建议将个人付费比例控制在30%以下，国外学者一般认为个人付费比例应该在20%以下③。综合政策要求和国际社会的一般标准，75%的实际补偿比是较为恰当的。

接下来，我们来考虑个人筹资和政府财政的承受能力。根据李亚青的研究，假定新农合的实际补偿比于每年初进行调整，现行财政补贴政策保持稳定，医疗费用年增长率为10%，2015年新农合达到60%的实际补偿比，此后每年提升5个百分点，至2018年达到75%的目标保障水平。在对出生率、死亡率、迁移率、保险因子、贴现率等因素进行分析的基础上可以测算出，到2020年新农合的个人筹资额将达到240元，财政补贴额达到721元；到2050年新农合的个人筹资额将达到5030元，财政补贴额达到11736元（详见表1）。在此基础上，我们可以进一步预测新农合所需要的财政投入总额，2020年，财政对新农合的财政补助总额为5262亿元，到2050年，将达到42444.9亿元（详见表2）。假设医疗费用年增长率为10%，那么财政

---

① 国务院在部署"十二五"期间深化医疗卫生体制改革工作时提出的要求。

② 李亚青：《社会医疗保险的真实保障水平研究——兼论保障水平幻觉》，《人口与经济》2012年第5期。

③ ATIM C, Social Movements and Health Insurance: A Critical Evaluation of Voluntary, Non-profit Insurance Schemes with Case Studies from Ghana and Cameroon, *Social Science & Medicine* 48 (1999): 881 – 896.

补贴占财政支出的比例为 1.04% ~ 1.35%，占 GDP 的比例约为 0.3%。① 从国际范围来看，我国的卫生费用支出远远低于全球平均水平。《世界卫生统计报告（2013）》显示，各国卫生总费用占 GDP 的比重平均为 9.2%，中国为 5%，低于世界平均水平；社会保障性卫生支出占 GDP 的比重为 1.7%，低于全球 3.3% 的平均水平；社会保障性卫生支出占政府总支出的比重为 7.8%，低于全球 9.1% 的平均水平。因此，我国未来医疗保险财政补贴还有较大的增长空间。综合上述分析可以看出，在将新农合实际保障水平设定为 75% 的情况下，现行政策总体上是可持续的。

表1 新农合人均个人筹资和财政筹资额预测

单位：元

年份	新农合		年份	新农合	
	个人筹资	财政筹资		个人筹资	财政筹资
2020	240	721	2040	1939	4524
2025	464	1083	2045	3123	7286
2030	748	1744	2050	5030	11736
2035	1204	2809			

资料来源：李亚青：《社会医疗保险的真实保障水平研究——兼论保障水平幻觉》，《人口与经济》2012 年第 5 期。

表2 新农合和城镇居民基本医疗保险财政补贴预测

单位：亿元

年份	新农合财政补贴额	年份	新农合财政补贴额
2020	5262.0	2040	21956.7
2030	10670.4	2050	42444.9

资料来源：李亚青：《社会医疗保险财政补贴增长及可持续性研究——以医保制度整合为背景》，《公共管理学报》2015 年第 1 期。

从全民健康覆盖角度来看，新农合制度实现了人群广覆盖、保障水平和补偿比例的提高。但在"大病支出保障"和减轻"因病致贫"等方面所发

---

① 李亚青：《社会医疗保险财政补贴增长及可持续性研究——以医保制度整合为背景》，《公共管理学报》2015 年第 1 期。

挥的作用却并不显著。根据国家卫生服务调查结果①，从门诊服务利用率来看，2003 年为 13.9%、2008 年为 15.2%、2013 年为 12.8%，前五年的年均增长率为 1.8%，后五年的年均增长率下降至 -3.4%；从住院服务利用率来看，2003 年为 3.4%、2008 年为 6.8%，2013 年为 9.0%，前五年的年均增长率为 14.5%，后五年的年均增长率下降至 5.8%。② 可以看出，门诊服务和住院服务利用率的增长速度在 2009 年之后有明显的放缓趋势，门诊服务甚至出现了负增长（详见表 3）。

表 3 农村居民医疗服务利用情况

单位：%

年份	门诊服务		住院服务	
	利用率	年均增长率	利用率	年均增长率
2003	13.9		3.4	
2008	15.2	1.8	6.8	14.5
2013	12.8	-3.4	9.0	5.8

注：相关数据根据国家卫生计生委统计信息中心《2003 第三次国家卫生服务调查分析报告》、《2008 第四次国家卫生服务调查分析报告》、《2013 第五次国家卫生服务调查分析报告》整理得到。

与此同时，农村地区的医疗费用和卫生支出负担存在加大趋势。从就诊费用来看，2003 年，农村次均门诊费用为 50 元，次均住院费用为 2649 元；2008 年分别为 128 元和 3685 元；2013 年分别为 206 元和 6762 元。按照可比价格计算，农村次均门诊费用在 2003～2008 年的年均增长率为 20.7%，在 2008～2013 年的年均增长率为 9.9%；农村次均住院费用在 2003～2008 年的年均增长率为 6.8%，在 2008～2013 年的年均增长率为 12.9%。从发生灾难性卫生支出家庭的比例看，2003 年为 13.6%，2008 年为 15.1%，2013 年为

① 资料来源于第三次国家卫生服务调查（2003 年）、第四次国家卫生服务调查（2008 年）、第五次国家卫生服务调查（2013 年）。

② 相关数据根据国家卫生计生委统计信息中心《2003 第三次国家卫生服务调查分析报告》、《2008 第四次国家卫生服务调查分析报告》、《2013 第五次国家卫生服务调查分析报告》整理得到。

11.7%，2003～2008 年的年均增长率为 2.1%，2008～2013 年的年均增长率为 -5.0%。从卫生支出占家庭总支出的比例来看，2003 年为 12.1%，2008 年为 12.6%，2013 年为 14.3%，2003～2008 年的年均增长率为 0.8%，2008～2013 年的年均增长率为 2.6%（详见表4）。[①] 可以看出，在 2009 年新医改政策实施之后，发生灾难性卫生支出的家庭有所减少，但从整体上来看，家庭卫生支出比例的增长速度却呈加快趋势，家庭医疗经济负担加重。

表4 农村居民医疗负担基本情况

年份	次均门诊费用（元）	次均门诊费用年均增长率(%)	次均住院费用（元）	次均住院费用年均增长率(%)	灾难性卫生支出家庭比例(%)	灾难性卫生支出家庭年均增长率(%)	卫生支出占家庭总支出比例(%)	卫生支出占家庭总支出年均增长率(%)
2003	50		2649		13.6		12.1	
2008	128	20.7	3685	6.8	15.1	2.1	12.6	0.8
2013	206	9.9	6762	12.9	11.7	-5.0	14.3	2.6

注：相关数据根据国家卫生计生委统计信息中心《2003 第三次国家卫生服务调查分析报告》、《2008 第四次国家卫生服务调查分析报告》、《2013 第五次国家卫生服务调查分析报告》整理得到。

通过上述分析可以看出，2003 年新农合政策实施以来，人群覆盖范围不断扩大，保障水平不断提升，制度维持了较好的可持续性。但从实施效果来看，一方面，农村居民对住院服务的利用率在增长；另一方面，医疗经济负担也在不断加重。因此，新农合制度的实施是否真正改善了农村居民的医疗福利水平是值得进一步深入探讨的问题。

二　吉林省新农合福利效应分析

在福利经济学领域，一般有两种测量福利的方法，一种是价格效应，测

---

① 相关数据国家卫生计生委统计信息中心《2003 第三次国家卫生服务调查分析报告》、《2008 第四次国家卫生服务调查分析报告》、《2013 第五次国家卫生服务调查分析报告》整理得到。

量与价格变化相关的消费者剩余；另一种是效用视角，将偏好视为福利。医疗保险福利效应与其所处的市场环境高度相关，新农合作为政府提供大量补贴的社会医疗保险，具有垄断地位，个人缴费较少，人群覆盖率高但补偿水平偏低，鉴于这些特点，很难通过价格效应对其进行测量，因此，本文采用效用视角进行分析。

（一）新农合福利效应模型构建

本文从整体消费行为入手，用消费者实际的医疗服务消费和一般非医疗服务消费选择来间接代表消费者福利，基于当期效用和生命周期效用两个层次综合考察新农合的福利效应。

在跨期消费决策当中，假设 C_t^d 为 t 期患病状态下的消费水平，C_t^h 为 t 期健康状态下的消费水平，消费者的目标是跨期效应最大化，构建的函数为：

$$MaxEU = U(C_0) + \beta E_0 U(C_t) = U(C_0) + \beta \eta \alpha U(C_t^d) + \beta(1-\eta)U(C_t^h)①$$

根据效用最大化原则，利用上述目标函数对 C_0 求导，并进行比较静态分析，可得到的结论为：在不考虑其他因素的影响下，提高 r（补偿水平），会导致消费者增加消费、减少储蓄，而且这种效应的大小与疾病发生概率 η、疾病所致效用损失程度 α、所需医疗服务价格 p 存在着显著的正向相关关系。疾病发生概率的提高、疾病所致效用损失程度的加大、所需医疗服务价格的提高，都会增强补偿水平对消费行为的刺激作用。因此，对于农村居民而言，补偿水平的提高会对其当前消费行为产生差异化的影响。

在当期消费决策当中，假定消费者当期消费水平确定，消费者当期效用函数为：

$$U(C_0) = U(x,H) = V(x) + H = In(x) + H②$$

---

① 0 期为当期，t 为未来时期；η 为患病概率；α 为疾病所致效应损失程度（$0 < \alpha < 1$）；r 为新农合补偿比例（$0 < r \le 1$）；C_0 为 0 期消费水平，C_t 为 t 期消费水平，从 t 期到 0 期的时间贴现因子为 β。

② X 为非医疗消费品数量；$V(x)$ 是严格凹函数，特定为 $In(x)$；H 是消费者的健康水平。

在新农合的制度框架下，由于存在垄断，医疗机构与消费者之间的博弈可以简化为两阶段，即需要实现以下两个阶段的纳什均衡：在第一阶段，医疗机构以获得最大化利润为目标，通过定价能力选择服务质量和价格；在第二阶段，消费者根据服务质量和价格，决定是否接受治疗，以及对于医疗机构的选择。通过从后向前求解的方法计算可得，补偿水平不仅与就诊人数正相关，而且与卫生服务价格也存在正相关关系。

（二）新农合补偿水平的福利效应分析

根据三次国家卫生服务调查（2003～2013年）相关数据，对效用函数进行推导（篇幅所限，具体计算过程不进行详细描述）可得新农合补偿水平的福利效应，具体包括利用效应、价格效应和消费效应。

1. 利用效应分析

研究结果表明，在不考虑其他因素的情况下，新农合住院补偿水平每提高1%，农村居民住院概率将增加0.32%。卫生服务利用与居民福利之间的关系是建立在居民医疗消费行为习惯基础上的，一般有及时就医和不及时就医两种行为习惯。对于及时就医的行为习惯，新农合补偿水平的提高主要应考虑"道德风险"，医疗服务利用的增加可能带来福利损失；而对于不及时就医的行为习惯，补偿水平的提高能够促使其及时就医，规避将小病拖成大病的风险，医疗服务利用的增加更多带来的是福利改善。

本文以慢性病、大病作为住院需要指标，将已住院比例作为满足程度指标进行测量，农村居民慢性病、大病患病率从2003年的12.1%增加至2013年的18.7%，增长速度为54.5%。[①] 2003年，应住院未住院的比例为30.3%，应住院且已住院的比例为69.7%；2013年，应住院未住院的比例为16.8%，应住院且已住院的比例为81.7%，住院需求满足率的增长速度为17.2%，住院服务利用的合理增长速度应为 [（1＋54.5%）×（1＋17.2%）－1]

---

① 相关数据根据国家卫生计生委统计信息中心《2003第三次国家卫生服务调查分析报告》、《2008第四次国家卫生服务调查分析报告》、《2013第五次国家卫生服务调查分析报告》整理得到。

=73%。① 本文得到的新农合导致住院服务利用的实际增长速度为81%，即2003～2013年农村居民住院率的提高中有81%是由新农合补偿水平提高带来的，其中73%是合理增长，意味着农村居民医疗福利的改善，剩余8%（81%－73%＝8%）可以被看作是补偿水平提高所产生的道德风险，是对社会福利水平的损害。

2. 价格效应分析

研究结果表明，在不考虑其他因素的情况下，新农合住院补偿水平每提高1个百分点，住院费用自付比例就会降低0.37个百分点。值得关注的是，自付比例的降低既可能在总费用不变的情况下发生，也可能在总费用增加的情况下发生。如果自付费用没有减少，而总费用得到了增加，那么就可能造成自付比例表面意义上的减少。在总费用不变的情况下减少自付比例，是在没有降低社会总福利的前提下对农村居民医疗福利的改善；而在总费用增加的情况下减少自付比例，则很可能意味着过度医疗，带来福利损失。

新农合制度通过医疗保险和卫生服务的市场结构，以及医疗服务的报酬结构来对于卫生服务价格产生作用。从当前的制度环境来看，吉林省的新农合政策实行的仍然是以按服务项目付费为主的方式，这种支付方式可能促使卫生服务提供者为患者提供更多或更昂贵的项目，事实上鼓励了过度医疗的行为。基于卫生服务利润最大化原则，卫生服务提供者为了获取更高的利润，其所做出的决策很可能偏离了患者福利最大化的要求，而农村基层卫生服务市场的垄断性又加剧了这一现象。

3. 消费效应的评价

消费与储蓄作为居民收入的两种不同使用途径，存在着密切的此消彼长的关系。具体到新农合制度当中，在不考虑其他因素的情况下，新农合住院水平的提高会在一定程度上减少家庭人均储蓄额，另一方面又会增加非医疗消费的支出。这说明，新农合补偿水平的提高为农村居民提供了更好的保

---

① 相关数据根据国家卫生计生委统计信息中心《2003 第三次国家卫生服务调查分析报告》、《2008 第四次国家卫生服务调查分析报告》、《2013 第五次国家卫生服务调查分析报告》整理得到。

障，使居民有了更稳定的预期，直接导致了家庭用于医疗的预备性储蓄减少，进而提高了居民消费水平。因此，可以得出这样的结论：新农合补偿水平的提高提升了医疗服务之外的总体福利，具有重要意义。

新农合制度对家庭非医疗消费的影响主要通过以下两种途径实现：一是事后挤入效应。具体是指补偿水平的提高能够降低家庭自付的医疗支出金额，用于其他方面的消费，属于通过利用效应和价格效应产生的间接效应，可能会在福利效应评价当中产生重复计算问题，导致福利效应被高估。二是对预防性储蓄的挤出效应。提高补偿水平，对于影响消费者的预期有显著作用，能够促进消费，与其他效应无关，需要被充分考虑。通过降低未来疾病支出不确定性预期增加当期消费，是新农合的消费效应。本文的研究结果表明，新农合补偿水平的提高提升了用于非医疗方面消费的总体水平，而非医疗消费的增加并不是医疗消费减少所导致的，因此新农合对消费的影响就是挤出效应的作用，能够增进农村居民的当期福利。

三　提高吉林省新农合福利水平的对策建议

通过前文的分析可以看出，在反映新农合实施效果的三种效应当中，价格效应是影响福利水平的核心和关键，同时也要注意各种效应之间的平衡，既增加卫生服务利用，又控制卫生服务价格、提高消费水平，结合吉林省的实际情况，提出以下几点建议。

（一）适度提高补偿水平

通过前文的分析可以看出，价格效应是影响新农合福利水平的关键所在，尽管降低医疗负担是新农合的重要目标，但制度最终的着眼点还应该落在提升农民医疗服务权利、医疗风险抵御能力和农民整体健康水平上。

补偿水平是建立在筹资水平基础之上的，只有基金总量的持续稳定增长，才能够保障合理的补偿水平。目前，虽然新农合筹资水平的提高是非制度性的，缺乏稳定性和区域差异性，不利于新农合制度的长远发展。在城镇化、老龄化的背景下，建立稳定、动态、制度化的筹资增长机制十分必要。对于补偿水平而言，根据前文的分析，综合政策要求和国际社会的一般标准，75%的实际补偿比是较为恰当的，应稳步推进实现该目标，而且需要进一步强化的是适度扩大病种覆盖面，提高慢性病和重大疾病的报销比例，降低个人医疗负担。提高对低收入或抚养比重大的家庭，以及患有慢性疾病的个人等弱势群体的支持力度，提升新农合的整体获得感。

（二）规避道德风险

通过前文的分析我们知道过度医疗带来的道德风险会降低新农合的福利效应，对于医疗卫生服务这种具有垄断性质的服务类型，供方支付方式改革对于规避道德风险具有十分积极的意义。

新农合的供方支付方式一般分为按项目、病种、人头付费等，不同的支付方式会产生不同的激励作用，影响费用控制和服务质量。吉林省根据具体省情开展了混合支付方式改革，形成了多种支付方式，主要包括门诊总额预付方式、住院单病种付费、住院总额预付、住院次均费用限额付费、按床日付费等，现已取得了一定的成效，全省15个开展门诊支付方式改革的地区中有11个出现费用下降趋势，22个开展住院总额预付的地区中有13个出现基金支出减少，一定程度上控制了不合理就医现象。在进一步推动供方支付制度改革的过程中，应当继续探索综合支付方式改革，发挥每种支付方式的优越性，克服其局限性，实现优势互补，最终既能为患者提供合理的医疗保障，又能对医疗消费进行有效控制和监管。

（三）平衡城乡医药资源配置

农村基层医疗卫生服务质量是决定新农合福利效应的关键因素，由于各种历史和现实原因，农村仍然存在着医疗机构稀缺、医疗卫生服务环境不佳、医护人才缺乏等问题。因此，优化农村医疗卫生资源结构，对于提高新农合福利效应具有重要的基础性作用。一是继续加大农村医疗卫生投入力度。各级政府应切实落实医疗卫生经费，对重点医疗项目和大型医疗设备给

予专项补贴。二是完善县、乡、村三级医疗卫生服务网络建设。要在区域范围内合理布局，实现医疗资源有效整合，改变现行医疗卫生体系机构重叠的现状，提高资源利用效率。完善乡村医疗机构基础治疗设备的配套供给制度，加大资金支持和政策倾斜。三是提高乡村医务工作人员的专业技能和服务意识。进一步明确对农村医疗卫生人才的培养形式和扶持政策，加强农村卫生医疗岗位吸引力；通过定期工作、挂编流动等方式鼓励医务人员走基层；建立和完善城乡医院资源整合、对口支援、远程会诊等制度，提升农村基层卫生机构诊疗能力。

参考文献

国家卫生计生委统计信息中心：《2003 第三次国家卫生服务调查分析报告》，2005 年 11 月。

国家卫生计生委统计信息中心：《2008 第四次国家卫生服务调查分析报告》，2010 年 11 月。

国家卫生计生委统计信息中心：《2013 第五次国家卫生服务调查分析报告》，2015 年 11 月。

胡森等：《应用因子分析法探讨新型农村合作医疗绩效评价》，《中国卫生统计》2016 年 2 月。

郑道新等：《新型农村合作医疗绩效评估的新视野：制度经济学的逻辑》，《福建论坛》（人文社会科学版）2014 年第 1 期。

B.22
吉林省创新未成年人大病
医疗保险制度研究

韩佳均*

摘　要： 随着医疗改革的深入推进，吉林省通过基本医保保基本，大病保险、医疗救助守底线，基本建立起涵盖大病救助基金、社会慈善救助、疾病应急救助等多层次、可持续的医疗保障体系。目前未成年人重大疾病需求日益复杂和多样，基本形成政府、社会组织、慈善救助、商业保险、个人求助的联合救助模式，但未成年人大病医疗保障仍旧较弱，转诊及异地结算困难，各救助主体间缺乏有效的沟通和衔接机制。为更好地实现联合救助形成合力，建议推行儿童参保补贴，设立儿童大病专项保障；建立统一重大疾病救助服务平台；扩大医疗救助服务内容，实施多样化、精准化救助。

关键词： 医疗保险　未成年人　重大疾病　联合救助

　　未成年人罹患重疾对于患儿家庭来说，无疑是一场劫难。高昂的治疗费用、长期的求医历程、照料患儿要承受的精神压力和心理压力，都是家庭难以承受的重担。如何提高未成年人重疾患者的保障和援助水平，是一项长期而重要的任务。

---

* 韩佳均，吉林省社会科学院社会学所助理研究员，主要研究方向为社会保障、社会政策。

一 吉林省未成年人大病医疗保险现状

未成年人医疗保险大致有四个发展阶段：20 世纪 50 年代，儿童的医疗费用主要由父母所在单位承担；20 世纪 90 年代公费医疗改革以后，儿童的医疗费用主要由家庭承担；2003～2009 年，随着城镇居民基本医疗保险和新农合的建立，儿童被纳入了医疗保障体系；2010 年开始，儿童大病逐渐被优先对待。

（一）吉林省未成年人大病保障政策

2011 年吉林省城乡居民基本医疗保险基本实现全覆盖。自 2012 年起，吉林省先后出台《城乡居民大病保险实施办法》、《城乡居民大病救治体系建设实施方案》、《关于进一步完善城乡居民大病保险制度的实施意见》等，从 2017 年起将大病救治病种由 9 种扩大到 28 种。与此同时，吉林省还出台《医疗救助实施意见》、《关于全面建立临时救助制度的意见》，对因重大疾病而陷入基本生活困境的家庭和个人，给予应急性、过渡性救助。

吉林省对于未成年人的医疗保障，按照保障力度的大小分为以下几个层次：①基本医疗保险，即城乡居民基本医疗保险。住院、门诊大病（包括意外伤害）医疗费用，支付比例平均不低于 70%。②重大疾病医疗保障。起始支付比例 55%，最高不超过 80%。吉林省在国家卫计委列入补偿范围的基础上又增加 22 种，共计 42 种重大疾病。儿童白血病、儿童先天性心脏病在省、市级定点医疗机构低比例起付段以上按 70% 的比例报销。③医疗救助政策。将救助对象分为四种类型①，对大病保险起付线以上部分，根据救助对象类型实行全额补助或差额补助。在大病保险起付线的基础上，由县级以上政府制订医疗起助线和补助办法。

---

① 第一类救助对象是特困供养人员，即农村五保对象、城乡孤儿和县级民政部门认定的城镇三无人员。第二类救助对象是城乡最低生活保障家庭成员。第三类救助对象是低收入家庭中的重度残疾人、未成年人、老年人及重病患者。第四类救助对象是因病致贫家庭的重病患者。

综上所述，基本医疗保险覆盖面广，新生儿出生后即可参加保障，可即时享受保险待遇，但实际保障力度有限；重大疾病医疗保障比例有所提高，但覆盖的病种仍旧在规定的重大疾病中，覆盖病种有限；医疗救助在扣减基本医疗保险和大病保险报销额基础上实行，设定直接医疗救助年度累计封顶线。该政策的实施仍旧按照疾病种类划分的基础展开，并不能对所有重大疾病进行保障。

（二）未成年人重大疾病需求复杂

根据疾病的危险程度和死亡率，造成儿童死亡的疾病主要包括先天畸形、变形和染色体异常，呼吸系统疾病和肿瘤等。其中不满 1 岁儿童死亡的主要原因是先天性心脏病、肺炎、脑膜炎、败血症、白血病。而造成 1 周岁以上儿童死亡率最高的疾病就是白血病。由于环境污染等多方面原因，儿童恶性肿瘤、脑瘫、唇腭裂发病率不断上升，根据吉林省儿童数量和各类重大疾病发病率来看，先天性心脏病、结核病、脑瘫儿童每年新增病例最多。重大疾病的治疗费用，从几千到数十万乃至上百万不等，不同疾病所需的治疗费用不同，同一疾病在不同年龄、不同类型、不同程度上，治疗费用也相距甚远。总体而言，简单先天性心脏病、唇腭裂等治愈率较高，有成熟干预技术、治疗效果良好，费用相对较低；而白血病、恶性肿瘤等疾病治疗周期长，如果需要化疗或移植手术费用通常很高，一些终身性疾病则需要长期用药，生活质量较低（见表1）。

表1 常见重大疾病发病率、新增人数、平均治疗费用、治愈率

疾病类型	发病率（人/10万人）	吉林省年新增人数*（人）	平均治疗费用	综合治愈率
先天性心脏病	800～1000	410～513	2万～4万元（简单先天性心脏病），复杂先天性心脏病具体情况不同差异极大	98%以上（简单先天性心脏病）
儿童结核	460	236	结核性脑膜炎6000～9000元,肺结核4000～6000元（不包括难治性结核）	95%以上

续表

疾病类型	发病率	吉林省年新增人数*	平均治疗费用	综合治愈率
脑瘫	120~250	61~128	轻度 3000~3500 元/月,中度 5000 元/月,重度 6000~6500 元/月	不能根治,轻中度 96%,重度 70%
唇腭裂	182	93	5000~50000 元	100%
川崎病	90	46	2 万元(无冠脉损害者)	日本 4 年存活率 87%;10 年 45%
癫痫	28.8	15	门诊治疗普通型 100~200 元/月,难治型 500~1000 元/月,急性发作时 5000~15000 元/次住院	70%
重症肌无力	8~20	4~10	眼肌型门诊治疗 100~200 元/月,全身型 1 万~2 万元/次住院	80%~90%
白血病	5	2.5	10 万~60 万元	60%(急性淋巴细胞白血病达 70%)
血友病	3	1.5	10 万~20 万元/年,出血程度、体重不同费用相差极大	不能根治
恶性脑肿瘤	2.5	1.3	不同疾病类型、患病程度费用差异很大	高者达 80%,低者不足 10%
再生障碍性贫血	2	1	造血干细胞移植需 15 万~30 万元	不进行移植需长期输血,平均治愈率约 57.9%

＊根据《中国统计年鉴 2016》中吉林省 14 岁以下未成年人口数及发病率计算。

资料来源:《中国儿童大病救助与慈善组织参与现状报告》。

(三)社会组织、慈善救助发挥补充作用

随着社会对大病儿童关注程度的提升,社会组织、慈善组织、公众、媒体都参与到关爱重大疾病患儿中来。截止到 2015 年底,全国有 80 余家慈善组织开展 160 余个大病救助项目,覆盖了儿童先天性心脏病、白血病等多个病种[1]。吉

---

① 《中国儿童大病联合救助模式分析报告》。

林省主要是针对省内贫困家庭 0 ~ 14 周岁先天性心脏病、白血病、唇腭裂、血友病患者开展慈善救助（见表 2）。省慈善总会与定点医院合作，一般需要患者在定点医院就医，领取并填写救助申请表。通过省慈善总会审查、核实后由定点医院给予治疗。

慈善救助已经成为贫困家庭儿童大病救助的重要力量。总体上看，对儿童先天性心脏病、白血病救助力度较大，提供救助的社会组织较多，覆盖范围较广泛，受益人数最多。对于一些尚未纳入基本医保、重大疾病医疗保障范围的其他重大疾病、先天性疾病以及一些康复性项目，在社会组织中都有涉猎，弥补了医疗保障体系在这方面的空白。在救助形式、救助程序和救助额度上相对比较灵活，救助时间相对迅速，力度较民政医疗救助要大。患儿可以在事前、事中、事后及时得到救助，全国性的慈善基金对患儿属地就医和异地就医没有特殊限制。根据患儿的实际需求，除了给予资金补助外，药品、康复器械、心理咨询等也开始被纳入救助内容，救助方式呈现多元化趋势。

表 2　吉林省内有关儿童大病救助的慈善项目

项目名称	开始时间	救助对象	资助额度
"生命之光"儿童先天性心脏病救助项目	2005 年	省内城乡低保户、农村困难户、重点优抚对象、残疾家庭中 0 ~ 14 岁先天性心脏病患儿	经医保报销、爱佑慈善基金会资助后，全额救助
血友病救助项目	2015 年	省内贫困血友病患者	经医保报销、中华慈善总会拜科奇或百因止项目救助后，救助个人自付部分的 40% 或总费用的 10%，最高不超过 1.5 万元
"微笑列车"唇腭裂免费治疗项目	2000 年	先天性唇腭裂患者	免费唇腭裂修复手术
"神华爱心行动"项目	2011 年	省内贫困家庭 0 ~ 14 岁白血病、先天性心脏病患儿	白血病患儿最高救助 5.5 万元，先天性心脏病患儿救助不超过 2 万元
长春市"有爱不孤单"罕见病儿童慈善救助项目	2017 年	16 周岁以下，首发并确诊的川崎病、先天性卵巢发育不全症、儿童糖尿病、氨基酸代谢类疾病等罕见病患病儿童	对川崎病和先天性卵巢发育不全症的患儿，发放救助金；对氨基酸代谢类疾病患儿和糖尿病的患儿，发放救助物品

项目名称	开始时间	救助对象	资助额度
吉林市脑瘫患儿救助项目	2017 年	18 岁以下脑瘫患儿	将筛查总人数的 5% 适宜手术治疗的贫困家庭患儿,送北京免费康复治疗。5% 以外需要救助的患者,要求到北京定点医院治疗的,提出书面申请给予 1000 ~ 8000 元医疗补助款

注：资料来源于吉林省慈善总会。

（四）儿童重疾商业保险、个人求助逐渐兴起

随着对未成年人身体健康状况的重视程度提高，越来越多的父母选择为子女购买商业保险。各大保险公司也针对少儿重大疾病推出一系列产品，目前市面上的少儿重大疾病保险种类繁多，保障力度、保障水平各有千秋（见表3）。总的来看，投保年龄一般在30天（含）至17周岁（含）。保障时间从1年期、长期（10年、20年、30年）到终身不等。关于保障的疾病种类，各大保险公司推出的产品，一般都在规定的25种重大疾病项目基础上有所增加，对于少儿重疾有额外的规定，在保障的具体疾病种类上不尽相同。投保的等待期一般在90~180天不等。投保费用根据基本保额、保险期间和交费期间计算，理赔金额最高可达66万。被保险人初次患大病时，保险公司根据保险条款给予赔付，之后保险责任终止。儿童商业重疾保险的兴起，极大地弥补了基本医疗保障的不足，为儿童保障提供了更多的选择。但是商业保险一般情况下，缴纳的保费并不少，对于普通家庭来说要承担一定的缴费压力。同时由于其自身的商品属性，可能面临停售、续保、拒保等问题。需要注意的是，先天性的疾病和投保前患有的疾病，商业保险是不会承保的，即使承保也会增加保费或规定相应疾病的豁免条款。

随着互联网的普及，以及"互联网+公益"的发展，个人求助的大病筹款方式逐渐在网上兴起。常见的有腾讯公益、水滴筹、轻松筹、爱心筹等，主要通过熟人间转发、证实、传播筹集善款，金额可多可少，通过微信

表 3　主要保险公司少儿重疾保险

公司名称	险种名称	投保年龄	保障期限	大病种类	等待期	保障情况
中国人寿	国寿康宁终身重大疾病保险	30 天至 70 周岁	终身	20	180 天	按基本保险金额的 300% 给付重大疾病保险金、身故保险金
	国寿康恒重大疾病保险	30 天至 65 周岁	70 岁	29	180 天	按保险单载明的保险金额给付重大疾病保险金、身故保险金
中国平安	少儿重大疾病保险	30 天至 18 周岁	1 年	15	90 天	30 万
太平洋保险	金佑人生 A 款(2017 版)保险产品计划	30 天至 55 周岁	终身	88 + 20 (轻症)	180 天	重疾保障金 + 累计红利保额 + 关爱金
	爱无忧两全保险	30 天至 50 周岁	长期	癌症	180 天	特定癌症三倍赔付,普通 2 倍
泰康保险	少儿重大疾病保险	30 天至 17 周岁	1 年	42 + 10 (轻症)	90 天	最高保额 60 万元,可连续投保
	e 康 – 18 种儿童大病险	30 天至 17 周岁	1 年	18	90 天	5 ~ 40 万元
中国太平	太平少儿重疾保障	30 天至 17 周岁	25 岁	35	90 天	5 ~ 10 万元,期满 110% 返还保费
新华保险	i 宝贝二号少儿重大疾病保障计划	30 天至 17 周岁	28 岁	40	90 天	4 种特定疾病双倍,18 周岁前身故给付 2 倍保费
	i 健康定期重大疾病保险(少儿版)	30 天至 17 周岁	长期	45	180 天	18 周岁前身故实际缴纳保险费,18 岁后给付保险金额
	i 无忧终身重大疾病保险(少儿版)	30 天至 17 周岁	终身	60 + 6 特定疾病	90 天	投保 10 年内最高 170% 赔付
阳光保险	健康随 e 保(儿童版)重疾保障计划	30 天至 17 周岁	长期	60 + 10 特定疾病	180 天	最高赔付 66 万元

朋友圈、支付宝等形式提取筹集资金,迅速、快捷地解决了一些人的医疗费用问题。但是作为一个新兴的行业,公益众筹平台仍旧在争议和摸索中不断改进。2017 年 8 月,民政部发布关于慈善组织互联网公开募捐信息平台建设的《基本技术规范》和《基本管理规范》,公益众筹平台开始向更

加标准化方向发展。需要明确的是，网络求助行为不属于慈善募捐，而是个人求助。

二 吉林省未成年人大病医疗保险存在的问题

目前吉林省内的未成年人大病保障形成了包括基本医保、重大疾病保障、医疗救助、慈善救助、商业保险等在内的多方面多层次的保障体系，但是总体来看，还是存在一些问题。

（一）未成年人大病医疗保障力度不够

吉林省在保障制度设置上，虽然对儿童重大疾病在报销比例上有所倾斜，但是对儿童重疾没有特殊病种保障，也没有专门针对儿童的专项基金或互助基金。对儿童参保也采取的是自愿参保制度，医院、社区一般会提示监护人为新生儿参保。目前的交费制度属于年度缴费年度参保，并没有设立个人账户，只有在住院治疗时才能够享受医保待遇。未成年人家长基于眼前利益或侥幸心理，为儿童参保的积极性并不高。

而未成年人一旦患病，由于本身不具备经济能力，其医疗的费用全部来自养育者。从医疗费用支付分配比例来看（见图1），基本医保报销能够支付的额度有限，各项救助制度也多针对贫困地区和贫困家庭。以吉林省非低保的普通工薪家庭为例，中等程度先天性心脏病治疗手术费用在北京约8万元，其中有4万元左右的乙类、丙类药物不予报销，属于自费内容，扣除自付部分按照70%的比例报销，实际报销费用约为2.8万元，即实际报销比例为35%，家庭实际需要承担的费用是5.2万元。在吉林省按照三口人月收入5000元计算，并不属于贫困家庭，没有达到重大疾病保障和医疗救助的起付标准，也无法申请慈善救助，如果没有购买商业保险，那么5万元费用需要家庭自己承担。这对于工薪阶层来说，已经算是一笔巨额支出，足以使家庭生活迅速陷入困境，而支出中尚且不包含因照顾患儿支出的其他费用，以及后续的恢复费用。以白血病为例，如果需要进行移植手术，那手术费用至少需要 60 万元，除去医疗保障、重疾保障和医疗救助支付，如果购买了商业保险，可进一步缓解支付压力，而超过封顶线的自付部分只能依靠慈善救助和个人求助筹集资金，能否筹集到足够的资金难以保证。

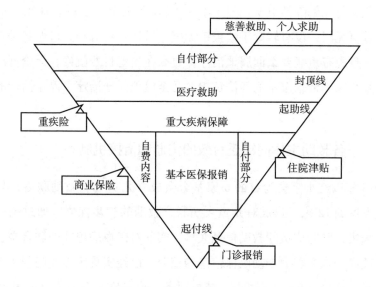

图 1　医疗费用支付分配情况

（二）转诊及异地结算仍旧困难

由于各省市、地区医疗水平发展不平衡，未成年人一旦患有重病，为了能够得到更好、更安全和更保险的治疗，家庭会选择到省内甲级医院或北京、上海、广州等大城市的医疗机构就医。根据目前的居民医保报销政策，转外就医必须要有医院提供的转诊证明，即只针对难以诊断、治疗的疑难疾病，专科医院的特殊病例给予转诊。这样做的目的是分流患者，引导形成合理的就医秩序，避免造成医疗资源的浪费，因此医院根据相关规定，很少为患者开具转诊证明。然而实际情况是，属地就医的医疗条件、医疗设施以及医生本身接触病例的有限性和治愈效果的差异性，无法满足患重疾的未成年人的要求。未成年人本身的特点也决定了需要更先进的设备、更精湛的医术、更合理的治疗方式，基层的医疗机构一般难以满足他们的医疗需求。根据吉林省目前的规定，转外地治疗需要预先审批并有一个月的外地就医时限，超过一个月需要回属地申请延时。转外地治疗的住院医疗费需要家庭预先垫付，不能享受异地结算，医保补偿的比例按照相对应的同级定点机构和费用分段支付比例降低 10%。这对困难家庭来说无疑是雪上加霜，垫付费用巨大筹借无门，没有转诊手续报销无望。另外，对流动人口尤其是农民工子女，一旦患有重病要么回属地治疗，要么在当地自费就诊，无论哪种选择都会给整个家庭带来沉重的经济负担，乃至出现保守治疗、停止治疗的无奈选择。

（三）各救助主体间缺乏有效的沟通和衔接机制

2015 年以红十字会为首的 6 家基金会成立儿童大病救助联盟，目前成员已经发展到 12 家，形成对儿童大病联合救助的初步探索。通过统一的救助信息采集、联盟成员间救助信息共享，实现对白血病患儿的联合救助。近年来，政府一直在着力推动医保信息的整合，已经实现定点医院与医保经办机构对于大病结算的"一站式"结算服务。但是在大病保险承办机构、医保经办机构、医疗救助机构之间，社会救助组织之间，政府与社会救助组织之间，政府各部门之间仍旧存在信息壁垒。

由于缺乏信息的共享机制，各救助主体通常各自为战，这不仅降低了救助的效率，增加了很多信息核对的工作，也使得救助资源分配不够均衡。一是对救助对象的身份和经济状况核实、具体需要救助的水平核实困难，需要层层证明；二是救助信息的获得困难，求助人无法获得更多的求助渠道，针对病种有优势的救助机构、施助机构也无法获得有迫切需要的救助对象信息；三是救助资金分散使用，救助合力减小，每个救助机构一种证明材料要求、报销证明要求，也加重了救助对象提供证明的负担，造成时间和经济成本的增加；四是救助服务不衔接。大病患儿需要的不仅是资金类的救助，服务类的救助也同样重要。有对专门医院的需求，有对药品持续使用的需求，有对康复器械的需求，有对情绪疏导、社会融入的需求，这些需要不同类型的救助机构提供帮助，需要一个平台将这些服务的供给者衔接起来。

三 吉林省创新未成年人大病医疗保险建议

基于吉林省目前未成年人大病保障的现实需求和施助状况，以及面临的问题，本文建议从以下几个方面开展工作。

（一）实行儿童补贴参保，设立儿童大病专项保障

未成年人医疗保障关系到儿童的身体健康，是一项重要的公共服务。政府在其中应当承担起主导的作用，承担儿童大病救治的重要责任。在各种医疗政策制定时，应突出保障儿童的力度，坚持"儿童优先"的理念。加大对儿童医疗救助的投入，提高救助水平。在低保范围内设置对因儿童大病返贫家庭的补贴政策，将儿童大病纳入低保体系，并与医保体系衔接。在基本医疗保险报销范围的诊疗项目和药品目录中，添加儿童常用药物和治疗儿童先天性疾病的药品，适当提高乙类药物报销比例，对一部分效果明显的丙类药物也给予报销。

对"一老一小"医保政策都加以均衡倾斜，实行儿童参加医保补贴，即对未成年人参保实行兼有社会救助和社会福利性质的参保补贴制度。对14周岁（含）以下的未成年人实行"基本参保＋商业重疾险＋医疗救助＋专项大病补贴"政策，对参保的儿童由政府从医保统筹基金出资，建立专项大病补贴。在未成年人发生大病时，根据病种划分和医疗费用使用情况，在基本医保、商业重疾险、医疗救助实施之后，划定"个人自付最高限额"，超过限额的部分由社会统筹保险机制承担，避免由于缺乏医疗费用导致放弃治疗的现象。同时为了避免出现婴幼儿不参保的现象，可在婴儿出生时将其与父亲或母亲的医保账户挂钩，父母参保同时即为未成年人参保，以降低监管难度，实现风险共济。

在重视重大疾病的同时，儿童先天性疾病也应被纳入保障体系中，2017

年国家在 15 个省市开展了出生缺陷和先天性结构畸形救助项目，6 类 72 种先天性结构畸形疾病可获得一次性 3000 ~ 30000 元医疗费用补助。对先天性疾病的救助应当等同于对重大疾病的救助，通过早期的干预和治疗，延长未成年人的生命，提高他们未来的生存质量。

（二）建立统一重大疾病救助服务平台，联合救助形成合力

建立定点医院、医保机构、民政、卫生、扶贫和社会组织之间的共享信息和服务平台，对必要的信息进行共享，统一公布提供服务机构的服务类型和申请条件，患者可以找到需要的服务机构，并定向发送申请，实现网络化救助申请。逐步形成患者入住定点医院进行疾病救治，通过医保机构享受基本医保报销，在此基础上享受民政、卫生和扶贫相关部门的医疗救助，并通过社会组织的慈善救助形成补充的"一站式"报销和救助流程。

促进政府部门与慈善组织信息互通，通过政府的信息备案，慈善组织主动寻找适合的救助对象，降低患儿家庭申请公益救助的难度，降低慈善救助甄别和搜索成本。促进慈善组织之间信息互通，共享求助信息和救助信息，避免重复救助。通过建立联合救助信息和服务平台、转接流程，以标准化的救助流程和程序，约定统一的信息采集标准和报销规范、票据要求，减轻患儿家庭准备救助申请材料的负担，缩短审核时间和救助时间。需要注意的是，为了避免产生道德风险，用于医疗的资金应当直接对接医疗机构，由医疗机构直接用于对患儿的治疗，当患儿痊愈后若有剩余，应当返还慈善组织，将善款用于其他需要帮助的患儿。促进各级政府及政府部门之间的信息互通，实现各项救助信息与保障信息的共享，实现精准救助、精准扶贫。将互联网与社会救助进行融合，以信息库的形式，形成梯次救助模式，将城乡低保、医疗救助和专项救助的信息衔接，建立覆盖乡镇、村区的信息网络，重点推进农村大病救助信息普及，方便百姓便捷地查询救助信息和报销进度。

（三）扩大医疗救助服务内容，实现多样化、精准化救助

对患儿的医疗资金救助无法解决全部问题。在患儿患病的初期，疾病的

确诊、医院的选择、对病情的了解以及对治疗康复的希望，都将对这个家庭的选择造成影响。而没有坚持治疗的原因，也包括患儿照料问题、家庭的生计问题、患儿康复恢复问题，不仅患儿需要进行心理疏导，患儿家长承担的压力也需要进行合理的释放。因此，将救助服务内容扩大势在必行，救助的内容需要进一步拓展，通过医疗救助弥补医疗保险所无法涉及的领域。在患病初期引导家庭正确认识疾病，树立正确的治疗心态，积极提供就诊协助。政府可通过购买的方式，由社会组织、社会机构提供专业化救助和服务，设立救助专员，实现精准帮扶。由救助专员在患儿治疗期间协助申请各种形式的救助，协助整理申请救助资料，协助将资料递交相关部门并持续跟进。对慢性病患儿及家属的心理援助，在长期的治疗过程中尤其重要，避免其由于压力负担过重，形成扭曲的心态。在治疗期结束后，可适当定期回访，协助患儿及家属更好地融入社会。

健全社会救助主动发现机制。依托基层社区网格化建设，发挥基层党组织的核心作用，建立层层联动，主动汇报，及时发现特殊情况，快速处置，提供帮助服务。加强基层社会救助岗位工作人员的专业化水平和政策理论水平，探索通过购买服务的形式，吸引专业社会工作机构等社会力量进入社会救助领域，促进社会救助服务专业化发展。转变患儿及家庭盲目求助、求助无门、四处求助的局面，形成重点关注、持续帮扶、精准帮扶的救助体系。

参考文献

中国红十字会：《中国儿童大病救助与慈善组织参与现状报告》，2013年5月。
中国红十字会：《中国儿童大病救助联合模式分析报告》，2016年11月。
崔艳丽：《吉林省典型县市贫困群体重特大疾病医疗保障情况调查报告》，吉林省民政厅社会救助处，2013年3期。
栾文敬：《我国儿童医疗救助政策回顾与评析》，《中国卫生经济》2012年第9期。
张治国、龚勋、罗五金：《我国城镇未成年人医疗保障制度比较研究》，《中国卫生

经济》2010 年第 8 期。

严运楼：《国外儿童青少年医疗保障的实践与借鉴》，《中国学校卫生》2008 年第5 期。

张晓巍、楚明锟：《未成年人社会医疗保险研究综述》，《管理学刊》2011 年第2 期。

杨敬宇、王玲玲：《关于未成年人医疗保障问题的探讨》，《社会保障》2007 年第4 期。

B.23
吉林省青年创业问题研究*

王天新**

摘　要： 随着吉林省各级政府加快推动"双创"发展，青年群体的创业意愿强于以往，创业类型日趋多元，与青年"双创"相关的扶持政策、平台载体及主题活动也有所增多，青年创业迎来了重要的发展机遇期。尽管如此，大学生、军转干部、残疾人及其他社会青年在创业过程中，仍在创业环境、创业政策、创业融资、创业网络及创业教育方面面临一些亟待解决的问题。为此，本研究在分析吉林省青年创业现状和问题的基础上，尝试从增强创业文化氛围、完善青年创业政策、拓宽创业融资渠道、建设特色创客空间、强化创业能力培养五个方面提出对策建议。

关键词： 青年创业者　创业政策　载体建设　创业教育

随着吉林省各地大力推动"大众创业、万众创新"，创新创业有望成为拉动吉林省经济增长的新引擎，而在所有的创业主体中，青年是不可或缺的重要力量。有鉴于此，本研究通过分析吉林省青年创业的发展现状，总结青年群体在创业过程中遇到的主要问题，提出支持青年"双创"的对策建议，以期为吉林省政府有关部门决策提供参考。

---

* 本文是吉林省科技厅项目"吉林省青年公益创业困境与破解机制研究"（20160418067FG）的阶段性成果。

** 王天新，吉林省社会科学院城市发展研究所助理研究员，博士，主要研究方向为城市发展。

一 吉林省青年创业的基本现状

（一）青年创业意愿有所增强

当前，吉林省正处于经济社会转型的关键时期，各项改革加快推进，政策措施不断出台，为社会各界参与创新创业创造了宽松便利的发展环境。青年作为最活跃、最敏锐的年龄群体，善于发现和把握创业机遇，逐渐成为吉林省"双创"领域的活跃群体。在这一群体中，受过高等教育的创业者比重不断提高，他们在校期间通过参加"挑战杯"课外学术科技作品竞赛、"创青春"创业大赛、创新创业训练计划、本科生创业实践等，形成了一批成果，在面对就业压力时敢于选择自主创业实现自我。在青年创业群体中，还不乏一些在外打拼多年且累积了一定资本和经验的创业者，他们认准了家乡的发展潜力而选择返乡创业。另外，随着全省各地相继出台支持农民工返乡创业的政策措施，不少农村青年也积极参与到创新创业中。截至2017年6月末，全省新建省级农民工返乡创业基地12个，完成年计划的60%，返乡创业的农民工等人员达到6.3万人，占农民工总数的3.19%，比2016年同期增加0.32个百分点。① 此外，吉林省还积极打造军转创业孵化基地和残疾人创业服务中心，调动起包括退役士兵、残疾人青年在内的特殊群体创业的积极性，使得自主创业也成为对他们而言很有吸引力的选择。可见，吉林省各地对青年创业工作的重视程度明显提高，使得全省大学生、农民工、军转干部、残疾人等各类青年群体的创业意愿均有不同程度的提升，因而有必要继续加快营造宜商宜业的发展环境，从而促使更多青年的创业愿望转化为实际行动。

（二）青年创业类型日趋多元

近年来，吉林省青年"双创"类型丰富多样，包括科技创业、网络创

---

① 《全省农民工等人员返乡创业工作稳步推进》，吉林省人力资源和社会保障厅，http://hrss. jl. gov. cn/jycy/nmgfxcy2017/cydxhjcjy2017/201707/t20170728_ 3300767. html。

业、文化创业、公益创业等。大学生、海归留学生等青年群体与高科技、知识创新结合得较为紧密，因而更多选择进行科技创业活动，并且在医药、无人机、智能制造等吉林省重点支持的产业领域积累了一些技术创新成果。而随着移动互联网技术、网络支付手段发展加快，网络创业、微商经营占青年创业活动的比重也在不断提升。由于网络创业所需的启动资金少、规模小，不少返乡青年农民工也开始利用网络创业，利用电子商务推广家乡特产、绿色农产品及有机食品；一些残疾人青年受身体条件及资金所限，运用社交媒体进行网络创业的尝试也有所增多。除此之外，文化创业、休闲创业也日益成为吉林省青年创业的新类型，长春、吉林等文化产业发展较快的城市积极为新锐文化青年提供创业场地和资源，促使相关创业活动的经济和社会影响力也日益突出。此外，还有一些青年创业团队专注于探索以商业化运作解决社会民生问题，学界称之为公益创业或社会创业，近年吉林省一些高校的公益创业项目频频在国家级、省级"双创"比赛中获奖，体现出青年公益创业发展加快的趋势。

（三）青年创业政策持续完善

近年来，针对创新创业者普遍存在的政策、资金、技术、信息、服务等需求，吉林省多个管理部门相继推出了一系列政策"套餐"。具体体现在：积极落实各项税收政策，促进高校毕业生、残疾人、退役军人、登记失业人员等创业就业；优化创业担保贷款政策，研究出台了《吉林省创业担保贷款实施办法》，2017年上半年，仅吉林省再就业小额贷款担保服务中心就发放创业担保贷款7643万元，完成任务指标的437%，扶持306人创业，有效带动1032人就业；[①]完善大学生创业优惠政策，集中体现在降低证照办理门槛、扩大免征企业所得税的适用范围、促使小额贷款便利化、完善人才中介服务体系等；推出支持返乡创业的政策措施，鼓励具有资金、技术、管理经验的农民工、大学

---

① 《吉林省本级创业担保贷款上半年发放7643万元》，吉林省人才交流开发中心，http：//www.jlhr.com.cn/xwdt_sj/4028809e5ca57182015d302cfc6b00b9.html。

生、退役士兵等返乡进行创业；提高创业工作管理效率，全省相关部门积极简化登记程序，缩短办事时限，有效改善办理证照"部门多次跑、材料重复交、办理时间长"问题，使得营商环境得到持续优化。

（四）青年创业载体建设加快

2016 年以来，吉林省加快建设众创空间等青年创业载体，不仅出台了《吉林省发展众创空间推进大众创新创业的实施意见》等引导性政策文件，还加大了对孵化器和众创空间的资助力度，累计认定省级以上科技企业孵化器 85 家，累计投资 112 亿元，在孵企业 2978 家，顺利毕业企业 1588 家，拉动创业就业 33000 多人。[①] 另外，吉林省政府有关部门还对全省 107 家大学生创业园进行了全面考核，对不具备孵化功能的 36 家创业园提出了整改意见，新评审认定了 10 家省级大学生创业园和 10 家创客空间，九台大学生创业园和摆渡创新工场入选全国创业孵化示范基地名单。不仅如此，2017年 5 月，吉林省还推出了《关于启动农民工等人员返乡创业工程促进农民增收的实施意见》，首次提出建设一批综合性创业园区，吸纳农民工入园创业。此外，吉林省人社厅还根据全省自主择业军转干部创业工作的实际需要，与长春市联合打造了军转创业孵化基地，近两年来共有 30 名军转干部入驻基地并挂牌创业，滚动孵化 31 家企业，安置复转军人就业 400 余人，带动社会就业 1000 余人。可见，吉林省推动发展不同类型的创业孵化基地，加大对"双创"载体的支持力度，为青年创业创造了较为有利的发展条件。

（五）青年创业主题活动增多

为了增强全省"双创"氛围，鼓励更多青年人参与到创新创业中来，政府有关部门还积极组织"双创"主题活动，以丰富青年群体的创业体验。在赛事推广方面，自 2014 年以来，共青团吉林省委将"创青春"青年创新

---

① 《吉林省加快全社会创新创业发展步伐. 吉林省人才交流开发中心》，http：//www. jlhr. com. cn/xwdt_ sj/4028809e5769db71015a8de2407b03a3. html。

创业大赛作为发现人才、储备项目的抓手，开展宣讲会、路演会、培训会、交流会，帮助青年创客解决各种痛点问题；2016 年，吉林省还首次尝试推动政府与民营企业合作，举办"摆渡杯"青年创新创业大赛，面向全省共选拔出 386 个项目，有近千名选手参加比赛，评出获奖项目 18 个，来自国内的 30 家投资机构与获奖项目的负责人进行了投资意向对接，是省内同类比赛成效最好的一场。在创业培训方面，长春市政府有关部门联合本地科研院校及省外创业教育机构，面向全省在校及毕业未满三年的大学生创业者开办青创训练营，提供了包括导师实战授课、融资对接路演、私董分享会、户外宿营拓展、调研考察等在内的创业培训，以及人脉拓展、辅导咨询、团队建设等链条式服务，帮助吉林省创业青年提高能力素质。在创业交流方面，政府有关部门组织实施了"吉林人社·大学生创业大讲堂活动"，先后有5000 余名青年学生在大讲堂现场共享创业成功者、天使投资者和创业导师的人生经验；另外，还组织开展了"创新吉林—双创走基层"双创周活动，这些均为吉林省推动青年"双创"营造了有利的发展环境。①

二 吉林省青年创业面临的主要问题

（一）创业环境有待完善

在吉林省的青年群体中，青年创业意愿虽有所增强，但由于种种顾虑，真正将创业愿望转化为创业行动还不是大多数青年的选择。究其原因，从创业环境来看，吉林省作为东北老工业基地，多年来以重化工业为经济发展基础，民营经济发展水平较低，地域文化呈现封闭性的特点。另外，"单位制"、"国企制"在吉林省经济社会发展中长期居于主导地位，商业导向的"双创"发展起步较晚、较慢，社会大众对商业创业的认知处在启蒙阶段。

① 《吉林省加快全社会创新创业发展步伐》，吉林省人才交流开发中心，http：//www. jlhr. com. cn/xwdt_ sj/4028809e5769db71015a8de2407b03a3. html。

尤其对于青年创新创业而言，一些舆论认为，创业是在找不到好工作的情况下不得已的选择，只有进入国有企业、事业单位工作才算是稳定的就业。可见，在吉林省的地域文化中，尚缺乏对创业的社会文化积淀，社会大众对创新创业的理解尚存在一种认知上的"偏见"，一些家庭对于青年创业也普遍持怀疑态度，因而仍需要政府有关部门为公众了解创新创业提供多元化的渠道，加快完善有益于青年"双创"的环境条件。

（二）创业政策支持不够

创业政策是激励或扶持创业活动的多种措施，是影响青年创新创业的重要因素。从创业政策来看，首先，吉林省支持青年创业的需求型政策不足。在吉林省青年创业的现行扶持政策中，有关创业服务、创业教育、创业引领计划的供给型政策较多，财政支持、融资支持、场地扶持等环境型政策出现的频率也较高，相对而言，具有同样带动作用的需求型政策较少，尤其是政府采购、外包等方面的需求型政策有待调整完善。其次，吉林省涉及扶持青年就业创业的部门有很多，各个部门都围绕自身职能推出了利于青年"双创"的扶持和管理政策，总体上呈现"多而杂"的特征，缺少综合梳理和分门别类，并且对每项政策的渗透和宣传也都不到位，使得一些青年创业者在创业初期了解信息资讯或寻求政策帮扶时感到迷茫，不确定从何处着手，也难以确定哪些是最新政策。最后，吉林省扶持青年创新创业的职能部门之间尚未形成合力，每个部门都能够帮上一点儿、管上一点儿，但对青年创新创业的总体扶助效果有限，并且不够连续，尤其是在真正用到一些政策的时候，如何申请，哪些部门具体负责，都不够清晰和明确，使得一些支持性政策未能有效实现预期的效果。

（三）创业融资方式较为单一

对于青年创业者而言，既没有大量的自有资金作为支持，也没有社会成功人士所具备的人脉，创业初期一般都面临较为艰难的资金困境。2016年12月，东北师范大学发布了《中国大学生就业创业年度发展报告2015～2016》，报告显示，影响大学生创业成功的客观因素依次是人脉关系、市场环境、资金；大学生最期待落实的创业政策依次是资金扶持政策、税收减免优惠政策、培训指导服务政策。目前，吉林省青年创业者的资金来源渠道看似多元，但真正发挥作用的融资方式仍比较单一。其中，向亲友借钱成为青年创业者筹集启动资金最常见、最简单且最有效的方式，以这种方式获得的资金一般没有利息支出或利息支出低，也不需要信用记录或抵押，但缺点是资金有限，且难以有效持续；在政府资金方面，扶持青年创新创业使用的是财政资金，为保证资金安全，需要有相应的担保机制，这对于青年创业者而言存在一定的融资门槛；而想要获得银行贷款，青年创业者则必须有严密可行的创业计划支撑，不仅要充分考虑还款压力、还款时间与企业预计经营状况的关系，还要做好打"持久战"的准备，申请贷款手续烦琐，任何环节都不能出问题。可见，在创业融资方面，吉林省青年创业者的内源筹资能力有限，外源融资中获得政府政策资金、银行贷款门槛较高，而风险投资、公益创投等新兴融资方式目前在吉林省发展不足，因此，为有效解决青年创业融资困境，吉林省政府有关部门仍需拓宽融资渠道，切实将各项资金政策落到实处。

（四）创业网络同质化倾向明显

一般而言，创业企业在成立之初通常会面临较为严重的资源约束，这时创业者的社会网络，也即创业领域研究者提出的"创业网络"，成为弥补初创企业"新进入劣势"的重要因素。然而，对于吉林省青年创业群体而言，无论是大学生、青年农民工还是军转干部、残疾人青年，都存在创业网络同质化的问题，其创业网络主要由社会经验、要素资源、知识储备相近的成员构成，网络广度不足，拓宽潜力被限制，很难从中获得异质性的社会资源，导致青年创业者所能获得的社会支持较为单一。这些同质化的创业小团体在倾吐创业困境、畅谈未来发展方面对彼此起到了减压作用，但在获取要素资源、解决创业困难等对创业影响更大的方面则帮助不大。也就是说，创业网络多样化水平较低，不利于跨界整合多方资源，这在一定程度上导致吉林省青年创新创业发展受限。

（五）创业教育水平尚需提升

在创业过程中，创业者始终处在创业活动的核心位置，需要具备较为综合的创业能力，而这离不开系统的创业教育和培训。从吉林省的青年创业教育情况来看，虽然很多高校已经意识到创业教育的紧迫性和重要性，但尚未形成系统的创业教育体系，并且仍缺少专业的师资队伍。另外，创业教育是一项面向实践的学科，吉林省很多高校的创业类活动只是在一定程度上培养了学生的创业思维，并没有真正打通实践环节，大学生的创业实践能力仍未得到实质性的提高。此外，青年农民工、军转干部、残疾青年也是青年创业群体的重要组成部分，他们的创业教育更多是经由社会培训完成的，但现有政策中对其创业能力培养的具体支持相对较少，创业培训在该类群体的创业扶持中处于边缘位置。如果从构建吉林省青年创业生态系统的角度来讲，高校及社会培训主体在系统中的"生态位"还很窄，为青年创业者提供的直接帮助仍不够多，应在深化青年创业教育和培训方面做出具体改进。

三 吉林省促进青年创业的对策建议

（一）加强"双创"宣传力度，营造创业良好氛围

首先，吉林省政府相关部门可利用广播电视、微信微博、街道公告栏、地铁宣传栏等多种媒介，全方位、多角度地宣传和解读青年创业政策和"双创"实践案例；还可考虑利用互联网直播平台，直播创业宣传周、宣传月等主题活动，既在更大的范围内宣传推介本土的创业实践活动，也使得更多有志于投身创新创业的青年群体获得实时观看、交流提问的机会，推动全省更多青年参与"双创"实践。其次，吉林省已开设"吉林青年之声"App和"吉青飞扬"微信公众号，可以鼓励社会多元主体充分利用这两大平台，积极上传创新创业理念、行业发展资讯、典型创业故事、创业公开课等与青

年"双创"发展相关的内容，帮助全省不同地区的青年群体及时了解掌握新兴理念、前沿知识及成功案例等，同时这也有益于社会公众较为全面地了解青年"双创"活动和成果，从而有助于吉林省营造良好的创新创业文化氛围。

（二）完善青年创业政策，增强政策执行力度

近年来，吉林省青年群体的创业意愿有所增强，但要真正转化为创业行动仍需时日，这与创业扶持政策落实及部门合力支持密切相关。首先，应将创业政策的扶持功能向青年创业的中后段延伸。目前，吉林省青年创业扶持政策侧重于完善供给型和环境型政策，未来应进一步强化需求型政策的作用，针对青年创业的中后段提供专项补贴和政府购买、销售平台等，确保青年初创企业做大做强。其次，应完善青年创业信息服务平台，为青年创业呈现高质量、多层次的信息资讯。比如，将人社、教育、科技、经信、团委、妇联和残联等多个部门的创业政策进行全面梳理，使创业青年尽可能通过统一渠道全面了解吉林省创业政策；另外，还应整理汇总国内外与行业发展相关的最新动态和潮流趋势，为青年创业者提供专业化的数据服务，保证各种创业信息资源在青年群体中得到及时有效传播。最后，应明确青年创业工作的牵头部门及各项工作的具体执行机构，促进各项优惠政策得到有效落实。未来随着青年"双创"活动及类型的不断增多，各级政府针对不同类型创业活动推出的扶持政策也将随之增多，因而需要有一个牵头部门来主司相关工作，避免不同部门在同一方面重复开展工作，并且推动形成职能部门的合力，保障青年创业政策的整体性和统一性，从而有效促进青年创新创业活动开展。

（三）加大资金扶持力度，拓宽创业融资渠道

目前，吉林省的青年"双创"活动处在发展初期阶段，多数青年创业团队成立时间较短，亟须获得持续的资金支持及对接更多的融资渠道，因此吉林省迫切需要扩大创业资金扶持的覆盖面，并且积极引入新的融资方

式和投资机构,共同资助青年"双创"发展。一是加大财政资金支持力度。可通过设立青年创业扶持基金,完善青年创业补贴标准和奖励机制,加强对青年创业的财政支持。二是加强创业担保贷款支持。可整合现有各类青年创业扶持资金,使之集中应用于青年创业小额贷款担保、贷款贴息等融资项目;另外,还应进一步放宽资金申请准入条件,提高创业担保贷款额度,简化创业资金审批流程,从而增加青年创业者获得资金支持的机会和效率。三是搭建风险投资平台,畅通风险投资渠道,帮助青年创业者向社会资本融资。四是引入新兴融资方式支持青年创业。比如在青年公益创业领域,可效仿其他地方政府引入公益创投的方式。公益创投对以商业化运作方式解决社会问题的组织提供持续的金融支持并参与其管理,投资领域涉及农业、教育、医疗、环境、金融服务(尤其针对弱势群体)等,投资主体通常会与受助对象建立长期合作伙伴关系,除提供资金和场地支持以外,还会提供一系列增值服务,如战略规划、沟通协作等,有助于强化青年创业团队的综合能力,对于促进吉林省青年"双创"活动的可持续开展势必有所助益。

(四)建设特色创客空间,完善青年创业服务

首先,吉林省政府有关部门应继续支持创建以大学生、青年农民工、军转干部、残疾人为服务对象的特色创客空间,研究推出适于不同类型创业青年的优惠政策和服务内容。其次,可考虑整合在全省各政府部门登记的创业导师,通过讲座、座谈、志愿活动、沙龙等形式与特色创客空间建立联系,帮助青年创业者建构有特色且多样化的"朋友圈",从而改善青年创业网络的同质化现状。最后,参照其他省市的创新做法和经验,帮助青年创业企业拓宽销售渠道。对于大学生、农民工、军转干部、残疾人等青年创业者而言,其初创企业一般规模小、产量少、资金量小,如果没有能力做好营销工作,便很难存活下去。对此,福建省政府的创新做法值得吉林省参考借鉴。在福建省政府主导下的海西青年创业基金会和社会导师俱乐部共同成立了"蓝丝带"社会企业,帮助青年创业者将货真价实的产品和服务向外界推

广，从而逐步实现将青年创业团队引入现实的商业网络。吉林省的一些特色创客空间也可效仿此种做法，通过联结政府资源、社会导师资源和青年初创企业，推动形成一个更大的商业网络，支撑青年创业企业逾越初期较为艰难的发展阶段。

（五）链接社会多方资源，强化创业能力培育

创业教育是一项面向实践的系统工程，也是一个资源整合的过程，需要吉林省政府、高校和社会等多方面的参与和联动。首先，政府部门应积极鼓励高校强化大学生创业兴趣引导、知识传授、技能锻造等素质化教育体系建设，通过创业讲座、案例分析、组建团队、角色扮演、创业模拟等多种方式帮助大学生模拟创业体验；还应支持全省高校内外具有发展潜力的青年创业领袖或团队参与国内外学术机构、社会组织举办的创新创业主题会议、论坛及青年训练营等活动，帮助吉林省青年创业者在对外交流中获取知识、创新思路和建立伙伴关系；也可以利用网络公开课、慕课等教育创新平台，向校园内外的青年创业者传播相关知识及案例经验。其次，政府部门还可考虑联合全省青年创客空间举办"双创"专场比赛，牵头召集知名创业企业家、金融及投资行业专业人士、相关学科专家学者作为大赛评委，为参赛团队提供与之面对面交流的机会，并借助比赛为投资者、青年创业项目及相关上下游资源搭建起长期交流及信息交互平台，强化并跟进吉林省优秀青年创业项目的发展。再次，政府相关部门还可考虑创建社会导师俱乐部，集结不同领域、不同职能部门的经验人士，采取灵活多样的形式，广泛深入地为吉林省青年群体提供创业辅导服务；另外，也可鼓励全省高校动员校友力量，筹建高校自身的社会导师俱乐部，为大学生创业项目提供创业指导和管理咨询。最后，政府有关部门还应支持成立辅助性的社会组织，开展创业指导、教育和培训，使军转干部、残疾人青年及其他具有创业意向的社会青年也有机会掌握创业技能，了解市场结构、企业组织、自主创业等相关知识，从而为全省更多青年强化创业能力、参与"双创"活动创造有利条件。

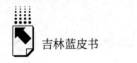

参考文献

曹文宏：《"双创"背景下当前青年创业问题探析》，《中国青年研究》2016 年第 4 期。

廖中举、黄超、程华：《基于共词分析法的中国大学生创业政策研究》，《教育发展研究》2017 年第 1 期。

卢小君、汲业：《大连市政府扶持青年创业的优化路径》，《大连海事大学学报》（社会科学版）2015 年第 3 期。

吴炜、王宇红：《退役士兵创业现状、困境与对策——基于扬州市的调查》，《中国青年研究》2016 年第 4 期。

郑晓芳、汪忠、袁丹：《青年社会创业现状及影响因素研究》，《青年探索》2015 年第 9 期。

B.24
吉林省实现住房小康目标的难点及对策[*]

王佳蕾[**]

摘　要： 根据2004年建设部出台的2020年全面建设小康社会居住目标，从吉林省居民目前居住现状来看，如期实现目标存在一定难度，尤其是在住房面积、住房间数以及农村住房配套设施等方面。建议吉林省通过增加居民收入，优化居住环境和服务，降低建房成本，改善农村基础设施等措施，争取实现住房小康目标。

关键词： 小康住房　住房面积　住房配套设施

党的十六大提出到2020年我国要全面建成小康社会，现在距离目标期限仅剩三年时间。"小康不小康，关键看住房"，住房问题一直以来都是老百姓最关心的问题，也是全面小康社会的建设重点。但是从吉林省居民住房条件现状看，到2020年吉林省住房很难达到全面小康标准。

一　吉林省居民住房条件的改善过程及现状

（一）吉林省居民住房条件的改善过程

吉林省城镇住房条件是伴随着住房制度改革和房地产市场发展不断

---

　* 本文数据来源于全国第六次人口普查、2015年全国1%人口抽样调查、历年《中国统计年鉴》和《吉林统计年鉴》、吉林省统计局内部资料。

　** 王佳蕾，吉林省社会科学院助理研究员，主要研究方向为产业经济学。

改善的，从改革开放以来可以大致分为三个阶段。第一阶段是缓慢发展阶段（1978～1997年），即从改革开放到住房制度改革初期。这一阶段住房紧张，居民普遍居住空间狭小，居住条件较差，即使后来进行一系列住房改革，但是仍见效甚微，住房条件的改善速度十分缓慢。1985年城镇人均住房建筑面积仅5.54平方米，至1997年也只增加到9.59平方米。但该阶段的城市住宅配套设施日趋完善，城市供水普及率从1985年的65.9%上升至1997年的82.95%，城市用气普及率从1985年的18.9%跃升至1997年的62.0%。第二阶段是快速发展阶段（1998～2006年），即从取消住房实物分配制度至房地产市场升温前。商品房取代了福利房，吉林省房地产市场得以快速发展，城镇居民的住房条件也大幅度提高。城镇人均居住面积从1998年的9.57平方米升至2006年的19.52平方米，但是该阶段城市住宅配套设施发展缓慢。第三阶段是稳定发展阶段（2007年至今），即从房地产市场快速升温至今。2007年伴随全国房地产市场的火爆之势，吉林省房地产市场也迅速膨胀，呈现供需两旺的态势，城镇人均住房面积比上年增加7.30平方米，达到26.72平方米。这一阶段的显著特点是人均住房面积增长基本停滞不前，住房配套设施快速发展。近几年吉林省人均居住面积并未显著增加，一直维持在28～29平方米。城市供水普及率、用气普及率和人均公共绿地面积分别从2007年的88.03%、82.38%和8.24平方米增至2015年的93.64%、92.46%和12.51平方米。

吉林省农村住房条件未表现出阶段性发展特征，人均居住建筑面积呈持续缓慢增加趋势，住房配套设施一直以来都较差。1978年，农村人均住房面积为7.80平方米，到1990年、2000年、2010年和2015年分别增加到13.42平方米、17.72平方米、22.89平方米、26.95平方米。2000年，农村抽水马桶比例为1.79%，之后的十几年，该比例一直维持在2%左右。2000年，农村洗澡设施配套率为2.26%，之后该比例虽有所提高，但是上升速度缓慢，到2010年也仅为4.08%。

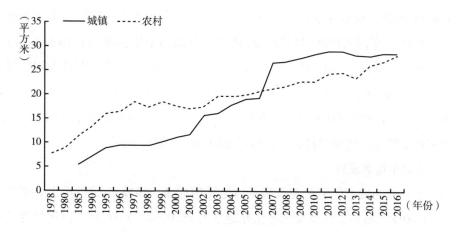

图1　吉林省人均居住建筑面积变化情况

（二）吉林省居民住房条件的现状

1. 人均住房面积

2016年，吉林省城镇人均住房建筑面积28.7平方米，农村人均住房建筑面积28.3平方米。与全国平均住房面积水平相比较，吉林省比较落后。2016年全国城镇和农村人均住房建筑面积都已经超过小康住房的面积标准，全国城镇人均住房建筑面积36.6平方米，比吉林省多7.9平方米，吉林省相当于全国平均水平的78.42%；全国农村人均住房建筑面积45.8平方米，比吉林省多17.5平方米，相比全国城镇人均住房面积，吉林农村人均住房建筑面积与全国的差距更大，仅相当于全国平均水平的61.79%。因为《中国统计年鉴》上没有人均居住面积的统计数据，所以在这里我们参照国家统计局2015年1%人口抽样调查数据进行比较，虽与《吉林统计年鉴》的数据有少许出入，但是基本可以反映出吉林省在全国的位置。国家统计局2015年1%人口抽样调查数据显示，2015年吉林省城市、镇、农村平均住房面积在全国31个省份中，分别居第26位、30位和31位，排名非常靠后。

2. 人均住房间数

2015年吉林省人均住房间数为0.82间，其中城市0.85间、镇0.84间，

农村 0.79 间，城乡差别不大。与全国相比较，吉林省在住房间数上更加落后。2015 年全国人均住房间数已经达到并且超出小康标准（1.15 间），可见吉林省与全国平均水平相差甚远。2015 年全国城市、镇、农村人均住房间数为 0.98 间、1.18 间和 1.24 间，吉林省则分别相当于各平均水平的86.73%、71.19% 和 63.71%。在全国 31 个省份中，吉林省城市人均住房间数居倒数第二，镇和农村人均住房间数则都排在最后一位。

3. 住宅配套设施

吉林省的城市住宅配套设施总体上比较完善。2015 年城市污水处理率为 88.00%，城市生活垃圾无害化处理率为 80.00%。2016 年城市用气普及率为 93.00%，城市供水普及率为 93.40%。另外，吉林省的城市绿化状况较好，2016 年人均公共绿地面积已经达到 13.37 平方米。

吉林省农村住宅配套设施水平则比较低下。2015 年，农村抽水厕所比率仅为 1.95%，农村洗澡设施配套率为 6.05%。

二　小康住房标准及吉林省差距

（一）小康住房标准

对于我国的小康住房标准，1994 年、2003 年和 2004 年建设部先后出台了三次。

1. 1994 年标准

1994 年，建设部发布"小康住宅"十大标准，定位为"科技先导，适度超前"，该标准是 2000 年要达到的小康居住水平标准。标准要求住宅套内使用面积稍大，功能区间划分合理，设施完备，环境舒适，达到国际常用"文明居住"标准。

2. 2003 年标准

2003 年 1 月，我国在全国住宅与房地产工作会议上确立小康社会住房标准，具体内容是：到 2020 年，住房从满足生存需要，实现向舒适型的转变，基本做到"户均一套房、人均一间房、功能配套、设备齐全"。该标准对小康住房的私密性、功能性以及住房质量提出比较细化和人性化的要求。

3. 2004年标准

2004 年 11 月，建设部宣布 2020 年全面建设小康社会居住目标，比较全面地对居住指标提出定性和定量标准。其中，城镇居住目标包括住宅面积、住宅质量与品质、住宅配套设施、居住环境与服务、居住消费支出 5 个方面 16 项指标；农村居住目标包括住宅数量、住宅质量及配套设施 3 个方面 5 项指标。

由于吉林省没有制定全面小康住房的具体标准，以上第一个标准也已经超出目标时间，所以下面我们在分析全面小康社会住房标准时，综合考虑后两种标准。

（二）吉林省住房条件与小康目标差距

与小康住房标准相比较，吉林省现有居民住房条件还存在很大差距，主要表现在以下几个方面。

1. 人均住房建筑面积差距

全面小康社会在住房建筑面积上的标准是城镇人均住房建筑面积 35 平方米，农村人均住房建筑面积 40 平方米。如表 1 所示，吉林省从城镇看，2016 年人均住房建筑面积为 28.70 平方米，比 2007 年仅增加 1.98 平方米，年均增长率 0.7974%，如果按照该速度推算，到 2020 年，吉林省城镇人均住房建筑面积只能达到 29.63 平方米，与小康住房标准还差 5.37 平方米。从农村来看，2007 年农村人均住房建筑面积 21.21 平方米，到 2016 年增至28.30 平方米，年均增长速度为 3.2564%，照此推算，2020 年也仅能够达到人均 32.17 平方米，与小康住房标准相差近 8 平方米。综上，吉林省在人均住房建筑面积上，无论是城镇还是农村 2020 年要达到全面小康标准都存在很大难度。

表1 吉林省人均住房建筑面积

单位：平方米

年份	2007	2008	2009	2010	2011	2012	2013	2014	2015	2016
城镇	26.72	26.97	27.68	28.41	28.88	29.09	28.27	28.15	28.60	28.70
农村	21.21	21.94	22.79	22.89	24.40	24.71	23.47	26.20	26.95	28.30

2. 人均住房间数差距

与2003年小康社会住房"人均一间房"的标准相比，吉林省也存在一定差距。根据"六普"和2015年1%人口抽样调查数据，2010年吉林省家庭户人均住房间数为0.73间，到2015年增加至0.82间。如果照该速度，到2020年吉林省家庭人均住房间数只能达到0.92间，"人均一间房"的目标大约要到2025年才能实现。

3. 住宅配套设施差距

吉林省的城市住宅配套设施总体上比较完善。2015年城市污水处理率，2015年城市生活垃圾无害化处理率和2016年城市用气普及率均已超出全面小康住房标准（具体见表2）。2016年城市供水普及率已经实现小康标准的98.32%，在2020年达到标准不存在难度。另外，吉林省的城市绿化水平也较高，2016年人均公共绿地面积超出全面小康标准的67.13%。

表2 2004年建设部出台的全面小康社会居住目标及吉林省实现程度

类别	序号	指标	2020年目标	吉林省数据	
				2016年及2015年数值	已实现程度（%）
一、住宅数量	1	城镇人均住房建筑面积（平方米）	35	28.70（2016年）	82.00
	2	城镇最低收入家庭人均住房建筑面积（平方米）	>20		
	3	农村人均住宅建筑面积（平方米）	40	28.30（2016年）	70.75
二、住宅质量与品质	4	城镇住宅成套率（%）	95		
	5	城镇新建住宅节能比率（%）	80		
	6	城镇新建住宅安全保卫智能化率（%）	70		

类别	序号	指标	2020 年目标	吉林省数据	
				2016 年及 2015 年数值	已实现程度（%）
二、住宅质量与品质	7	城镇新建住宅网络信息化率（%）	75		
	8	城镇住宅居住品质（如北方全面供暖率）	99	79.39（2015 年供暖率）	80.19
	9	农村住宅钢混、砖混结构比重（%）	94		
三、住宅配套设施	10	城市供水普及率（%）	95	93.40（2016 年）	98.32
	11	城市用气普及率（%）	85	93.00（2016 年）	109.41
	12	城市污水处理率（%）	75	88.00（2015 年）	117.33
	13	城市生活垃圾无害化处理率（%）	55	80.00（2015 年）	145.45
	14	农村安全可饮用水的覆盖率（%）	90		
	15	农村抽水厕所比率（%）	30	1.95（2015 年）	6.50
	16	农村洗澡设施配套率（%）	50	6.05（2015 年）	12.10
四、居住环境与服务	17	城市人均公共绿地面积（平方米）	8	13.37（2016 年）	167.13
	18	城镇物业管理服务覆盖率（%）	>95		
	19	居民对公共服务满意度（%）	>80		
	20	城镇交通便捷度			
五、居住消费	21	城镇人均年住房消费支出占消费支出比例（%）	25		

吉林省农村住宅配套设施水平则比较低下。2015 年，农村抽水厕所比率仅实现 6.51%，与全面小康住房 30% 的标准相比较，相差太多；农村洗澡设施 6.05% 的配套率与小康目标的 50% 仍然有相当大的差距。

三 吉林省实现小康住房目标存在的困难

（一）收入水平偏低

吉林省居民住房面积较小，住房间数较少，主要原因是居民的收入偏低，住房购买力不足。2016 年，吉林省城镇居民人均可支配收入 26530 元，全国城镇居民人均可支配收入 33616 元，吉林省低于全国 7086 元，相当于

全国平均水平的 78.92%，全国城镇居民人均可支配收入中位数为 31554
元，吉林省距此也有很大差距。吉林省近三年城镇人均可支配收入在全国
31 个省份的排位持续下滑，2014 年、2015 年和 2016 年吉林省分别居第 25、
27、29 位。2016 年，吉林省农村居民人均可支配收入 12123 元，全国农村
居民人均可支配收入 12363 元，吉林省也略低于全国平均水平 240 元，在全
国 31 个省份中排第 12 位。

（二）房价相对过高

虽然近几年吉林省房地产市场不景气，但是房价却相对较高。吉林省
商品住宅平均销售价格 2011 年为每平方米 4161 元，到 2016 年房价已经涨
至每平方米 4946 元，比 2011 年上涨 18.87%。2015 年吉林省商品住宅均
价为 5213 元/平方米，居全国 31 个省份的第 13 位，而前面所述吉林省的
城镇人均可支配收入在全国的位置与之相差甚远。房价收入比是国际上通
用的考量房价合理性的一个指标，联合国人居中心 1998 年对世界 56 个国
家的 97 个城市的房价收入比做了统计，通过对相关资料和数据的计算整
理（见表 3），得出各户均收入组的房价收入比情况。参照这些经验数据考
量房价水平，我们可以确定这样一个衡量标准，即房价收入比在平均值左
右的为合理区间。

表 3　1998 年世界 97 个城市按收入分组的房价收入比

户均收入（美元）	城市数量	平均值	中位数	最大值	最小值
1000 以下	12	12.8	12.4	30.0	6.3
1000~2000	25	9.7	6.9	28.0	3.4
2000~3000	12	8.9	5.0	29.3	3.4
3000~4000	12	9.0	8.1	20.0	2.1
4000~6000	12	5.4	4.5	12.5	3.4
6000~10000	9	5.9	5.8	8.8	1.7
10000 及以上	15	5.6	5.3	12.3	0.8
合　计	97	8.4	6.4	30.0	0.8

资料来源：根据世界银行《2001 年世界发展指标》相关数据计算。

通过计算得出吉林省自 2011 年以来的房价收入比，详细数值如表 4 所示。从计算结果可见，2011 年吉林省的房价收入比为 7.8，户均收入为 7440 美元，处于表 3 中 6000～10000 美元这一分组，与该分组的数据进行比较，吉林省的房价收入比要比 5.9 的平均值高出 1.9，这说明和其他收入水平相当的国家和地区相比，吉林省居民的购房压力相对较大。2012 年和 2013 年，吉林省的房价收入比分别为 6.2 和 6.0，都高于同组房价收入比 5.9 的平均值。2014 年吉林省的户均收入迈入 10000 美元及以上分组，和这一组 5.6 的平均值相比，6.1 的房价收入比仍显过高，到 2015 年这一比值升至 6.6，远远高于该组的平均值，2016 年该比值虽又有所下降，但是仍高于平均值。可见吉林省房价收入比超出合理范围，商品住宅价格相对较高，和同等收入的其他国家和地区相比较，吉林省居民收入的增长滞后于房价的上涨，居民购房负担相对较重，抑制了对住房的有效需求。

表 4　吉林省房价收入比

年份	户均人口（人）	人均可支配收入（元）	套均面积（平方米）	住宅平均价格（元/平方米）	房价收入比	户均收入（美元）
2011	2.70	17796.57	90.0	4161	7.8	7440
2012	2.72	20208.04	88.0	3875	6.2	8707
2013	2.77	22274.60	87.3	4228	6.0	9963
2014	2.75	23217.82	80.4	4810	6.1	10394
2015	2.97	24900.86	94.0	5213	6.6	11874
2016	2.83	26530.40	94.0	4946	6.19	11303

注：①户均收入采用当年人民币兑美元平均汇率计算得出；
②2016 年销售套数尚未公布，2016 年套均面积暂采用 2015 年数据。

（三）农村建房和供热成本较高

吉林省农村居民的人均可支配收入接近全国平均水平，但是农村人均居住面积和住房间数都居于全国尾端，而且吉林省内都要小于城市和镇。造成以上这些矛盾和情况的原因有以下两点。

第一，农村建房成本较高。由于吉林省地处北方，冬季极其寒冷且又漫

长，为了保持室内温度，减少热传导，所以建筑房屋时墙体要厚一些。而南方不存在防寒保暖问题，墙体就可以建造得薄一点。一般来说，北方外墙厚度为 370～500mm，南方就只需要 180～240mm。北方住房外墙厚度大约为南方的两倍，红砖、水泥等原材料和人工费用都要大幅度增加，建房成本也就大大地提高了。

第二，农村住房存在冬季取暖成本。同样是因为吉林省所处的地理位置偏北，所以冬天住房内都要采用取暖设备。北方农村没有集中供热，主要是采用自家烧炭、电加热等采暖方式，房屋的大小直接决定取暖所需的费用，吉林省冬季期长，农民冬天的取暖成本较高，小一些的住房能够降低取暖成本。

（四）农村基础设施条件的限制

吉林省农村抽水厕所比率和洗澡设施配套率极低，主要是受排污管道以及自来水供应等现实条件所制约。农村没有铺设统一的排污管道，抽水马桶无处排污，同时给水系统也存在限制。吉林省农村只有部分家庭住房内有管道自来水，而且还不都是 24 小时供水，水压也不足。排污和给水限制导致吉林省农村家庭仍然以使用旱厕为主。洗澡设施大多安装在卫生间内，而吉林省农村基本都使用旱厕，再加上用水限制，所以洗澡设施配套较少。

四 提高吉林省居民住房条件的对策

吉林省在人均住房面积等指标上，2020 年要达到小康标准有很大难度。对此，我们要及早谋划，不再过分强求人均居住面积达标，而要在尽可能提高人均居住面积的同时，把重点放在改善住房的配套设施上，尤其是要尽可能提升农村的基础设施条件，让城乡居民虽然住得不够宽敞，但住得很舒适。

（一）千方百计增加居民收入

收入问题是制约吉林省城镇和农村居民住房面积小、住房间数少的最根本的原因。农村建房成本和取暖成本高导致住房面积小，这归根结底其实也是收入较低的问题。发展经济、增加收入才是解决问题的治本之策。吉林省城镇居民人均收入严重偏低，需要尽快缩小与全国平均水平的差距。农村人均收入原来一直高于全国平均水平，2015年也开始落后于全国。我们要扭转这一被动局面，采取有效措施，千方百计提高居民尤其是中低收入群体的收入水平，增强居民购房能力，改善住房条件。增加居民收入可以从提高工资性收入，拓宽居民收入渠道，促进创业就业，调整收入分配，完善社会保障制度，加大强农惠农力度，鼓励农民进城打工等方面着手。

（二）完善住房保障体系

吉林省房价收入比相对较高，居民购房压力较大，尤其是中低收入家庭。解决中低收入家庭住房购买能力相对不足的问题，满足中低收入者合理的住房需求，应当完善吉林省住房保障体系。政府应加大住房保障体系的完善力度，增加公租房、廉租房、经济适用房等保障性住房的建设，扩大住房保障覆盖范围，加快棚户区改造，完善住房公积金制度，提升民生建设水平。

（三）优化居住环境和服务

居住环境的改善和物业服务水平的提高，能够大大提升居民对住房的满意度，增强百姓幸福感。第一，强化公共服务。增加公共服务设施，提高社区公共服务水平。为居民提供充足的健身器材、文娱设施等惠民强民设施，提供医疗卫生服务、关爱老年人服务等便民利民服务，使居住软环境得到改善，居民的日常生活更加方便愉悦。第二，提高交通便捷程度。发展公共交通，治理拥堵现象。增加公交车辆，增设公交站点，增修轨道交通，方便居民出行。修建高架桥、快速公路，引进共享单车，缓解交通压力。第三，大力发展物业服务。提高物业管理服务覆盖率，全面提升物业服务水平。物业管理可以对小区公共设施进行日常维护，对公共卫生进行打扫清洁，优质的物业管理还能够为居民营造一个安全、舒适、卫生、温馨的居住环境，使住房保值、增值。

（四）有效降低农村建房与取暖成本

农村可以通过应用建筑新技术、新工艺，使用新型建筑材料，节约建房和采暖成本，提高住房的舒适度。新技术和新材料的应用不仅能够减少施工程序，节约房屋建筑成本，而且热传导率低，具有良好的保温隔热性能，可以减少取暖费用。在农村推广太阳能、沼气等绿色清洁能源的取暖系统，既环保节能，还能大大降低农村冬季住房的供热成本。建房和取暖成本的有效降低，将一定程度上带动农民新建住房面积的增加。

（五）加强农村基础设施建设

吉林省农村住房普遍布局零散，住宅设计不科学，基础设施落后。完善农村基础设施建设，改善农村居住环境，提高农民居住质量，是新农村建设的重要内容。基础设施的改善对提高农民居住条件，提升农民生活质量具有根本作用。随着收入水平和生活水平的提高，农民对农村基础设施的需求不断增加，包括村内道路建设、自来水供给、排污管道建设、垃圾收集处理、改厕、路灯亮化、电网改造等。政府可以集中财力加强农村基础设施建设，促进城市基础设施向农村延伸，城市社会事业向农村覆盖，城市现代文明向农村辐射，实现城乡联动发展、共同繁荣。吉林省98%以上的农村家庭住房内都没有抽水厕所，那么将来在统一排污管道以及充足自来水供给这两个条件具备的地方进行新农村建设时，农村住宅设计就要打破传统格局，按照农民生产生活需要科学合理地建造房屋，将卫生间增设在室内，洗澡设施也可以安置其中，既方便农民居住生活，又能改善卫生条件。

❖ 皮书起源 ❖

"皮书"起源于十七、十八世纪的英国，主要指官方或社会组织正式发表的重要文件或报告，多以"白皮书"命名。在中国，"皮书"这一概念被社会广泛接受，并被成功运作、发展成为一种全新的出版形态，则源于中国社会科学院社会科学文献出版社。

❖ 皮书定义 ❖

皮书是对中国与世界发展状况和热点问题进行年度监测，以专业的角度、专家的视野和实证研究方法，针对某一领域或区域现状与发展态势展开分析和预测，具备原创性、实证性、专业性、连续性、前沿性、时效性等特点的公开出版物，由一系列权威研究报告组成。

❖ 皮书作者 ❖

皮书系列的作者以中国社会科学院、著名高校、地方社会科学院的研究人员为主，多为国内一流研究机构的权威专家学者，他们的看法和观点代表了学界对中国与世界的现实和未来最高水平的解读与分析。

❖ 皮书荣誉 ❖

皮书系列已成为社会科学文献出版社的著名图书品牌和中国社会科学院的知名学术品牌。2016年，皮书系列正式列入"十三五"国家重点出版规划项目；2013~2018年，重点皮书列入中国社会科学院承担的国家哲学社会科学创新工程项目；2018年，59种院外皮书使用"中国社会科学院创新工程学术出版项目"标识。

中国皮书网

（网址：www.pishu.cn）

发布皮书研创资讯，传播皮书精彩内容
引领皮书出版潮流，打造皮书服务平台

栏目设置

关于皮书：何谓皮书、皮书分类、皮书大事记、皮书荣誉、
　　　　　皮书出版第一人、皮书编辑部

最新资讯：通知公告、新闻动态、媒体聚焦、网站专题、视频直播、下载专区

皮书研创：皮书规范、皮书选题、皮书出版、皮书研究、研创团队

皮书评奖评价：指标体系、皮书评价、皮书评奖

互动专区：皮书说、社科数托邦、皮书微博、留言板

所获荣誉

2008 年、2011 年，中国皮书网均在全国新闻出版业网站荣誉评选中获得"最具商业价值网站"称号；

2012 年，获得"出版业网站百强"称号。

网库合一

2014 年，中国皮书网与皮书数据库端口合一，实现资源共享。

权威报告·一手数据·特色资源

皮书数据库
ANNUAL REPORT(YEARBOOK)
DATABASE

当代中国经济与社会发展高端智库平台

所获荣誉

- 2016年，入选"'十三五'国家重点电子出版物出版规划骨干工程"
- 2015年，荣获"搜索中国正能量 点赞2015""创新中国科技创新奖"
- 2013年，荣获"中国出版政府奖·网络出版物奖"提名奖
- 连续多年荣获中国数字出版博览会"数字出版·优秀品牌"奖

成为会员

通过网址www.pishu.com.cn或使用手机扫描二维码进入皮书数据库网站，进行手机号验证或邮箱验证即可成为皮书数据库会员（建议通过手机号码快速验证注册）。

会员福利

- 使用手机号码首次注册的会员，账号自动充值100元体验金，可直接购买和查看数据库内容（仅限使用手机号码快速注册）。
- 已注册用户购书后可免费获赠100元皮书数据库充值卡。刮开充值卡涂层获取充值密码，登录并进入"会员中心"—"在线充值"—"充值卡充值"，充值成功后即可购买和查看数据库内容。

数据库服务热线：400-008-6695
数据库服务QQ：2475522410
数据库服务邮箱：database@ssap.cn
图书销售热线：010-59367070/7028
图书服务QQ：1265056568
图书服务邮箱：duzhe@ssap.cn

社会科学文献出版社 皮书系列
SOCIAL SCIENCES ACADEMIC PRESS (CHINA)
卡号：384855144244
密码：

S 基本子库
UB DATABASE

中国社会发展数据库（下设 12 个子库）

全面整合国内外中国社会发展研究成果，汇聚独家统计数据、深度分析报告，涉及社会、人口、政治、教育、法律等 12 个领域，为了解中国社会发展动态、跟踪社会核心热点、分析社会发展趋势提供一站式资源搜索和数据分析与挖掘服务。

中国经济发展数据库（下设 12 个子库）

基于"皮书系列"中涉及中国经济发展的研究资料构建，内容涵盖宏观经济、农业经济、工业经济、产业经济等 12 个重点经济领域，为实时掌控经济运行态势、把握经济发展规律、洞察经济形势、进行经济决策提供参考和依据。

中国行业发展数据库（下设 17 个子库）

以中国国民经济行业分类为依据，覆盖金融业、旅游、医疗卫生、交通运输、能源矿产等 100 多个行业，跟踪分析国民经济相关行业市场运行状况和政策导向，汇集行业发展前沿资讯，为投资、从业及各种经济决策提供理论基础和实践指导。

中国区域发展数据库（下设 6 个子库）

对中国特定区域内的经济、社会、文化等领域现状与发展情况进行深度分析和预测，研究层级至县及县以下行政区，涉及地区、区域经济体、城市、农村等不同维度。为地方经济社会宏观态势研究、发展经验研究、案例分析提供数据服务。

中国文化传媒数据库（下设 18 个子库）

汇聚文化传媒领域专家观点、热点资讯，梳理国内外中国文化发展相关学术研究成果、一手统计数据，涵盖文化产业、新闻传播、电影娱乐、文学艺术、群众文化等 18 个重点研究领域。为文化传媒研究提供相关数据、研究报告和综合分析服务。

世界经济与国际关系数据库（下设 6 个子库）

立足"皮书系列"世界经济、国际关系相关学术资源，整合世界经济、国际政治、世界文化与科技、全球性问题、国际组织与国际法、区域研究 6 大领域研究成果，为世界经济与国际关系研究提供全方位数据分析，为决策和形势研判提供参考。

法律声明

“皮书系列”（含蓝皮书、绿皮书、黄皮书）之品牌由社会科学文献出版社最早使用并持续至今，现已被中国图书市场所熟知。“皮书系列”的相关商标已在中华人民共和国国家工商行政管理总局商标局注册，如 LOGO（🖐）、皮书、Pishu、经济蓝皮书、社会蓝皮书等。“皮书系列”图书的注册商标专用权及封面设计、版式设计的著作权均为社会科学文献出版社所有。未经社会科学文献出版社书面授权许可，任何使用与“皮书系列”图书注册商标、封面设计、版式设计相同或者近似的文字、图形或其组合的行为均系侵权行为。

经作者授权，本书的专有出版权及信息网络传播权等为社会科学文献出版社享有。未经社会科学文献出版社书面授权许可，任何就本书内容的复制、发行或以数字形式进行网络传播的行为均系侵权行为。

社会科学文献出版社将通过法律途径追究上述侵权行为的法律责任，维护自身合法权益。

欢迎社会各界人士对侵犯社会科学文献出版社上述权利的侵权行为进行举报。电话：010-59367121，电子邮箱：fawubu@ssap.cn。

社会科学文献出版社

皮书系列

2018年

智库成果出版与传播平台

社会科学文献出版社

SOCIAL SCIENCES ACADEMIC PRESS (CHINA)

社长致辞

蓦然回首，皮书的专业化历程已经走过了二十年。20年来从一个出版社的学术产品名称到媒体热词再到智库成果研创及传播平台，皮书以专业化为主线，进行了系列化、市场化、品牌化、数字化、国际化、平台化的运作，实现了跨越式的发展。特别是在党的十八大以后，以习近平总书记为核心的党中央高度重视新型智库建设，皮书也迎来了长足的发展，总品种达到600余种，经过专业评审机制、淘汰机制遴选，目前，每年稳定出版近400个品种。"皮书"已经成为中国新型智库建设的抓手，成为国际国内社会各界快速、便捷地了解真实中国的最佳窗口。

20年孜孜以求，"皮书"始终将自己的研究视野与经济社会发展中的前沿热点问题紧密相连。600个研究领域，3万多位分布于800余个研究机构的专家学者参与了研创写作。皮书数据库中共收录了15万篇专业报告，50余万张数据图表，合计30亿字，每年报告下载量近80万次。皮书为中国学术与社会发展实践的结合提供了一个激荡智力、传播思想的入口，皮书作者们用学术的话语、客观翔实的数据谱写出了中国故事壮丽的篇章。

20年跬步千里，"皮书"始终将自己的发展与时代赋予的使命与责任紧紧相连。每年百余场新闻发布会，10万余次中外媒体报道，中、英、俄、日、韩等12个语种共同出版。皮书所具有的凝聚力正在形成一种无形的力量，吸引着社会各界关注中国的发展，参与中国的发展，它是我们向世界传递中国声音、总结中国经验、争取中国国际话语权最主要的平台。

皮书这一系列成就的取得，得益于中国改革开放的伟大时代，离不开来自中国社会科学院、新闻出版广电总局、全国哲学社会科学规划办公室等主管部门的大力支持和帮助，也离不开皮书研创者和出版者的共同努力。他们与皮书的故事创造了皮书的历史，他们对皮书的拳拳之心将继续谱写皮书的未来！

现在，"皮书"品牌已经进入了快速成长的青壮年时期。全方位进行规范化管理，树立中国的学术出版标准；不断提升皮书的内容质量和影响力，搭建起中国智库产品和智库建设的交流服务平台和国际传播平台；发布各类皮书指数，并使之成为中国指数，让中国智库的声音响彻世界舞台，为人类的发展做出中国的贡献——这是皮书未来发展的图景。作为"皮书"这个概念的提出者，"皮书"从一般图书到系列图书和品牌图书，最终成为智库研究和社会科学应用对策研究的知识服务和成果推广平台这整个过程的操盘者，我相信，这也是每一位皮书人执着追求的目标。

"当代中国正经历着我国历史上最为广泛而深刻的社会变革，也正在进行着人类历史上最为宏大而独特的实践创新。这种前无古人的伟大实践，必将给理论创造、学术繁荣提供强大动力和广阔空间。"

在这个需要思想而且一定能够产生思想的时代，皮书的研创出版一定能创造出新的更大的辉煌！

社会科学文献出版社社长
中国社会学会秘书长

2017年11月

社会科学文献出版社简介

社会科学文献出版社（以下简称"社科文献出版社"）成立于1985年，是直属于中国社会科学院的人文社会科学学术出版机构。成立至今，社科文献出版社始终依托中国社会科学院和国内外人文社会科学界丰厚的学术出版和专家学者资源，坚持"创社科经典，出传世文献"的出版理念、"权威、前沿、原创"的产品定位以及学术成果和智库成果出版的专业化、数字化、国际化、市场化的经营道路。

社科文献出版社是中国新闻出版业转型与文化体制改革的先行者。积极探索文化体制改革的先进方向和现代企业经营决策机制，社科文献出版社先后荣获"全国文化体制改革工作先进单位"、中国出版政府奖·先进出版单位奖，中国社会科学院先进集体、全国科普工作先进集体等荣誉称号。多人次荣获"第十届韬奋出版奖""全国新闻出版行业领军人才""数字出版先进人物""北京市新闻出版广电行业领军人才"等称号。

社科文献出版社是中国人文社会科学学术出版的大社名社，也是以皮书为代表的智库成果出版的专业强社。年出版图书2000余种，其中皮书400余种，出版新书字数5.5亿字，承印与发行中国社科院院属期刊72种，先后创立了皮书系列、列国志、中国史话、社科文献学术译库、社科文献学术文库、甲骨文书系等一大批既有学术影响又有市场价值的品牌，确立了在社会学、近代史、苏东问题研究等专业学科及领域出版的领先地位。图书多次荣获中国出版政府奖、"三个一百"原创图书出版工程、"五个'一'工程奖"、"大众喜爱的50种图书"等奖项，在中央国家机关"强素质·做表率"读书活动中，入选图书品种数位居各大出版社之首。

社科文献出版社是中国学术出版规范与标准的倡议者与制定者，代表全国50多家出版社发起实施学术著作出版规范的倡议，承担学术著作规范国家标准的起草工作，率先编撰完成《皮书手册》对皮书品牌进行规范化管理，并在此基础上推出中国版芝加哥手册——《社科文献出版社学术出版手册》。

社科文献出版社是中国数字出版的引领者，拥有皮书数据库、列国志数据库、"一带一路"数据库、减贫数据库、集刊数据库等4大产品线11个数据库产品，机构用户达1300余家，海外用户百余家，荣获"数字出版转型示范单位""新闻出版标准化先进单位""专业数字内容资源知识服务模式试点企业标准化示范单位"等称号。

社科文献出版社是中国学术出版走出去的践行者。社科文献出版社海外图书出版与学术合作业务遍及全球40余个国家和地区，并于2016年成立俄罗斯分社，累计输出图书500余种，涉及近20个语种，累计获得国家社科基金中华学术外译项目资助76种、"丝路书香工程"项目资助60种、中国图书对外推广计划项目资助71种以及经典中国国际出版工程资助28种，被五部委联合认定为"2015-2016年度国家文化出口重点企业"。

如今，社科文献出版社完全靠自身积累拥有固定资产3.6亿元，年收入3亿元，设置了七大出版分社、六大专业部门，成立了皮书研究院和博士后科研工作站，培养了一支近400人的高素质与高效率的编辑、出版、营销和国际推广队伍，为未来成为学术出版的大社、名社、强社，成为文化体制改革与文化企业转型发展的排头兵奠定了坚实的基础。

宏观经济类

经济蓝皮书

2018 年中国经济形势分析与预测

李平 / 主编　2017 年 12 月出版　定价：89.00 元

◆　本书为总理基金项目，由著名经济学家李扬领衔，联合中国社会科学院等数十家科研机构、国家部委和高等院校的专家共同撰写，系统分析了 2017 年的中国经济形势并预测 2018 年中国经济运行情况。

城市蓝皮书

中国城市发展报告 No.11

潘家华　单菁菁 / 主编　2018 年 9 月出版　估价：99.00 元

◆　本书是由中国社会科学院城市发展与环境研究中心编著的，多角度、全方位地立体展示了中国城市的发展状况，并对中国城市的未来发展提出了许多建议。该书有强烈的时代感，对中国城市发展实践有重要的参考价值。

人口与劳动绿皮书

中国人口与劳动问题报告 No.19

张车伟 / 主编　2018 年 10 月出版　估价：99.00 元

◆　本书为中国社会科学院人口与劳动经济研究所主编的年度报告，对当前中国人口与劳动形势做了比较全面和系统的深入讨论，为研究中国人口与劳动问题提供了一个专业性的视角。

中国省域竞争力蓝皮书

中国省域经济综合竞争力发展报告（2017～2018）

李建平　李闽榕　高燕京 / 主编　2018年5月出版　估价：198.00元

◆　本书融多学科的理论为一体，深入追踪研究了省域经济发展与中国国家竞争力的内在关系，为提升中国省域经济综合竞争力提供有价值的决策依据。

金融蓝皮书

中国金融发展报告（2018）

王国刚 / 主编　2018年2月出版　估价：99.00元

◆　本书由中国社会科学院金融研究所组织编写，概括和分析了2017年中国金融发展和运行中的各方面情况，研讨和评论了2017年发生的主要金融事件，有利于读者了解掌握2017年中国的金融状况，把握2018年中国金融的走势。

区域经济类

京津冀蓝皮书

京津冀发展报告（2018）

祝合良　叶堂林　张贵祥 / 等著　2018年6月出版　估价：99.00元

◆　本书遵循问题导向与目标导向相结合、统计数据分析与大数据分析相结合、纵向分析和长期监测与结构分析和综合监测相结合等原则，对京津冀协同发展新形势与新进展进行测度与评价。

社会政法类

社会蓝皮书

2018 年中国社会形势分析与预测

李培林　陈光金　张翼 / 主编　2017 年 12 月出版　定价：89.00 元

◆　本书由中国社会科学院社会学研究所组织研究机构专家、高校学者和政府研究人员撰写，聚焦当下社会热点，对 2017 年中国社会发展的各个方面内容进行了权威解读，同时对 2018 年社会形势发展趋势进行了预测。

法治蓝皮书

中国法治发展报告 No.16（2018）

李林　田禾 / 主编　2018 年 3 月出版　估价：118.00 元

◆　本年度法治蓝皮书回顾总结了 2017 年度中国法治发展取得的成就和存在的不足，对中国政府、司法、检务透明度进行了跟踪调研，并对 2018 年中国法治发展形势进行了预测和展望。

教育蓝皮书

中国教育发展报告（2018）

杨东平 / 主编　2018 年 4 月出版　估价：99.00 元

◆　本书重点关注了 2017 年教育领域的热点，资料翔实，分析有据，既有专题研究，又有实践案例，从多角度对 2017 年教育改革和实践进行了分析和研究。

社会体制蓝皮书

中国社会体制改革报告 No.6（2018）

龚维斌／主编　2018 年 3 月出版　估价：99.00 元

◆　本书由国家行政学院社会治理研究中心和北京师范大学中国社会管理研究院共同组织编写，主要对 2017 年社会体制改革情况进行回顾和总结，对 2018 年的改革走向进行分析，提出相关政策建议。

社会心态蓝皮书

中国社会心态研究报告（2018）

王俊秀　杨宜音／主编　2018 年 12 月出版　估价：99.00 元

◆　本书是中国社会科学院社会学研究所社会心理研究中心"社会心态蓝皮书课题组"的年度研究成果，运用社会心理学、社会学、经济学、传播学等多种学科的方法进行了调查和研究，对于目前中国社会心态状况有较广泛和深入的揭示。

华侨华人蓝皮书

华侨华人研究报告（2018）

贾益民／主编　2018 年 1 月出版　估价：139.00 元

◆　本书关注华侨华人生产与生活的方方面面。华侨华人是中国建设 21 世纪海上丝绸之路的重要中介者、推动者和参与者。本书旨在全面调研华侨华人，提供最新涉侨动态、理论研究成果和政策建议。

民族发展蓝皮书

中国民族发展报告（2018）

王延中／主编　2018 年 10 月出版　估价：188.00 元

◆　本书从民族学人类学视角，研究近年来少数民族和民族地区的发展情况，展示民族地区经济、政治、文化、社会和生态文明"五位一体"建设取得的辉煌成就和面临的困难挑战，为深刻理解中央民族工作会议精神、加快民族地区全面建成小康社会进程提供了实证材料。

产业经济类

房地产蓝皮书

中国房地产发展报告 No.15（2018）

李春华 王业强 / 主编　2018 年 5 月出版　估价：99.00 元

◆　2018 年《房地产蓝皮书》持续追踪中国房地产市场最新动态，深度剖析市场热点，展望 2018 年发展趋势，积极谋划应对策略。对 2017 年房地产市场的发展态势进行全面、综合的分析。

新能源汽车蓝皮书

中国新能源汽车产业发展报告（2018）

中国汽车技术研究中心　日产（中国）投资有限公司

东风汽车有限公司 / 编著　　2018 年 8 月出版　　估价：99.00 元

◆　本书对中国 2017 年新能源汽车产业发展进行了全面系统的分析，并介绍了国外的发展经验。有助于相关机构、行业和社会公众等了解中国新能源汽车产业发展的最新动态，为政府部门出台新能源汽车产业相关政策法规、企业制定相关战略规划，提供必要的借鉴和参考。

行业及其他类

旅游绿皮书

2017～2018 年中国旅游发展分析与预测

中国社会科学院旅游研究中心 / 编　2018 年 2 月出版　估价：99.00 元

◆　本书从政策、产业、市场、社会等多个角度勾画出 2017 年中国旅游发展全貌，剖析了其中的热点和核心问题，并就未来发展作出预测。

民营医院蓝皮书

中国民营医院发展报告（2018）

薛晓林 / 主编　2018 年 1 月出版　估价：99.00 元

◆　本书在梳理国家对社会办医的各种利好政策的前提下，对我国民营医疗发展现状、我国民营医院竞争力进行了分析，并结合我国医疗体制改革对民营医院的发展趋势、发展策略、战略规划等方面进行了预估。

会展蓝皮书

中外会展业动态评估研究报告（2018）

张敏 / 主编　　2018 年 12 月出版　估价：99.00 元

◆　本书回顾了 2017 年的会展业发展动态，结合"供给侧改革"、"互联网 +"、"绿色经济"的新形势分析了我国展会的行业现状，并介绍了国外的发展经验，有助于行业和社会了解最新的展会业动态。

中国上市公司蓝皮书

中国上市公司发展报告（2018）

张平　王宏淼 / 主编　　2018 年 9 月出版　　估价：99.00 元

◆　本书由中国社会科学院上市公司研究中心组织编写的，着力于全面、真实、客观反映当前中国上市公司财务状况和价值评估的综合性年度报告。本书详尽分析了 2017 年中国上市公司情况，特别是现实中暴露出的制度性、基础性问题，并对资本市场改革进行了探讨。

工业和信息化蓝皮书

人工智能发展报告（2017 ~ 2018）

尹丽波 / 主编　　2018 年 6 月出版　　估价：99.00 元

◆　本书国家工业信息安全发展研究中心在对 2017 年全球人工智能技术和产业进行全面跟踪研究基础上形成的研究报告。该报告内容翔实、视角独特，具有较强的产业发展前瞻性和预测性，可为相关主管部门、行业协会、企业等全面了解人工智能发展形势以及进行科学决策提供参考。

国际问题与全球治理类

世界经济黄皮书

2018年世界经济形势分析与预测

张宇燕 / 主编　2018年1月出版　估价：99.00元

◆　本书由中国社会科学院世界经济与政治研究所的研究团队撰写，分总论、国别与地区、专题、热点、世界经济统计与预测等五个部分，对2018年世界经济形势进行了分析。

国际城市蓝皮书

国际城市发展报告（2018）

屠启宇 / 主编　2018年2月出版　估价：99.00元

◆　本书作者以上海社会科学院从事国际城市研究的学者团队为核心，汇集同济大学、华东师范大学、复旦大学、上海交通大学、南京大学、浙江大学相关城市研究专业学者。立足动态跟踪介绍国际城市发展时间中，最新出现的重大战略、重大理念、重大项目、重大报告和最佳案例。

非洲黄皮书

非洲发展报告No.20（2017~2018）

张宏明 / 主编　2018年7月出版　估价：99.00元

◆　本书是由中国社会科学院西亚非洲研究所组织编撰的非洲形势年度报告，比较全面、系统地分析了2017年非洲政治形势和热点问题，探讨了非洲经济形势和市场走向，剖析了大国对非洲关系的新动向；此外，还介绍了国内非洲研究的新成果。

国别类

美国蓝皮书

美国研究报告（2018）

郑秉文　黄平／主编　2018年5月出版　估价：99.00元

◆　本书是由中国社会科学院美国研究所主持完成的研究成果，它回顾了美国2017年的经济、政治形势与外交战略，对美国内政外交发生的重大事件及重要政策进行了较为全面的回顾和梳理。

德国蓝皮书

德国发展报告（2018）

郑春荣／主编　2018年6月出版　估价：99.00元

◆　本报告由同济大学德国研究所组织编撰，由该领域的专家学者对德国的政治、经济、社会文化、外交等方面的形势发展情况，进行全面的阐述与分析。

俄罗斯黄皮书

俄罗斯发展报告（2018）

李永全／编著　2018年6月出版　估价：99.00元

◆　本书系统介绍了2017年俄罗斯经济政治情况，并对2016年该地区发生的焦点、热点问题进行了分析与回顾；在此基础上，对该地区2018年的发展前景进行了预测。

文 化 传 媒 类

新媒体蓝皮书

中国新媒体发展报告 No.9（2018）

唐绪军 / 主编　2018 年 6 月出版　估价：99.00 元

◆　本书是由中国社会科学院新闻与传播研究所组织编写的关于新媒体发展的最新年度报告，旨在全面分析中国新媒体的发展现状，解读新媒体的发展趋势，探析新媒体的深刻影响。

移动互联网蓝皮书

中国移动互联网发展报告（2018）

余清楚 / 主编　2018 年 6 月出版　估价：99.00 元

◆　本书着眼于对 2017 年度中国移动互联网的发展情况做深入解析，对未来发展趋势进行预测，力求从不同视角、不同层面全面剖析中国移动互联网发展的现状、年度突破及热点趋势等。

文化蓝皮书

中国文化消费需求景气评价报告（2018）

王亚南 / 主编　2018 年 2 月出版　估价：99.00 元

◆　本书首创全国文化发展量化检测评价体系，也是至今全国唯一的文化民生量化检测评价体系，对于检验全国及各地 " 以人民为中心 " 的文化发展具有首创意义。

地方发展类

北京蓝皮书

北京经济发展报告（2017~2018）

杨松 / 主编　2018 年 6 月出版　估价：99.00 元

◆　本书对 2017 年北京市经济发展的整体形势进行了系统性的分析与回顾，并对 2018 年经济形势走势进行了预测与研判，聚焦北京市经济社会发展中的全局性、战略性和关键领域的重点问题，运用定量和定性分析相结合的方法，对北京市经济社会发展的现状、问题、成因进行了深入分析，提出了可操作性的对策建议。

温州蓝皮书

2018 年温州经济社会形势分析与预测

蒋儒标　王春光　金浩 / 主编　2018 年 4 月出版　估价：99.00 元

◆　本书是中共温州市委党校和中国社会科学院社会学研究所合作推出的第十一本温州蓝皮书，由来自党校、政府部门、科研机构、高校的专家、学者共同撰写的 2017 年温州区域发展形势的最新研究成果。

黑龙江蓝皮书

黑龙江社会发展报告（2018）

王爱丽 / 主编　2018 年 6 月出版　估价：99.00 元

◆　本书以千份随机抽样问卷调查和专题研究为依据，运用社会学理论框架和分析方法，从专家和学者的独特视角，对 2017 年黑龙江省关系民生的问题进行广泛的调研与分析，并对 2017 年黑龙江省诸多社会热点和焦点问题进行了有益的探索。这些研究不仅可以为政府部门更加全面深入了解省情、科学制定决策提供智力支持，同时也可以为广大读者认识、了解、关注黑龙江社会发展提供理性思考。

宏观经济类

城市蓝皮书
中国城市发展报告（No.11）
著(编)者：潘家华 单菁菁
2018年9月出版 / 估价：99.00元
PSN B-2007-091-1/1

城乡一体化蓝皮书
中国城乡一体化发展报告（2018）
著(编)者：付崇兰
2018年9月出版 / 估价：99.00元
PSN B-2011-226-1/2

城镇化蓝皮书
中国新型城镇化健康发展报告（2018）
著(编)者：张占斌
2018年8月出版 / 估价：99.00元
PSN B-2014-396-1/1

创新蓝皮书
创新型国家建设报告（2018~2019）
著(编)者：詹正茂
2018年12月出版 / 估价：99.00元
PSN B-2009-140-1/1

低碳发展蓝皮书
中国低碳发展报告（2018）
著(编)者：张希良 齐晔
2018年6月出版 / 估价：99.00元
PSN B-2011-223-1/1

低碳经济蓝皮书
中国低碳经济发展报告（2018）
著(编)者：薛进军 赵忠秀
2018年11月出版 / 估价：99.00元
PSN B-2011-194-1/1

发展和改革蓝皮书
中国经济发展和体制改革报告No.9
著(编)者：邹东涛 王再文
2018年1月出版 / 估价：99.00元
PSN B-2008-122-1/1

国家创新蓝皮书
中国创新发展报告（2017）
著(编)者：陈劲　2018年3月出版 / 估价：99.00元
PSN B-2014-370-1/1

金融蓝皮书
中国金融发展报告（2018）
著(编)者：王国刚
2018年2月出版 / 估价：99.00元
PSN B-2004-031-1/7

经济蓝皮书
2018年中国经济形势分析与预测
著(编)者：李平　2017年12月出版 / 定价：89.00元
PSN B-1996-001-1/1

经济蓝皮书春季号
2018年中国经济前景分析
著(编)者：李扬　2018年5月出版 / 估价：99.00元
PSN B-1999-008-1/1

经济蓝皮书夏季号
中国经济增长报告（2017~2018）
著(编)者：李扬　2018年9月出版 / 估价：99.00元
PSN B-2010-176-1/1

经济信息绿皮书
中国与世界经济发展报告（2018）
著(编)者：杜平
2017年12月出版 / 估价：99.00元
PSN G-2003-023-1/1

农村绿皮书
中国农村经济形势分析与预测（2017~2018）
著(编)者：魏后凯 黄秉信
2018年4月出版 / 估价：99.00元
PSN G-1998-003-1/1

人口与劳动绿皮书
中国人口与劳动问题报告No.19
著(编)者：张车伟　2018年11月出版 / 估价：99.00元
PSN G-2000-012-1/1

新型城镇化蓝皮书
新型城镇化发展报告（2017）
著(编)者：李伟 宋敏 沈体雁
2018年3月出版 / 估价：99.00元
PSN B-2005-038-1/1

中国省域竞争力蓝皮书
中国省域经济综合竞争力发展报告（2016~2017）
著(编)者：李建平 李闽榕 高燕京
2018年2月出版 / 估价：198.00元
PSN B-2007-088-1/1

中小城市绿皮书
中国中小城市发展报告（2018）
著(编)者：中国城市经济学会中小城市经济发展委员会
中国城镇化促进会中小城市发展委员会
《中国中小城市发展报告》编纂委员会
中小城市发展战略研究院
2018年11月出版 / 估价：128.00元
PSN G-2010-161-1/1

区域经济类

东北蓝皮书
中国东北地区发展报告（2018）
著（编）者：姜晓秋　2018年11月出版 / 估价：99.00元
PSN B-2006-067-1/1

金融蓝皮书
中国金融中心发展报告（2017～2018）
著（编）者：王力 黄育华　2018年11月出版 / 估价：99.00元
PSN B-2011-186-6/7

京津冀蓝皮书
京津冀发展报告（2018）
著（编）者：祝合良 叶堂林 张贵祥
2018年6月出版 / 估价：99.00元
PSN B-2012-262-1/1

西北蓝皮书
中国西北发展报告（2018）
著（编）者：任宗哲 白宽犁 王建康
2018年4月出版 / 估价：99.00元
PSN B-2012-261-1/1

西部蓝皮书
中国西部发展报告（2018）
著（编）者：璋勇 任保平　2018年8月出版 / 估价：99.00元
PSN B-2005-039-1/1

长江经济带产业蓝皮书
长江经济带产业发展报告（2018）
著（编）者：吴传清　2018年11月出版 / 估价：128.00元
PSN B-2017-666-1/1

长江经济带蓝皮书
长江经济带发展报告（2017～2018）
著（编）者：王振　2018年11月出版 / 估价：99.00元
PSN B-2016-575-1/1

长江中游城市群蓝皮书
长江中游城市群新型城镇化与产业协同发展报告（2018）
著（编）者：杨刚强　2018年11月出版 / 估价：99.00元
PSN B-2016-578-1/1

长三角蓝皮书
2017年创新融合发展的长三角
著（编）者：刘飞跃　2018年3月出版 / 估价：99.00元
PSN B-2005-038-1/1

长株潭城市群蓝皮书
长株潭城市群发展报告（2017）
著（编）者：张萍 朱有志　2018年1月出版 / 估价：99.00元
PSN B-2008-109-1/1

中部竞争力蓝皮书
中国中部经济社会竞争力报告（2018）
著（编）者：教育部人文社会科学重点研究基地南昌大学中国
　　　　　中部经济社会发展研究中心
2018年12月出版 / 估价：99.00元
PSN B-2012-276-1/1

中部蓝皮书
中国中部地区发展报告（2018）
著（编）者：宋亚平　2018年12月出版 / 估价：99.00元
PSN B-2007-089-1/1

区域蓝皮书
中国区域经济发展报告（2017～2018）
著（编）者：赵弘　2018年5月出版 / 估价：99.00元
PSN B-2004-034-1/1

中三角蓝皮书
长江中游城市群发展报告（2018）
著（编）者：秦尊文　2018年9月出版 / 估价：99.00元
PSN B-2014-417-1/1

中原蓝皮书
中原经济区发展报告（2018）
著（编）者：李英杰　2018年6月出版 / 估价：99.00元
PSN B-2011-192-1/1

珠三角流通蓝皮书
珠三角商圈发展研究报告（2018）
著（编）者：王先庆 林至颖　2018年7月出版 / 估价：99.00元
PSN B-2012-292-1/1

社会政法类

北京蓝皮书
中国社区发展报告（2017～2018）
著（编）者：于燕燕　2018年9月出版 / 估价：99.00元
PSN B-2007-083-5/8

殡葬绿皮书
中国殡葬事业发展报告（2017～2018）
著（编）者：李伯森　2018年4月出版 / 估价：158.00元
PSN G-2010-180-1/1

城市管理蓝皮书
中国城市管理报告（2017-2018）
著（编）者：刘林 刘承水　2018年5月出版 / 估价：158.00元
PSN B-2013-336-1/1

城市生活质量蓝皮书
中国城市生活质量报告（2017）
著（编）者：张连城 张平 杨春学 郎丽华
2018年2月出版 / 估价：99.00元
PSN B-2013-326-1/1

城市政府能力蓝皮书
中国城市政府公共服务能力评估报告（2018）
著（编）者：何艳玲　2018年4月出版 / 估价：99.00元
PSN B-2013-338-1/1

创业蓝皮书
中国创业发展研究报告（2017～2018）
著（编）者：黄群慧 赵卫星 钟宏武
2018年11月出版 / 估价：99.00元
PSN B-2016-577-1/1

慈善蓝皮书
中国慈善发展报告（2018）
著（编）者：杨团　2018年6月出版 / 估价：99.00元
PSN B-2009-142-1/1

党建蓝皮书
党的建设研究报告No.2（2018）
著（编）者：崔建民 陈东平　2018年1月出版 / 估价：99.00元
PSN B-2016-523-1/1

地方法治蓝皮书
中国地方法治发展报告No.3（2018）
著（编）者：李林 田禾　2018年3月出版 / 估价：118.00元
PSN B-2015-442-1/1

电子政务蓝皮书
中国电子政务发展报告（2018）
著（编）者：李季　2018年8月出版 / 估价：99.00元
PSN B-2003-022-1/1

法治蓝皮书
中国法治发展报告No.16（2018）
著（编）者：吕艳滨　2018年3月出版 / 估价：118.00元
PSN B-2004-027-1/3

法治蓝皮书
中国法院信息化发展报告No.2（2018）
著（编）者：李林 田禾　2018年2月出版 / 估价：108.00元
PSN B-2017-604-3/3

法治政府蓝皮书
中国法治政府发展报告（2018）
著（编）者：中国政法大学法治政府研究院
2018年4月出版 / 估价：99.00元
PSN B-2015-502-1/2

法治政府蓝皮书
中国法治政府评估报告（2018）
著（编）者：中国政法大学法治政府研究院
2018年9月出版 / 估价：168.00元
PSN B-2016-576-2/2

反腐倡廉蓝皮书
中国反腐倡廉建设报告No.8
著（编）者：张英伟　2018年12月出版 / 估价：99.00元
PSN B-2012-259-1/1

扶贫蓝皮书
中国扶贫开发报告（2018）
著（编）者：李培林 魏后凯　2018年12月出版 / 估价：128.00元
PSN B-2016-599-1/1

妇女发展蓝皮书
中国妇女发展报告 No.6
著（编）者：王金玲　2018年9月出版 / 估价：158.00元
PSN B-2006-069-1/1

妇女教育蓝皮书
中国妇女教育发展报告 No.3
著（编）者：张李玺　2018年10月出版 / 估价：99.00元
PSN B-2008-121-1/1

妇女绿皮书
2018年：中国性别平等与妇女发展报告
著（编）者：谭琳　2018年12月出版 / 估价：99.00元
PSN G-2006-073-1/1

公共安全蓝皮书
中国城市公共安全发展报告（2017～2018）
著（编）者：黄育华 杨文明 赵建辉
2018年6月出版 / 估价：99.00元
PSN B-2017-628-1/1

公共服务蓝皮书
中国城市基本公共服务力评价（2018）
著（编）者：钟君 刘志昌 吴正杲
2018年12月出版 / 估价：99.00元
PSN B-2011-214-1/1

公民科学素质蓝皮书
中国公民科学素质报告（2017～2018）
著（编）者：李群 陈雄 马宗文
2018年1月出版 / 估价：99.00元
PSN B-2014-379-1/1

公益蓝皮书
中国公益慈善发展报告（2016）
著（编）者：朱健刚 胡小军　2018年2月出版 / 估价：99.00元
PSN B-2012-283-1/1

国际人才蓝皮书
中国国际移民报告（2018）
著（编）者：王辉耀　2018年2月出版 / 估价：99.00元
PSN B-2012-304-3/4

国际人才蓝皮书
中国留学发展报告（2018）No.7
著（编）者：王辉耀 苗绿　2018年12月出版 / 估价：99.00元
PSN B-2012-244-2/4

海洋社会蓝皮书
中国海洋社会发展报告（2017）
著（编）者：崔凤 宋宁而　2018年3月出版 / 估价：99.00元
PSN B-2015-478-1/1

行政改革蓝皮书
中国行政体制改革报告No.7（2018）
著（编）者：魏礼群　2018年6月出版 / 估价：99.00元
PSN B-2011-231-1/1

华侨华人蓝皮书
华侨华人研究报告（2017）
著（编）者：贾益民　2018年1月出版 / 估价：139.00元
PSN B-2011-204-1/1

环境竞争力绿皮书
中国省域环境竞争力发展报告（2018）
著(编)者：李建平 李闽榕 王金南
2018年11月出版 / 估价：198.00元
PSN G-2010-165-1/1

环境绿皮书
中国环境发展报告（2017~2018）
著(编)者：李波　2018年4月出版 / 估价：99.00元
PSN G-2006-048-1/1

家庭蓝皮书
中国"创建幸福家庭活动"评估报告（2018）
著(编)者：国务院发展研究中心"创建幸福家庭活动评估"课题组
2018年12月出版 / 估价：99.00元
PSN B-2015-508-1/1

健康城市蓝皮书
中国健康城市建设研究报告（2018）
著(编)者：王鸿春 盛继洪　2018年12月出版 / 估价：99.00元
PSN B-2016-564-2/2

健康中国蓝皮书
社区首诊与健康中国分析报告（2018）
著(编)者：高和荣 杨叔禹 姜杰
2018年4月出版 / 估价：99.00元
PSN B-2017-611-1/1

教师蓝皮书
中国中小学教师发展报告（2017）
著(编)者：曾晓东 鱼霞　2018年6月出版 / 估价：99.00元
PSN B-2012-289-1/1

教育扶贫蓝皮书
中国教育扶贫报告（2018）
著(编)者：司树杰 王文静 李兴洲
2018年12月出版 / 估价：99.00元
PSN B-2016-590-1/1

教育蓝皮书
中国教育发展报告（2018）
著(编)者：杨东平　2018年4月出版 / 估价：99.00元
PSN B-2006-047-1/1

金融法治建设蓝皮书
中国金融法治建设年度报告（2015~2016）
著(编)者：朱小黄　2018年6月出版 / 估价：99.00元
PSN B-2017-633-1/1

京津冀教育蓝皮书
京津冀教育发展研究报告（2017~2018）
著(编)者：方中雄　2018年4月出版 / 估价：99.00元
PSN B-2017-608-1/1

就业蓝皮书
2018年中国本科生就业报告
著(编)者：麦可思研究院　2018年6月出版 / 估价：99.00元
PSN B-2009-146-1/2

就业蓝皮书
2018年中国高职高专生就业报告
著(编)者：麦可思研究院　2018年6月出版 / 估价：99.00元
PSN B-2015-472-2/2

科学教育蓝皮书
中国科学教育发展报告（2018）
著(编)者：王康友　2018年10月出版 / 估价：99.00元
PSN B-2015-487-1/1

劳动保障蓝皮书
中国劳动保障发展报告（2018）
著(编)者：刘燕斌　2018年9月出版 / 估价：158.00元
PSN B-2014-415-1/1

老龄蓝皮书
中国老年宜居环境发展报告（2017）
著(编)者：党俊武 周燕珉　2018年1月出版 / 估价：99.00元
PSN B-2013-320-1/1

连片特困区蓝皮书
中国连片特困区发展报告（2017~2018）
著(编)者：游俊 冷志明 丁建军
2018年4月出版 / 估价：99.00元
PSN B-2013-321-1/1

流动儿童蓝皮书
中国流动儿童教育发展报告（2017）
著(编)者：杨东平　2018年1月出版 / 估价：99.00元
PSN B-2017-600-1/1

民调蓝皮书
中国民生调查报告（2018）
著(编)者：谢耘耕　2018年12月出版 / 估价：99.00元
PSN B-2014-398-1/1

民族发展蓝皮书
中国民族发展报告（2018）
著(编)者：王延中　2018年10月出版 / 估价：188.00元
PSN B-2006-070-1/1

女性生活蓝皮书
中国女性生活状况报告No.12（2018）
著(编)者：韩湘景　2018年7月出版 / 估价：99.00元
PSN B-2006-071-1/1

汽车社会蓝皮书
中国汽车社会发展报告（2017~2018）
著(编)者：王俊秀　2018年1月出版 / 估价：99.00元
PSN B-2011-224-1/1

青年蓝皮书
中国青年发展报告（2018）No.3
著(编)者：廉思　2018年4月出版 / 估价：99.00元
PSN B-2013-333-1/1

青少年蓝皮书
中国未成年人互联网运用报告（2017~2018）
著(编)者：季为民 李文革 沈杰
2018年11月出版 / 估价：99.00元
PSN B-2010-156-1/1

人权蓝皮书
中国人权事业发展报告No.8（2018）
著(编)者：李君如　2018年9月出版 / 估价：99.00元
PSN B-2011-215-1/1

社会保障绿皮书
中国社会保障发展报告No.9（2018）
著(编)者：王延中　2018年1月出版 / 估价：99.00元
PSN G-2001-014-1/1

社会风险评估蓝皮书
风险评估与危机预警报告（2017～2018）
著(编)者：唐钧　2018年8月出版 / 估价：99.00元
PSN B-2012-293-1/1

社会工作蓝皮书
中国社会工作发展报告（2016~2017）
著(编)者：民政部社会工作研究中心
2018年8月出版 / 估价：99.00元
PSN B-2009-141-1/1

社会管理蓝皮书
中国社会管理创新报告No.6
著(编)者：连玉明　2018年11月出版 / 估价：99.00元
PSN B-2012-300-1/1

社会蓝皮书
2018年中国社会形势分析与预测
著(编)者：李培林 陈光金 张翼
2017年12月出版 / 定价：89.00元
PSN B-1998-002-1/1

社会体制蓝皮书
中国社会体制改革报告No.6（2018）
著(编)者：龚维斌　2018年3月出版 / 估价：99.00元
PSN B-2013-330-1/1

社会心态蓝皮书
中国社会心态研究报告（2018）
著(编)者：王俊秀　2018年12月出版 / 估价：99.00元
PSN B-2011-199-1/1

社会组织蓝皮书
中国社会组织报告（2017-2018）
著(编)者：黄晓勇　2018年1月出版 / 估价：99.00元
PSN B-2008-118-1/2

社会组织蓝皮书
中国社会组织评估发展报告（2018）
著(编)者：徐家良　2018年12月出版 / 估价：99.00元
PSN B-2013-366-2/2

生态城市绿皮书
中国生态城市建设发展报告（2018）
著(编)者：刘举科 孙伟平 胡文臻
2018年9月出版 / 估价：158.00元
PSN G-2012-269-1/1

生态文明绿皮书
中国省域生态文明建设评价报告（ECI 2018）
著(编)者：严耕　2018年12月出版 / 估价：99.00元
PSN G-2010-170-1/1

退休生活蓝皮书
中国城市居民退休生活质量指数报告（2017）
著(编)者：杨一帆　2018年5月出版 / 估价：99.00元
PSN B-2017-618-1/1

危机管理蓝皮书
中国危机管理报告（2018）
著(编)者：文学国 范正青
2018年8月出版 / 估价：99.00元
PSN B-2010-171-1/1

学会蓝皮书
2018年中国学会发展报告
著(编)者：麦可思研究院
2018年12月出版 / 估价：99.00元
PSN B-2016-597-1/1

医改蓝皮书
中国医药卫生体制改革报告（2017～2018）
著(编)者：文学国 房志武
2018年11月出版 / 估价：99.00元
PSN B-2014-432-1/1

应急管理蓝皮书
中国应急管理报告（2018）
著(编)者：宋英华　2018年9月出版 / 估价：99.00元
PSN B-2016-562-1/1

政府绩效评估蓝皮书
中国地方政府绩效评估报告 No.2
著(编)者：贠杰　2018年12月出版 / 估价：99.00元
PSN B-2017-672-1/1

政治参与蓝皮书
中国政治参与报告（2018）
著(编)者：房宁　2018年8月出版 / 估价：128.00元
PSN B-2011-200-1/1

政治文化蓝皮书
中国政治文化报告（2018）
著(编)者：邢元敏 魏大鹏 龚克
2018年8月出版 / 估价：128.00元
PSN B-2017-615-1/1

中国传统村落蓝皮书
中国传统村落保护现状报告（2018）
著(编)者：胡彬彬 李向军 王晓波
2018年12月出版 / 估价：99.00元
PSN B-2017-663-1/1

中国农村妇女发展蓝皮书
农村流动女性城市生活发展报告（2018）
著(编)者：谢丽华　2018年12月出版 / 估价：99.00元
PSN B-2014-434-1/1

宗教蓝皮书
中国宗教报告（2017）
著(编)者：邱永辉　2018年8月出版 / 估价：99.00元
PSN B-2008-117-1/1

产业经济类

保健蓝皮书
中国保健服务产业发展报告 No.2
著(编)者：中国保健协会　中共中央党校
2018年7月出版 / 估价：198.00元
PSN B-2012-272-3/3

保健蓝皮书
中国保健食品产业发展报告 No.2
著(编)者：中国保健协会
　　　　中国社会科学院食品药品产业发展与监管研究中心
2018年8月出版 / 估价：198.00元
PSN B-2012-271-2/3

保健蓝皮书
中国保健用品产业发展报告 No.2
著(编)者：中国保健协会
　　　　国务院国有资产监督管理委员会研究中心
2018年3月出版 / 估价：198.00元
PSN B-2012-270-1/3

保险蓝皮书
中国保险业竞争力报告（2018）
著(编)者：保监会　2018年12月出版 / 估价：99.00元
PSN B-2013-311-1/1

冰雪蓝皮书
中国冰上运动产业发展报告（2018）
著(编)者：孙承华 杨占武 刘戈 张鸿俊
2018年9月出版 / 估价：99.00元
PSN B-2017-648-3/3

冰雪蓝皮书
中国滑雪产业发展报告（2018）
著(编)者：孙承华 伍斌 魏庆华 张鸿俊
2018年9月出版 / 估价：99.00元
PSN B-2016-559-1/3

餐饮产业蓝皮书
中国餐饮产业发展报告（2018）
著(编)者：邢颖
2018年6月出版 / 估价：99.00元
PSN B-2009-151-1/1

茶业蓝皮书
中国茶产业发展报告（2018）
著(编)者：杨江帆 李闽榕
2018年10月出版 / 估价：99.00元
PSN B-2010-164-1/1

产业安全蓝皮书
中国文化产业安全报告（2018）
著(编)者：北京印刷学院文化产业安全研究院
2018年12月出版 / 估价：99.00元
PSN B-2014-378-12/14

产业安全蓝皮书
中国新媒体产业安全报告（2016~2017）
著(编)者：肖丽　2018年6月出版 / 估价：99.00元
PSN B-2015-500-14/14

产业安全蓝皮书
中国出版传媒产业安全报告（2017~2018）
著(编)者：北京印刷学院文化产业安全研究院
2018年3月出版 / 估价：99.00元
PSN B-2014-384-13/14

产业蓝皮书
中国产业竞争力报告（2018）No.8
著(编)者：张其仔　2018年12月出版 / 估价：168.00元
PSN B-2010-175-1/1

动力电池蓝皮书
中国新能源汽车动力电池产业发展报告（2018）
著(编)者：中国汽车技术研究中心
2018年8月出版 / 估价：99.00元
PSN B-2017-639-1/1

杜仲产业绿皮书
中国杜仲橡胶资源与产业发展报告（2017~2018）
著(编)者：杜红岩 胡文臻 俞锐
2018年1月出版 / 估价：99.00元
PSN G-2013-350-1/1

房地产蓝皮书
中国房地产发展报告No.15（2018）
著(编)者：李春华 王业强
2018年5月出版 / 估价：99.00元
PSN B-2004-028-1/1

服务外包蓝皮书
中国服务外包产业发展报告（2017~2018）
著(编)者：王晓红 刘德军
2018年6月出版 / 估价：99.00元
PSN B-2013-331-2/2

服务外包蓝皮书
中国服务外包竞争力报告（2017~2018）
著(编)者：刘春生 王力 黄育华
2018年12月出版 / 估价：99.00元
PSN B-2011-216-1/2

工业和信息化蓝皮书
世界信息技术产业发展报告（2017~2018）
著(编)者：尹丽波　2018年6月出版 / 估价：99.00元
PSN B-2015-449-2/6

工业和信息化蓝皮书
战略性新兴产业发展报告（2017~2018）
著(编)者：尹丽波　2018年6月出版 / 估价：99.00元
PSN B-2015-450-3/6

客车蓝皮书
中国客车产业发展报告（2017～2018）
著(编)者：姚蔚　　2018年10月出版 / 估价：99.00元
PSN B-2013-361-1/1

流通蓝皮书
中国商业发展报告（2018～2019）
著(编)者：王雪峰 林诗慧
2018年7月出版 / 估价：99.00元
PSN B-2009-152-1/2

能源蓝皮书
中国能源发展报告（2018）
著(编)者：崔民选 王军生 陈义和
2018年12月出版 / 估价：99.00元
PSN B-2006-049-1/1

农产品流通蓝皮书
中国农产品流通产业发展报告（2017）
著(编)者：贾敬敦 张东科 张玉玺 张鹏毅 周伟
2018年1月出版 / 估价：99.00元
PSN B-2012-288-1/1

汽车工业蓝皮书
中国汽车工业发展年度报告（2018）
著(编)者：中国汽车工业协会
　　　　　中国汽车技术研究中心
　　　　　丰田汽车公司
2018年5月出版 / 估价：168.00元
PSN B-2015-463-1/2

汽车工业蓝皮书
中国汽车零部件产业发展报告（2017～2018）
著(编)者：中国汽车工业协会
　　　　　中国汽车工程研究院深圳市沃特玛电池有限公司
2018年9月出版 / 估价：99.00元
PSN B-2016-515-2/2

汽车蓝皮书
中国汽车产业发展报告（2018）
著(编)者：中国汽车工程学会
　　　　　大众汽车集团（中国）
2018年11月出版 / 估价：99.00元
PSN B-2008-124-1/1

世界茶业蓝皮书
世界茶业发展报告（2018）
著(编)者：李闽榕 冯廷佺
2018年5月出版 / 估价：168.00元
PSN B-2017-619-1/1

世界能源蓝皮书
世界能源发展报告（2018）
著(编)者：黄晓勇　　2018年6月出版 / 估价：168.00元
PSN B-2013-349-1/1

体育蓝皮书
国家体育产业基地发展报告（2016～2017）
著(编)者：李颖川　　2018年4月出版 / 估价：168.00元
PSN B-2017-609-5/5

体育蓝皮书
中国体育产业发展报告（2018）
著(编)者：阮伟 钟秉枢
2018年12月出版 / 估价：99.00元
PSN B-2010-179-1/5

文化金融蓝皮书
中国文化金融发展报告（2018）
著(编)者：杨涛 金巍
2018年5月出版 / 估价：99.00元
PSN B-2017-610-1/1

新能源汽车蓝皮书
中国新能源汽车产业发展报告（2018）
著(编)者：中国汽车技术研究中心
　　　　　日产（中国）投资有限公司
　　　　　东风汽车有限公司
2018年8月出版 / 估价：99.00元
PSN B-2013-347-1/1

薏仁米产业蓝皮书
中国薏仁米产业发展报告No.2（2018）
著(编)者：李发耀 石明 秦礼康
2018年8月出版 / 估价：99.00元
PSN B-2017-645-1/1

邮轮绿皮书
中国邮轮产业发展报告（2018）
著(编)者：汪泓　　2018年10月出版 / 估价：99.00元
PSN G-2014-419-1/1

智能养老蓝皮书
中国智能养老产业发展报告（2018）
著(编)者：朱勇　　2018年10月出版 / 估价：99.00元
PSN B-2015-488-1/1

中国节能汽车蓝皮书
中国节能汽车发展报告（2017～2018）
著(编)者：中国汽车工程研究院股份有限公司
2018年9月出版 / 估价：99.00元
PSN B-2016-565-1/1

中国陶瓷产业蓝皮书
中国陶瓷产业发展报告（2018）
著(编)者：左和平 黄速建
2018年10月出版 / 估价：99.00元
PSN B-2016-573-1/1

装备制造业蓝皮书
中国装备制造业发展报告（2018）
著(编)者：徐东华　　2018年12月出版 / 估价：118.00元
PSN B-2015-505-1/1

行业及其他类

"三农"互联网金融蓝皮书
中国"三农"互联网金融发展报告（2018）
著（编）者：李勇坚 王弢
2018年8月出版 / 估价：99.00元
PSN B-2016-560-1/1

SUV蓝皮书
中国SUV市场发展报告（2017~2018）
著（编）者：靳军 2018年9月出版 / 估价：99.00元
PSN B-2016-571-1/1

冰雪蓝皮书
中国冬季奥运会发展报告（2018）
著（编）者：孙承华 伍斌 魏庆华 张鸿俊
2018年9月出版 / 估价：99.00元
PSN B-2017-647-2/3

彩票蓝皮书
中国彩票发展报告（2018）
著（编）者：益彩基金 2018年4月出版 / 估价：99.00元
PSN B-2015-462-1/1

测绘地理信息蓝皮书
测绘地理信息供给侧结构性改革研究报告（2018）
著（编）者：库热西·买合苏提
2018年12月出版 / 估价：168.00元
PSN B-2009-145-1/1

产权市场蓝皮书
中国产权市场发展报告（2017）
著（编）者：曹和平 2018年5月出版 / 估价：99.00元
PSN B-2009-147-1/1

城投蓝皮书
中国城投行业发展报告（2018）
著（编）者：华景斌
2018年11月出版 / 估价：300.00元
PSN B-2016-514-1/1

大数据蓝皮书
中国大数据发展报告（No.2）
著（编）者：连玉明 2018年5月出版 / 估价：99.00元
PSN B-2017-620-1/1

大数据应用蓝皮书
中国大数据应用发展报告No.2（2018）
著（编）者：陈军君 2018年8月出版 / 估价：99.00元
PSN B-2017-644-1/1

对外投资与风险蓝皮书
中国对外直接投资与国家风险报告（2018）
著（编）者：中债资信评估有限责任公司
中国社会科学院世界经济与政治研究所
2018年4月出版 / 估价：189.00元
PSN B-2017-606-1/1

工业和信息化蓝皮书
人工智能发展报告（2017~2018）
著（编）者：尹丽波 2018年6月出版 / 估价：99.00元
PSN B-2015-448-1/6

工业和信息化蓝皮书
世界智慧城市发展报告（2017~2018）
著（编）者：尹丽波 2018年6月出版 / 估价：99.00元
PSN B-2017-624-6/6

工业和信息化蓝皮书
世界网络安全发展报告（2017~2018）
著（编）者：尹丽波 2018年6月出版 / 估价：99.00元
PSN B-2015-452-5/6

工业和信息化蓝皮书
世界信息化发展报告（2017~2018）
著（编）者：尹丽波 2018年6月出版 / 估价：99.00元
PSN B-2015-451-4/6

工业设计蓝皮书
中国工业设计发展报告（2018）
著（编）者：王晓红 于炜 张立群 2018年9月出版 / 估价：168.00
PSN B-2014-420-1/1

公共关系蓝皮书
中国公共关系发展报告（2018）
著（编）者：柳斌杰 2018年11月出版 / 估价：99.00元
PSN B-2016-579-1/1

管理蓝皮书
中国管理发展报告（2018）
著（编）者：张晓东 2018年10月出版 / 估价：99.00元
PSN B-2014-416-1/1

海关发展蓝皮书
中国海关发展前沿报告（2018）
著（编）者：干春晖 2018年6月出版 / 估价：99.00元
PSN B-2017-616-1/1

互联网医疗蓝皮书
中国互联网健康医疗发展报告（2018）
著（编）者：芮晓武 2018年6月出版 / 估价：99.00元
PSN B-2016-567-1/1

黄金市场蓝皮书
中国商业银行黄金业务发展报告（2017~2018）
著（编）者：平安银行 2018年3月出版 / 估价：99.00元
PSN B-2016-524-1/1

会展蓝皮书
中外会展业动态评估研究报告（2018）
著（编）者：张敏 任中峰 聂鑫焱 牛盼强
2018年12月出版 / 估价：99.00元
PSN B-2013-327-1/1

基金会蓝皮书
中国基金会发展报告（2017~2018）
著（编）者：中国基金会发展报告课题组
2018年4月出版 / 估价：99.00元
PSN B-2013-368-1/1

基金会绿皮书
中国基金会发展独立研究报告（2018）
著（编）者：基金会中心网 中央民族大学基金会研究中心
2018年6月出版 / 估价：99.00元
PSN G-2011-213-1/1

基金会透明度蓝皮书
中国基金会透明度发展研究报告（2018）
著(编)者：基金会中心网
　　　　清华大学廉政与治理研究中心
2018年9月出版 / 估价：99.00元
PSN B-2013-339-1/1

建筑装饰蓝皮书
中国建筑装饰行业发展报告（2018）
著(编)者：葛道顺 刘晓一
2018年10月出版 / 估价：198.00元
PSN B-2016-553-1/1

金融监管蓝皮书
中国金融监管报告（2018）
著(编)者：胡滨 2018年5月出版 / 估价：99.00元
PSN B-2012-281-1/1

金融蓝皮书
中国互联网金融行业分析与评估（2018~2019）
著(编)者：黄国平 伍旭川 2018年12月出版 / 估价：99.00元
PSN B-2016-585-7/7

金融科技蓝皮书
中国金融科技发展报告（2018）
著(编)者：李扬 孙国峰 2018年10月出版 / 估价：99.00元
PSN B-2014-374-1/1

金融信息服务蓝皮书
中国金融信息服务发展报告（2018）
著(编)者：李平 2018年5月出版 / 估价：99.00元
PSN B-2017-621-1/1

京津冀金融蓝皮书
京津冀金融发展报告（2018）
著(编)者：王爱俭 王璟怡 2018年10月出版 / 估价：99.00元
PSN B-2016-527-1/1

科普蓝皮书
国家科普能力发展报告（2018）
著(编)者：王康友 2018年5月出版 / 估价：138.00元
PSN B-2017-632-4/4

科普蓝皮书
中国基层科普发展报告（2017~2018）
著(编)者：赵立新 陈玲 2018年9月出版 / 估价：99.00元
PSN B-2016-568-3/4

科普蓝皮书
中国科普基础设施发展报告（2017~2018）
著(编)者：任福君 2018年6月出版 / 估价：99.00元
PSN B-2010-174-1/3

科普蓝皮书
中国科普人才发展报告（2017~2018）
著(编)者：郑念 任嵘嵘 2018年7月出版 / 估价：99.00元
PSN B-2016-512-2/4

科普能力蓝皮书
中国科普能力评价报告（2018~2019）
著(编)者：李富强 李群 2018年8月出版 / 估价：99.00元
PSN B-2016-555-1/1

临空经济蓝皮书
中国临空经济发展报告（2018）
著(编)者：连玉明 2018年9月出版 / 估价：99.00元
PSN B-2014-421-1/1

旅游安全蓝皮书
中国旅游安全报告（2018）
著(编)者：郑向敏 谢朝武 2018年5月出版 / 估价：158.00元
PSN B-2012-280-1/1

旅游绿皮书
2017~2018年中国旅游发展分析与预测
著(编)者：宋瑞 2018年2月出版 / 估价：99.00元
PSN G-2002-018-1/1

煤炭蓝皮书
中国煤炭工业发展报告（2018）
著(编)者：岳福斌 2018年12月出版 / 估价：99.00元
PSN B-2008-123-1/1

民营企业社会责任蓝皮书
中国民营企业社会责任报告（2018）
著(编)者：中华全国工商业联合会
2018年12月出版 / 估价：99.00元
PSN B-2015-510-1/1

民营医院蓝皮书
中国民营医院发展报告（2017）
著(编)者：薛晓林 2018年1月出版 / 估价：99.00元
PSN B-2012-299-1/1

闽商蓝皮书
闽商发展报告（2018）
著(编)者：李闽榕 王日根 林琛
2018年12月出版 / 估价：99.00元
PSN B-2012-298-1/1

农业应对气候变化蓝皮书
中国农业气象灾害及其灾损评估报告（No.3）
著(编)者：矫梅燕 2018年1月出版 / 估价：118.00元
PSN B-2014-413-1/1

品牌蓝皮书
中国品牌战略发展报告（2018）
著(编)者：汪同三 2018年10月出版 / 估价：99.00元
PSN B-2016-580-1/1

企业扶贫蓝皮书
中国企业扶贫研究报告（2018）
著(编)者：钟宏武 2018年12月出版 / 估价：99.00元
PSN B-2016-593-1/1

企业公益蓝皮书
中国企业公益研究报告（2018）
著(编)者：钟宏武 汪杰 黄晓娟
2018年12月出版 / 估价：99.00元
PSN B-2015-501-1/1

企业国际化蓝皮书
中国企业全球化报告（2018）
著(编)者：王辉耀 苗绿 2018年11月出版 / 估价：99.00元
PSN B-2014-427-1/1

企业蓝皮书
中国企业绿色发展报告No.2（2018）
著(编)者：李红玉 朱光辉
2018年8月出版 / 估价：99.00元
PSN B-2015-481-2/2

企业社会责任蓝皮书
中资企业海外社会责任研究报告（2017~2018）
著(编)者：钟宏武 叶柳红 张蒽
2018年1月出版 / 估价：99.00元
PSN B-2017-603-2/2

企业社会责任蓝皮书
中国企业社会责任研究报告（2018）
著(编)者：黄群慧 钟宏武 张蒽 汪杰
2018年11月出版 / 估价：99.00元
PSN B-2009-149-1/2

汽车安全蓝皮书
中国汽车安全发展报告（2018）
著(编)者：中国汽车技术研究中心
2018年8月出版 / 估价：99.00元
PSN B-2014-385-1/1

汽车电子商务蓝皮书
中国汽车电子商务发展报告（2018）
著(编)者：中华全国工商业联合会汽车经销商商会
　　　　　北方工业大学
　　　　　北京易观智库网络科技有限公司
2018年10月出版 / 估价：158.00元
PSN B-2015-485-1/1

汽车知识产权蓝皮书
中国汽车产业知识产权发展报告（2018）
著(编)者：中国汽车工程研究院股份有限公司
　　　　　中国汽车工程学会
　　　　　重庆长安汽车股份有限公司
2018年12月出版 / 估价：99.00元
PSN B-2016-594-1/1

青少年体育蓝皮书
中国青少年体育发展报告（2017）
著(编)者：刘扶民 杨桦 2018年1月出版 / 估价：99.00元
PSN B-2015-482-1/1

区块链蓝皮书
中国区块链发展报告（2018）
著(编)者：李伟 2018年9月出版 / 估价：99.00元
PSN B-2017-649-1/1

群众体育蓝皮书
中国群众体育发展报告（2017）
著(编)者：刘国永 戴健 2018年5月出版 / 估价：99.00元
PSN B-2014-411-1/3

群众体育蓝皮书
中国社会体育指导员发展报告（2018）
著(编)者：刘国永 王欢 2018年4月出版 / 估价：99.00元
PSN B-2016-520-3/3

人力资源蓝皮书
中国人力资源发展报告（2018）
著(编)者：余兴安 2018年11月出版 / 估价：99.00元
PSN B-2012-287-1/1

融资租赁蓝皮书
中国融资租赁业发展报告（2017~2018）
著(编)者：李光荣 王力 2018年8月出版 / 估价：99.00元
PSN B-2015-443-1/1

商会蓝皮书
中国商会发展报告No.5（2017）
著(编)者：王钦敏 2018年7月出版 / 估价：99.00元
PSN B-2008-125-1/1

商务中心区蓝皮书
中国商务中心区发展报告No.4（2017~2018）
著(编)者：李国红 单菁菁 2018年9月出版 / 估价：99.00元
PSN B-2015-444-1/1

设计产业蓝皮书
中国创新设计发展报告（2018）
著(编)者：王晓红 张立群 于炜
2018年11月出版 / 估价：99.00元
PSN B-2016-581-2/2

社会责任管理蓝皮书
中国上市公司社会责任能力成熟度报告No.4（2018）
著(编)者：肖红军 王晓光 李伟阳
2018年12月出版 / 估价：99.00元
PSN B-2015-507-2/2

社会责任管理蓝皮书
中国企业公众透明度报告No.4（2017~2018）
著(编)者：黄速建 熊梦 王晓光 肖红军
2018年4月出版 / 估价：99.00元
PSN B-2015-440-1/2

食品药品蓝皮书
食品药品安全与监管政策研究报告（2016~2017）
著(编)者：唐民皓 2018年6月出版 / 估价：99.00元
PSN B-2009-129-1/1

输血服务蓝皮书
中国输血行业发展报告（2018）
著(编)者：孙俊 2018年12月出版 / 估价：99.00元
PSN B-2016-582-1/1

水利风景区蓝皮书
中国水利风景区发展报告（2018）
著(编)者：董建文 兰思仁
2018年10月出版 / 估价：99.00元
PSN B-2015-480-1/1

私募市场蓝皮书
中国私募股权市场发展报告（2017~2018）
著(编)者：曹和平 2018年12月出版 / 估价：99.00元
PSN B-2010-162-1/1

碳排放权交易蓝皮书
中国碳排放权交易报告（2018）
著(编)者：孙永平 2018年11月出版 / 估价：99.00元
PSN B-2017-652-1/1

碳市场蓝皮书
中国碳市场报告（2018）
著(编)者：定金彪 2018年11月出版 / 估价：99.00元
PSN B-2014-430-1/1

体育蓝皮书
中国公共体育服务发展报告（2018）
著(编)者：戴健　2018年12月出版 / 估价：99.00元
PSN B-2013-367-2/5

土地市场蓝皮书
中国农村土地市场发展报告（2017～2018）
著(编)者：李光荣　2018年3月出版 / 估价：99.00元
PSN B-2016-526-1/1

土地整治蓝皮书
中国土地整治发展研究报告（No.5）
著(编)者：国土资源部土地整治中心
2018年7月出版 / 估价：99.00元
PSN B-2014-401-1/1

土地政策蓝皮书
中国土地政策研究报告（2018）
著(编)者：高延利 李宪文　2017年12月出版 / 估价：99.00元
PSN B-2015-506-1/1

网络空间安全蓝皮书
中国网络空间安全发展报告（2018）
著(编)者：惠志斌 覃庆玲
2018年11月出版 / 估价：99.00元
PSN B-2015-466-1/1

文化志愿服务蓝皮书
中国文化志愿服务发展报告（2018）
著(编)者：张永新 良警宇　2018年11月出版 / 估价：128.00元
PSN B-2016-596-1/1

西部金融蓝皮书
中国西部金融发展报告（2017～2018）
著(编)者：李忠民　2018年8月出版 / 估价：99.00元
PSN B-2010-160-1/1

协会商会蓝皮书
中国行业协会商会发展报告（2017）
著(编)者：景朝阳 李勇　2018年4月出版 / 估价：99.00元
PSN B-2015-461-1/1

新三板蓝皮书
中国新三板市场发展报告（2018）
著(编)者：王力　2018年8月出版 / 估价：99.00元
PSN B-2016-533-1/1

信托市场蓝皮书
中国信托业市场报告（2017～2018）
著(编)者：用益金融信托研究院
2018年1月出版 / 估价：198.00元
PSN B-2014-371-1/1

信息化蓝皮书
中国信息化形势分析与预测（2017～2018）
著(编)者：周宏仁　2018年8月出版 / 估价：99.00元
PSN B-2010-168-1/1

信用蓝皮书
中国信用发展报告（2017～2018）
著(编)者：章政 田侃　2018年4月出版 / 估价：99.00元
PSN B-2013-328-1/1

休闲绿皮书
2017～2018年中国休闲发展报告
著(编)者：宋瑞　2018年7月出版 / 估价：99.00元
PSN G-2010-158-1/1

休闲体育蓝皮书
中国休闲体育发展报告（2017～2018）
著(编)者：李相如 钟秉枢
2018年10月出版 / 估价：99.00元
PSN B-2016-516-1/1

养老金融蓝皮书
中国养老金融发展报告（2018）
著(编)者：董克用 姚余栋
2018年9月出版 / 估价：99.00元
PSN B-2016-583-1/1

遥感监测绿皮书
中国可持续发展遥感监测报告（2017）
著(编)者：顾行发 汪克强 潘教峰 李闽榕 徐东华 王琦安
2018年6月出版 / 估价：298.00元
PSN B-2017-629-1/1

药品流通蓝皮书
中国药品流通行业发展报告（2018）
著(编)者：佘鲁林 温再兴
2018年7月出版 / 估价：198.00元
PSN B-2014-429-1/1

医疗器械蓝皮书
中国医疗器械行业发展报告（2018）
著(编)者：王宝亭 耿鸿武
2018年10月出版 / 估价：99.00元
PSN B-2017-661-1/1

医院蓝皮书
中国医院竞争力报告（2018）
著(编)者：庄一强 曾益新　2018年3月出版 / 估价：118.00元
PSN B-2016-528-1/1

瑜伽蓝皮书
中国瑜伽业发展报告（2017~2018）
著(编)者：张永建 徐华锋 朱泰余
2018年6月出版 / 估价：198.00元
PSN B-2017-625-1/1

债券市场蓝皮书
中国债券市场发展报告（2017～2018）
著(编)者：杨农　2018年10月出版 / 估价：99.00元
PSN B-2016-572-1/1

志愿服务蓝皮书
中国志愿服务发展报告（2018）
著(编)者：中国志愿服务联合会
2018年11月出版 / 估价：99.00元
PSN B-2017-664-1/1

中国上市公司蓝皮书
中国上市公司发展报告（2018）
著(编)者：张鹏 张平 黄胤英
2018年9月出版 / 估价：99.00元
PSN B-2014-414-1/1

中国新三板蓝皮书
中国新三板创新与发展报告（2018）
著（编）者：刘平安 闻召林
2018年8月出版 / 估价：158.00元
PSN B-2017-638-1/1

中医文化蓝皮书
北京中医药文化传播发展报告（2018）
著（编）者：毛嘉陵　2018年5月出版 / 估价：99.00元
PSN B-2015-468-1/2

中医文化蓝皮书
中国中医药文化传播发展报告（2018）
著（编）者：毛嘉陵　2018年7月出版 / 估价：99.00元
PSN B-2016-584-2/2

中医药蓝皮书
北京中医药知识产权发展报告No.2
著（编）者：汪洪 屠志涛　2018年4月出版 / 估价：168.00元
PSN B-2017-602-1/1

资本市场蓝皮书
中国场外交易市场发展报告（2016～2017）
著（编）者：高峦　2018年3月出版 / 估价：99.00元
PSN B-2009-153-1/1

资产管理蓝皮书
中国资产管理行业发展报告（2018）
著（编）者：郑智　2018年7月出版 / 估价：99.00元
PSN B-2014-407-2/2

资产证券化蓝皮书
中国资产证券化发展报告（2018）
著（编）者：纪志宏　2018年11月出版 / 估价：99.00元
PSN B-2017-660-1/1

自贸区蓝皮书
中国自贸区发展报告（2018）
著（编）者：王力 黄育华　2018年6月出版 / 估价：99.00元
PSN B-2016-558-1/1

国际问题与全球治理类

"一带一路"跨境通道蓝皮书
"一带一路"跨境通道建设研究报告（2018）
著（编）者：郭业洲　2018年8月出版 / 估价：99.00元
PSN B-2016-557-1/1

"一带一路"蓝皮书
"一带一路"建设发展报告（2018）
著（编）者：王晓泉　2018年6月出版 / 估价：99.00元
PSN B-2016-552-1/1

"一带一路"投资安全蓝皮书
中国"一带一路"投资与安全研究报告（2017～2018）
著（编）者：邹统钎 梁昊光　2018年4月出版 / 估价：99.00元
PSN B-2017-612-1/1

"一带一路"文化交流蓝皮书
中阿文化交流发展报告（2017）
著（编）者：王辉　2018年9月出版 / 估价：99.00元
PSN B-2017-655-1/1

G20国家创新竞争力黄皮书
二十国集团（G20）国家创新竞争力发展报告（2017～2018）
著（编）者：李建平 李闽榕 赵新力 周天勇
2018年7月出版 / 估价：168.00元
PSN Y-2011-229-1/1

阿拉伯黄皮书
阿拉伯发展报告（2016～2017）
著（编）者：罗林　2018年3月出版 / 估价：99.00元
PSN Y-2014-381-1/1

北部湾蓝皮书
泛北部湾合作发展报告（2017～2018）
著（编）者：吕余生　2018年12月出版 / 估价：99.00元
PSN B-2008-114-1/1

北极蓝皮书
北极地区发展报告（2017）
著（编）者：刘惠荣　2018年7月出版 / 估价：99.00元
PSN B-2017-634-1/1

大洋洲蓝皮书
大洋洲发展报告（2017～2018）
著（编）者：喻常森　2018年10月出版 / 估价：99.00元
PSN B-2013-341-1/1

东北亚区域合作蓝皮书
2017年"一带一路"倡议与东北亚区域合作
著（编）者：刘亚政 金美花
2018年5月出版 / 估价：99.00元
PSN B-2017-631-1/1

东盟黄皮书
东盟发展报告（2017）
著（编）者：杨晓强 庄国土
2018年3月出版 / 估价：99.00元
PSN Y-2012-303-1/1

东南亚蓝皮书
东南亚地区发展报告（2017～2018）
著（编）者：王勤　2018年12月出版 / 估价：99.00元
PSN B-2012-240-1/1

非洲黄皮书
非洲发展报告No.20（2017～2018）
著（编）者：张宏明　2018年7月出版 / 估价：99.00元
PSN Y-2012-239-1/1

非传统安全蓝皮书
中国非传统安全研究报告（2017～2018）
著（编）者：潇枫 罗中枢　2018年8月出版 / 估价：99.00元
PSN B-2012-273-1/1

国际安全蓝皮书
中国国际安全研究报告（2018）
著(编)者：刘慧　2018年7月出版 / 估价：99.00元
PSN B-2016-521-1/1

国际城市蓝皮书
国际城市发展报告（2018）
著(编)者：屠启宇　2018年2月出版 / 估价：99.00元
PSN B-2012-260-1/1

国际形势黄皮书
全球政治与安全报告（2018）
著(编)者：张宇燕　2018年1月出版 / 估价：99.00元
PSN Y-2001-016-1/1

公共外交蓝皮书
中国公共外交发展报告（2018）
著(编)者：赵启正 雷蔚真　2018年4月出版 / 估价：99.00元
PSN B-2015-457-1/1

金砖国家黄皮书
金砖国家综合创新竞争力发展报告（2018）
著(编)者：赵新力 李闽榕 黄茂兴
2018年8月出版 / 估价：128.00元
PSN Y-2017-643-1/1

拉美黄皮书
拉丁美洲和加勒比发展报告（2017～2018）
著(编)者：袁东振　2018年6月出版 / 估价：99.00元
PSN Y-1999-007-1/1

澜湄合作蓝皮书
澜沧江-湄公河合作发展报告（2018）
著(编)者：刘稚　2018年9月出版 / 估价：99.00元
PSN B-2011-196-1/1

欧洲蓝皮书
欧洲发展报告（2017～2018）
著(编)者：黄平 周弘 程卫东
2018年6月出版 / 估价：99.00元
PSN B-1999-009-1/1

葡语国家蓝皮书
葡语国家发展报告（2016～2017）
著(编)者：王成安 张敏 刘金兰
2018年4月出版 / 估价：99.00元
PSN B-2015-503-1/2

葡语国家蓝皮书
中国与葡语国家关系发展报告·巴西（2016）
著(编)者：张曙光　2018年8月出版 / 估价：99.00元
PSN B-2016-563-2/2

气候变化绿皮书
应对气候变化报告（2018）
著(编)者：王伟光 郑国光　2018年11月出版 / 估价：99.00元
PSN G-2009-144-1/1

全球环境竞争力绿皮书
全球环境竞争力报告（2018）
著(编)者：李建平 李闽榕 王金南
2018年12月出版 / 估价：198.00元
PSN G-2013-363-1/1

全球信息社会蓝皮书
全球信息社会发展报告（2018）
著(编)者：丁波涛 唐涛　2018年10月出版 / 估价：99.00元
PSN B-2017-665-1/1

日本经济蓝皮书
日本经济与中日经贸关系研究报告（2018）
著(编)者：张季风　2018年6月出版 / 估价：99.00元
PSN B-2008-102-1/1

上海合作组织黄皮书
上海合作组织发展报告（2018）
著(编)者：李进峰　2018年6月出版 / 估价：99.00元
PSN Y-2009-130-1/1

世界创新竞争力黄皮书
世界创新竞争力发展报告（2017）
著(编)者：李建平 李闽榕 赵新力
2018年1月出版 / 估价：168.00元
PSN Y-2013-318-1/1

世界经济黄皮书
2018年世界经济形势分析与预测
著(编)者：张宇燕　2018年1月出版 / 估价：99.00元
PSN Y-1999-006-1/1

丝绸之路蓝皮书
丝绸之路经济带发展报告（2018）
著(编)者：任宗哲 白宽犁 谷孟宾
2018年1月出版 / 估价：99.00元
PSN B-2014-410-1/1

新兴经济体蓝皮书
金砖国家发展报告（2018）
著(编)者：林跃勤 周文　2018年8月出版 / 估价：99.00元
PSN B-2011-195-1/1

亚太蓝皮书
亚太地区发展报告（2018）
著(编)者：李向阳　2018年5月出版 / 估价：99.00元
PSN B-2001-015-1/1

印度洋地区蓝皮书
印度洋地区发展报告（2018）
著(编)者：汪戎　2018年6月出版 / 估价：99.00元
PSN B-2013-334-1/1

渝新欧蓝皮书
渝新欧沿线国家发展报告（2018）
著(编)者：杨柏 黄春　2018年6月出版 / 估价：99.00元
PSN B-2016-626-1/1

中阿蓝皮书
中国-阿拉伯国家经贸发展报告（2018）
著(编)者：张廉 段庆林 王林聪 杨巧红
2018年12月出版 / 估价：99.00元
PSN B-2016-598-1/1

中东黄皮书
中东发展报告No.20（2017～2018）
著(编)者：杨光　2018年10月出版 / 估价：99.00元
PSN Y-1998-004-1/1

中亚黄皮书
中亚国家发展报告（2018）
著(编)者：孙力　2018年6月出版 / 估价：99.00元
PSN Y-2012-238-1/1

国别类

澳大利亚蓝皮书
澳大利亚发展报告（2017-2018）
著(编)者：孙有中 韩锋　2018年12月出版 / 估价：99.00元
PSN B-2016-587-1/1

巴西黄皮书
巴西发展报告（2017）
著(编)者：刘国枝　2018年5月出版 / 估价：99.00元
PSN Y-2017-614-1/1

德国蓝皮书
德国发展报告（2018）
著(编)者：郑春荣　2018年6月出版 / 估价：99.00元
PSN B-2012-278-1/1

俄罗斯黄皮书
俄罗斯发展报告（2018）
著(编)者：李永全　2018年6月出版 / 估价：99.00元
PSN Y-2006-061-1/1

韩国蓝皮书
韩国发展报告（2017）
著(编)者：牛林杰 刘宝全　2018年5月出版 / 估价：99.00元
PSN B-2010-155-1/1

加拿大蓝皮书
加拿大发展报告（2018）
著(编)者：唐小松　2018年9月出版 / 估价：99.00元
PSN B-2014-389-1/1

美国蓝皮书
美国研究报告（2018）
著(编)者：郑秉文 黄平　2018年5月出版 / 估价：99.00元
PSN B-2011-210-1/1

缅甸蓝皮书
缅甸国情报告（2017）
著(编)者：孔鹏 杨祥章　2018年1月出版 / 估价：99.00元
PSN B-2013-343-1/1

日本蓝皮书
日本研究报告（2018）
著(编)者：杨伯江　2018年6月出版 / 估价：99.00元
PSN B-2002-020-1/1

土耳其蓝皮书
土耳其发展报告（2018）
著(编)者：郭长刚 刘义　2018年9月出版 / 估价：99.00元
PSN B-2014-412-1/1

伊朗蓝皮书
伊朗发展报告（2017~2018）
著(编)者：冀开运　2018年10月 / 估价：99.00元
PSN B-2016-574-1/1

以色列蓝皮书
以色列发展报告（2018）
著(编)者：张倩红　2018年8月出版 / 估价：99.00元
PSN B-2015-483-1/1

印度蓝皮书
印度国情报告（2017）
著(编)者：吕昭义　2018年4月出版 / 估价：99.00元
PSN B-2012-241-1/1

英国蓝皮书
英国发展报告（2017~2018）
著(编)者：王展鹏　2018年12月出版 / 估价：99.00元
PSN B-2015-486-1/1

越南蓝皮书
越南国情报告（2018）
著(编)者：谢林城　2018年1月出版 / 估价：99.00元
PSN B-2006-056-1/1

泰国蓝皮书
泰国研究报告（2018）
著(编)者：庄国土 张禹东　刘文正
2018年10月出版　估价：99.00元
PSN B-2016-556-1/1

文化传媒类

"三农"舆情蓝皮书
中国"三农"网络舆情报告（2017~2018）
著(编)者：农业部信息中心
2018年6月出版 / 估价：99.00元
PSN B-2017-640-1/1

传媒竞争力蓝皮书
中国传媒国际竞争力研究报告（2018）
著(编)者：李本乾 刘强 王大可
2018年8月出版 / 估价：99.00元
PSN B-2013-356-1/1

传媒蓝皮书
中国传媒产业发展报告（2018）
著(编)者：崔保国　2018年5月出版 / 估价：99.00元
PSN B-2005-035-1/1

传媒投资蓝皮书
中国传媒投资发展报告（2018）
著(编)者：张向东 谭云明
2018年6月出版 / 估价：148.00元
PSN B-2015-474-1/1

非物质文化遗产蓝皮书
中国非物质文化遗产发展报告（2018）
著(编)者：陈平　2018年5月出版 / 估价：128.00元
PSN B-2015-469-1/2

非物质文化遗产蓝皮书
中国非物质文化遗产保护发展报告（2018）
著(编)者：宋俊华　2018年10月出版 / 估价：128.00元
PSN B-2016-586-2/2

广电蓝皮书
中国广播电影电视发展报告（2018）
著(编)者：国家新闻出版广电总局发展研究中心
2018年7月出版 / 估价：99.00元
PSN B-2006-072-1/1

广告主蓝皮书
中国广告主营销传播趋势报告No.9
著(编)者：黄升民 杜国清 邵华冬 等
2018年10月出版 / 估价：158.00元
PSN B-2005-041-1/1

国际传播蓝皮书
中国国际传播发展报告（2018）
著(编)者：胡正荣 李继东 姬德强
2018年12月出版 / 估价：99.00元
PSN B-2014-408-1/1

国家形象蓝皮书
中国国家形象传播报告（2017）
著(编)者：张昆　2018年3月出版 / 估价：128.00元
PSN B-2017-605-1/1

互联网治理蓝皮书
中国网络社会治理研究报告（2018）
著(编)者：罗昕 支庭荣
2018年9月出版 / 估价：118.00元
PSN B-2017-653-1/1

纪录片蓝皮书
中国纪录片发展报告（2018）
著(编)者：何苏六　2018年10月出版 / 估价：99.00元
PSN B-2011-222-1/1

科学传播蓝皮书
中国科学传播报告（2016~2017）
著(编)者：詹正茂　2018年6月出版 / 估价：99.00元
PSN B-2008-120-1/1

两岸创意经济蓝皮书
两岸创意经济研究报告（2018）
著(编)者：罗昌智 董泽平
2018年10月出版 / 估价：99.00元
PSN B-2014-437-1/1

媒介与女性蓝皮书
中国媒介与女性发展报告（2017~2018）
著(编)者：刘利群　2018年5月出版 / 估价：99.00元
PSN B-2013-345-1/1

媒体融合蓝皮书
中国媒体融合发展报告（2017）
著(编)者：梅宁华 支庭荣　2018年1月出版 / 估价：99.00元
PSN B-2015-479-1/1

全球传媒蓝皮书
全球传媒发展报告（2017~2018）
著(编)者：胡正荣 李继东　2018年6月出版 / 估价：99.00元
PSN B-2012-237-1/1

少数民族非遗蓝皮书
中国少数民族非物质文化遗产发展报告（2018）
著(编)者：肖远平（彝） 柴立（满）
2018年10月出版 / 估价：118.00元
PSN B-2015-467-1/1

视听新媒体蓝皮书
中国视听新媒体发展报告（2018）
著(编)者：国家新闻出版广电总局发展研究中心
2018年7月出版 / 估价：118.00元
PSN B-2011-184-1/1

数字娱乐产业蓝皮书
中国动画产业发展报告（2018）
著(编)者：孙立军 孙平 牛兴侦
2018年10月出版 / 估价：99.00元
PSN B-2011-198-1/2

数字娱乐产业蓝皮书
中国游戏产业发展报告（2018）
著(编)者：孙立军 刘跃军
2018年10月出版 / 估价：99.00元
PSN B-2017-662-2/2

文化创新蓝皮书
中国文化创新报告（2017·No.8）
著(编)者：傅才武　2018年4月出版 / 估价：99.00元
PSN B-2009-143-1/1

文化建设蓝皮书
中国文化发展报告（2018）
著(编)者：江畅 孙伟平 戴茂堂
2018年5月出版 / 估价：99.00元
PSN B-2014-392-1/1

文化科技蓝皮书
文化科技创新发展报告（2018）
著(编)者：于平 李凤亮　2018年10月出版 / 估价：99.00元
PSN B-2013-342-1/1

文化蓝皮书
中国公共文化服务发展报告（2017~2018）
著(编)者：刘新成 张永新 张旭
2018年12月出版 / 估价：99.00元
PSN B-2007-093-2/10

文化蓝皮书
中国少数民族文化发展报告（2017~2018）
著(编)者：武翠英 张晓明 任乌晶
2018年9月出版 / 估价：99.00元
PSN B-2013-369-9/10

文化蓝皮书
中国文化产业供需协调检测报告（2018）
著(编)者：王亚南　2018年2月出版 / 估价：99.00元
PSN B-2013-323-8/10

文化蓝皮书
中国文化消费需求景气评价报告（2018）
著(编)者：王亚南　2018年2月出版 / 估价：99.00元
PSN B-2011-236-4/10

文化蓝皮书
中国公共文化投入增长测评报告（2018）
著(编)者：王亚南　2018年2月出版 / 估价：99.00元
PSN B-2014-435-10/10

文化品牌蓝皮书
中国文化品牌发展报告（2018）
著(编)者：欧阳友权　2018年5月出版 / 估价：99.00元
PSN B-2012-277-1/1

文化遗产蓝皮书
中国文化遗产事业发展报告（2017～2018）
著(编)者：苏杨 张颖岚 卓杰 白海峰 陈晨 陈叙图
2018年8月出版 / 估价：99.00元
PSN B-2008-119-1/1

文学蓝皮书
中国文情报告（2017～2018）
著(编)者：白烨　2018年5月出版 / 估价：99.00元
PSN B-2011-221-1/1

新媒体蓝皮书
中国新媒体发展报告No.9（2018）
著(编)者：唐绪军　2018年7月出版 / 估价：99.00元
PSN B-2010-169-1/1

新媒体社会责任蓝皮书
中国新媒体社会责任研究报告（2018）
著(编)者：钟瑛　2018年12月出版 / 估价：99.00元
PSN B-2014-423-1/1

移动互联网蓝皮书
中国移动互联网发展报告（2018）
著(编)者：余清楚　2018年6月出版 / 估价：99.00元
PSN B-2012-282-1/1

影视蓝皮书
中国影视产业发展报告（2018）
著(编)者：司若 陈鹏 陈锐　2018年4月出版 / 估价：99.00元
PSN B-2016-529-1/1

舆情蓝皮书
中国社会舆情与危机管理报告（2018）
著(编)者：谢耘耕　2018年9月出版 / 估价：138.00元
PSN B-2011-235-1/1

地方发展类-经济

澳门蓝皮书
澳门经济社会发展报告（2017～2018）
著(编)者：吴志良 郝雨凡　2018年7月出版 / 估价：99.00元
PSN B-2009-138-1/1

澳门绿皮书
澳门旅游休闲发展报告（2017～2018）
著(编)者：郝雨凡 林广志　2018年5月出版 / 估价：99.00元
PSN G-2017-617-1/1

北京蓝皮书
北京经济发展报告（2017～2018）
著(编)者：杨松　2018年6月出版 / 估价：99.00元
PSN B-2006-054-2/8

北京旅游绿皮书
北京旅游发展报告（2018）
著(编)者：北京旅游学会
2018年7月出版 / 估价：99.00元
PSN G-2012-301-1/1

北京体育蓝皮书
北京体育产业发展报告（2017～2018）
著(编)者：钟秉枢 陈杰 杨铁黎
2018年9月出版 / 估价：99.00元
PSN B-2015-475-1/1

滨海金融蓝皮书
滨海新区金融发展报告（2017）
著(编)者：王爱俭 李向前　2018年4月出版 / 估价：99.00元
PSN B-2014-424-1/1

城乡一体化蓝皮书
北京城乡一体化发展报告（2017～2018）
著(编)者：吴宝新 张宝秀 黄序
2018年5月出版 / 估价：99.00元
PSN B-2012-258-2/2

非公有制企业社会责任蓝皮书
北京非公有制企业社会责任报告（2018）
著(编)者：宋贵伦 冯培　2018年6月出版 / 估价：99.00元
PSN B-2017-613-1/1

福建旅游蓝皮书
福建省旅游产业发展现状研究（2017~2018）
著(编)者：陈敏华 黄远水
2018年12月出版 / 估价：128.00元
PSN B-2016-591-1/1

福建自贸区蓝皮书
中国（福建）自由贸易试验区发展报告（2017~2018）
著(编)者：黄茂兴　2018年4月出版 / 估价：118.00元
PSN B-2016-531-1/1

甘肃蓝皮书
甘肃经济发展分析与预测（2018）
著(编)者：安文华 罗哲　2018年1月出版 / 估价：99.00元
PSN B-2013-312-1/6

甘肃蓝皮书
甘肃商贸流通发展报告（2018）
著(编)者：张应华 王福生 王晓芳
2018年1月出版 / 估价：99.00元
PSN B-2016-522-6/6

甘肃蓝皮书
甘肃县域和农村发展报告（2018）
著(编)者：朱智文 包东红 王建兵
2018年1月出版 / 估价：99.00元
PSN B-2013-316-5/6

甘肃农业科技绿皮书
甘肃农业科技发展研究报告（2018）
著(编)者：魏胜文 乔德华 张东伟
2018年12月出版 / 估价：198.00元
PSN B-2016-592-1/1

巩义蓝皮书
巩义经济社会发展报告（2018）
著(编)者：丁同民 朱军　　2018年4月出版 / 估价：99.00元
PSN B-2016-532-1/1

广东外经贸蓝皮书
广东对外经济贸易发展研究报告（2017~2018）
著(编)者：陈万灵　　2018年6月出版 / 估价：99.00元
PSN B-2012-286-1/1

广西北部湾经济区蓝皮书
广西北部湾经济区开放开发报告（2017~2018）
著(编)者：广西壮族自治区北部湾经济区和东盟开放合作办公室
　　　　　广西社会科学院
　　　　　广西北部湾发展研究院
2018年2月出版 / 估价：99.00元
PSN B-2010-181-1/1

广州蓝皮书
广州城市国际化发展报告（2018）
著(编)者：张跃国　　2018年8月出版 / 估价：99.00元
PSN B-2012-246-11/14

广州蓝皮书
中国广州城市建设与管理发展报告（2018）
著(编)者：张其学 陈小钢 王宏伟　　2018年8月出版 / 估价：99.00元
PSN B-2007-087-4/14

广州蓝皮书
广州创新型城市发展报告（2018）
著(编)者：尹涛　　2018年6月出版 / 估价：99.00元
PSN B-2012-247-12/14

广州蓝皮书
广州经济发展报告（2018）
著(编)者：张跃国 尹涛　　2018年7月出版 / 估价：99.00元
PSN B-2005-040-1/14

广州蓝皮书
2018年中国广州经济形势分析与预测
著(编)者：魏明海 谢博能 李华
2018年6月出版 / 估价：99.00元
PSN B-2011-185-9/14

广州蓝皮书
中国广州科技创新发展报告（2018）
著(编)者：于欣伟 陈爽 邓佑满　　2018年8月出版 / 估价：99.00元
PSN B-2006-065-2/14

广州蓝皮书
广州农村发展报告（2018）
著(编)者：朱名宏　　2018年7月出版 / 估价：99.00元
PSN B-2010-167-8/14

广州蓝皮书
广州汽车产业发展报告（2018）
著(编)者：杨再高 冯兴亚　　2018年7月出版 / 估价：99.00元
PSN B-2006-066-3/14

广州蓝皮书
广州商贸业发展报告（2018）
著(编)者：张跃国 陈杰 荀振英
2018年7月出版 / 估价：99.00元
PSN B-2012-245-10/14

贵阳蓝皮书
贵阳城市创新发展报告No.3（白云篇）
著(编)者：连玉明　　2018年5月出版 / 估价：99.00元
PSN B-2015-491-3/10

贵阳蓝皮书
贵阳城市创新发展报告No.3（观山湖篇）
著(编)者：连玉明　　2018年5月出版 / 估价：99.00元
PSN B-2015-497-9/10

贵阳蓝皮书
贵阳城市创新发展报告No.3（花溪篇）
著(编)者：连玉明　　2018年5月出版 / 估价：99.00元
PSN B-2015-490-2/10

贵阳蓝皮书
贵阳城市创新发展报告No.3（开阳篇）
著(编)者：连玉明　　2018年5月出版 / 估价：99.00元
PSN B-2015-492-4/10

贵阳蓝皮书
贵阳城市创新发展报告No.3（南明篇）
著(编)者：连玉明　　2018年5月出版 / 估价：99.00元
PSN B-2015-496-8/10

贵阳蓝皮书
贵阳城市创新发展报告No.3（清镇篇）
著(编)者：连玉明　　2018年5月出版 / 估价：99.00元
PSN B-2015-489-1/10

贵阳蓝皮书
贵阳城市创新发展报告No.3（乌当篇）
著(编)者：连玉明　　2018年5月出版 / 估价：99.00元
PSN B-2015-495-7/10

贵阳蓝皮书
贵阳城市创新发展报告No.3（息烽篇）
著(编)者：连玉明　　2018年5月出版 / 估价：99.00元
PSN B-2015-493-5/10

贵阳蓝皮书
贵阳城市创新发展报告No.3（修文篇）
著(编)者：连玉明　　2018年5月出版 / 估价：99.00元
PSN B-2015-494-6/10

贵阳蓝皮书
贵阳城市创新发展报告No.3（云岩篇）
著(编)者：连玉明　　2018年5月出版 / 估价：99.00元
PSN B-2015-498-10/10

贵州房地产蓝皮书
贵州房地产发展报告No.5（2018）
著(编)者：武廷方　　2018年7月出版 / 估价：99.00元
PSN B-2014-426-1/1

贵州蓝皮书
贵州册亨经济社会发展报告（2018）
著(编)者：黄德林　2018年3月出版 / 估价：99.00元
PSN B-2016-525-8/9

贵州蓝皮书
贵州地理标志产业发展报告（2018）
著(编)者：李发耀 黄其松　2018年8月出版 / 估价：99.00元
PSN B-2017-646-10/10

贵州蓝皮书
贵安新区发展报告（2017~2018）
著(编)者：马长青 吴大华　2018年6月出版 / 估价：99.00元
PSN B-2015-459-4/10

贵州蓝皮书
贵州国家级开放创新平台发展报告（2017~2018）
著(编)者：申晓庆 吴大华 季泓
2018年11月出版 / 估价：99.00元
PSN B-2016-518-7/10

贵州蓝皮书
贵州国有企业社会责任发展报告（2017~2018）
著(编)者：郭丽　2018年12月出版 / 估价：99.00元
PSN B-2015-511-6/10

贵州蓝皮书
贵州民航业发展报告（2017）
著(编)者：申振东 吴大华　2018年1月出版 / 估价：99.00元
PSN B-2015-471-5/10

贵州蓝皮书
贵州民营经济发展报告（2017）
著(编)者：杨静 吴大华　2018年3月出版 / 估价：99.00元
PSN B-2016-530-9/9

杭州都市圈蓝皮书
杭州都市圈发展报告（2018）
著(编)者：沈翔 戚建国　2018年5月出版 / 估价：128.00元
PSN B-2012-302-1/1

河北经济蓝皮书
河北省经济发展报告（2018）
著(编)者：马树强 金浩 张贵　2018年4月出版 / 估价：99.00元
PSN B-2014-380-1/1

河北蓝皮书
河北经济社会发展报告（2018）
著(编)者：康振海　2018年1月出版 / 估价：99.00元
PSN B-2014-372-1/3

河北蓝皮书
京津冀协同发展报告（2018）
著(编)者：陈璐　2018年1月出版 / 估价：99.00元
PSN B-2017-601-2/3

河南经济蓝皮书
2018年河南经济形势分析与预测
著(编)者：王世炎　2018年3月出版 / 估价：99.00元
PSN B-2007-086-1/1

河南蓝皮书
河南城市发展报告（2018）
著(编)者：张占仓 王建国　2018年5月出版 / 估价：99.00元
PSN B-2009-131-3/9

河南蓝皮书
河南工业发展报告（2018）
著(编)者：张占仓　2018年5月出版 / 估价：99.00元
PSN B-2013-317-5/9

河南蓝皮书
河南金融发展报告（2018）
著(编)者：喻新安 谷建全
2018年6月出版 / 估价：99.00元
PSN B-2014-390-7/9

河南蓝皮书
河南经济发展报告（2018）
著(编)者：张占仓 完世伟
2018年4月出版 / 估价：99.00元
PSN B-2010-157-4/9

河南蓝皮书
河南能源发展报告（2018）
著(编)者：国网河南省电力公司经济技术研究院
　　　　　河南省社会科学院
2018年3月出版 / 估价：99.00元
PSN B-2017-607-9/9

河南商务蓝皮书
河南商务发展报告（2018）
著(编)者：焦锦淼 穆荣国　2018年5月出版 / 估价：99.00元
PSN B-2014-399-1/1

河南双创蓝皮书
河南创新创业发展报告（2018）
著(编)者：喻新安 杨雪梅　2018年8月出版 / 估价：99.00元
PSN B-2017-641-1/1

黑龙江蓝皮书
黑龙江经济发展报告（2018）
著(编)者：朱宇　2018年1月出版 / 估价：99.00元
PSN B-2011-190-2/2

湖南城市蓝皮书
区域城市群整合
著(编)者：童中贤 韩未名　2018年12月出版 / 估价：99.00元
PSN B-2006-064-1/1

湖南蓝皮书
湖南城乡一体化发展报告（2018）
著(编)者：陈文胜 王文强 陆福兴
2018年8月出版 / 估价：99.00元
PSN B-2015-477-8/8

湖南蓝皮书
2018年湖南电子政务发展报告
著(编)者：梁志峰　2018年5月出版 / 估价：128.00元
PSN B-2014-394-6/8

湖南蓝皮书
2018年湖南经济发展报告
著(编)者：卞鹰　2018年5月出版 / 估价：128.00元
PSN B-2011-207-2/8

湖南蓝皮书
2016年湖南经济展望
著(编)者：梁志峰　2018年5月出版 / 估价：128.00元
PSN B-2011-206-1/8

湖南蓝皮书
2018年湖南县域经济社会发展报告
著(编)者：梁志峰　2018年5月出版 / 估价：128.00元
PSN B-2014-395-7/8

湖南县域绿皮书
湖南县域发展报告（No.5）
著(编)者：袁准 周小毛 黎仁寅
2018年3月出版 / 估价：99.00元
PSN G-2012-274-1/1

沪港蓝皮书
沪港发展报告（2018）
著(编)者：尤安山　2018年9月出版 / 估价：99.00元
PSN B-2013-362-1/1

吉林蓝皮书
2018年吉林经济社会形势分析与预测
著(编)者：邵汉明　2017年12月出版 / 估价：99.00元
PSN B-2013-319-1/1

吉林省城市竞争力蓝皮书
吉林省城市竞争力报告（2018~2019）
著(编)者：崔岳春 张磊　2018年12月出版 / 估价：99.00元
PSN B-2016-513-1/1

济源蓝皮书
济源经济社会发展报告（2018）
著(编)者：喻新安　2018年4月出版 / 估价：99.00元
PSN B-2014-387-1/1

江苏蓝皮书
2018年江苏经济发展分析与展望
著(编)者：王庆五 吴先满　2018年7月出版 / 估价：128.00元
PSN B-2017-635-1/3

江西蓝皮书
江西经济社会发展报告（2018）
著(编)者：陈石俊 龚建文　2018年10月出版 / 估价：128.00元
PSN B-2015-484-1/2

江西蓝皮书
江西设区市发展报告（2018）
著(编)者：姜玮 梁勇　2018年10月出版 / 估价：99.00元
PSN B-2016-517-2/2

经济特区蓝皮书
中国经济特区发展报告（2017）
著(编)者：陶一桃　2018年1月出版 / 估价：99.00元
PSN B-2009-139-1/1

辽宁蓝皮书
2018年辽宁经济社会形势分析与预测
著(编)者：梁启东 魏红江　2018年6月出版 / 估价：99.00元
PSN B-2006-053-1/1

民族经济蓝皮书
中国民族地区经济发展报告（2018）
著(编)者：李曦辉　2018年7月出版 / 估价：99.00元
PSN B-2017-630-1/1

南宁蓝皮书
南宁经济发展报告（2018）
著(编)者：胡建华　2018年9月出版 / 估价：99.00元
PSN B-2016-569-2/3

浦东新区蓝皮书
上海浦东经济发展报告（2018）
著(编)者：沈开艳 周奇　2018年2月出版 / 估价：99.00元
PSN B-2011-225-1/1

青海蓝皮书
2018年青海经济社会形势分析与预测
著(编)者：陈玮　2017年12月出版 / 估价：99.00元
PSN B-2012-275-1/2

山东蓝皮书
山东经济形势分析与预测（2018）
著(编)者：李广杰　2018年7月出版 / 估价：99.00元
PSN B-2014-404-1/5

山东蓝皮书
山东省普惠金融发展报告（2018）
著(编)者：齐鲁财富网
2018年9月出版 / 估价：99.00元
PSN B2017-676-5/5

山西蓝皮书
山西资源型经济转型发展报告（2018）
著(编)者：李志强　2018年7月出版 / 估价：99.00元
PSN B-2011-197-1/1

陕西蓝皮书
陕西经济发展报告（2018）
著(编)者：任宗哲 白宽犁 裴成荣
2018年1月出版 / 估价：99.00元
PSN B-2009-135-1/6

陕西蓝皮书
陕西精准脱贫研究报告（2018）
著(编)者：任宗哲 白宽犁 王建康
2018年6月出版 / 估价：99.00元
PSN B-2017-623-6/6

上海蓝皮书
上海经济发展报告（2018）
著(编)者：沈开艳
2018年2月出版 / 估价：99.00元
PSN B-2006-057-1/7

上海蓝皮书
上海资源环境发展报告（2018）
著(编)者：周冯琦 汤庆合
2018年2月出版 / 估价：99.00元
PSN B-2006-060-4/7

上饶蓝皮书
上饶发展报告（2016~2017）
著(编)者：廖其志　2018年3月出版 / 估价：128.00元
PSN B-2014-377-1/1

深圳蓝皮书
深圳经济发展报告（2018）
著(编)者：张骁儒　2018年6月出版 / 估价：99.00元
PSN B-2008-112-3/7

四川蓝皮书
四川城镇化发展报告（2018）
著(编)者：侯水平 陈炜
2018年4月出版 / 估价：99.00元
PSN B-2015-456-7/7

四川蓝皮书
2018年四川经济形势分析与预测
著(编)者: 杨钢　2018年1月出版 / 估价: 99.00元
PSN B-2007-098-2/7

四川蓝皮书
四川企业社会责任研究报告（2017~2018）
著(编)者: 侯水平 盛毅　2018年5月出版 / 估价: 99.00元
PSN B-2014-386-4/7

四川蓝皮书
四川生态建设报告（2018）
著(编)者: 李晟之　2018年5月出版 / 估价: 99.00元
PSN B-2015-455-6/7

体育蓝皮书
上海体育产业发展报告（2017~2018）
著(编)者: 张林 黄海燕　2018年10月出版 / 估价: 99.00元
PSN B-2015-454-4/5

体育蓝皮书
长三角地区体育产业发展报告（2017~2018）
著(编)者: 张林　2018年4月出版 / 估价: 99.00元
PSN B-2015-453-3/5

天津金融蓝皮书
天津金融发展报告（2018）
著(编)者: 王爱俭 孔德昌　2018年3月出版 / 估价: 99.00元
PSN B-2014-418-1/1

图们江区域合作蓝皮书
图们江区域合作发展报告（2018）
著(编)者: 李铁　2018年6月出版 / 估价: 99.00元
PSN B-2015-464-1/1

温州蓝皮书
2018年温州经济社会形势分析与预测
著(编)者: 蒋儒标 王春光 金浩
2018年4月出版 / 估价: 99.00元
PSN B-2008-105-1/1

西咸新区蓝皮书
西咸新区发展报告（2018）
著(编)者: 李扬 王军
2018年6月出版 / 估价: 99.00元
PSN B-2016-534-1/1

修武蓝皮书
修武经济社会发展报告（2018）
著(编)者: 张占仓 袁凯声
2018年10月出版 / 估价: 99.00元
PSN B-2017-651-1/1

偃师蓝皮书
偃师经济社会发展报告（2018）
著(编)者: 张占仓 袁凯声 何武周
2018年7月出版 / 估价: 99.00元
PSN B-2017-627-1/1

扬州蓝皮书
扬州经济社会发展报告（2018）
著(编)者: 陈扬
2018年12月出版 / 估价: 108.00元
PSN B-2011-191-1/1

长垣蓝皮书
长垣经济社会发展报告（2018）
著(编)者: 张占仓 袁凯声 秦保建
2018年10月出版 / 估价: 99.00元
PSN B-2017-654-1/1

遵义蓝皮书
遵义发展报告（2018）
著(编)者: 邓彦 曾征 龚永育
2018年9月出版 / 估价: 99.00元
PSN B-2014-433-1/1

地方发展类－社会

安徽蓝皮书
安徽社会发展报告（2018）
著(编)者: 程桦　2018年4月出版 / 估价: 99.00元
PSN B-2013-325-1/1

安徽社会建设蓝皮书
安徽社会建设分析报告（2017~2018）
著(编)者: 黄家海 蔡宪
2018年11月出版 / 估价: 99.00元
PSN B-2013-322-1/1

北京蓝皮书
北京公共服务发展报告（2017~2018）
著(编)者: 施昌奎　2018年3月出版 / 估价: 99.00元
PSN B-2008-103-7/8

北京蓝皮书
北京社会发展报告（2017~2018）
著(编)者: 李伟东
2018年7月出版 / 估价: 99.00元
PSN B-2006-055-3/8

北京蓝皮书
北京社会治理发展报告（2017~2018）
著(编)者: 殷星辰　2018年7月出版 / 估价: 99.00元
PSN B-2014-391-8/8

北京律师蓝皮书
北京律师发展报告 No.3（2018）
著(编)者: 王隽　2018年12月出版 / 估价: 99.00元
PSN B-2011-217-1/1

北京人才蓝皮书
北京人才发展报告（2018）
著(编)者：敏华　2018年12月出版 / 估价：128.00元
PSN B-2014-201-1/1

北京社会心态蓝皮书
北京社会心态分析报告（2017～2018）
北京市社会心理服务促进中心
2018年10月出版 / 估价：99.00元
PSN B-2014-422-1/1

北京社会组织管理蓝皮书
北京社会组织发展与管理（2018）
著(编)者：黄江松
2018年4月出版 / 估价：99.00元
PSN B-2015-446-1/1

北京养老产业蓝皮书
北京居家养老发展报告（2018）
著(编)者：陆杰华　周明明
2018年8月出版 / 估价：99.00元
PSN B-2015-465-1/1

法治蓝皮书
四川依法治省年度报告No.4（2018）
著(编)者：李林　杨天宗　田禾
2018年3月出版 / 估价：118.00元
PSN B-2015-447-2/3

福建妇女发展蓝皮书
福建省妇女发展报告（2018）
著(编)者：刘群英　2018年11月出版 / 估价：99.00元
PSN B-2011-220-1/1

甘肃蓝皮书
甘肃社会发展分析与预测（2018）
著(编)者：安文华　包晓霞　谢增虎
2018年1月出版 / 估价：99.00元
PSN B-2013-313-2/6

广东蓝皮书
广东全面深化改革研究报告（2018）
著(编)者：周林生　涂成林
2018年12月出版 / 估价：99.00元
PSN B-2015-504-3/3

广东蓝皮书
广东社会工作发展报告（2018）
著(编)者：罗观翠　2018年6月出版 / 估价：99.00元
PSN B-2014-402-2/3

广州蓝皮书
广州青年发展报告（2018）
著(编)者：徐柳　张强
2018年8月出版 / 估价：99.00元
PSN B-2013-352-13/14

广州蓝皮书
广州社会保障发展报告（2018）
著(编)者：张跃国　2018年8月出版 / 估价：99.00元
PSN B-2014-425-14/14

广州蓝皮书
2018年中国广州社会形势分析与预测
著(编)者：张强　郭志勇　何镜清
2018年6月出版 / 估价：99.00元
PSN B-2008-110-5/14

贵州蓝皮书
贵州法治发展报告（2018）
著(编)者：吴大华　2018年5月出版 / 估价：99.00元
PSN B-2012-254-2/10

贵州蓝皮书
贵州人才发展报告（2017）
著(编)者：于杰　吴大华
2018年9月出版 / 估价：99.00元
PSN B-2014-382-3/10

贵州蓝皮书
贵州社会发展报告（2018）
著(编)者：王兴骥　2018年4月出版 / 估价：99.00元
PSN B-2010-166-1/10

杭州蓝皮书
杭州妇女发展报告（2018）
著(编)者：魏颖　2018年10月出版 / 估价：99.00元
PSN B-2014-403-1/1

河北蓝皮书
河北法治发展报告（2018）
著(编)者：康振海　2018年6月出版 / 估价：99.00元
PSN B-2017-622-3/3

河北食品药品安全蓝皮书
河北食品药品安全研究报告（2018）
著(编)者：丁锦霞　2018年10月出版 / 估价：99.00元
PSN B-2015-473-1/1

河南蓝皮书
河南法治发展报告（2018）
著(编)者：张林海　2018年7月出版 / 估价：99.00元
PSN B-2014-376-6/9

河南蓝皮书
2018年河南社会形势分析与预测
著(编)者：牛苏林　2018年5月出版 / 估价：99.00元
PSN B-2005-043-1/9

河南民办教育蓝皮书
河南民办教育发展报告（2018）
著(编)者：胡大白　2018年9月出版 / 估价：99.00元
PSN B-2017-642-1/1

黑龙江蓝皮书
黑龙江社会发展报告（2018）
著(编)者：谢宝禄　2018年1月出版 / 估价：99.00元
PSN B-2011-189-1/2

湖南蓝皮书
2018年湖南两型社会与生态文明建设报告
著(编)者：卞鹰　2018年5月出版 / 估价：128.00元
PSN B-2011-208-3/8

湖南蓝皮书
2018年湖南社会发展报告
著(编)者：卞鹰　2018年5月出版 / 估价：128.00元
PSN B-2014-393-5/8

健康城市蓝皮书
北京健康城市建设研究报告（2018）
著(编)者：王鸿春　盛继洪　2018年9月出版 / 估价：99.00元
PSN B-2015-460-1/2

江苏法治蓝皮书
江苏法治发展报告No.6（2017）
著(编)者：蔡道通 龚廷泰　2018年8月出版 / 估价：99.00元
PSN B-2012-290-1/1

江苏蓝皮书
2018年江苏社会发展分析与展望
著(编)者：王庆五 刘旺洪　2018年8月出版 / 估价：128.00元
PSN B-2017-636-2/3

南宁蓝皮书
南宁法治发展报告（2018）
著(编)者：杨维超　2018年12月出版 / 估价：99.00元
PSN B-2015-509-1/3

南宁蓝皮书
南宁社会发展报告（2018）
著(编)者：胡建华　2018年10月出版 / 估价：99.00元
PSN B-2016-570-3/3

内蒙古蓝皮书
内蒙古反腐倡廉建设报告 No.2
著(编)者：张志华　2018年6月出版 / 估价：99.00元
PSN B-2013-365-1/1

青海蓝皮书
2018年青海人才发展报告
著(编)者：王宇燕　2018年6月出版 / 估价：99.00元
PSN B-2017-650-2/2

青海生态文明建设蓝皮书
青海生态文明建设报告（2018）
著(编)者：张西明 高华　2018年12月出版 / 估价：99.00元
PSN B-2016-595-1/1

人口与健康蓝皮书
深圳人口与健康发展报告（2018）
著(编)者：陆杰华 傅崇辉　2018年11月出版 / 估价：99.00元
PSN B-2011-228-1/1

山东蓝皮书
山东社会形势分析与预测（2018）
著(编)者：李善峰　2018年6月出版 / 估价：99.00元
PSN B-2014-405-2/5

陕西蓝皮书
陕西社会发展报告（2018）
著(编)者：任宗哲 白宽犁 牛昉　2018年1月出版 / 估价：99.00元
PSN B-2009-136-2/6

上海蓝皮书
上海法治发展报告（2018）
著(编)者：叶必丰　2018年9月出版 / 估价：99.00元
PSN B-2012-296-6/7

上海蓝皮书
上海社会发展报告（2018）
著(编)者：杨雄 周海旺
2018年2月出版 / 估价：99.00元
PSN B-2006-058-2/7

社会建设蓝皮书
2018年北京社会建设分析报告
著(编)者：宋贵伦 冯虹　2018年9月出版 / 估价：99.00元
PSN B-2010-173-1/1

深圳蓝皮书
深圳法治发展报告（2018）
著(编)者：张骁儒　2018年6月出版 / 估价：99.00元
PSN B-2015-470-6/7

深圳蓝皮书
深圳劳动关系发展报告（2018）
著(编)者：汤庭芬　2018年8月出版 / 估价：99.00元
PSN B-2007-097-2/7

深圳蓝皮书
深圳社会治理与发展报告（2018）
著(编)者：张骁儒　2018年6月出版 / 估价：99.00元
PSN B-2008-113-4/7

生态安全绿皮书
甘肃国家生态安全屏障建设发展报告（2018）
著(编)者：刘举科 喜文华
2018年10月出版 / 估价：99.00元
PSN G-2017-659-1/1

顺义社会建设蓝皮书
北京市顺义区社会建设发展报告（2018）
著(编)者：王学武　2018年9月出版 / 估价：99.00元
PSN B-2017-658-1/1

四川蓝皮书
四川法治发展报告（2018）
著(编)者：郑泰安　2018年1月出版 / 估价：99.00元
PSN B-2015-441-5/7

四川蓝皮书
四川社会发展报告（2018）
著(编)者：李羚　2018年6月出版 / 估价：99.00元
PSN B-2008-127-3/7

云南社会治理蓝皮书
云南社会治理年度报告（2017）
著(编)者：晏雄 韩全芳
2018年5月出版 / 估价：99.00元
PSN B-2017-667-1/1

地方发展类-文化

北京传媒蓝皮书
北京新闻出版广电发展报告（2017~2018）
著(编)者：王志　2018年11月出版 / 估价：99.00元
PSN B-2016-588-1/1

北京蓝皮书
北京文化发展报告（2017~2018）
著(编)者：李建盛　2018年5月出版 / 估价：99.00元
PSN B-2007-082-4/8

创意城市蓝皮书
北京文化创意产业发展报告（2018）
著(编)者：郭万超 王京成　2018年12月出版 / 估价：99.00元
PSN B-2012-263-1/7

创意城市蓝皮书
天津文化创意产业发展报告（2017~2018）
著(编)者：谢思全　2018年6月出版 / 估价：99.00元
PSN B-2016-536-7/7

创意城市蓝皮书
武汉文化创意产业发展报告（2018）
著(编)者：黄永林 陈汉桥　2018年12月出版 / 估价：99.00元
PSN B-2013-354-4/7

创意上海蓝皮书
上海文化创意产业发展报告（2017~2018）
著(编)者：王慧敏 王兴全　2018年8月出版 / 估价：99.00元
PSN B-2016-561-1/1

非物质文化遗产蓝皮书
广州市非物质文化遗产保护发展报告（2018）
著(编)者：宋俊华　2018年12月出版 / 估价：99.00元
PSN B-2016-589-1/1

甘肃蓝皮书
甘肃文化发展分析与预测（2018）
著(编)者：王俊莲 周小华　2018年1月出版 / 估价：99.00元
PSN B-2013-314-3/6

甘肃蓝皮书
甘肃舆情分析与预测（2018）
著(编)者：陈双梅 张谦元　2018年1月出版 / 估价：99.00元
PSN B-2013-315-4/6

广州蓝皮书
中国广州文化发展报告（2018）
著(编)者：屈哨兵 陆志强　2018年6月出版 / 估价：99.00元
PSN B-2009-134-7/14

广州蓝皮书
广州文化创意产业发展报告（2018）
著(编)者：徐咏虹　2018年7月出版 / 估价：99.00元
PSN B-2008-111-6/14

海淀蓝皮书
海淀区文化和科技融合发展报告（2018）
著(编)者：陈名杰 孟景伟　2018年5月出版 / 估价：99.00元
PSN B-2013-329-1/1

河南蓝皮书
河南文化发展报告（2018）
著(编)者：卫绍生　2018年7月出版 / 估价：99.00元
PSN B-2008-106-2/9

湖北文化产业蓝皮书
湖北省文化产业发展报告（2018）
著(编)者：黄晓华　2018年9月出版 / 估价：99.00元
PSN B-2017-656-1/1

湖北文化蓝皮书
湖北文化发展报告（2017~2018）
著(编)者：湖北大学高等人文研究院
　　　　　中华文化发展湖北省协同创新中心
2018年10月出版 / 估价：99.00元
PSN B-2016-566-1/1

江苏蓝皮书
2018年江苏文化发展分析与展望
著(编)者：王庆五 樊和平　2018年9月出版 / 估价：128.00元
PSN B-2017-637-3/3

江西文化蓝皮书
江西非物质文化遗产发展报告（2018）
著(编)者：张圣才 傅安平　2018年12月出版 / 估价：128.00元
PSN B-2015-499-1/1

洛阳蓝皮书
洛阳文化发展报告（2018）
著(编)者：刘福兴 陈启明　2018年7月出版 / 估价：99.00元
PSN B-2015-476-1/1

南京蓝皮书
南京文化发展报告（2018）
著(编)者：中共南京市委宣传部
2018年12月出版 / 估价：99.00元
PSN B-2014-439-1/1

宁波文化蓝皮书
宁波"一人一艺"全民艺术普及发展报告（2017）
著(编)者：张爱琴　2018年11月出版 / 估价：128.00元
PSN B-2017-668-1/1

山东蓝皮书
山东文化发展报告（2018）
著(编)者：涂可国　2018年5月出版 / 估价：99.00元
PSN B-2014-406-3/5

陕西蓝皮书
陕西文化发展报告（2018）
著(编)者：任宗哲 白宽犁 王长寿
2018年1月出版 / 估价：99.00元
PSN B-2009-137-3/6

上海蓝皮书
上海传媒发展报告（2018）
著(编)者：强荧 焦雨虹　2018年2月出版 / 估价：99.00元
PSN B-2012-295-5/7

上海蓝皮书
上海文学发展报告（2018）
著(编)者：陈圣来　2018年6月出版 / 估价：99.00元
PSN B-2012-297-7/7

上海蓝皮书
上海文化发展报告（2018）
著(编)者：荣跃明　2018年2月出版 / 估价：99.00元
PSN B-2006-059-3/7

深圳蓝皮书
深圳文化发展报告（2018）
著(编)者：张晓儒　2018年7月出版 / 估价：99.00元
PSN B-2016-554-7/7

四川蓝皮书
四川文化产业发展报告（2018）
著(编)者：向宝云 张立伟　2018年4月出版 / 估价：99.00元
PSN B-2006-074-1/7

郑州蓝皮书
2018年郑州文化发展报告
著(编)者：王哲　2018年9月出版 / 估价：99.00元
PSN B-2008-107-1/1

❖ 皮书起源 ❖

"皮书"起源于十七、十八世纪的英国，主要指官方或社会组织正式发表的重要文件或报告，多以"白皮书"命名。在中国，"皮书"这一概念被社会广泛接受，并被成功运作、发展成为一种全新的出版形态，则源于中国社会科学院社会科学文献出版社。

❖ 皮书定义 ❖

皮书是对中国与世界发展状况和热点问题进行年度监测，以专业的角度、专家的视野和实证研究方法，针对某一领域或区域现状与发展态势展开分析和预测，具备原创性、实证性、专业性、连续性、前沿性、时效性等特点的公开出版物，由一系列权威研究报告组成。

❖ 皮书作者 ❖

皮书系列的作者以中国社会科学院、著名高校、地方社会科学院的研究人员为主，多为国内一流研究机构的权威专家学者，他们的看法和观点代表了学界对中国与世界的现实和未来最高水平的解读与分析。

❖ 皮书荣誉 ❖

皮书系列已成为社会科学文献出版社的著名图书品牌和中国社会科学院的知名学术品牌。2016年，皮书系列正式列入"十三五"国家重点出版规划项目；2013~2018年，重点皮书列入中国社会科学院承担的国家哲学社会科学创新工程项目；2018年，59种院外皮书使用"中国社会科学院创新工程学术出版项目"标识。

中国皮书网

（网址：www.pishu.cn）

发布皮书研创资讯，传播皮书精彩内容
引领皮书出版潮流，打造皮书服务平台

栏目设置

关于皮书：何谓皮书、皮书分类、皮书大事记、皮书荣誉、

    皮书出版第一人、皮书编辑部

最新资讯：通知公告、新闻动态、媒体聚焦、网站专题、视频直播、下载专区

皮书研创：皮书规范、皮书选题、皮书出版、皮书研究、研创团队

皮书评奖评价：指标体系、皮书评价、皮书评奖

互动专区：皮书说、社科数托邦、皮书微博、留言板

所获荣誉

  2008 年、2011 年，中国皮书网均在全国新闻出版业网站荣誉评选中获得"最具商业价值网站"称号；

  2012 年，获得"出版业网站百强"称号。

网库合一

  2014 年，中国皮书网与皮书数据库端口合一，实现资源共享。

权威报告・一手数据・特色资源

皮书数据库
ANNUAL REPORT(YEARBOOK)
DATABASE

当代中国经济与社会发展高端智库平台

所获荣誉

● 2016年，入选"'十三五'国家重点电子出版物出版规划骨干工程"
● 2015年，荣获"搜索中国正能量 点赞2015""创新中国科技创新奖"
● 2013年，荣获"中国出版政府奖・网络出版物奖"提名奖
● 连续多年荣获中国数字出版博览会"数字出版・优秀品牌"奖

WWW.PISHU.COM.CN

成为会员

通过网址www.pishu.com.cn或使用手机扫描二维码进入皮书数据库网站，进行手机号码验证或邮箱验证即可成为皮书数据库会员（建议通过手机号码快速验证注册）。

会员福利

● 使用手机号码首次注册的会员，账号自动充值100元体验金，可直接购买和查看数据库内容（仅限使用手机号码快速注册）。
● 已注册用户购书后可免费获赠100元皮书数据库充值卡。刮开充值卡涂层获取充值密码，登录并进入"会员中心"—"在线充值"—"充值卡充值"，充值成功后即可购买和查看数据库内容。

数据库服务热线：400-008-6695
数据库服务QQ：2475522410
数据库服务邮箱：database@ssap.cn

图书销售热线：010-59367070/7028
图书服务QQ：1265056568
图书服务邮箱：duzhe@ssap.cn

更多信息请登录

皮书数据库
http://www.pishu.com.cn

中国皮书网
http://www.pishu.cn

皮书微博
http://weibo.com/pishu

皮书微信"皮书说"

请到当当、亚马逊、京东或各地书店购买，也可办理邮购

咨询 / 邮购电话：010-59367028　59367070

邮　　箱：duzhe@ssap.cn

邮购地址：北京市西城区北三环中路甲29号院3号楼
　　　　　华龙大厦13层读者服务中心

邮　　编：100029

银行户名：社会科学文献出版社

开户银行：中国工商银行北京北太平庄支行

账　　号：0200010019200365434